中国税务后勤建设

主　　编：邢幼平　程永昌
副主编：铁　斌　张铁勋

中国税务出版社

图书在版编目（CIP)数据

中国税务后勤建设／邢幼平，程永昌主编.—北京：
中国税务出版社，2008.5
ISBN 978-7-80235-164-6

Ⅰ．中… Ⅱ.①邢…②程… Ⅲ.税收管理－工作－中国
Ⅳ.F812.94

中国版本图书馆 CIP 数据核字（2008）第 060501 号

书　　名：	中国税务后勤建设
编　　者：	邢幼平　程永昌　铁　斌　张铁勋
责任编辑：	张　雷
责任校对：	于　玲
技术设计：	刘冬珂　张　雷
出版发行：	中国税务出版社
	北京市西城区木樨地北里甲 11 号（国宏大厦 B 座）
	邮编：100038
	http://www.taxation.cn
	E-mail:taxph@tom.com
	发行部电话：(010)63908889/90/91
	邮购直销电话：(010)63908837　传真：(010)63908835
印　　刷：	北京中科印刷有限公司
规　　格：	889 × 1194 毫米　1/16
印　　张：	27
字　　数：	480000 字
版　　次：	2008 年 5 月第 1 版　2008 年 5 月北京第 1 次印刷
书　　号：	ISBN 978-7-80235-164-6/F·1084
定　　价：	180.00 元

如发现有印装错误　本社发行部负责调换

编辑出版工作人员

主　　编：邢幼平　　程永昌

副 主 编：铁　斌　　张铁勋

编辑人员：方立新　　张　毅　　宋晓兰

　　　　　侯　坤　　王卫红　　张　雷　王　剑

前言

改革开放以来，税收工作发生了巨大的变化。尤其是1994年税制改革以来，税收收入连年大幅度增长，为我国的社会主义发展和建设提供了有力的财政保障。税收工作多年来的发展变化及所取得的成绩，都离不开税务系统后勤部门所提供的服务保障。长期以来，税务系统机关后勤部门按照国家社会主义市场经济体制的要求，以邓小平理论和党的基本路线为指导，坚持为税收事业服务的方针，解放思想，实事求是，深化改革，圆满地完成了后勤服务保障工作，各地税务机关在后勤管理、服务和保障等各方面都发生了明显的变化。

总局领导历来十分重视机关后勤工作，金鑫、项怀诚、金人庆、谢旭人都曾对机关后勤工作作出过重要批示。1989年总局成立机关服务中心时，当时的总局领导就指出：服务中心就是要"为机关服务、为系统服务、为职工生活服务"。金人庆局长多次强调：后勤工作十分重要，搞好机关的管理和服务，机关工作和干部思想就能稳定，是思想政治工作和精神文明建设的一部分。1998年新一轮政府机构改革中，各省税务部门在精简机构的同时，加强了机关服务中心建设，确认机关服务中心为税务局直属事业单位，进一步明确了机构设置、人员编制和工作职能，将原行政管理职能中的一些服务性、事务性工作委托机关服务中心承担，从根本上转变了后勤管理体制。10多年来，各级税务机关服务中心的同志深刻认识自己工作的地位和作用，着眼全局，增强责任感，理顺关系，加强管理，深化改革，艰苦奋斗，任劳任怨，无私奉献，努力提高科学管理和服务水平，后勤保障工作取得了显著的成绩。

为全面系统地反映税务机关服务中心10多年来的工作成就，展示精神风貌，也为加强管理，提高服务水平，指导交流工作，我们编辑出版了这本图文并茂的画册，希望大家能从中有所收益。

今后，我们将按照国家税务总局谢旭人局长指出的，机关服务中心工作要"把握政策、加强管理、热情服务、廉洁奉公"的指导精神，不断总结经验，刻苦钻研，努力把后勤工作水平提高到一个新高度。

目录

亲切关怀
Qin Qie Guan Huai

领导谈后勤
Ling Dao Tan Hou Qin

后勤面面观
Hou Qin Mian Mian Guan

百花齐放
Bai Hua Qi Fang

目 录

目录

春色满园
Chun Se Man Yuan

附 录
Fu Lu

409

中国税务后勤建设

亲切关怀

QIN QIE GUAN HUAI

2004年11月9日，国务院总理温家宝在北京接见出席全国机关事务工作协会
第三次会员代表大会暨机关后勤先进集体先进工作者表彰大会的代表

全国人大常委会副委员长王丙乾视察国家税务总局计算机房

　　2005年11月17日，国务院机关事务管理局召开中央国家机关节能现场经验交流会。图为国务委员兼国务院秘书长华建敏同志、国务院机关事务管理局局长焦焕成同志、国家税务总局局长谢旭人同志同与会同志视察国家税务总局节能设备运行情况

国家税务总局办公大楼落成，新老领导欢聚一堂

新老领导规划发展

国家税务总局局长项怀诚视察机关服务中心工作

财政部、国家税务总局领导视察机关服务中心工作

国家税务总局领导金鑫、金人庆视察总局机关服务中心后勤保障工作

国家税务总局原副局长杨崇春视察机关服务中心工作

国家税务总局领导与北戴河培训中心工作人员合影

国家税务总局党组书记、局长谢旭人视察总局医务室

国家税务总局党组书记、局长谢旭人与驻总局武警官兵新春欢聚

国家税务总局党组副书记、副局长钱冠林慰问驻总局武警官兵

2005年10月15日至21日，国家税务总局机关服务中心在重庆举办税务系统机关后勤安全管理培训班

财政部副部长金立群（左一）、国家税务总局副局长郝昭成（右二）在国家税务总局机关服务中心主任邢幼平（右一）、副主任秦志强（左三）的陪同下，视察晾果厂财税住宅区工地

国家税务总局副局长崔俊慧、纪检组长贺邦靖视察总局机关服务中心后勤工作

国家税务总局纪检组长贺邦靖视察机关服务中心工作

国家税务总局总经济师宋兰到总局机关服务中心视察工作

2004年11月，全国机关事务工作协会第三次会员代表大会暨机关后勤先进集体工作者表彰大会在北京召开

全国机关后勤先进工作者代表、国家税务总局机关服务中心张捷岩同志在大会上发言

领导谈后勤

LING DAO TAN HOU QIN

在全国机关事务工作协会
第三次会员代表大会暨机关后勤
先进集体先进工作者表彰大会上的讲话

国务院总理 温家宝

2004 年 11 月 9 日

今天看到这么多从事机关事务管理工作的新老同志，感到非常高兴。长期以来，各级机关事务管理工作部门的广大干部职工在平凡的岗位上，默默无闻，辛勤努力，为党和政府工作的正常运转提供了有力的保障，做出了积极的贡献。在改革开放和现代化建设的新时期，机关事务管理和后勤保障工作又得到进一步加强。我特别要向这次表彰的机关后勤先进单位和先进个人表示祝贺，向大家表示问候！

机关事务管理工作是党和政府工作的重要组成部分。我曾经把机关事务管理概括为六个字，就是"管理、保障、服务"。党的十六届四中全会提出要提高党的执政能力，一个重要任务就是要提高公务员的素质。从事机关事务管理工作的同志，要认真学习贯彻党的十六届四中全会精神，提高管理、保障和服务能力。要做到这一点，需要从三个方面努力。第一，要积极稳妥地推进改革，完善机关事务管理体制，转变服务机制，整合服务资源，降低行政成本，以适应社会主义市场经济体制的要求和行政管理体制改革的要求，更好地为党和国家的中心工作服务。第二，要完善管理制度，用严格的制度加强和改善机关事务管理工作，使机关事务管理工作逐步走上规范化和法制化的轨道。第三，要加强队伍建设，努力建设一支政治素质好、作风过硬、甘于奉献、全心全意为人民服务的机关事务管理队伍，这是实现提高管理机关事务工作水平的根本保证。

我们的政府是人民政府，国家机关工作人员是人民的公仆，必须严格要求、戒骄戒躁、恭谦自处。借此机会，我对广大公务员和机关事务管理工作再提三点要求，就是要廉洁、要节俭、要奉献。一要廉洁。"公生明，廉生威。"要一身正气，两袖清风，不以权谋私、贪赃枉法。这样才能在人民群众中树立起良好形象。二要节俭。虽然这些年我们的国家发展了，人民的生活改善了，但我们毕竟还是一个发展中国家，还有很多群众生活比较困难。"一粥一饭，当思来之不易；半丝半缕，恒念物力维艰。"办一切事情都要勤俭节约，节约每一分钱、每一件物品，不铺张浪费、劳民伤财。三要奉献。我们应该常念及"公"字，公务员核心就是这个"公"字。处天下之事，当有常思天下之心。"大道之行，天下为公。"一心为公、无私奉献是公务员的天职，也是公务员的光荣。我们要淡薄名利，甘当无名英雄，以人民之忧为忧、为人民之乐而乐，不斤斤计较、患得患失，更不能追名逐利。

今天在座的有许多老同志，他们从革命战争时期、延安时期起，就从事机关事务管理工作，形成了一个好的传统。解放以后，在老一辈无产阶级革命家，特别是在毛主席、周总理的亲切关怀下，形成了一个好的风气。在新的历史时期，我们要继承优良传统，保持良好风气，用自己的模范行动树立公务员和机关事务管理工作人员在人民群众中的良好形象，把邓小平理论和"三个代表"重要思想落实在实际工作中。这就是我寄予同志们的希望，相信大家一定能够做到。

认真贯彻落实科学发展观
大力推进节约型机关建设

国务委员华建敏在中央国家机关
节约能源经验交流现场会上的讲话

今天我与大家一起参观了税务总局、科技部、铁道部的节能项目，听取了他们的经验介绍，很受鼓舞，很受启发。相信这次经验交流现场会，对于中央国家机关认真贯彻落实科学发展观，大力推进节约型机关建设，将会起到积极的推动和促进作用。

党中央、国务院对建设节约型社会和节约型机关历来高度重视。近年来，胡锦涛总书记、温家宝总理和中央其他领导同志多次作出重要的批示和指示，要求政府机关在建设节约型社会中发挥模范带头作用，努力建设节约型机关。今年6月27日，胡锦涛总书

记在中共中央政治局第23次集体学习时强调，要建立资源节约型社会，下大力抓好节约能源资源的八项工作。国务院今年下发了《关于做好建设节约型社会近期重点工作的通知》（国发〔2005〕21号）和《关于加快发展循环经济的若干意见》（国发〔2005〕22号），对大力开展节约能源工作作了非常具体、详细的部署。中央国家机关各部门、各单位积极响应党中央、国务院的号召，大力开展宣传教育和培训活动，加强节能规划和制度建设，积极推广使用新技术、新产品、新能源，在节水、节电、节能、节油、节材、节

约每一张纸、每一分钱等方面都作了很大的努力，取得了明显成效，创造了很多很好的经验。概括起来主要有四点：一是有好的理念。在节约能源资源、建设节约型社会问题上，有大局意识、忧患意识、责任意识和率先意识，把节约能源资源工作作为一件大事来抓。二是有好的制度。建立和完善节水、节电、节能、节油、节材的各项管理制度，并且做到责任明确，落实到岗位，落实到人。三是有好的措施。依靠技术改造和技术进步，推广使用科技含量高、节能效果明显的新技术、新设备、新材料。四是有好的队伍。各级领导高度重视，广大干部职工自觉参与，人人成为有心人、热心人，孜孜不倦、坚持不懈地抓能源资源节约工作。这些经验和做法值得各部门、各单位学习借鉴。

党的十六届五中全会提出，要把节约资源作为基本国策，发展循环经济，保护生态环境，加快建设资源节约型、环境友好型社会，促进经济发展与人口、资源、环境相协调。中央国家机关各部门、各单位要认真贯彻落实十六届五中全会精神，在建设节约型社会中走在各级机关的前面，自觉做节约能源资源的表率。要通过这次会议，进一步提高对开展节约能源资源工作、建设节约型机关重要性的认识，学习推广好的做法、有效的制度和成功的技术。这是落实科学发展观、建设资源节约型社会的必然要求，是加强政府自身建设的重要内容，是继承和发扬

勤俭节约优良传统的具体体现。下面，我就中央国家机关进一步开展节约能源资源工作、推进节约型机关建设讲三点意见。

一、认真把握开展节约能源资源工作的重点

中央国家机关带头节约能源资源，不仅是贯彻落实科学发展观，促进经济与人口、资源、环境协调发展的具体行动，而且也将带动全社会节约能源资源，加快建设节约型社会的步伐。当前和今后一段时期，中央国家机关要重点抓好以下几项工作：

第一，建筑节能。目前，中央国家机关办公与业务用房面积近 600 万平方米，每年空调、照明、采暖系统和办公设施设备方面的能耗占总量的 70% 以上。建筑节能是中央国家机关节约能源的一个重点，要从加强对既有建筑的节能综合诊断和新建建筑节能评审工作，以及改善日常管理等方面，逐步建立和完善机关建筑设计、施工、调节、运行维护各个阶段全过程节能跟踪管理体系，有计划地开展空调、照明、采暖系统的节能改造，推进建筑低成本、无成本节能管理。

第二，节约公务用车。目前，政府机关公务用车还存在着数量大、使用效率低、资源损耗高等问题，有的单位公务用车管理不严、用车随意性较大，公车使用成本普遍高于社会出租车辆。所以，一要控制公车的规模，完善配备标准，核定各部门、各单位车

辆编制,压缩配备规模;二要把好采购关,优先选用质高价低、排量适中、节能环保的公务车辆;三要加强使用管理,实行公务用车统一定点保险、加油和维修,对定点单位和场所也要进行严格评审;四要逐步推进公车改革,按照社会化、市场化的方向,逐步改变实物供给、封闭式自我服务的管理模式,切实减轻财政的负担。

第三,集约用地。土地是不可再生资源,必须集约使用。目前,中央在京单位使用的行政划拨土地有1.24亿平方米,集约使用的潜力很大。要认真贯彻落实《国务院关于深化改革严格土地管理的决定》(国发〔2004〕28号),建立健全集中统一的土地管理体制,抓紧研究制定中央在京单位土地管理的相关制度办法;加强土地利用规划的编制,充分挖掘现有土地的潜力,积极盘活零星、分散、低效利用的土地;严格控制新增土地利用项目,严格执行项目的审批标准和程序,管好、用好每一块土地。

第四,节约用水。我们国家水资源缺乏,北京的水资源更是严重短缺,人均水资源量不足300立方米,远远低于联合国划定的1000平方米的缺水下限,节水任务十分紧迫。中央国家机关很多单位节水工作做得不错,但也有一些单位绿化用水、食堂和卫生间用水、洗车用水、洗浴用水等管理比较粗放,存在浪费的现象,必须进一步加强管理。要开展用水单耗考核,加强用水设备的日常维护,防止跑冒滴漏。同时,大力推广应用节水设备,逐步淘汰高耗水设备;积极推广再生水和雨水的回收利用,提高水的重复利用率。

第五,节约办公耗材。减少办公器材的消耗也是开展机关节约工作的一个重要方面。要严格办公材料消耗核算制度,积极推行无纸化办公;搞好日常节约,节约每一支笔、每一张纸,提倡双面用纸、信封反面利用;推广和使用节能环保型办公材料和再生材料,完善再生资源回收利用机制,搞好废弃物的综合利用,促进办公用品的循环和高效利用。

第六,节约资金。中央国家机关每年基建项目投资数额较大,但有的项目存在着工程周期长、造价高、预算超概算、决算超预算等问题。因此,规范投资行为、实现较高投资效益,从而节约财政资金,对各部门、各单位来说都是十分重要的。要加强投资项目管理,完善经费预算和支出管理;强化对行政经费的监督,有效控制支出,切实解决标准不全、管理不严、开支随意、脱离实际等问题。在这里,特别要对各单位的财务管理工作再提一点要求。财务人员一定要做到"铁账本",账目完整、真实,不做假账、不做账外账;做到"铁算盘",精打细算,提高资金使用效益;做到"铁公鸡",坚决制止大手大脚,奢侈浪费;做到"铁将军",严格把关,维护财经纪律。

第七，提高资产效益。目前由于投资和管理体制不顺、资产预算和资产管理脱节、资产配置不合理、资产使用和绩效管理脱节、缺乏有效监督等原因，一些部门还存在着资产需求过度膨胀、超标准购建、闲置浪费、流失严重、无偿占用等问题。解决这些问题，要改革资产管理体制和运行机制，推进与资产管理相关的投资体制、预算体制和经费管理体制等配套改革，建立以信息化管理为基础的资产量化管理制度和监督评价制度，提高资产管理绩效和资产使用效率。

二、制定和完善实施节约能源资源工作的保障措施

中央国家机关在各项工作的指导思想上，要体现建设节约型机关的要求，从加强行政管理体制改革和政府能力建设的高度，改进和完善机关节约能源资源管理体制和运行机制，实施集约型管理模式和节约型消费模式，建立从源头抓起、预防为主、全过程控制的管理体制，形成长效机制，确保节约能源工作的长期、有效、持续开展，切实降低机关运行成本。

第一，建立能源资源消耗统计制度。能源资源消耗统计是加强能源资源管理，推进节约能源资源工作的基础和前提。长期以来，政府机关缺乏统一的能源资源使用方面的定额限制、定额管理、消耗标准和统计报告制度，以及相应的约束和激励机制，在办

公楼建设、办公设施配备，公务用车购置等方面不同程度地存在着浪费现象，致使政府运行成本居高不下。因此，要全面开展能源资源消耗调查，尽快建立机关能源资源消耗统计制度，并严格按照制度持之以恒，常抓不懈。

第二，建立健全节约能源资源的长效机制。要结合"十一五"规划，以提高能源资源利用效率为核心，以资源整合和节能、节水、节地为重点，制定节约型机关建设中长期规划，制定中央国家机关能源资源使用定额标准以及节能、节材、节水、节地等标准，建立健全节约能源资源的长效机制。如，节能运行管理制度、节约用水管理办法、土地节约和集约利用制度、高耗能设备淘汰制度、节能降耗的激励制度等等。同时，还要建立节约型机关的绩效评估制度，提高节约能源资源的积极性和自觉性。

第三，大力推进节能采购。节能采购是加强节能管理、提高能源使用效率的重要手段，也是从源头上控制机关能源资源消耗的重要环节。要加强节能采购工作的组织管理和监督，切实做到优先采购节能货物、工程和服务；完善节能认证制度，制定货物、工程和服务节能认证标准；严格执行《节能产品政府采购实施意见》，进一步扩大节能采购的产品种类和范围，限制采购高耗能产品；建立健全节能采购统计制度和管理网络，提高节能采购工作透明度，把好耗能产

品入口关。

第四，推广和使用节约能源资源新技术、新产品。要大力推广和使用节约能源资源的新技术、新产品、新材料，采用节能型照明、供热、空调设备和系统，尤其要重视可再生能源的利用，逐步扩大使用范围，鼓励使用太阳能、地热等新能源，积极推行合同能源管理等节能新机制。

第五，完善政府投资和经费管理制度。主要包括完善招标制度、合同管理制度、代理建设制度、节能评审制度、效绩评价制度等，从质量、工期、造价、监理及安全等方面，对项目的预期目标实行有效约束和严格控制。要进一步完善机关预算、支出、监督等财务管理制度，强化对机关经费的有效控制和监督，加强机关经费管理。

第六，积极推进政府资产管理体制改革。加强政府资产管理是实现资源节约的重要途径。各部门、各单位要进一步强化资产权属的集中统一管理。实现统一规划、统一标准、统一购建、统一处置、统一统计口径和统一绩效评价，建立资产分类管理与委托管理制度，健全分工合作、相互制衡的资产管理权责制度。同时，建立健全科学合理的资产构建、配置、调剂、处置制度，充分发挥市场机制在资产管理、运营中的作用。

总之，我们要发扬勤俭节约、艰苦奋斗的好风气，珍惜人力、财力、物力，坚持量力而行，精打细算，讲求实效，反对讲排场、

比阔气、铺张浪费，反对搞华而不实和脱离实际的"形象工程"、"政绩工程"，切实做到运转速度快、办事效率高、行政成本低、管理效益好，用有限的社会资源投入，最大程度地为社会服务。

三、加大宣传，搞好试点，推进节约能源资源工作的深入开展

各部门、各单位要按照十六届五中全会精神，切实落实节约资源的基本国策，进一步明确建设节约型机关的目标、任务和要求，加强组织领导，坚持统筹规划，突出工作重点，切实推进节约能源资源工作的深入开展。

第一，加强宣传，营造氛围。勤俭节约是中华民族的传统美德，也是治理国家必须长期遵循的行为规范。要采取多种形式，广泛深入地开展建设节约型机关的宣传活动，宣传节约能源资源的先进技术、管理经验和先进典型，倡导节约文化、节约文明，引导广大干部职工正确地认识国情，增强忧患意识、节约意识和责任意识，从小处着眼、从小事抓起、从身边事做起，自觉成为建设节约型机关的宣传者、推动者和实践者。

第二，做好表率，抓好试点。中央国家机关要率先垂范，厉行节约，反对浪费。要着力抓好重点领域和关键环节的试点示范工作，在机关及其下属医院、学校和文化、体育场馆等公共服务领域，选择有代表性的单

位、建筑和关键用能设备进行节能试点，通过加强全过程监控、实施节能改造、改善节能运行管理、推广节能新技术等办法，形成一批节能试点示范工程，创建一批节约型单位。

第三，加强领导，明确责任。各部门、各单位要加强组织领导，制定具体方案，落实管理责任。"一把手"要高度重视，分管领导要亲自抓，实行目标责任制，把责任落实到每个人、每个岗位。国管局、发展改革委、财政部、建设部等有关部门要加强协调，积极配合，形成合力，尽快建立健全节约能源资源的管理体制和运行机制，制定发展规划和计划，完善有关制度、标准，落实有关经费和投资，深入推进节约能源资源工作。

开展节约能源资源工作，建设节约型机关，这是一项长期而艰巨的任务，需要长期不懈的努力。我们要在以胡锦涛同志为总书记的党中央领导下，以邓小平理论和"三个代表"重要思想为指导，深入贯彻十六届五中全会精神，全面落实科学发展观，振奋精神，扎实工作，积极进取，充分发挥表率作用，为建设节约型机关和资源节约型、环境友好型社会作出新的贡献！

加强机关事务工作
促进和谐社会建设

—— 在全国机关事务工作协会三届二次理事会上的讲话

国务院副秘书长兼国管局局长
全国机关事务工作协会会长
焦焕成

　　这次理事会的主要任务是，学习贯彻党的十六届六中全会精神，总结交流一年来全国机关事务工作协会的工作情况，研究当前和今后一个时期机关事务工作面临的任务和贯彻落实《党政机关国内公务接待管理规定》的措施，探讨机关事务管理部门在构建社会主义和谐社会中，如何发挥职能作用的思路。下午，我们全体理事还要列席国内公务接待工作座谈会。国务院领导对公务接待工作十分重视，

　　温家宝总理对贯彻落实《规定》两次作出重要批示，并主持召开国务院常务会议专门听取汇报，国务委员兼国务院秘书长华建敏同志将出席今天下午的会议并作重要讲话。我们要认真贯彻落实国务院常务会议精神和温家宝总理的重要批示、华建敏秘书长的重要讲话精神，进一步加强和改进机关事务工作，充分发挥职能作用，为构建社会主

义和谐社会作出应有的贡献。

学习贯彻党的十六届六中全会精神，是当前全党和全国各族人民面临的重大政治任务，也是机关事务管理部门面临的首要政治任务。下面，结合工作实际，我就机关事务管理部门如何贯彻落实好六中全会精神，促进社会主义和谐社会建设，讲三点意见。

一、充分认识加强机关事务工作对促进和谐社会建设的重要意义和作用

社会和谐是中国特色社会主义的本质属性，是国家富强、民族振兴、人民幸福的重要保证。加强机关事务工作，对于推动党政机关和谐，促进和谐社会建设具有重要的意义和作用。

（一）加强机关事务工作，是促进和谐社会建设的内在要求。六中全会《决定》提出，构建社会主义和谐社会，必须坚持在党的领导下全社会共同建设。在构建和谐社会的各种力量中，党政机关作为党和政府职能的承担者，是和谐社会的主导力量，具有十分重要的地位和作用。一方面，党政机关通过加强自身建设，促进内部和谐，引导各领域、各行业朝着更加和谐的方向发展，发挥着导向和示范作用；另一方面，党政机关通过推动经济建设、政治建设、文化建设和社会建设，推动人与人、人与社会、人与自然的整体和谐，发挥着组织和协调作用。机关事务工作作为党政机关工作的一部分，是机关履行职

能的基础，是干部职工生活的依托。只有切实做好管理、保障、服务的各项工作，才能创造党政机关履行职能的工作环境，为干部职工提供良好的办公和生活条件，使他们全身心地投入工作，为创建和谐机关、构建和谐社会作出贡献。

（二）加强机关事务工作，是消除当前一些不和谐因素的有效手段。目前，我国社会总体上是和谐的，但是也存在一些影响社会和谐的矛盾和问题，有的与机关事务工作有着直接或间接的联系。比如，在资产资金使用方面，还存在热衷于建楼堂馆所、超标准搞豪华装修、行政经费增长过快、运行成本居高不下等问题。在能源资源利用方面，还存在能耗水平高、重视程度不够、浪费严重等问题。在征地拆迁、危旧房改造、职工住宅建设方面，还存在强行拆迁、补偿不到位、集资建第二套住房、引发群众不满意等问题。在公务接待方面，还存在超标准超范围接待、大吃大喝、公款旅游，甚至把办事机构、培训中心变成接待中心、娱乐中心、健身中心的问题。在公务用车方面，还存在超标准超编制购车、公车私用、开霸王车等问题。这些问题虽然都是在改革过程中出现的问题，但性质严重，影响极大，人民群众反映强烈，与端正党风政风，建设为民、务实、清廉的政府机关和构建和谐社会格格不入。为此，一定要从加强党风廉政建设、构建社会主义和谐社会的高度，把加强机关事务工

作和改进机关作风紧密结合起来，采取更加有力的措施，消除这些不和谐因素，为促进和谐社会建设作表率。

二、切实加强机关事务工作，努力促进和谐社会建设

促进和谐社会建设是一个不断化解矛盾的过程。各级机关事务管理部门要准确把握和谐社会的阶段性特征，紧扣机关事务工作中关系和谐社会建设的重点，立足现实，着眼长远，充分发挥职能作用，切实做好各项工作，努力促进和谐社会建设。

（一）积极推进各项改革，注重解决关系干部职工切身利益的问题。六中全会《决定》指出，构建社会主义和谐社会，必须推进经济体制、政治体制、文化体制、社会体制改革和创新。机关事务管理部门承担着推进后勤管理体制、住房制度、物业管理与供热体制改革等任务，这些工作与干部职工的利益紧密相关，职工群众普遍关注，做好这些工作，对于保障他们共享改革发展的成果，营造和谐的工作生活环境，促进和谐社会建设，具有重要影响。为此，一要继续深化后勤体制改革。配合事业单位改革，加快改革后勤服务机构，规范职能配置，转变工作职责，理顺工作关系。积极推进管办分离，充分利用市场机制，加快公务车队、培训中心、宾馆招待所等单位的改组、改制，加快服务的社会化、市场化进程。打破部门分割，解决一家一户办后勤的问题。推动服务联合，提高后勤服务的专业化、集约化水平，切实让干部职工共享高水平、高质量的后勤服务。二要继续深化住房制度改革。加快干部职工住房、周转房建设以及危旧房改造，拓宽住房供应渠道，增加住房供应总量。完善住房补贴制度，建立健全住房补贴动态调整机制，实现住房消费的货币化。抓好住房档案信息系统建设，提高住房管理的科学化、信息化水平。继续完善住房资金管理政策，发挥住房资金对职工住房建设、住房消费的促进和支持应用，推进住房消费的公平和公正。三要稳步推进物业管理和供热体制改革。加快推进住宅小区物业管理社会化进程，建立健全业主委员会制度，推行服务项目、服务规范和收费标准的公示制度，保障居民安居乐业，形成人人共享和谐社会的局面。加快供热体制改革，逐步实行供热费补贴由"暗补"变"明补"，建立健全"谁用热，谁交费"的机制，加强供热应急保障，实现供热的货币化、市场化和社会化。

（二）强化国有资产管理，进一步提高机关运行效能。六中全会《决定》强调，要按照转变职能、权责一致的要求，强化服务、改进管理、提高效能。当前，由于管理分散，资产占有使用不均，导致单位办公条件、职工福利待遇苦乐不均，产生利益部门化问题，降低了资产使用效能，增加了运行成本，影响了机关和谐，更影响到社会和谐。为此，各

级机关事务管理部门要切实加强行政事业单位资产管理，进一步提高机关运行效能，为促进社会和谐创造条件。一是完善资产管理体制。要加快建立权属管理为核心，统一政策、统筹规划、配置科学、利用高效、处置规范的行政事业单位国有资产管理体制；进一步明确资产占有使用部门、机关事务管理部门、财政部门、审计部门在国有资产管理中的职责，建立分工合作、相互制衡的工作机制，克服分散管理的弊端。二是加强资产配置管理。完善通用资产配备标准，合理安排基建投资，严格执行政府采购制度，通过项目代建、竞价租赁等方式，降低资产购建和租赁成本，做到标准统一、口径统一、规则公平、配置公正。三是提高资产使用效益。对资产使用实行分类管理，建立与经济发展相适应、与机关高效运转相协调的资产运行机制，借鉴市场化手段，采用规划管理、量化管理、绩效管理等方式，提高资产使用效益。四是规范资产处置。建立健全资产报损报废和闲置资产余缺调剂、公开拍卖等制度，严格规范资产处置审批，加强对资产处置收益的监管，避免资产流失和资源浪费。

（三）推进能源资源节约，有效降低机关运行成本。建设节约机关，降低运行成本，促进节约型社会建设，是构建和谐社会的一项重要内容。近年来，机关事务管理部门坚持以科学发展观为指导，大力开展能源资源节约工作，取得了一定成效。但是，目前机关

能耗水平还很高，资源浪费比较严重。最近，温家宝总理和曾培炎副总理对我国节能降耗工作又作出重要批示，要求抓紧建立统一、科学、权威的能耗标准，及早部署明年的节能降耗工作，力争取得明显成效。机关事务管理部门要按照这一要求，深入推进政府机构能源资源节约工作，努力建设节约型社会。一是要持续深入地开展宣传教育活动。积极宣传节约能源资源的先进技术、管理经验和先进典型，增强干部职工的忧患意识、节约意识和责任意识，从节约一滴水、一度电、一张纸做起，使人人成为资源节约的宣传者、推动者和实践者。二是要切实抓好节能、节地、节水、节材工作。重点抓好建筑节能，严格执行公共建筑设计节能标准，全面开展新建建筑节能评审，组织既有建筑节能改造，加强土地规划管理和集约利用，大力发展节能省地型住宅和办公楼。10月10日，国务院办公厅转发了国管局、中直管理局《关于进一步加强和改进中内单位用地管理工作意见》，30日，我们召开了中央单位土地管理工作会，我们要贯彻落实文件和会议的精神，进一步加强土地资产的管理。同时，要积极推广使用节水设备，提高水资源的重复利用率；大力使用节能环保型办公材料和再生材料，健全办公耗材的消耗核算制度。三是要进一步加强公务用车管理。严格控制公务用车编制规模，减少公车数量，倡导使用小排量经济型汽车，加大节油降耗透明度

和检查工作力度，实行定点保险、定点加油和定点维修。四是要完善政府节能采购制度。扩大政府节能采购产品种类和范围，发挥政府采购的政策导向作用，从源头上控制能源资源消耗总量和消费规模。五是要建立能源资源节约的长效机制。抓好工作规划，积极推进合同能源管理、节能产品认证等新机制，建立健全能源资源节约的法规制度和标准规范体系。

（四）加大监管工作力度，努力建设清正廉洁的政府机关。六中全会《决定》强调，"反腐倡廉是加强党的执政能力建设和先进性建设的重大任务，也是维护社会公平正义和促进社会和谐的紧迫任务"。机关事务管理部门管钱、管物、管资产，能否做到为民、务实、清廉，关系到政府的执行力和公信力，关系到社会和谐。为此，要结合治理商业贿赂专项工作，加强对重点领域的监管，从源头上预防和治理腐败，努力建设清正廉洁的政府机关，切实发挥机关事务管理部门在构建和谐社会中的表率作用。第一，要管好用好各类资金。要做深、做细部门预算，完善经费预算标准和政府收支标准，全面掌握资金总量和来源情况，管好资金入口；要把握基本支出、项目支出等各类资金流向、运行方式和内在规律，建立健全绩效评价机制和追踪问效制度，有效控制政府机关支出；要重点加强对基建投资、住房资金、政府采购资金的监管，完善资金使用审批制度、管理责任追究制度和违纪违规问责制度，建立风险预警机制和应急处置机制，确保资金安全。第二，要规范政府采购行为。认真贯彻落实《政府采购法》，完善操作规程，健全工作机制，切实把政府采购工作纳入规范化、法制化的轨道；遵循公开、公平、公正的原则，完善供应商询问和质疑的受理、处理和程序，增强采购活动的公开性和透明度，保障供应商的合法权益；建立健全廉政责任制度和内部监督制约机制，加强对采购工作人员的教育管理，严肃查处违规操作、收受贿赂等问题，使政府采购真正成为"阳光下的交易"。第三，要加强公务接待管理。当前，公务接待工作还存在超标准接待、超范围接待、铺张浪费、以权谋私等问题，增加了财政支出，滋生了腐败问题，损害了政府形象，影响了社会和谐，引起了中央领导的高度关注。10月20日，中央办公厅、国务院办公厅印发了《党政机关国内公务接待管理规定》，11月3日和10日，温家宝总理就贯彻落实《规定》两次作出重要的批示，15日又主持召开国务院常务会议专门听取汇报。各级机关事务管理部门要认真贯彻落实国务院常务会议精神和温家宝总理的重要批示精神，充分认识做好公务接待工作的重要意义，切实贯彻《规定》的要求，完善管理体制，健全工作制度，强化内部管理，提高接待服务水平，使公务接待工作真正为政府机关服务、为经济社会发展服务、为构建和谐社会服务。

（五）抓好精神文明创建，大力弘扬社会主义道德规范。近年来，中央国家机关和各地机关事务管理部门认真学习贯彻"三个代表"重要思想，结合保持共产党员先进性教育等活动，深入开展了"做人民满意公务员"和"创文明机关、当人民公仆"等群众性精神文明创建活动，在倡导和谐理念，培育和谐精神，形成文明向上的精神风貌等方面，取得了良好效果。当前，要以六中全会精神为指导，在构建社会主义和谐社会的进程中，坚持以开展群众性精神文明创建活动为主线，大力弘扬社会主义道德规范，形成心和气顺、团结协作、奋发有为、文明向上的和谐氛围。一要以人为本，坚持活动宗旨。以干部职工为主体，坚持以他们的思想、工作、生活实际出发，把马克思主义指导思想、中国特色社会主义共同理想、以爱国主义为核心的民族精神、以改革创新为核心的时代精神，以及社会主义荣辱观融入思想政治和道德教育工作全过程，用社会主义核心价值体系凝聚力量、激发活力，不断增强他们的自信心和自豪感，努力营造人文关怀的工作氛围。二要改革创新，完善活动体系。加强与宣传、文化、教育等部门的沟通配合，形成全面持续、协调联动的工作机制，逐步建立起规范化、程序化、标准化、多层次的管理体系，使创建活动深入持久地发挥作用。三要与时俱进，丰富活动内容。把握经济社会发展形势，深入分析干部职工思想和心理动态，使创建活动贴近现实、形式多样、生动鲜活、效果明显。当前，要着重加强以"八荣八耻"为主要内容的社会主义荣辱观教育，广泛开展社会公德、职业道德、家庭美德和心理健康教育，大力弘扬爱国、敬业、诚信、友爱的社会主义道德规范，塑造理性平和、积极向上的社会心态，努力营造讲文明、知荣辱、树新风、促和谐的社会氛围。

（六）加强社会事务管理，营造安定和谐的社会环境。六中全会《决定》指出，"加强社会管理，维护社会稳定，是构建社会主义和谐社会的必然要求"。机关事务工作与干部职工的利益紧密相关，有的还直接影响到人民群众的合法权益和社会的和谐稳定。各地机关事务管理部门与社会事务管理直接相关，特别是省会所在地的机关事务管理部门关系更加密切。因此，必须进一步加强社会事务管理，妥善处理各种利益关系，努力营造安定和谐的社会氛围。一是抓好机关治安综合治理。完善内部防控体系，落实安全责任制，切实维护机关安全。特别是在征地拆迁、危旧房改造中，要坚持依法行政、依法办事，建立科学有效的利益协调机制、诉求表达机制、矛盾处理机制和权益保障机制，促进社会和谐稳定。二是努力建设平安机关。要完善突发事件应急处置机制，拓宽社情民意表达渠道，妥善处理各种突发事件，保障机关办公秩序。要强化交通安全管理，加大宣传教育力度，落实交通安全责任制，

领导谈后勤

努力压减交通事故。三是积极创造良好氛围，加强绿化美化工作，开展环境综合整治，创建绿色办公区和绿色居住小区。继续做好计划生育工作，落实目标管理责任制，宣传科学婚育观念，倡导文明健康的生活方式。

三、加强自身建设，为构建和谐社会提供有力保障

（一）加强职能建设。各级机关事务管理部门要全面把握机关事务工作的性质、地位和作用，加强与有关部门的沟通协调，合理划分国有资产、经费预算、基建投资、政府采购等方面的工作职能，努力构建集中统一、权责明确的管理体制。要按照"执行力是政府工作的生命力"的要求，从确保政令畅通、提高政府公信力的高度，把管理、保障、服务的各项职责落实到岗位，落实到人头，做到权责一致、岗责到位。要建立以行政首长为重点的行政问责制度和绩效评估制度，把行政问责与纪检监察和审计监督结合起来，做到有责必问、有错必纠，切实提高履行职能的质量和水平。

（二）推进管理创新。六中全会《决定》指出，要坚持把创新精神贯穿到治国理政的各个环节。机关事务管理部门要按照这一要求，保护创新热情，鼓励创新实践。要建立科学民主决策机制，合理划分决策权限，规范决策程序，健全决策监督机制和决策纠错改正机制，严格执行决策问效制度，使各项决策实现最大的管理效益。要改进管理方式，推行规划管理、量化管理和绩效管理，加强电子政务建设，推广应用网络办公系统，加快国有资产、办公用房、政府采购等业务系统建设，提高管理信息化水平。要深化行政审批制度改革，规范审批程序，落实审批责任，严格审批监管，为干部职工提供方便、快捷、优质的服务。

（三）加强制度建设。温家宝总理指出："要完善管理制度，用严格的制度加强和改善机关事务管理工作"。制度是公平正义的根本保证，也是社会和谐的根本保证。为此，首先要完善制度办法。建立健全国有资产、办公用房、土地、公务用车、公务接待、政府采购、住房资金管理等办法，规范工作流程，完善管理程序，明确工作责任，确保服务保障效果。其次要加快机关事务立法。借鉴国内外好的经验和做法，推动机关事务条例的出台，用法制形式明确机关事务工作的定位，规范工作职能，明确管理内容，理顺工作关系，完善配套措施，逐步建立结构合理、层次分明、内容完备、协调统一的机关事务法规制度体系，实现依法管理、依法保障和依法服务。

（四）提高能力素质。要强化政治理论学习。刻苦学习马克思主义、毛泽东思想和邓小平理论，当前尤其要认真学习"三个代表"重要思想，研读《江泽民文选》，领会六中全会精神，提高思想政治素质，不断增强工作

中国税务后勤建设

的原则性、系统性、预见性和创造性。要抓好业务技能的学习。摒弃"前半生充电、后半生放电"的落后观念，增强危机感和使命感，有针对性地开展经济理论、科技知识、法律知识和资产管理、基建投资、政府采购等业务知识的培训，开展各类专业技术、技能的培训，不断提高公务员、经营管理人员的政策水平和管理水平，提高各类专业人员的技术、技能水平。努力建设一支政治强、业务精、作风正的干部职工队伍。

六中全会《决定》提出，要"健全社会组织，增强服务社会功能"，"发挥行业协会、学会、商会等社会团体的社会功能，为经济社会发展服务"。协会组织作为联系政府和人民群众的桥梁和纽带，具有多种功能，可以起到政府起不到、也不应当起的作用。近年来，各地机关事务工作协会组织机构日益健全，制度建设日趋规范，业务工作逐步深入，工作成效日益显现，成为机关事务管理部门的得力参谋和助手，有力地推动了机关事务工作的改革与发展。今年以来，全国机关事务工作协会进一步贯彻落实温家宝总理在全协第三次会员代表大会暨机关后勤先进集体先进工作者表彰大会上的重要讲话精神，严格按照华建敏国务委员的要求，围绕中心，服务大局，加强组织建设，开展培训交流，抓好舆论宣传，开展课题调研，强化内部建设，做了大量工作，取得了显著成绩。贯彻落实党的十六届六中全会精神，大力推进和谐社会建设，不仅是各级机关事务管理部门，也是各地机关事务工作协会面临的重要政治任务。协会组织一定要继承优良传统，利用自身优势，继续发挥好参谋助手、桥梁纽带、组织咨询和舆论宣传的作用，为构建和谐社会添砖加瓦，再立新功。

加强机关事务工作、促进和谐社会建设责任重大，意义深远。我们要紧密团结在以胡锦涛同志为总书记的党中央周围，高举邓小平理论和"三个代表"重要思想伟大旗帜，深入贯彻党的十六届六中全会精神，全面落实科学发展观，积极进取，开拓创新，扎实工作，全面履行管理、保障、服务职能，为构建社会主义和谐社会贡献力量。

在全国税务系统
后勤工作座谈会上的讲话

国务院机关事务管理局

后勤体制改革司司长

王春林

2001年11月26日（根据录音整理）

（节选）

　　第一个体会，从我们当前来讲，要认清形势，应对挑战，增强紧迫感。我感觉到从形势来讲就是我们后勤工作，包括后勤改革，面临着三个方面的挑战。

　　第一个就是国家发展市场经济，进一步加大改革开放、加快市场化进程这样一个形势的挑战。大家知道我们去年的人代会通过了国家的"十五"计划发展纲要，在纲要里有一个重要的表述直接和我们后勤有着紧密的关系。我把它提炼了一下，纲要里面特别提出要发展服务业，要提高供给能力和水平，要以市场化、产业化和社会化为方向，发展面向生活和生产的服务业，这是和我们后勤服务社会化改革目标联系比较紧密的。纲要里还提出要转变观念、突破体制性障碍、打破垄断、放宽市场，形成有利于服务业发展的体制环境，这也和服务业有很重要的关系。纲要里特别提出要加快机关、医院和企事业单位后勤服务的社会化进程，就是要把后勤服务单位逐步改制为独立的法人企业。这些论述涉及到了后勤服务社会化，是新中国成立以来在政府的重要文件中第一次提到"机关后勤服务"的概念。它把机关后勤服务业列为整个社会服务业的一个组成部分，也就是说后勤服务不再是局部的、个别的、某个单位、某个地区、某个部门的事，而是已经纳入了整个国家的计划，成为整个国民经济发展的重要链条和环节。过去的后勤工作都是在一种封闭的状态下，以单位、部门为主体办后勤，随着改革开放进程的推进，后勤的格局已经发生了很大的变化，后勤的资源正在逐步地与市场接轨，面向市场。经过改革开放20年的发展，已经纳入了社会化服务的体系当中，所以在计划当中特别明确把我们的工作列入了国家计划，这是非常重要的。特别是纲要提出了关于后勤改革发展服务业的内容，应该说是从战略的高度指明了今后一个时期后勤改革的发展方向，也是未来我们机关后勤改革和发展的一个根本的行动指南。今后我们要按规划提出的要求来考虑、来设计、来推进我们后勤服务社会化改革的进程。这应该说是一件非常好的事情，因为你的工作得到国家的认可，已经成为整

个社会发展的一个重要的组成部分，但这对我们来讲也是一个很大的压力和挑战。也就是说我们基本上要完成改制，要成为独立的一个法人企业，这是在"十五"期间基本上要达到的一个目标，已经提出了一个时间的要求，这要求我们要进一步加快改革的进程。

第二个就是来自国际竞争的挑战。最近我们刚刚完成了加入WTO组织的工作，我们已经成为世贸组织的一个正式成员。这对于我们的改革开放，对于我们现代化的进程无疑是一个大的推动力。从我们后勤服务来讲，也面临着这样一个环境。很多东西都与我们保障工作和后勤工作有很大关系。这里面特别有一点，就是我们进入WTO以后，国际服务资本将大量地进入中国的市场。我看了一些这方面的报道，在这方面基本上没有多少保护。在短时间内有一些产业允许你有一段时间的调整，但是对我们后勤服务业，除去银行金融这个方面我们有一段时间的保护，其他大量的服务业也就是第三产业，我们将面临国际竞争的压力。它要求你对外国的服务企业、外国的服务资本也提供国民待遇，要和你国内的企业一样，不能搞歧视，不能搞保护。这对于我们后勤保障工作是一个很大的挑战。从当今世界发展的形势讲，随着科技革命的发展、经济的全球化，服务资本进入我国以后应该说对我们后勤服务、改革形成了很大的压力。二战以后西方发达国家提出服务创新体系。这个创新体系是以市场为基础以企业为主体，但也涉及到为政府

服务这一块。具体来讲有技术、服务、金融这三个大的领域，和我们机关关系比较大的就是服务业，包括我们将来的政府采购、物业管理，还包括一些工程。这个创新体系摆出一个很大的架势要和中国的企业竞争。从我们现在的后勤改革的进程来讲，经过几十年的改革有了很大的变化。但在传统的计划经济体制下形成的"大而全"、"小而全"部门所有、分割封闭的格局还没有根本打破。我们加入WTO后它的服务业要和我们竞争，我们现在这样一个格局，在竞争方面我们的优势应该说是不多的，所以后勤改革如何推动我们加快产业结构调整、推动联合，任务是很紧迫的。我们再不能像过去一样留恋那种在分割的、封闭的状态下办后勤的状况。你要用市场的规则，由市场来评判。如果不能很快地调整，那么将来在这个竞争面前我们就会面临很大的冲击。能不能占有市场，能不能立足，都是要研究的问题。

第三个挑战是来自我们同行业的改革。主要是企业的、高校的、部队的后勤改革，医疗卫生战线的后勤改革。这几个行业后勤改革推进的力度都是比较大的。特别是高校。高校提出在2003年底后勤服务全部社会化。也就是说后勤要从高校中剥离出来，为高校提供服务，也为社会提供服务。它从人、财、物，从体制上，都要剥离出来。从军队后勤改革来讲，提出"三军联勤一体化、军官福利货币化"。它分两步，第一步生活保障用三年到五年的时间(在2005年左右)，一些大城市的机关里面要实现社会化。部队的情况比较特殊。国防建设和现代战争联系紧密，和地方情况还不太一样。现代化战争就是打后勤的，就看你的保障工作能不能跟得上。没有供给，最后就只有投降。现代化的战争情况对后勤保障提出了更高的要求。最近几年我才知道一个情况，日本的一些大的物流公司，最开始时只是从家庭生活、日常用品的配给配送做起，服务很好，现在已经发展到在现代化战争情况下，物流组织能够运输坦克飞机导弹，这都是私人企业。它现在可以达到这种程度，这是和市场接轨的，为现代化战争提供快速的供给。因此我们的后勤能够放在市场的就要放到市场。一个单位一个企业，包括我们社会方方面面，所有都是这样一个体制，就是"小而全"、"大而全"，这样一个体制已经不适合形势发展的需要了。最近医疗改革力度也很大。医院、门诊、药品三者也是要分离的，这也是和市场相联系的。

我们机关后勤改革提出得较早，包括一些目标、原则、指导思想、做法，但从上面来讲我们的进程要慢一些。现在看来我们要借鉴同行业的做法，推进机关的后勤改革，争取在"十五"期间有突破性的进展，这是一个很重要的挑战。不能在单位的框架里搞改革，要形成规模化的大集团或联合实体。如何解放后勤部门的生产力，打破体制上的障碍，要按"七一"讲话精神与时俱进。经过一段时期，在这方面有所突破，这就需要我们鼓起改革的勇气，加大改革的力度，来应对这个挑战，推动我们事业的发展。

中国税务后勤建设

第二个体会是"十五"期间机关后勤改革的主要任务，我理解就是围绕一个目标、三个重点、突出五项改革。

一个目标。就是要初步实现后勤服务的社会化。从国家机关来说，就是用三五年时间达到自收自支。

三个重点。第一个是要建立起新型的后勤管理体制。首先对机关后勤工作要有一个科学的定位，通过资产的管理来给机关提供服务，资源摆在那是产生不了作用的。只有通过它的活动才能形成保障能力，不能因为人的能力不同而否定后勤的职责。其次是要立足管理创新，改革我们一些管理制度和方法。后勤管理职能主要是围绕着资产、经费、合同的管理。这就是一种管家的职能。我们要监督服务单位的合同，要建立合同化的管理制度，这一点比较突出。我们的供应体制是政府集中采购，我们也要创新。从财政上来讲，财政部门正在搞部门预算，以解决各部门在资金拨付、经费使用上出现的一些问题。另外，结合住房制度改革，对办公楼加强集中统一的管理，分散无序的管理是不行的。最近国管局发了一个58号文件，统一对办公用房的管理，但从资产管理上按照国家政策办，不会把办公楼拿走，这个大家不用担心。但将来资产在使用过程当中要有一个部门对它负责，不能随便改变资产的管理权限。将来的管理要发挥部门的积极性，会逐步实行租金制，它是和市场接轨的，是比较科学的。就是根据你的人员编制，拨给你租用办公用房的经费，没有那么多钱大家就不会去抢那么多的房子。第三就是建立科学规范的后勤评估体系。

第二个重点就是建立对后勤服务保障质量的科学的评估体系。我们提出后勤改革的目标之一就是后勤保障法制化。中国人的习惯是搞规章制度，但要搞一个科学的规章体系，不是很容易的。后勤工作不能每件事都是按领导指示办，要根据规章办，要依法行政，将来市场经济要公平竞争，就要依法办事，欧美发达国家都是如此，将来我们管理局这样的后勤主管部门就是要加大这个力度。

第三个重点就是灵活多样的后勤内部机制。后勤服务中心的内部机构、组织结构的设置是否合理是最值得研究的问题。内部机制要先进，组织形式要企业化，提供的劳动要市场化，要采取企业化的一些做法。

五项改革。一是继续推进后勤体制改革。一要规范后勤管理的职能。二要全面推进和完善结算制度的建立。三要贯彻落实58号文件，结合实行物业管理，统一办公用房的房地产权属管理，推进办公楼管理市场化的进程。四要对涉及到资产，非经营性资产如何保障保全并合理安全地使用，如何管好经营性资产使其做到保值增值。五要会同有关部门，在经费、税收、住房、医疗、养老方面研究制定系统化的配套政策，改革才能推进。六要对重点、难点、热点问题加大政策研究力度，提出相应对策。

第二项改革就是住房制度改革。这个工作大家都比较熟悉，我就不多说了。

第三项改革就是房地产与物业管理的改革。在新形势下我们要向专业化物业管理方向发展，各后勤管理部门都要取得相应的资质认定，否则你就不能承担办公楼的管理了。税务总局在这方面是做得很好的，在食堂、物业、房地产管理等各方面管理得很规范，在国家机关中都是走在前面的，是标竿单位，也得到了朱总理的好评，这就体现了专业化管理水平。

第四项就是资产管理的改革。从盘活资产，从发挥市场对资源的调节配置作用上，从政策上加以改革。

第五项改革就是生活的改革。发展趋势就是逐步实现货币化，把现在各种与个人相关的生活保障，用货币补贴形式加入到个人的工资里面。当然还要注意社会的影响力，如公务用车的改革如何搞，如果补贴很多，社会上会有反响，对改革有负面影响。国家机关的后勤改革进程不一，有快有慢，但总方向如此，有条件可快一些，条件差的可慢一些，不必要求统一。对特殊的问题格外地注意，要认真加以分析，如果出现大的闪失就会影响改革的推进。

第三个体会就是坚持服务宗旨、做到三个服务：为党和国家的中心工作，为机关服务，为干部职工服务。不管我们后勤发展到什么样的形式，都要做好服务保障工作。如果认为改革了、核算了，为一些小钱就跟机关计较，反而影响了服务质量，那就失去了改革的意义。

第四个体会就是发展的问题。后勤工作是资产管理，但又是一项经济工作，要产生经济效益。如何与市场结合，发挥资产的最大效益，就是投入和产出的问题，这就是发展的问题，服务中心要壮大自己的实力，做什么工作没有钱是不行的，这就要发展。

第五个体会就是要做到物质文明与精神文明协调发展。说一千道一万，所有后勤工作都是要靠人来做的。在新形势下要提高我们队伍的整体水平，后勤工作就需要一批有相当的文化、相当的管理经验、相当的专业知识和技术能力的队伍。上个世纪前期的经济增长因素中是资本投入占比例大，后期就倒过来，资本与劳动技术所占的比例发生了根本的变化，将来提高效益主要是靠人的因素、知识科技的因素，所以后勤也要做出相应的调整。要着眼于形势发展的紧迫性，要调整人员结构，吸纳有知识、有学历的人员进入我们的后勤队伍里边，才能把后勤保障工作做得更好。

在接见全国税务系统第一次后勤工作座谈会全体代表时的讲话

国家税务总局局长 金人庆

2001年11月26日

（根据录音整理）

　　这一次是全国税务系统历史上第一次后勤工作会议，党组对这次会议也非常重视。今年我们的税收形势不错，14号，镕基总理、岚清副总理、忠禹国务委员以及中央有关部门很多领导同志都到我们局里视察工作，对当前的税收工作、我们的金税工程给予了充分肯定。我想今年税收收入大概可以达到15000亿，增量估计可以超过去年。这个成绩的取得，我始终认为，军功章里有你们的一半功劳。这个话不是客气的话，是我真心的话，我讲过几次，因为兵马未动粮草先行啊。这个一百万大军要能打仗，首先要把后勤办好，把人心稳住，人都是要吃饭的，要睡觉的。衣食住行解决不好是没法打仗的。并且你们的后勤工作不单是保证衣食住行，这里面还有大量的政治思想工作。党和政府的温暖，总局党组对一百万大军的关心都得靠你们去做。你们做好了，大家心稳定了，生活有保证了，干起活来就有劲。包括搞廉政建设也得有条件。如果大家吃不好饭，睡不好觉，你光叫大家要廉政我看也难。当前我们改革的内容很多，随着很多利益的调整，搞金税工程，搞科技加管理，机关要管人，都是年轻人，得自己想办法。我一直讲，我们要通过我们的工作使每一个职工丰衣足食、人尽其才。而这些工作就是靠大家去做。你们做好了，我们的精力就可以集中到更大的一些事情上，来认真研究怎么把中央对我们税收工作的要求贯彻好落实好。所以我想这次会议尽管是第一次，是总结我们这几年来在这方面的经验，我希望把会议开得更好，特别是回去以后能够结合各个省各个地区的实际情况，向领导汇报，把我们的后勤工作做得更好。我想做好后勤工作，首先一个，还是大家要认真体现总书记讲的"三个代表"重要思想。"三个代表"重要思想里面最重要的一条就是要代表最广大人民的根本利益。我们这里是要代表一百万税务干部，而不是为少数几个人服务。你们的工作首先应该为一百万人服务，为第一线服务，为基层服务，为艰苦地方的同志服务。要倒过来，不要首先是为上层服务，为少数领导干部服务，当然领导干部也需要吃饭也需要睡觉，也需要服务。但更主要的是要为多数人服务，我看这个事情一定要贯彻下去，做好了，我们就能得到一百万大军的拥护，那我们的工作就可以做好。第二，我们又要把后勤办好，但是一定要贯彻勤俭持家、节约办事的思想。总理讲了明年经济工作困难很大，一个是要把该收的钱收上来，一个是要把该省的钱省下来。办好后勤不是说摊子要越铺越大，钱花得越多越好，我看花钱会花跟不会花大不一样，有的钱花得很多不一定有好的效果，有的钱花得并不多但效果很好。所以我们搞后勤的要体现这种思想。第三，后勤需要改革。要使后勤工作搞好，要保证把钱花到刀刃上，花出效益来，靠大锅饭不行。所以我们这两年后勤已搞了一些改革，我看还要从体制上、从机制上动脑筋。首先要把搞后勤工作的人积极性调动起来，把我们服务对象的积极性调动起来，大家来管好这个家。管家也要提高透明度，要公平公开，公正公道，这个家就好当了。靠少数靠你们几个人忙，几十个人忙，几百个人忙，我看不行。所以我们得民主地来办这个家庭，办这个大家庭。最后一条，搞后勤的人不是谁都可以搞得好。我看要搞好后勤，首先要有一个好的班长，要有一个好的班子，更关键的是要有一个全心全意为大家服务的思想，要有吃苦耐劳的思想，并且要以身作则，自己不占不贪，我看就有希望。所以我说我们要建设好这个班子，也包括要提高我们每个后勤人员的素质。做饭你得有技术呀，盖房子也得有技术呀，做后勤的人，三百六十行，行行出状元。每一行都应该精通自己的工作。这样的话，有一种职业的道德，职业的技能，有一种全面的素质，我看有这几条，大概我们的后勤可以搞得非常好。所以我这一次衷心地感谢大家，感谢大家为总局党组分忧，感谢大家为一百万税务大军操劳，同样也希望大家把工作做得更好，把我们的后勤工作搞得更好，为我们新世纪的税收工作创造更好的条件，提供更好的物质基础。谢谢大家。

中国税务后勤建设

国家税务总局局长谢旭人
关于总局机关后勤工作的重要指示

在2004年2月11日下午召开的局领导办公会上，谢旭人局长在听取了机关服务中心主任邢幼平同志所作的汇报之后，做出如下指示：

机关服务中心2003年的工作做得很好，尤其是在后勤保障和抗击"非典"工作方面成绩突出。2003年，税收工作取得了很大成绩，这里面也有后勤部门(包括全税务系统后勤工作的)同志们的一份功劳。我们的机关后勤工作要做到四个方面：把握政策、加强管理、热情服务、廉洁奉公。

第一个把握政策。就是要按政策办事，要多宣传中央、国务院提出的路线方针和各项机关后勤工作的政策、法规，要吃透精神、遵照执行。

第二要加强管理。要发挥后勤资源的潜力，管好总局的资产，搞好成本核算、开源节流。要抓紧对机关食堂和金三环宾馆的管理，还要管好人。管理要做到制度化、规定化、系统化，搞好了管理就必然会取得应有的效益。

第三要做到热情服务。要搞好机关的各项服务工作，要做到热情地为机关工作服务，为职工生活服务。

第四要廉洁奉公。后勤部门都管钱、管物、管事，有一些权力，你们自身要做到艰苦奋斗、廉洁奉公，后勤队伍建设要包括这个内容。

在接见全国税务系统后勤工作座谈会代表时的讲话

国家税务总局局长 谢旭人

2006年12月20日（根据录音整理）

首先，我代表总局党组向参加全国税务系统后勤工作座谈会代表们表示亲切的问候！并通过你们向全国税务系统后勤部门的同志们致以崇高的敬意！对你们的辛勤劳动表示衷心的感谢！

这些年来，全国税务系统后勤工作取得了显著成绩，有力地保障了机关正常运行，保障了税收工作的顺利开展。机关后勤工作很繁杂，不仅包括物业、车辆、基建、食堂、办公场所维护和管理等机关事务工作，也包括职工住房、医疗、生活服务等机关福利事务工作。后勤部门同志们的努力工作和优质服务，对于保障机关工作开展，解除干部后顾之忧，构建和谐机关，推动税收各项工作发挥着积极的作用。当前，我国税收形势很好。今年全国税收收入预计达到37600多亿元，比去年增加6700亿以上。国家税收收入稳定较快增长，大大增强了国家综合实力，提高了财政能力，为增加公共产品和公共服务奠定了良好的物质基础。全国税收收入能保持稳定较快的增长，首先得益于国民经济稳定较快增长，得益于各级党委、政府对税收工作的支持和广大纳税人纳税意识的不断增强；同时，也是全国税务系统广大干部职工努力工作的结果，这里也凝聚着后勤部门同志们的辛勤劳动。

党的十六届六中全会和最近召开的中央经济工作会议提出了促进国民经济又好又快发展、构建社会主义和谐社会的新任务，对发挥税收作用提出了新的更高的要求。税务部门责任重大，任务光荣。各级税务机关要认真学习贯彻六中全会和中央经济工作会议精神，全面落实科学发展观，努力做好各项税收工作，促进社会主义和谐社会建设。对于税务系统后勤工作，宋兰同志将代表总局党组在会议上作具体部署，希望各级税务机关认真贯彻落实。这里，我简单提几点要求：

第一，提高认识，增强责任。广大后勤干部职工要深刻认识做好后勤工作对于保障税务工作的重要意义，进一步树立"围绕中心、服务全局"的理念，增强后勤工作的责任感和使命感。要坚持"为机关工作服务、为干部职工生活服务"的宗旨，强化服务意识，提高保障能力和服务水平，进一步推动和谐机关建设，为税收工作提供有力的保障。

第二，把握政策，认真落实。后勤工作政策性很强，涉及面很广，特别是住房、医疗服务等，关系到每个职工的切身利益。因此，后勤部门在工作中既要准确把握政策要求，严格遵守制度规定，又要在政策允许的范围内，积极主动热情地解决干部职工工作和生活中存在的困难。要善于做思想工作，对于一些超越政策规定的要求，要耐心细致地做好解释。把握政策，热情服务，是我们做好后勤工作的一项重要原则。

第三，积极开展科学化、精细化管理。科学化、精细化管理是科学发展观在税务管理工作中的具体体现。我们不仅要在税收征管工作中全面实施科学化、精细化管理，在后勤工作中也要积极开展科学化、精细化管理。按照温家宝总理提出的"管理、保障、服务；廉洁、务实、高效"的要求，切实做好后勤管理工作，努力提高效率，不断优化服务，增强保障能力。要按照市场导向、监管到位、廉洁高效、保障有力的要求，不断推进后勤管理体制改革，切实提高后勤管理效能。要健全科学的管理机制和程序，加强制度建设，强化科学管理，不断提升后勤工作的效率和服务水平。

第四，大力推进节约型机关建设。建设节约型机关是建设节约型社会的重要内容。总局党组制定了进一步推进税务系统节约型机关建设的意见，希望各级税务机关认真贯彻落实。总的来看，这些年来各级税务机关十分重视节约型机关建设工作，积累了不少成功的经验，但是工作还有差距，今后的任务更为艰巨。推进节约型机关建设，首先必须加强宣传教育大力弘扬艰苦奋斗精神，增强干部职工勤俭节约意识，提高税务干部节约资源的自觉性。二是，各级领导要高度重视，精心组织安排，严格考核检查，加强日常监管。重要的是各级领导干部要以身作则，积极带头节能节水节电，发挥表率作用。三是，大力实行科学管理。建立健全行之有效的制度，加强设备运行管理、物资使用管理、财务管理，加强审计监督，认真贯彻公务接待管理规定。四是，积极运用节能、节水的先进科技手段，因地制宜地对设备进行技术改造，提高设备运行效率。

第五，切实加强机关后勤队伍建设。坚持以人为本、从严治队、努力建设一支政治强、业务精、作风正的后勤干部职工队伍。加强和改进思想政治工作，增强后勤干部职工的大局意识和服务意识。加大职工培训力度，努力提高后勤干部职工的业务能力和综合素质。加强税务职业道德建设和党风廉政建设，提高后勤干部职工的职业道德修养，形成"爱岗敬业、公正执法、诚信服务、廉洁自律"的良好税务系统职业道德风尚。

同志们，后勤工作大有作为。希望广大后勤干部职工增强责任感和事业心，认真摸索和研究后勤工作的规律，创新管理，踏实工作，在今后的工作中取得更大成绩，为促进税收工作事业发展作出新的更大的贡献。

加强后勤管理 保障税收工作

国家税务总局局长 谢旭人

税务机关后勤服务、机关经费使用、资产管理为主要内容的机关事务管理工作，是做好各项税收业务工作的重要保障。加强税务机关后勤管理，对提高税收工作质量和效率具有重要作用。各级税务机关必须高度重视并做好后勤管理工作，为税收事业的发展提供有力的保障。

一、明确加强后勤管理的总体要求

加强税务机关后勤管理工作，必须认真贯彻新时期税收工作指导思想，坚持聚财为国、执法为民的工作宗旨，围绕推进依法治税、深化税收改革、强化科学管理、加强队伍建设的税收工作主题，以保障有力、注重效率、服务优化为目标，全面实施科学化、精细化管理，促进各项税收工作的顺利开展。各级税务机关要把加强后勤管理作为履行职能的基础，紧紧围绕税收工作中心，切实做好管理、保障、服务工作，给干部职工创造

良好的工作环境和生活条件，使他们全身心地投入税收工作。后勤干部职工要深刻认识做好后勤工作的重要意义，牢固树立围绕中心、服务全局的理念，不断增强为机关工作服务、为干部职工生活服务的意识，认真落实各项规章制度，严格抓管理，勤俭办事业，努力提高管理水平和服务质量，为税收工作提供有力保障。

二、落实后勤管理政策

后勤管理工作政策性强，涉及面广，许多工作都直接关系到干部职工的切身利益。要加快推进机关后勤改革，不断强化事务管理的职能，逐步建立以权责明确、行为规范、运转协调、廉洁高效为目标的机关事务管理体制。坚持以资产管理为核心，以保障机关高效运转为目的，切实加强国有资产、基建、采购、配置资源和后勤服务的管理。要正确处理改革、发展、稳定的关系，坚持在保持

稳定的前提下实施改革，立足实际，找准重点，积极稳妥地推进各项改革。后勤部门在工作中既要准确把握政策要求，严格遵守制度规定，又要在政策允许的范围内，积极主动热情地解决干部职工工作和生活中存在的困难。要善于做思想工作，对于一些超越政策规定的要求，要耐心细致地做好解释工作，化解矛盾，推进和谐机关建设。

三、实施科学化、精细化管理

税收科学化、精细化管理是科学发展观在税务管理工作中的具体体现。科学化管理就是要从实际出发，积极探索和掌握税收工作规律，善于运用现代管理方法和信息化手段，建立健全税收管理制度体系，按照有关法律法规的要求规范管理工作，提高管理的实效性。精细化管理就是要按照精确、细致、深入的要求，明确职责分工，优化业务流程，完善岗责体系，加强协调配合，避免大而化之的粗放式管理，抓住税收管理的薄弱环节，有针对性地采取措施，抓紧、抓细、抓实，不断提高管理效能。科学化、精细化管理是有机的整体，要把科学化、精细化管理要求落实到税收管理各个环节，落实到税务干部的岗位职责之中。税务部门不仅要在税收业务管理工作中全面实施科学化、精细化管理，在行政管理以及后勤工作中也要积极开展科学化、精细化管理，双轮驱动，协调

发展，全面提升税务部门的管理水平。按照温家宝总理提出的"管理、保障、服务；廉洁、务实、高效"的要求，切实做好后勤管理工作，努力提高效率，不断优化服务，增加保障能力。要建立健全科学的管理机制和程序，坚持科学民主决策，建立和完善群众参与、专家咨询和集体决策相结合的决策机制，从制度上保证后勤管理决策的科学化民主化。全面推行政务公开，丰富公开内容，完善公开形式，规范公开程序。凡涉及干部职工利益的各项后勤管理制度和措施的制定，都广泛征求干部职工的意见。要加强制度建设，不断完善财务、住房、物业、车辆、餐饮、安全、医疗等方面的制度，通过制度规范管理。要加强财务管理，强化审计监督，切实管好机关的财产、物资、基建、服务以及各项后勤事务，履行好为机关当家理财的重要职责。认真贯彻落实差旅费会议费管理、会议定点管理、公务接待、节约能源资源以及住房公积金等方面的规定，不断提高后勤工作效率和服务水平。

四、推进节约型机关建设

建设节约型机关是建设节约型社会的重要内容。各级税务机关要认真落实进一步推进税务系统节约型机关建设的意见，加快完善权责统一、运转协调、管理科学、服务规范、集约高效、保障有力的机关资源管理体

制，提高资源使用效率，努力降低行政成本，确保税务机关高效有序运转。要加强经常性宣传教育，大力弘扬艰苦奋斗精神，积极开展节约用水、节约用电、节约用油、节约办公用品、节约粮食、节约开支等活动，增加干部职工艰苦奋斗意识，形成勤俭节约的好风气。认真贯彻落实加强资源节约工作的各项规定和措施，积极推广节能、节水、节材等方面的成功经验，立足本单位实际，着眼后勤工作特点，推动资源能源节约工作。要贯彻循环经济理念，尽可能做到降废减损、回收利用，强化科技手段，建立科学的能源管理体系，积极使用新型节能设施，有效开展办公综合节能，切实搞好资源的综合节约和利用。要建立健全节约能源资源长效机制，完善建筑物能耗标准和能源定额标准，形成节能标准规范体系，实行单位能耗目标责任考核，建立节能激励和约束机制。各级领导干部要高度重视节约型机关建设，精心组织安排，严格考核检查，加强日常监管。同时，领导干部要以身作则，发挥表率作用，带头开展资源节约活动，不断提高资源使用效率，降低机关资源消耗，做节约资源的模范。

五、加强机关后勤队伍建设

坚持以人为本，从严治队，努力建设一支政治强、业务精、作风正的后勤干部职工队伍。加强和改进思想政治工作，深入持久地开展思想政治教育，大力推进税务文化建设，加强职业道德教育，教育后勤干部职工干一行、爱一行、钻一行、精一行，在平凡的岗位上做出不平凡的成绩。发扬协调配合、相互帮助、和衷共济的团队精神，树立认真负责、严谨细致、精益求精的工作作风，增强大局意识和服务意识，引导后勤干部职工恪尽职守，忠实履行职责，满腔热情地为广大干部职工搞好服务。加大教育培训力度，认真贯彻落实中央《干部教育培训工作条例》和税务系统教育培训规划，加强对后勤职工的法律、计算机应用、财务管理、国有资产管理、房地产管理、物业管理、电子设备管理与操作、节能节水等知识的培训。加强后勤管理人才库建设，培养一批后勤管理的专业技术人才。加强学习型机关建设，广泛开展后勤管理岗位练兵，培养后勤管理的业务能手。坚持"请进来、走出去"，邀请有关方面的专家或行家里手为后勤管理干部传授知识和经验，并积极总结推广税务机关后勤管理的先进技术和经验，进一步增强后勤干部职工的业务能力和综合素质，提高税务机关后勤管理的管理水平。加强党风廉政建设，坚持标本兼治、综合治理、惩防并举、注重预防的方针，落实税务系统构建惩治和预防腐败体系实施办法和相关法规制度，抓好机关后勤队伍的反腐倡廉工作。以思想道德教育为基础，加强后勤干部职工的廉政教育，筑牢拒腐防变的思想道德防线。严格政治纪律、组织纪律、群众工作纪律和经济工作纪律，严格执行税务人员廉洁自律若干规定，加强对后勤管理中财务、基建、大宗物品采购等重点环节的监督制约。认真抓好案件查处，大力治理商业贿赂。始终牢记"两个务必"，大力发扬艰苦奋斗和勤俭节约的精神。认真贯彻党政机关国内公务接待管理规定，严肃财经纪律，减少经费支出。要通过多种有效措施加强机关后勤队伍的党风廉政建设，形成爱岗敬业、公正执法、诚信服务、廉洁自律的良好职业道德风尚。

以"三个代表"重要思想为指导 努力做好税务系统后勤工作

——在全国税务系统后勤工作座谈会上的讲话

国家税务总局总会计师 宋 兰

2001 年 11 月 26 日

同志们:

全国税务系统后勤工作座谈会今天召开了,这是国家税务总局成立以来第一次召开全国性后勤工作会议。首先我代表总局党组向来自全国税务后勤战线的全体代表表示热烈的欢迎。这次会议的主要任务是:深入学习江泽民总书记"三个代表"的重要思想,认真贯彻党的十五届六中全会精神,认清形势,统一思想,明确目标,加强与改进税务机关后勤部门的思想作风建设,强化后勤管理,推进后勤改革,努力开创税务系统后勤工作的新局面,为完成全年税收任务提供有力的后勤保障。大家要认真开好这次大会。

现在全国各地都在深入学习和贯彻落实江泽民同志"七一"重要讲话和十五届六中全会关于加强和改进党的作风建设的决定。

"七一"讲话回顾、总结了我们党80年的光辉历程和基本经验,围绕党的建设问题,深刻阐述了"三个代表"的重要思想,进一步阐明了党在新世纪的历史任务和奋斗目标。六中全会作出的《中共中央关于加强和改进党的作风的决定》,体现了讲话的精神,代表了全党的强烈要求,表达了全国人民的迫切愿望。学习和贯彻落实好讲话和六中全会精神,把思想和行动统一到中央的要求和决策部署上,是全党全国的头等大事,也是税务后勤工作者首要和长期的任务。下面我就全国税务系统后勤工作谈几点意见。

一、税务系统后勤工作的发展变化

改革开放以来,我国的税制改革、税收工作发生了巨大变化,税收占 GDP 的比重和税收占整个财政收入的比重不断增加，尤其是1994年税制改革以来，税收收入连年大幅度增长，为我国的社会主义发展和建设提供了有力财政保障。税收工作多年来的发展变化及所取得的成绩，都离不开税务系统后勤部门所提供的服务保障。长期以来，税务系统机关后勤部门按照建立社会主义市场经济体制的要求，以邓小平理论和党的基本路线为指导，坚持为税收事业服务的方针，解放思想，实事求是，深化改革，圆满地完成了后勤服务保障工作，各地税务机关在后勤管理、服务和保障等各方面都发生了明显的变化，并取得显著成绩，主要表现在以下方面：

（一）后勤体制改革不断深化。各地税务机关后勤部门多年来积极探索建立新型保障体系，在推行政府采购制度，办公楼物业管理，改革公务用车制度、机关住房制度和医疗制度等方面都取得了积极的成效。在管理体制方面，按照政府机构改革的要求，后勤部门积极转变职能、精简机构、减少人员，进一步规范行政职能、机构、编制和工作程序，统一管理制度、办法和标准，推进了后勤管理科学化的进程。在服务方面，一方面大力转换服务机制，改革内部劳动、人事、分配制度，开展面向机关和社会的双向服务；另一方面积极从社会上引进服务项目，虽然实现服务社会化是循序渐进的过程，但从整体上来说，加快了机关后勤服务社会化的进程。

（二）后勤管理工作不断创新。按照市场经济的要求，税务机关后勤部门积极创新管理内容、形式和方法，不断加强制度建设，强化对机关经费、资产的管理，以及对所属经营服务单位的管理，取得了较好成绩。在管理内容和方式上，逐步走向了规范化、制度化，并建立了监督机制，积极采用现代化管理技术，推行信息化、系统化等先进的管理方式，使机关后勤管理水平不断提高。

（三）后勤服务水平不断提高。近年来，通过不断提高和改造机关后勤设备设施的硬件条件，开展对后勤服务部门和服务人员、管理人员的培训、指导和监督，各地税务机关后勤部门及直属经营服务单位通过改革内部运行机制，不断改进后勤服务工作，改进服务手段和服务方法，使后勤服务水平得到很大提高，涌现了一大批上星级的经营服务先进单位，得到了各级领导和广大税务干部的好评。

（四）培养和造就了一支优秀的后勤队伍。各地税务部门从事后勤工作的同志，多年来战斗在后勤服务和后勤管理的各个岗位上，他们脚踏实地、埋头苦干，不计名利、任劳任怨，努力学习、开拓进取，这是一支爱岗敬业、无私奉献、特别能战斗的优秀队伍。通过他们的辛勤工作，减轻了税务系统各级领导和业务部门在行政事务方面的负担，有力地保证了税收工作的正常运转。他们的努力，使机关的办公条件及就餐问题、交通问题、干部职工的生活的福利问题都得到了较大的改善。如基本建设工作，这些年税务系统从总局到省局直至基层，大部分办公楼都进行了新建和改造，税务干部的住房困难基本得到了解决。这些虽然与各级领导的重视、支持、决策有关，但都是后勤部门同志们脚踏实地、辛辛苦苦地干出来的，是你们在座各位辛勤劳动的成果。

在这里，我代表总局领导和全国税务干部向你们，并通过你们，向战斗在全国税务系统后勤服务战线上的广大干部职工致以崇高的敬意和衷心的感谢！

二、后勤工作面临的新形势

党的十五大以来，我国按照建设社会主义市场经济体制的要求，以邓小平理论和党的基本路线为指导，坚持解放思想，实事求是，深化改革，在经济发展和社会进步等方面都发生了巨大的变化。后勤工作也面临着一个崭新的局面，传统的后勤工作模式已经不能适应当前形势发展的需要，后勤工作也在向现代化迈进，社会发展日新月异，知识经济、网络经济等新的生产力的发展及人们物质文化需求的不断增长变化，使得要搞好后勤服务保障，必须要采用新的思维方式、管理方式和需要大量的专业人才。现代后勤工作进入了市场化、社会化、知识化、科技化和专业化的新阶段，过去那种认为后勤工作无作为、干后勤不受重视、后勤工作没有地位的观念是不对的，那种粗放、落后、没有知识和文化也能做后勤工作的观念和做法已经成为历史。面对新的形势，我们对后勤工作应该重新认识，后勤工作中包含着非常丰富的文化内涵，对生产力的发展也起着相辅相成的作用，生产力的发展带动了后勤工

作，后勤工作的发展同样也能促进生产力的发展。后勤工作涉及到的是广大群众最根本的切身利益问题，所以真正能把后勤工作做好是一件很不容易的事情。由于传统计划经济体制的长期影响，历史形成的诸多问题、我国社会主义市场经济的加速发展、国有政治经济体制改革的不断推进，机关后勤工作面临的形势更为严峻，任务更加繁重，概括地说是要求高、范围广、难度大。

（一）要求高。就是各方面对机关后勤服务工作的要求越来越高。可从三方面看：一是各级领导对后勤工作越来越重视，要求也越来越高。早在建国之初，周总理就指出："政务工作要与机关事务工作分开"，并形象地指出，政府工作有两种：一种是政务工作，一种是机关事务工作。这两种工作等于是汽车的两个轮子，少了一个轮子也不能走。邓小平同志特别强调后勤工作的重要性，他说："后勤部门，工作量大，政策性强，十分重要。"1978年邓小平同志在全国科学大会上的讲话中说："为了实现科学研究计划，为了把科研工作搞上去，还必须做好后勤保证工作，……我愿意当大家的后勤部长，同各级党委的同志一起，做好这方面的工作。"大家要认识到：后勤工作是一项基础性、先行性、保障性的工作。俗话说："兵马未动，粮草先行。"战争年代，没有后勤保障就无法打胜仗。在进行社会主义现代化建设的今天，没有后勤保障，各项政务工作也无法进行。1995年11月9日江泽民总书记为国务院机关事务管理局建局45周年题词"机关事务工作

要为党和国家的中心工作服务"，这不仅指明了后勤工作的发展方向，也肯定了其所处的重要地位。1999年11月5日，朱镕基总理在接见全国机关事务工作协会暨机关后勤改革座谈会全体代表时说："希望做机关事务工作的同志要深刻认识自己工作的地位和作用，增强责任感，要着眼全局，扎实工作，加强管理，努力提高服务水平，更好地为党和国家的中心工作服务，为机关服务，使机关的同志们能够集中精力做好工作，这就是我们机关事务工作者对党和国家的贡献。"

总局领导历来十分重视机关后勤工作，1989年总局成立机关服务中心时，当时的总局领导就指出：服务中心就是要"为机关服务、为系统服务、为职工生活服务"。金人庆局长多次强调：后勤工作十分重要，搞好机关的管理和服务，办好食堂，解决好职工住房及干部职工的生活实际问题，机关工作和干部思想就能稳定，是思想政治工作和精神文明建设的一部分。能够帮助领导分忧，同时也是搞好税收工作有力的保障。多年来总局机关服务中心的同志们按照这些要求，艰苦奋斗，无私奉献，完成了大量的后勤服务工作。特别是1996年总局搬进新办公楼以来，总局机关服务中心结合后勤工作实际，深化后勤体制改革，理顺各种关系，实行干部优化组合，取得了很大成绩，保证了总局机关职能工作的正常运转，使机关后勤管理和服务迈上了一个新台阶，对全国税务系统的后勤工作起到了示范作用。但是总局的后勤服务工作仍然存在着许多差距，在"三讲"

时总局机关的同志提出了许多意见，这就反映出我们的后勤工作仍然没有完全跟上社会的发展和改革。税收工作是我国经济工作的重要组成部分，随着市场经济的发展，税务部门承担着越来越繁重的任务，税制改革、征管改革和组织收入各项工作都压力大，任务越艰巨，后勤保障作用就越突出，它起着稳定队伍、促进工作的重要作用，如果搞不好后勤工作，整个税收工作的大局势必会受到影响。所以说搞好机关后勤保障是不可忽视的，后勤保障工作是整个税收工作重要的组成部分，各级领导都要十分重视。

二是政府机构改革，职能转变，对机关后勤工作要求也越来越高。各省税务局的机关后勤工作过去大多是由办公室或行政处来承担的，人员分散、职责交叉、机构不对口，后勤管理机制也是福利型的"大锅饭"。在2000年新一轮政府机构改革中，各省税务部门在精减机构的同时，加强了机关服务中心建设，确认机关服务中心为税务局直属事业单位，进一步明确了机构设置、人员编制和工作职能，将原行政管理职能中的一些服务性、事务性工作委托机关服务中心承担，从根本上转变了后勤管理机制，并在经费上给予保证。这对机关后勤部门来说，职责明确了，担子更重了，责任更大了，标准也更高了。党的十五届五中全会通过的《关于国民经济的社会发展第十个五年计划》中提出，要对我国国民经济结构进行战略性调整，到2010年实现国内生产总值比2000年翻一番的规划，这对后勤改革和发展，特别是对后勤服务单位的改革和发展，也提出了新的课题。

三是科学技术的不断进步，对后勤工作提出的要求也越来越高。当今社会已经从工业经济转向知识经济，知识将成为经济增长、事业发展的主要源泉和动力，知识经济基础的发展，必然对传统的管理、保障和服务工作产生重大而深刻的影响，也必然对传统的管理体制、服务机制和保障体系带来极大的冲击和严峻的挑战。如何根据知识经济的特点，培养新型人才，采用新型技术，开拓新型领域，已成为后勤事业发展的关键。

（二）范围广。就是我国社会体制改革涉及的范围和影响越来越广。对后勤改革来说，涉及到干部职工生活的医、食、住、行各个方面，对系统内部和社会的影响十分广泛。首先是住房制度改革。大家都知道，住房制度改革是一项系统工程，政策性很强，十分复杂，要做好这项工作后勤部门责任重大，搞不好无法向干部职工交代，也无法向领导交卷。其次是医疗、养老等社会保障制度改革。可以说，每项社会保障制度改革都与税务干部和职工的切身利益密切相关，都会牵动千家万户，贯彻落实各项社会保障制度改革措施，都需要后勤部门做好相应的工作，一点都马虎不得。

（三）难度大。就是解决后勤改革与发展所面临的矛盾和问题多，因此工作难度也越来越大。一是受传统体制的长期影响，在一些干部头脑中传统观念没有改变，造成体制不顺、管理落后、机制不活，"等、靠、要"

思想严重。二是历史形成的诸多问题，主要是后勤服务单位人员多、负担重，"大而全、小而全"的低水平重复建设，造成部门分割，布局不合理。三是政策不配套，管理体制、保障制度、服务机制还不适应市场经济的发展，不适应机关建设的需要，不适应市场的急剧变化。要打破旧的传统观念，改革管理体制，转换服务机制，将会遇到许多深层次的矛盾和问题，涉及到部门利益和个人利益的调整，工作难度会越来越大。

总之一句话，就是税务部门广大干部职工日益增长的物质文化需要和当前的机关后勤工作所能够提供的保障能力的矛盾，造成了我们机关后勤工作目前面临的诸多困难。解决这些矛盾和问题，虽然不是一朝一夕的事情，但总的形势和大的环境，要求我们必须要做。在当前客观条件还不具备的情况下，办起来困难就会更多，难度就会更大。因此，各级后勤部门一定要抓住机遇，解放思想，实事求是，深入调查研究，努力探索为机关服务的最佳机制和最佳方式，推动后勤改革的不断深化和后勤管理科学化水平的不断提高。

三、以江泽民同志"三个代表"重要思想为指导，努力开创机关后勤改革与发展的新局面

江泽民同志指出："只要我们党始终成为中国先进社会生产力的发展要求、中国先进文化的前进方向、中国最广大人民的根本利益的忠实代表，我们党就能永远立于不败

之地，永远得到全国人民的衷心拥护并带领人民不断前进。"这是党中央在针对我国社会主义建设和发展进入了一个新的历史时期提出的一个重要的政治思想。

各级税务机关后勤部门要以"三个代表"重要思想为指导，结合后勤工作实际，切实把"三个代表"的重要思想学习好、贯彻好、落实好，做"三个代表"重要思想的忠实实践者，以管理科学化、保障法制化、服务社会化为方向，以改革为动力，以提高保障效率和效益为中心，把保证机关正常运转和满足职工日益增长的物质文化需要作为根本出发点，实现后勤体制改革有新的突破，后勤保障能力有新的增强，精神文明建设有明显进步，开创税务系统机关后勤工作的新局面。

2000年省级机构改革以来，全国各省税务机关都建立了机关服务中心，这就为我们做好税务系统后勤工作提供了组织保证，在这个基础上，如何进一步做好税务系统后勤工作？

（一）充分发挥机关后勤部门的工作职能，确保后勤工作的保障作用到位。机关事务工作要为党和国家的中心工作服务。我们不要把后勤服务只当作一个平凡的日常性工作，要在头脑中牢固树立一个政治观念：后勤部门的工作职责就是要为政府工作运转、职工生活提供有力的服务保障，这个保障作用一定要到位，这是后勤工作者首要的政治任务。由于形势的发展、环境的变化，我们的管理、保障、服务还有很多方面没有到位。

原因不外乎主、客观两个方面。要做到"到位"，我们不宜过分强调客观，要多从自身找原因。后勤工作要从效果出发，任何一项工作要达到满意的结果，必须要实现动机和效果的统一。我们要在后勤工作实践中，注重研究新情况，解决新问题，把保障税务机关高效运转的工作做到位。为此，我们要抓好三个环节：一是加强管理，规范管理职能、机构、编制和工作程序，建立新的管理制度，实现科学化的管理目标；二是坚持勤俭节约、艰苦奋斗原则，合理配置和有效利用人、财、物的资源，要建立成本核算制度，争取保证少花钱、多办事，提高行政经费和国有资产的使用效率和经济效益；三是搞好服务工作，明确服务项目、成本、标准、质量、时效，使服务工作真正做到让领导和干部职工都满意。后勤保障到位，后勤工作才有地位。

（二）规范后勤部门的管理职能，加快建立新型的后勤管理体制。后勤行政管理是一项以机关经费、资产管理为核心，以物质保障为基础，以保证政府职能活动高效、有序运转为目标的机关事务管理工作。后勤体制改革的深化，为规范后勤行政管理职能，加强宏观管理，提供了很好条件和机遇。我们要抓住有利时机，从实际出发采取有力措施，进一步规范后勤行政管理职能，加快建立新型的机关后勤管理体制和保障体系。

1.要科学地界定后勤行政管理的职责权限。要按照改革的要求对机关后勤管理职能进行调整和分类，科学界定职权范围，合理划分机关服务中心与机关所属各部门的职责权限，明确哪些属于后勤管理必须承担的工作职能，哪些工作可以交由社会化服务组织来承担。作为负责保障税务机关党政运转的机关后勤部门，应具有的主要职责是：负责机关的行政经费、基建修缮经费、住房资金和住房公积金等经费的管理；机关办公用房和公务员住宅的建设、调配和管理，行政地产、公务车辆、礼品及其他行政性资产管理；机关所需物资、工程、服务的政府采购；内宾接待、重要会议和重大活动的总务工作以及一些特殊的服务保障和管理工作等。总之，税务部门机关服务中心主要有两大任务：一是代表机关对所属行政事业单位的国有资产进行统一管理，以保证其保值增值；二是对所属服务单位、经营单位进行管理，使服务和经营做到法制化、规范化。没有科学严格的管理，服务就失去了标准，经营就会出问题。因此，管理是机关后勤工作的重点。

2.转变思想观念，学习借鉴先进的管理手段，加强后勤机构内部管理工作。机关后勤管理部门要适应市场经济和社会发展的需要，转变思想观念，强化管理意识，改革管理办法。后勤领导干部必须重管理、学管理、会管理，要改变过去那种凭经验做决策、把感想当政策、拍脑袋作决定的做法，争当科学管理的行家。要转变管理方式，逐步从直接管理向间接管理、微观管理向宏观管理、实物管理向价值管理、行政性管理向企业化管理转变，把税务系统行政后勤职能切实转变到宏观调控方面来。要善于学习国际上通

行的先进管理方法，大胆探索运用现代企业制度等先进的管理理念和管理手段来改进和创新机关后勤管理工作，建立健全科学合理的规章制度，并贯彻落实。还要建立起行之有效的检查监督机制和奖罚分明的激励机制，不仅要加强外部监督，还要加强内部监督，要公开后勤管理的规章制度，尤其是与廉政建设密切相关的用车、住房制度等要最大限度地公之于众，接受群众和社会的监督；还要通过纪检、监察、审计等手段，对后勤管理工作进行有力的执法监督。努力在如何管好人、管好物、管好钱、管好事方面做工作，改变落后的管理方法和手段，大胆采用信息化、系统化的新技术，探索机关后勤集中统一管理的新模式，从传统、粗放型的管理向现代化、集约化和科学化的管理转变，切实提高后勤工作的管理水平和工作效率。为了实现这一目标，总局机关服务中心近年来也在尝试按照ISO9000国际质量认证体系的理念和做法来建立一套全新的、规范化、行之有效的后勤管理体系。

（三）加强后勤队伍的思想建设和作风建设。事业兴衰，关键在人。人才是事业之本。我们要着眼于跨世纪的发展，加快后勤人才的培养，努力建设一支高素质的后勤干部队伍。这就要做好以下几方面的工作：

一是要认真学习和贯彻落实党中央十五届六中全会《关于加强和改进党的作风建设的决定》，加强后勤队伍的思想建设和作风建设。要让后勤干部和职工真正从思想上认识到，我们所从事的每一项后勤服务保障工

中国税务后勤建设

作，都是在具体地贯彻落实"三个代表"重要思想，必须要以全心全意为人民服务的精神来完成每一项服务保障任务，这是我们要建立一支特别能战斗的后勤队伍的首要条件。要注重后勤队伍的作风建设，坚持理论联系实际、实事求是的作风，坚持密切联系群众的作风，保持和发扬艰苦奋斗、勤俭节约的作风，通过后勤服务工作这一重要的窗口，树立起税务机关廉洁、勤政、务实、高效的良好形象。

二是要转变思想观念，充分认识新形势对后勤人才需求的迫切性。随着知识经济的兴起，后勤保障体制、保障方式和保障手段将发生全新的变革，知识含量、技术含量大幅度增加，实现机关后勤管理科学化，必须形成尊重知识、尊重人才的观念，可以采用各种方式大力引进发展后勤经济所需要的优秀人才，尽快建立一支高素质的后勤管理队伍。

三是要不断加强对现有后勤人员专业技术培训工作。可以采取脱产、半脱产和不脱产，普遍培训和重点培训相结合的方式，对有前途的干部可以送出去进行重点培训，要着力培养一批适应社会主义市场经济要求和事业发展需要的后勤管理专家、技术专家、服务专家。总局机关服务中心也可以考虑举办各种专业技术培训班，还要与各方面加强沟通和协作，组织系统内部后勤人员参加国管局或中央国家机关举办的各类培训与学习，干部职工创造学习与交流的机会。

四是必须创新用人机制。进一步深化后

勤部门的人事制度改革，引入竞争机制，实行竞聘上岗，为后勤人才的成长营造良好的环境氛围，使优秀人才能够脱颖而出。要大胆选拔年轻干部充实到领导岗位上，让他们在后勤工作实践中锻炼成长。从税务系统机构改革的实践来看，各省、市(区)局直属机关服务中心的领导班子已开始实行竞争上岗，择优聘用，这是人事用工制度改革的方向。干部实行聘任制，工人实行合同制，根据后勤服务社会化改革方向，我们应该逐渐缩减本单位的固定人员，尽量多用合同工和临时工，要制定好有关制度，强化对这项工作的管理。

五是要增强后勤队伍的凝聚力和战斗力。要讲团结协作，后勤部门是由各个不同专业组成，很多工作和任务的完成是需要各专业的有机组合，所以要有团队意识、整体意识和大局意识。

六是要加强后勤队伍的廉政建设。在市场经济中，后勤部门具有管钱、管物、管基建、管采购等特点，所处的环境和工作性质需要我们构建起一种能够保护后勤干部的廉政制度，同时也要教育后勤干部在思想上树立拒腐防变的廉政意识。

四、继续推进后勤体制改革

机关后勤体制改革是机关后勤工作的发展方向，也是大势所趋，我们要正确认识，积极投身到改革的大潮中去，才能做到与时俱进，不断提高后勤服务工作水平。根据国办发 [1998] 147号文件《关于深化国务院各部门机关后勤体制改革意识的通知》的精神，结合当前实际，要注重考虑以下四个方面的工作：

（一）推进后勤管理体制的改革。主要是对后勤行政管理的组织机构、监管模式、运作方式的改革。一要规范管理职能。就是要建立精干、高效的管理机构，规定职能、编制工作程序。有的职能该集中的集中，该统一的统一，把管什么、怎么管都统一起来，规范起来。二要加强宏观管理，就是后勤主管领导要加强对后勤工作的指导、监督和调控。该管的事情一定要管好，不该管的事要坚决放开。三是要统一管理制度。对机关行政事业经费、物资效益的评价，对管理的质量、标准和水平，对机关服务中心及下属单位的人、财、物如何管理，都要统一政策和制度，通过规范化管理，正规化操作，把该管的事管住、管好、管到位。

（二）推进后勤保障制度改革。首先要改革后勤经费的预算和分配制度，要做到细化经费预算以便于对经费使用情况进行监控。国务院和财政部对这项工作已专门做了部署，我们税务系统正在积极落实。二要建立和完善后勤服务经费结算制度，这项工作中央国家机关已在逐步推广。由于税务机关的特殊性，此项工作还有待于进一步研究，在系统内(包括总局)尚未实行。三要改革后勤物资的采购和供应制度，主要是推行政府采购制度，规范机关采购和供应货物、工程和服务的行为，提高保障资金的效益。这项工作各省税务机关已经启动并在逐步实施。四

要改革机关社会保障制度。主要是按照国家的住房、医疗、养老等社会保障制度的要求，建立和完善机关公务员及后勤服务单位职工新型的社会保障制度。虽然这项改革涉及到诸多方面，目前有些政策尚未正式出台到位(如医疗改革、养老保险制度)，但将来有许多工作是需要后勤部门直接研究和操作的。

（三）推进后勤服务机制的改革。就税务系统来讲，主要是推进各省局机关服务中心直属后勤服务单位的改革。一要着力转换后勤服务单位的内部机制。要改革领导和组织制度，建立和完善适应市场经济的决策机制和管理机制，建立有效的激励和约束机制。二要改革成本、价格和核算制度，建立和完善以市场为导向的成本调控机制；要改革服务单位的生产、交换、供给制度，建立和完善市场营销机制。三要着力推动后勤服务社会化，要尽量减少后勤部门的固定人员，多用临时工，或社会上的专业服务公司，减轻后勤部门自身的负担。要逐步打破部门分割的界限，对后勤服务设施进行宏观调控，充分利用现有资源，使其发挥效益。四是对宾馆招待所、汽车运营和维修、餐饮服务、印刷等优势服务项目，要逐步进行独立核算，实行企业化管理，实现专业化、集约化经营，使后勤服务事业向"专、精、特、新"方向发展，提高服务专业化、产业化、社会化水平，逐步与社会第三产业的发展接轨，提高服务保障水平和市场竞争能力。五是要因地制宜，注重改革效果。各省机构改革的完成、机关服务中心的设立，为搞好后勤工作提供

了组织保证。税务系统后勤工作的总目标和任务是相同的、一致的，后勤工作也是相通相似的，但各地的条件、情况不一样，应采取因地制宜的办法，根据各自的实际情况，利用不同的方式方法搞好工作，不宜统一，不宜"一刀切"，要注重改革的实际效果。

（四）处理好改革进程中的各种关系。机关后勤体制改革也是一项系统工程，改革的力度大、涉及面广，因此要注意处理好改革进程中的各种关系。首先要摆正服务中心与机关的关系。为机关服好务是后勤工作的宗旨，也是后勤体制改革的目的，后勤工作不管怎么改革，为机关服务、为税收中心工作服务这一根本任务不会变。因此各省税务机关服务中心要以此为立足点，抓住新一轮机构改革的机遇，明确规范管理、服务、经营的职能，理顺服务中心与机关的经济核算关系、资产关系、人事管理、财务管理等关系。

其次要正确处理管理、服务与经营三者之间的关系。强化管理与优质服务、搞活经营，都是机关后勤改革与发展的内在要求，三者之间的关系是相辅相成的，其中关键是服务。强化管理的目的是为机关提供优质服务，实现优质服务又可以促进管理水平的提高，而搞活后勤经济、提高经营效益又是后勤服务工作的基础和保障。我们要坚持以服务为主、以经营为辅，以服务带动经营、通过经营又促进服务这样一种思路来工作，搞好后勤服务与经营，尽快实现后勤管理科学化、服务社会化、保障法制化。

三是处理好稳定与发展的关系。机关后勤工作是一项关系全局的工作，关系到广大干部职工的切身利益，关系到千家万户，很多事情政策性很强。因此要求我们在做后勤工作时，要坚持稳妥细致、循序渐进的原则，特别是关系到大家医、食、住、行的根本利益的问题上，一定要把握政策，稳定全局。要关心我们的干部职工，做好后勤干部职工的思想稳定工作。后勤改革是大趋势，国务院机关事务管理局33号文件和147号文件已经有了一个比较清晰的思路，各单位应注意这方面的学习和研究，要结合本单位的特点看问题，找出切合实际的方法和措施。改革不是一朝一夕的事情，是关系到每个人、关系到方方面面的大事，一定要有严肃认真的态度。改革的政策要严谨、措施要得当、步骤要稳定。要坚持创新，不改革就没出路，不创新就没发展。"发展是硬道理"，各单位要千方百计开拓思路、拓展领域，使机关办公、就餐、交通、医疗、住房等工作在原有基础上不断地创新、加快发展，为广大税务干部服好务，让我们的后勤工作不断迈上新台阶，不断获得新发展。

后勤服务工作的改革与发展既需要我们后勤部门的不懈努力和实践，又需要相关配套政策的大力支持。只要我们后勤战线的广大干部职工坚持以邓小平理论和"三个代表"重要思想为指导，牢固树立和落实科学发展观，按照党中央、国务院领导的要求，贯彻落实中共中央十五届六中全会精神，认清形势，坚定信心，把握重点，狠抓落实，就能够开创出税务系统后勤工作的新局面！

完善管理 优化服务
为构建和谐机关作出新贡献

在全国税务系统后勤工作座谈会上的讲话

国家税务总局总会计师 宋 兰

2006 年 12 月 20 日

同志们：

这次全国税务系统后勤工作座谈会是在全国上下认真学习贯彻党的十六届六中全会精神、推进社会主义和谐社会建设的新形势下召开的，同时也是继2001年之后召开的又一次税务系统后勤工作会议。会议的主要任务是：认真贯彻十六届六中全会精神，总结交流五年来全国税务系统机关后勤工作情况，研究如何进一步发挥机关服务中心的职能作用，更好地保障税收中心工作、服务和谐机关建设。下面，我讲三个问题。

一、五年来全国税务系统后勤工作取得显著成绩

这些年来特别是进入新世纪以来，在党中央、国务院的正确领导和亲切关怀下，我国税收事业取得了显著成绩，税收收入保持平稳较快增长，税收调节经济和调节分配的作用得到有效发挥，依法治税取得新的进展，征管质量和效率不断提高，税务干部队伍素质进一步增强，其他各方面工作都迈出新的步伐。"十五"时期，共组织入库税款109217亿元(不包括关税和农业税收)，年均增长19.5％，五年翻了一番多。今年1～11月份，全国税务系统组织税收收入34749亿元，同比增长22.1％，增收6300亿元。税收工作所取得的辉煌成就，离不开税务系统后勤部门所提供的服务保障。五年来，全国税务系统后勤部门以邓小平理论和"三个代表"重要思想为指导，牢固树立和落实科学发展观，认真贯彻党中央、国务院对税收工作的一系列重要指示精神，深入落实新时期税收工作指导思想，积极履行工作职责，深化改革创新，机关后勤工作取得显著成绩，为各项税收工作任务的圆满完成作出了积极贡献。

（一）后勤体制改革取得进步。按照社会主义市场经济的发展要求，积极推进机关后勤体制改革，初步建立了机关后勤管理新体制。引入市场机制，后勤服务逐步走向社会化，如总局在工程托管、保洁服务、绿化等方面引进社会化服务，对金三环宾馆实行企业化管理，增强了服务保障功能；北京市地税局委托招标公司向全国公开招标物业公司，提高了物业管理的社会化、专业化水平；重庆市国税局五洲大酒店进行市场化运作成效明显。认真落实中央有关后勤改革政策，如总局机关经过详细调查和充分论证，实施了职工班车制度改革，推进了职工福利分配货币化进程；各级税务机关积极落实国家各项房改政策，省以下税务机关基本完成了干部职工房改房产权所有证和土地使用证的办理工作。积极推进机关后勤改革，如四川省国税局尝试机关公务用车、医疗制度等改革，取得了积极成效。总局在2004年下发的《关于进一步规范国家税务局系统机构设置明确职责分工的意见》中，进一步明确了后勤部门的设置与职责分工。目前，总局和省、市（地）各级税务机关均设立了机关服务中心，县（区）级税务机关也设置了后勤工作岗位，为后勤工作实行科学化、精细化管理提供了组织保障。

（二）科学管理水平不断提高。按照税收科学化、精细化管理的要求，积极落实管理职能，改进管理方式，健全管理制度，后勤管理水平明显提高。不断加强管理制度建设，如总局机关服务中心制定了42个内部管理制度和41个对外工作制度；北京市地税局

按照ISO9000质量管理认证体系的标准，重新制定了各项工作制度，编写了《后勤管理手册》；江苏、浙江、山东、深圳等省市国税局制定和完善了一系列后勤管理制度，使各项后勤管理工作有章可循。改进管理方式方法，努力推进后勤工作的信息化建设。如总局服务中心实行车辆派遣、维修等的微机管理，有效地提高了车辆使用率；山东省、深圳市国税局和北京市地税局等单位利用信息化手段管理机关后勤，提高了工作质量和效率；重庆市国税局加强对全系统57个移民迁建工程的管理，不仅工程全部合格、80%为优良工程，而且没有发生涉及移民迁建资金管理的违法违纪问题；河南省国税局坚持用系统论方法研究后勤管理工作，进一步明晰了工作定位和思路；新疆自治区国税局先后两次开展固定资产清理，对部分资产实行了经营性管理，五年创收2500万元。制定量化指标体系，如江西省国税局把后勤管理纳入税收质量管理体系，将机关服务中心岗位分解成4个三级指标和5个四级指标，每个指标拟定了质量管理标准和岗位操作规范，每个人都有对应的工作岗位、操作流程和严格的考核标准，确保了机关后勤管理的高效运转；深圳市国税局从2002年起确定了接待服务满意率≥90%、饭堂服务满意率≥80%、重大消防安全事故发生率为0等三项后勤质量管理目标，严格了后勤质量控制。

（三）服务保障能力显著增强。坚持"为机关工作服务、为干部职工生活服务"的宗旨，强化服务意识，拓展服务范围，改善服务设施，保障能力和服务水平明显提高。各

级税务机关服务中心树立了"服务是后勤部门的天职"的理念，增强了后勤工作的使命感和责任感。把服务税收中心工作作为后勤工作的出发点，在近年全面推行"一窗式"管理模式、综合征管软件上线运行、推进金税工程三期建设等重大工作中，展示了有力的后勤服务保障能力，得到了各级领导和广大干部职工的一致好评。加强安全管理工作，总局自搬入新大楼连续10年未发生一起安全事故，连续6年被评为北京市"防雷减灾先进单位"，2004年荣获中央国家机关食堂卫生先进"红旗单位"称号，2006年被评为中央国家机关食品卫生与安全"标兵单位"等；江西省国税局自2003年列入省直综合治理目标责任单位以来，提出了"一岗两责"的管理要求，实现了安全工作先进单位"三连冠"；广东省地税局经常组织开展仿真安全演习和安全考核，2004年对全省地税系统进行了安全工作大检查，消除了隐患，强化了管理。多年来，税务系统各级机关未发生一起重大安全事故（交通事故除外），防范突发事件和意外事件的应急处置能力不断增强。如近年来到总局及省一级税务机关上访人员较多，情况复杂，后勤部门能够做好安全和疏导工作。在抗击"非典"和禽流感工作中，全国税务系统后勤部门表现尤为出色，展现出讲政治、顾大局、团结一致、全力以赴、不怕苦、不怕累、加班加点、忘我工作的优秀品质，取得了全国税务系统无一例感染"非典"和禽流感病例的好成绩。

（四）资源节约工作扎实有效。认真贯彻党中央、国务院"能源开发与节约并举，把节约放在首位"的方针，坚持突出重点、以点带面，有力推动了节约型机关建设。总局机关注重发挥表率作用，带头厉行节约，大力开展节能、节水等活动。从1997年至2006年，累计节水24万吨，节电58.8万度，节油710吨，折合人民币近650万元，连续6年被北京市节水办评为"节水先进单位"，连续7年被北京市政府评为"供热先进单位"。2003年被北京市政府授予"节水先进单位"称号。2005年4月，北京市政府为总局机关树立了永久性的"北京市节水模范碑"。中央电视台等新闻媒体专门介绍了总局节能节水经验。2006年8月，总局被北京市政府授予节水管理型模式奖，是驻京中央国家机关单位中唯一获此荣誉的单位。2005年11月，国务院机关事务管理局在总局机关召开节约能源资源经验交流现场会，国务委员、国务院秘书长华建敏同志对总局机关节能节水工作给予了充分肯定。各级税务机关也通过各种行之有效的管理措施，加强节约型机关建设，在税务系统形成了良好的风气，在社会上产生了良好的反响。如仅节电一项，去年7月至今年7月广东省地税局就节约80万度，今年上半年黑龙江省国税局同比节约电费1万元，今年1至5月大连市国税局用电量同比下降11.2%；湖北省宜昌市国税局进行太阳能利用改造后，不仅节省了油、气，而且还向其他单位提供热水，体现了节能改造的社会效益；浙江、四川、山东、江西等省国税局把节能的任务分解到单位和个人，纳入目标考核和干部考核体系中；不定期地对全系统节电、节水等情况进行监督检查，查找存在的问题和薄弱环节。

（五）后勤队伍建设明显加强。多年来，各级税务机关始终注意把队伍建设当作一项基础工作来抓。通过加强思想、组织、业务、作风和廉政建设，机关后勤队伍的整体素质明显提高。以开展保持共产党员先进性教育活动、开展社会主义荣辱观教育活动、贯彻全国税务系统思想政治工作会议精神为契机，把实践先进性要求、加强思想政治工作与发挥后勤部门职能作用紧密结合起来，引导后勤人员认真学习邓小平理论、"三个代表"重要思想、科学发展观和构建社会主义和谐社会等一系列重要理论，牢记宗旨，坚定信念，始终保持与时俱进、奋发有为的精神状态。总局机关服务中心党总支被评为2004～2005年机关先进党总支，总局机关服务中心2004年被授予全国机关后勤先进集体，张捷岩同志被授予"全国后勤工作先进个人"、"全国先进工作者"称号，5年来总局机关服务中心先后获得中央国家机关和北京市先进集体称号64项，获先进个人表彰84项。山东省国税局后勤部门5年来共获得区级荣誉108个，市级荣誉54个，省级荣誉12个，国家级荣誉1个，其他省区市国地税局后勤部门也都因突出的工作业绩获得了不少荣誉。几年来总局先后举办了物业管理、消防安全、财务管理、安全管理、资源节约等方面的培训班，各地也进行了相应培训，提高了后勤干部的管理水平和业务技能。2003年，总局机关后勤人员参加全国烹饪比赛获得2枚银牌2枚铜牌的好成绩。2006年，在中央国家机关第三届接待服务知识与技能比赛中，总局取得了1金、5铜和优秀组织奖的佳绩。

回顾2001年以来的工作，成绩来之不易。这些成绩的取得，是各级税务机关领导重视和支持的结果，是机关各部门理解和配合的结果，是各级后勤工作人员开拓创新、敬业奉献的结果。在此，我代表总局党组向关心、支持后勤部门工作的领导、同志以及广大后勤工作人员致以崇高的敬意！

在肯定成绩、总结经验的同时，我们也要清醒地看到，后勤工作还存在不少问题。一是思想观念还不能与时俱进，仍然存在"等、靠、要"的思想，与社会主义市场经济的发展要求不完全适应；二是管理体制尚未理顺，上级机关后勤部门对下级机关后勤工作指导不够有力；三是在保障制度上还存在政策不够配套、标准不够统一、制度不够健全、法制化程度较低等问题；四是在运行机制上，还存在管理不够精细，机制不够灵活，部分宾馆、培训中心市场竞争力不强，社会化改革推进难等问题；五是干部职工的综合素质亟待增强，人员年龄老化，知识结构不优，技术等级结构不够合理，工勤人员待遇偏低。对于这些问题，我们一定要高度重视，采取有效措施切实加以解决。

二、认真学习贯彻十六届六中全会精神，不断提升机关后勤工作水平

构建社会主义和谐社会，是我们党从中国特色社会主义事业总体布局和全面建设小康社会全局出发提出的重大战略任务。党的十六届六中全会通过的《中共中央关于构建社会主义和谐社会若干重大问题的决定》，以邓小平理论和"三个代表"重要思想为指导，贯彻落实科学发展观，全面把握我国发展的阶段性特征，深刻分析影响我国社会和谐的突出矛盾，明确提出当前和今后一个时期构建社会主义和谐社会的指导思想、目标任务、工作原则和重大部署。《决定》主题鲜明，内容丰富，重点突出，具有很强的思想性、理论性、实践性和指导性，是指导我们构建社会主义和谐社会的纲领性文件。

构建社会主义和谐社会需要奠定方方面面的坚实基础。作为覆盖整个社会的后勤工作，不但是构建社会主义和谐社会的极为重要的组成部分，而且，搞好后勤工作及其改革必将为夯实构建社会主义和谐社会的基础发挥积极作用。国务院机关事务管理局要求各级机关事务管理部门正确把握和谐社会的阶段性特征，紧扣机关事务工作中关系和谐社会建设的重点，立足现实，着眼长远；充分发挥职能作用，切实做好推进后勤改革、强化国有资产管理、推进能源资源节约、加强重点领域监管、加强社会事务管理等工作，努力促进和谐社会建设。

税收涉及社会生产、分配、消费等各个方面，在构建社会主义和谐社会中具有十分重要的作用。总局要求全国税务系统深入学习党的十六届六中全会精神，牢固树立和落实科学发展观，坚持"聚财为国、执法为民"的工作宗旨，按照新时期税收工作总体要求，大力推进依法治税，深化税收改革，强化科学管理，加强队伍建设，充分发挥税收筹集财政收入和调节经济、调节分配的作

用，切实做好各方面工作，为构建社会主义和谐社会做出积极贡献。

税务机关后勤工作作为整个后勤工作和税收工作的一部分，是各级税务机关履行职能的基础，高效有序运转的保证，是干部职工生活的依托。只有切实做好管理、保障、服务的各项工作，才能创造机关履行职能的工作环境，为干部职工提供良好的办公和生活条件，使他们全身心地投入税收工作，为创建和谐机关、构建和谐社会多做贡献。因此，全国税务系统后勤部门要把学习贯彻十六届六中全会精神作为当前和今后一个时期重要的政治任务，把思想统一到六中全会精神上来；进一步增强政治责任感和历史使命感，按照温家宝总理关于机关事务工作"管理，保障，服务。廉洁，务实，高效。贯彻始终，蔚成风气"的重要指示精神和谢旭人局长关于税务机关后勤工作要"围绕中心，服务大局"的指示要求，努力推进机关后勤工作健康发展。

根据构建社会主义和谐社会的要求，当前和今后一个时期税务机关后勤工作的总体要求是：以邓小平理论和"三个代表"重要思想为指导，全面贯彻落实科学发展观，按照构建社会主义和谐社会、建设节约型政府机关和新时期税收工作指导思想的要求，认真履行管理、保障、服务职能，切实提高机关后勤工作水平。

当前和今后一个时期税务机关后勤工作的主要目标是：坚持管理科学化、保障法制化、服务社会化的发展方向，牢记服务宗旨，注重依法办事，体现以人为本，推进改革创

新，加强制度建设，实行管理精细化，严格绩效考核，努力实现管理水平、保障能力和服务质量显著提升，为保障机关高效运转、降低税收成本、构建和谐机关、推进税收事业的发展做出积极贡献。

按照总体要求和主要目标，要重点抓好以下几方面工作：

（一）稳步推进后勤改革。积极稳妥地推进税务机关后勤改革，是大势所趋，势在必行。一是把握好改革方向。从近一个时期国管局领导关于机关后勤改革的讲话中，可以体会到改革的未来走向。强调后勤部门要加快建立以"权责明确、行为规范、运转协调、廉洁高效"为目标的机关事务管理体制；强调改革后的机关事务工作，应以资产管理为核心，以保障机关高效运转为目的，切实加强国有资产、基建、采购、配置资源和后勤服务的管理，抓好制定规划、建立制度、完善标准、配置资源和组织服务等项工作。对此，我们一定要认真加以研究，密切关注后勤改革的发展形势和趋势变化。二是选准改革的"突破口"。透过后勤改革政策导向，不难得出这样的结论：通过机关后勤改革，事务管理的职能将不断得到强化，成为机关后勤工作之本；而服务工作则将逐步走向市场、实现社会化，这是必然趋势。我们不仅要确立这一改革理念，还要找准上级政策精神与本单位实际的"结合点"，选准改革的"突破口"。从机关后勤体制改革的重心看，要适时研究机关事务管理和保障制度的建设；不断创新后勤管理方式；完善后勤保障体系建设。要不断强化和完善管理职能；提

高机关后勤行政管理的组织化程度；以建设节约型机关为契机，加强对机关后勤工作职能建设的研究；积极探索机关后勤服务社会化的有效实现途径；以构建和谐机关为着眼点，研究和解决好各方面的利益问题。当前，要逐步加大固定资产管理的力度，积极探索有效的管理方式，确保国有资产安全；抓紧研究餐饮和公务用车的改革问题，稳妥推进；对用人用工制度和收入分配制度进行改革，逐步建立健全与市场经济要求相适应的运行机制。三是切实把握好推进改革的节奏。在实施机关后勤改革过程中，必须贯彻落实科学发展观，按照正确处理改革发展稳定关系的基本要求，坚持在保持稳定的前提下实施改革，确保改革循序渐进，平稳过渡，不影响机关工作的正常运转。特别是医疗、餐饮、车辆、设备、物业等方面的改革，要采取相应的过渡措施加以保障，防止出现衔接不好或发生问题的情况。要立足现实，着眼长远，积极适应形势发展要求，在稳步推进机关后勤改革中谋求新发展，实现新跨越，开创新局面。

（二）提升科学管理水平。加强管理是推进机关后勤工作改革与发展的关键环节和根本措施。要树立科学的管理理念，增强管理素质，提高管理效率，管好机关的财产、物资、基建、服务以及各项后勤事务，履行好为机关"当家理财"的重要职责。一要提高后勤管理规范化水平。加强制度建设，坚持依法办事。及时落实差旅费会议费管理、会议定点管理、公务接待、节约能源资源以及住房公积金等方面的规定。坚持以制度管事

领导谈后勤

管人，切实抓好制度落实情况的检查，杜绝利用管理权"寻租"等违规行为，坚决避免无章可循、有章不循的现象发生。二要提高后勤管理科学化、精细化水平。注重调查研究，坚持从实际出发，科学制定物资的购置、使用、管理计划；避免"拍脑袋决策、拍胸脯办事"等不讲科学、不讲管理的现象发生。牢固树立"细节决定成败"、"天下大事，必做于细"的理念，把重视细节作为一种素质、一种修养、一种工作态度，从小事做起，把小事做好，从细微之处见精神、见水平、见管理。三要提高后勤管理现代化水平。按照金税工程三期建设的总体部署，坚持"一体化"要求，大力提升后勤现代化管理水平，运用计算机、网络、数据库等信息化管理手段，对后勤部门大量的账、物管理工作进行实时动态监控，从整体上改善后勤管理状况。

（三）提高服务保障质量。质量是人们评价服务保障的最基本标准。提高服务质量，是机关后勤部门建立良好形象的前提，也是赢得广大税务干部、职工的信任、取得良好经济和社会效益的基础。要强化全员质量意识，调动大家的积极性和创造性，明确以质量求效益、求发展的重要性；形成人人承担责任、人人参与管理的良好局面。建立对服务保障全过程的质量控制；注重预防为主；加强现场监督检查。制定服务保障各环节的工作标准，规范后勤人员的行为，提高服务保障的满意度。如建立"资产管理工作标准"，可确定固定资产登记率100%、账实相符率100%等质量目标；建立"车辆管理工作标准"，可确定车辆完好率100%、出车手续

健全以及具体节油降耗指标等质量目标；建立"机关接待管理工作标准"，可确定接待费用控制水平、接待手续健全等质量目标。加强质量检查考核，对失职行为和质量事故必须认真分析，分清责任，严肃处理。要完善突发事件应急处置机制，妥善处理各种突发事件，保障机关办公秩序。要加强绿化美化工作，开展环境综合整治，创建绿色办公区和绿色居住小区。要继续做好计划生育工作，宣传科学婚育观念，倡导文明健康的生活方式。要广泛开展爱国卫生运动，普及科学的卫生知识，引导干部职工增强健康意识，参与全民健身，使他们安居乐业、共享和谐。

（四）切实加强安全管理。安全工作是后勤工作的重中之重，也是和谐机关的基础。要牢固树立"安全第一"的思想，以建设"平安税务"为目标，强化社会综合治理工作，按照国家的各项治安管理政策法规要求，制定本单位的安全管理制度。落实安全工作责任制，切实维护机关安全，防止发生各类事故。一要加强安全教育。"防患重于救灾"。要通过形式多样、别开生面的活动，努力使安全意识渗透到干部职工的日常工作和生活之中。在办公区、生活区张贴安全宣传资料，利用内部办公网宣传安全知识，组织收看安全事故警示教育片，着力培养广大税务人员的安全意识，使大家自觉养成"人人守安全"的良好习惯。重视安全知识的培训，组织开展消防、交通、健康等方面的知识讲座，普及安全知识，确保全体税务人员"人人懂安全"。重视安全责任心的加强，与消防、交通

等部门联合开展安全演习，使干部职工了解安全问题危害的严重性及紧急情况下的应变技巧，切实形成"人人抓安全"的良好氛围。二要提供安全服务。定期对安全设备进行全面检查维护，对所有消防设备进行安全测试。要组织安全管理人员走访干部职工宿舍，在检查是否存在安全隐患的同时，配备消防工具，并现场教会消防用具的使用方法及紧急情况下的逃生技能。开展车辆行驶性能检查，尤其是省一级税务机关经常出长途的车辆要选择安全性较高的车型，保证车况良好，严守交通规则。对新领到驾驶证的干部职工，要委派专业司机对其3个月内的出车进行随车服务，注意在实际操作中对其进行传、帮、带，确保技术过关。三要开展安全检查。会同办公室、财务、信息中心等部门，定期对机关防火、防盗、防事故"三防"安全工作进行全面、深入的检查，邀请当地消防、交通等部门的有关人员予以监督和指导。要加强食堂安全管理，对食堂的卫生、防疫、防毒、食品安全等要严格检查，防止发生食物中毒和其他安全事故，要定期请防疫部门进行化验检查。安全检查采取自查和抽查相结合的方式进行，即先组织自查，自行摸底，对本单位的安全隐患及时整改，再由检查小组以抽查的方式进行检查，确保不留死角，不留盲区。要重点检查安全制度的建立情况、安全管理规定抓落实情况、安全设施的配置情况、干部职工特别是安全管理人员的安全教育培训工作落实情况等。各级税务机关都要制定应对突发事件和安全事故的应急预案并积极组织演练，做到出现突发情况时处置措施能够及时到位。

（五）大力节约能源资源。勤俭节约是中华民族的传统美德，也是后勤工作必须遵循的基本准则。温家宝总理语重心长地告诫我们"一粥一饭，当思来之不易；半丝半缕，恒念物力维艰。"要积极响应党中央、国务院的号召，认真贯彻落实全国税务系统机关资源节约工作培训研讨班提出的各项工作要求，充分发挥建设节约型机关的主导作用，带头开展资源节约活动，不断提高资源使用效率，降低机关资源消耗，做节约资源的模范。要进一步加大宣传教育力度，积极参与每年"全国节能宣传周"活动，采取多种形式大张旗鼓地倡导机关职工从自身做起、从一点一滴做起，树立节约理念，养成诸如用水后随手关闭水龙头、离开办公室与下班时随手关灯和及时关机、按需取食、双面用纸等好习惯。要从本单位实际出发，着眼后勤工作特点，贯穿循环经济理念，抓好节能、节水、节材、节约经费，尽可能做到降废减损、回收利用。如：积极利用符合用水标准的回收水和再生水擦地、绿化、洗车、冲洗卫生间；推广和使用节能环保型办公材料和再生材料，搞好废弃物的综合利用，促进办公用品的循环和高效利用，等等。要通过强化科技手段的运用，建立科学的能源管理体系，积极使用新型节能设施，有效开展办公综合节能；切实搞好资源的综合节约和利用。如：倡导应用节能技术、节能设备、节能工艺、节能材料，加大新型节能照明、节能型空调、余热回收利用、建筑保温等节能技术的推广，鼓励使用太阳能和清洁能源，认真推广建筑

领导谈后勤

节能技术，有计划地开展空调、照明、采暖系统的节能改造，推进建筑低成本、无成本节能管理等。要建立健全节约能源资源长效机制。完善建筑物能耗标准和能源定额标准，制定节能、节水、节材的标准和制度，建立健全节能标准规范体系。如：办公区域的夏季空调温度不得低于26摄氏度，做到无人时不开空调，开空调时不开门窗；提倡三楼以下尽量不搭乘电梯，减少电梯运行；加强车辆油料使用管理，实行车辆定点定车加油，及时登记单车燃油消耗，实行车辆定点维修保养；建立机关食堂粮食消耗情况的统计分析制度，尽可能准确预测就餐人数，按需投料，作到少剩饭、不剩饭，等等。完善单位能耗目标责任和考核制度，建立节能激励和约束机制。对节约活动做得好的单位和个人及时给予表扬鼓励，发挥先进典型的示范和带动作用；及时查找各种资源浪费现象，并提出批评，限期改正；对存在严重浪费情况的要作出处理，对造成严重损失的要严肃追究有关人员的责任。

（六）完善监督制约机制。对后勤管理进行有效监督，是防止产生腐败的重要措施，也是保护后勤人员的最好办法。要贯彻落实《国家税务总局关于建立健全惩治和预防腐败体系的实施意见》，建立结构合理、配置科学、程序严密、制约有效的权力运行机制，加强对后勤关键部位和重点环节权力行使的监督。要加强公务接待管理。10月20日，中央办公厅、国务院办公厅印发了《党政机关国内公务接待管理规定》，11月3日和10日，温家宝总理就贯彻落实《规定》两次作出重要

批示，15日又主持召开国务院常务会议专门听取汇报。各级税务机关要认真贯彻落实国务院常务会议精神和温家宝总理的重要批示精神，充分认识做好公务接待工作的重要意义，切实贯彻《规定》的要求，完善管理体制，健全工作制度，强化内部管理，提高接待服务水平。要大力推行政务公开。认真贯彻落实《国家税务总局关于深入开展政务公开的意见》，明确政务公开责任制，制定制度办法，完善工作机制，畅通公开渠道，加强监督检查，提高政务公开的针对性和实效性，保障干部职工的参与权、知情权和监督权。

三、坚持以人为本，切实加强机关后勤队伍建设

事业兴旺，关键在人。各级税务机关要适应新时期机关后勤改革与发展的形势，进一步增强责任感和使命感，切实加强对后勤工作的领导，努力建设一支政治强、业务精、作风正的后勤干部职工队伍。

（一）加强组织领导。做好后勤工作，离不开领导特别是"一把手"的高度重视和支持。要加强职能建设。目前，后勤部门职能运行面临着从属性明显、职能运行不稳定、工作覆盖面宽、职能界限不明晰、自办事务多、管理职能不到位等困难和矛盾。因此，各级税务机关必须突出如何有效理顺工作职能这个核心环节，来推动机关后勤工作的整体改革。加强后勤部门的职能建设，要从整体上进行设计和思考。要加强上级机关服务中心对下级机关服务中心的工作指导，变"大

摊子"为"大系统"；要下决心建设长效机制，理顺机关服务中心的工作职责，变"办后勤"为"管后勤"。总局每两年召开一次服务中心主任座谈会，每五年召开一次后勤工作会议，重点研究加强后勤建设问题。要优化人员配置。后勤部门工作杂、责任重、压力大、人手紧缺。各级税务机关领导对此务必予以重视，采取有力措施，把那些热心后勤事业、有思路、善管理、懂业务、能吃苦、作风正的同志选拔到机关服务中心主任岗位上来，把那些有责任心、懂技术、懂后勤管理的人员充实到后勤工作岗位上来，进一步优化后勤人员配置。同时，可根据后勤管理和服务经营工作的特点，通过社会招聘、公开招考等形式，引进学有专长的高素质人才，为机关后勤队伍注入新的活力。要关心后勤人员的成长。既要在工作上给他们交任务、压担子，使他们在实践中得到锻炼和提高，更要从政治上关心和呵护。对长期在后勤部门工作的同志，要有计划地安排到基层去锻炼，使他们增长才干，全面成长。要创造良好的工作条件。在政策允许的范围内，切实关心和解决后勤人员的实际问题，做到"用事业留人，用感情留人，用适当的待遇留人"，营造拴心留人的良好氛围。

（二）提高能力素质。不断提高能力素质是做好后勤工作的内在要求。随着形势的发展，后勤工作的内容越来越广泛，任务越来越艰巨，对后勤人员综合素质和知识能力的要求越来越高。要增强"有为才有位"的意识。"为"是前提，"位"是结果，"为"是"位"的基础，"位"是"为"的肯定和升华，"为"

是本，"位"是末，两者互为条件，互相促进。广大后勤人员只要勤奋工作，主动作为，高质量作为，创新作为，就能获得应有的地位。要继续抓好学习和培训。毛泽东同志曾经指出："任何轻视后勤工作，以为后勤工作不是重要的、专门的科学，不需要一些有系统的学习，不需要精通业务的观点，是完全错误的。"要教育后勤人员树立长期学习、终身学习理念，把爱学习作为良好的习惯融入日常工作和生活之中，坚持学思结合，学以致用。加强政治理论学习，认真学习马克思列宁主义、毛泽东思想、邓小平理论和"三个代表"重要思想，研读《江泽民文选》，领会六中全会精神，不断提高马克思主义理论素养，不断增强贯彻执行党的路线方针政策的自觉性和坚定性，牢固树立正确的世界观、人生观、价值观。加强业务知识和其他相关知识学习，重点学习法律、计算机应用、财务管理、国有资产管理、房地产管理与经营、物业管理、安全管理、电子设备管理与操作等知识，力争成为熟悉情况、精通业务的行家里手。继续有针对性地举办一些培训班，在提高理论素养、培养战略思维和加强党性修养等方面下工夫，培训方式由填鸭式教学向现场体验式、案例式、模拟式、研讨式等教学方式转变，不断增强培训的实际效果。要建立健全激励机制。建立机关后勤绩效考核体系，实现从经验管理到科学管理的跨越。按照"建立明确的绩效计划，制定可行的考核标准，选取全面的考核主体，运用实用的考评工具，设计合理的考核周期，通过及时的反馈（双向沟通与辅导）使被考核者认同，将绩效结果充分运用到人力资源和组织发挥目标的制定、调整上"的总体思路，进行设计和实施。同时，及时总结实践中积累的好做法，推广先进经验，培养先进典型，不断提高后勤工作水平。

（三）推进管理创新。创新是一个民族进步的灵魂，是一个国家兴旺发达的不竭动力。随着时代的进步，后勤工作遇到了许多新的情况，这就要求我们必须与时俱进，开拓创新，在适应新形势上下工夫，在解决新矛盾中练真功，不断研究新情况，解决新问题。要认真贯彻落实全国加强政府自身建设推进政府管理创新电视电话会议和全国税务系统加强税务机关自身建设推进依法行政和管理创新视频会议精神，不断推进后勤管理创新。要推进理念创新。破除过去计划经济时期长期形成的"自我服务"、"铁饭碗"等传统意识，增强"优胜劣汰、适者生存"的危机感，牢固树立市场观念、竞争观念、效益观念和质量观念，树立知识后勤、资源后勤、技能后勤、信息后勤的新理念，用新的思维方式实现后勤管理由微观性向宏观性、由行政型向法规型、由直接为主向间接为主的转变。要推进技术创新。科学技术是第一生产力，自主创新是第一竞争力。在积极主动利用系统内外的技术资源，更大范围、更深层次地学习先进技术成就，分享更多先进管理经验的基础上，努力提高自主技术创新能力。要推进实践创新。针对管理、保障、服务工作的新特点，研究机关后勤工作的新方法，充分运用法制化、市场化、信息化等科学手段，积极推广目标管理、绩效管理、项目管理等先进管理方式，不断提高管理、保障、服务能力。

（四）改进工作作风。作风反映形象，体现战斗力。要坚持密切联系群众的作风。坚决克服"门难进、脸难看、事难办"的衙门作风，始终保持公仆本色，深入实际，倾听群众呼声，把工作着力点放到解决后勤工作改革发展的重点、难点问题上来，放到研究解决机关干部职工生活中遇到的热点、难点问题上来。要坚持爱岗敬业的作风。严格依照法定权限和程序行使权力，坚持原则，秉公办事，严谨细致，精益求精，高标准、高质量地完成改革、管理、保障、服务和经营等工作。拓宽工作领域，创新工作方式，提高工作的前瞻性、预见性和创造性，不断增强科学管理能力、依法保障能力和优质服务能力。要坚持雷厉风行的作风。如何进行有效的后勤管理，实现组织的目标，执行力是关键。牢固树立"抓落实是一切正确决策的生命"的理念，营造崇尚实干、注重实效的氛围，努力做到闻风而动，雷厉风行，决不允许出现办事拖沓、推诿扯皮等影响工作效率的行为。要坚持团结协作的作风。团结就是力量。作风民主、善于合作是党性修养和人品风范的表现。进一步树立团队精神，做到互相尊重、互相谅解、互相支持、互相补台，真正成为政治上志同道合的同志、思想上肝胆相照的知己、工作上密切配合的同事、生活上互相关爱的挚友，共同创造民主、平等、和谐、愉快的工作环境。后勤部门要加强同机关其他相关部门的沟通协调，以得到对后勤工作的支持和配合。要加强同当地政府相关部门的联系，多参加省机关事务管理局组织的有关活动，沟通政策信息，建立工作关系，交流工作经验，谋求共同发展。要坚持廉洁自律的作风。温家宝总理曾对机关事务管理工作人员提出三点要求，就是："要廉洁，要节俭，要奉献"。机关后勤工作常与钱、物打交道，责任十分重大。要认真落实廉政责任制，加强对后勤人员的管理、教育和监督，真正做到有权必有责、用权受监督、侵权须赔偿、违法受追究。切实做到抗得住诱惑，经得起考验，做到自重、自省、自警、自励，做到不仁之人不当、不义之财不取、不规之事不干，确保党风廉政建设取得新成效。

同志们，后勤工作任务艰巨，责任重大，使命光荣。让我们紧密团结在以胡锦涛同志为总书记的党中央周围，高举邓小平理论和"三个代表"重要思想伟大旗帜，全面落实科学发展观，按照新时期税收工作指导思想的要求，不断加强能力建设，充分发挥职能作用，全面提升后勤工作水平，为推进税收事业全面发展、构建社会主义和谐社会作出新的贡献！

落实科学发展观
推动资源节约建设

在全国税务系统机关资源节约工作培训研讨班上的讲话

国家税务总局总会计师 宋 兰

2006 年 8 月 21 日

同志们：

　　这次全国税务系统机关资源节约工作培训研讨班，是总局全年培训工作的一个重要内容，也是以训代会研究机关服务中心工作的一个很好的形式。主要任务是总结税务系统资源节约工作取得的成绩，交流经验，明确要求，进一步推进资源节约建设，服务税收工作大局。加强资源节约建设，是建设资源节约型、环境友好型社会的一项重要任务，是全面贯彻落实科学发展观、加快转变经济增长方式的重要举措，也是一项事关税收事业发展的重要工作，抓好这项工作具有十分重要的意义。下面，我讲四点意见。

一、全国税务系统资源节约工作取得明显成绩

　　近年来，全国税务系统认真贯彻党中

央、国务院"能源开发与节约并举，把节约放在首位"的方针，加强宣传教育，增强节约意识，注重制度建设，形成工作机制，坚持科学管理，提高资源利用效率，广泛开展资源节约活动，有力推动了节约型机关建设。

　　（一）领导重视，形成氛围。总局党组高度重视资源节约工作，认真学习贯彻党中央、国务院关于加强资源节约、建设节约型社会的一系列方针、政策和各项工作要求，把资源节约放在税收工作的重要位置。谢旭人局长强调："在研究如何从税收政策上支持循环经济发展的同时，要高度重视节约型机关建设，对机关节水、节能降耗等方面的工作要进行周密部署，提出具体要求，特别是在人、财、物方面要给予大力支持。"为了推动资源节约工作的开展，各级税务机关建

立领导工作机制,加强工作指导,研究确定机关资源节约的目标、重点和要求,总局机关对重点资源节约事项,由局领导组织会议专门研究,督促抓好落实。大力加强宣传教育,坚持正确引导,形成崇尚节约的浓厚氛围。积极参与"全国节能宣传周"活动,每年6月11日至17日,坚持开展以"五小"(小革新、小发明、小改造、小设计、小建议)为主要形式的各种竞赛和"我为节约做贡献"、"节约型社会我先行"、"四个一"(节约一滴水、一度电、一张纸、一粒米)等一系列资源节约型活动,要求每位干部、职工立足本职岗位,自觉节约能源。各级税务机关也因地制宜地开展资源节约宣传教育活动,不断增强广大干部职工的节约意识。有的把资源节约作为干部教育培训的重要内容,邀请专家学者分析当前我国所面临的严峻的资源形势。有的在税务网站、会议室、宣传栏、电子显示屏和水、电使用区张贴宣传标语、宣传画,倡导节约文明。有的积极开展干部职工讨论会,倡议从我做起,厉行节约,并为做好机关的资源节约工作献计献策。

(二)突出重点,以点带面。控制重点部位的资源使用量是节能降耗的关键。为了减少供暖、照明耗能和节约用水,总局机关先后实施了多次较大的技术改造,大大降低了机关的资源消耗量。采用国际先进的现场总线技术,自主设计"热力站自动监控系统",

在确保供暖质量的前提下每年节省燃油180吨以上,水电油综合费用为每平方米24元,被北京地区行业专家评定为全市最低。自主设计"自动循环变量储能太阳能集热系统",每年减少卫生热水的油耗40吨左右,节省80%,这一设计现已在一些省市税务局推广使用。将办公楼照明全部换成高效节能灯,节约照明费用约70%。在中央空调、锅炉管网和生活水系统中加装变频调速装置,降低电耗25%。利用涡旋离心原理设计"循环水固形物过滤器",每年节水2000多吨。自行设计和改造饮用水锅炉系统,每年节水70至80吨。对冬季采暖系统加装高效自动排气阀,每个供暖季可节约用水450吨。加上采取其他节水措施,总局机关2005年实际用水仅为38000吨,远低于年用水10万吨的核定标准。各级税务机关也在节约水、电、油以及办公用品、通讯、会议支出等方面采取了一系列行之有效的措施。仅节电一项,去年下半年杭州市国税局节电20.4万度,去年7月至今年7月广东省地税局节电80万度,今年上半年黑龙江省国税局同比节约电费1万元,今年1至5月大连市国税局用电量同比下降11.17%。

(三)严格管理,讲求实效。全国税务系统坚持向管理要效益,按照科学化、精细化管理要求,把资源节约工作做深、做细、做实,收到了良好的效果。总局先后建立目标管理、岗位责任、设备巡查、责任追究、情况通报等制度，加强资源节约工作的管理监督，严禁各种浪费现象。细化资源节约管理措施，增强可操作性。比如，在供电网络中分区加装计量表随时掌握电能消耗情况并加强节能分析，在照明灯和空调开关处安装提示牌引导干部职工采取节能措施，实行照明、空调、电梯最低量使用制度，实行用水设备专人管理、各部位用水量精确统计制度，以及节电节水巡查制度等，有效加强日常管理。各级税务机关立足实际，严格管理，积极开展资源节约工作。浙江省国税局把节约工作任务分解到单位和个人，纳入目标考核和干部考核体系中，并组织检查组，不定期地对省局机关、各市地局节电、节水等情况进行监督检查，查找存在问题和薄弱环节。广东省地税局坚持规范管理，加强核算，推行阳光管理，规范采购业务，大大削减了内部开支。河南省国税局规范机关财务管理、固定资产管理、会议管理、印刷品管理、车辆管理、办公用品管理等制度，使每项经费支出都有制度可依。广西自治区国税局先后制定《机关工作人员十项禁令》、《加强自治区国税局机关管理的意见》、《接待管理制度》、《机关经费管理制度》等14个制度办法，对局机关和基层财务开支、公务接待、办公用品、通信费用、公用燃油、用水用电等方面提出具体要求，制定完善各项节约措施，

并把建设节约型机关各项措施的落实情况纳入到年度考核。四川省国税局提出节约目标，2006年全省各级国税机关按同比口径电费、水费、公车油耗、公车维修费、办公用品支出、会议接待费等六项指标至少下降5%。青岛市地税局严格财务管理，10万元以上经费支出事前申请、集体审议，重大办公用品采购一律实行书面请示、公开招标并纳入政府采购范畴。这些加强内部管理的措施，都有力推动了资源节约工作。

（四）上下联动，共同推进。除了做好本机关资源节约工作外，总局还加强了对全系统资源节约工作的指导。2005年7月，按照《国务院关于做好建设节约型社会近期重点工作的通知》要求，制定了《关于建设节约型机关的意见》，要求全国税务系统认真贯彻全国建设节约型社会电视电话会议和温家宝总理重要讲话精神，要求各级税务机关立足实际，切实做好资源节约工作，并对加强宣传教育、做好机关节约水、电、油、办公用品、粮食和开支，以及加强对资源节约工作的领导，作了具体部署，提出了明确要求。总局还加强对全系统开展资源节约工作的技术指导，针对有些单位在物业管理、技术设备安装使用中遇到的问题，及时安排技术人员进行指导，加强业务协调。各级税务机关雷厉风行，结合实际，制定措施，有效地推动了全系统资源节约工作的开展。

经过各级税务机关和广大干部职工的共同努力，全国税务系统资源节约工作取得了显著成绩。总局机关在1997年至2005年间，累计节水24万吨，节电68万度，节油780吨，折合人民币600余万元。总局机关连续6年被北京市节水办评为"节水先进单位"，连续7年被北京市政府授予"供热先进单位"。2003年被北京市人民政府授予"节水先进单位"荣誉称号。2005年4月，北京市政府为总局机关树立了永久性的"北京市节水模范碑"，并将总局的经验列为北京市的5种节水模式之一向全社会推广介绍。中央电视台新闻媒体专门介绍了总局的节能节水经验。2005年11月，国务院机关事务管理局在总局机关召开节水工作现场会，国务委员、国务院秘书长华建敏同志到会并讲了话，对总局机关的工作给予了充分肯定。各级税务机关也通过各种行之有效的管理措施，加强节约型机关建设，在当地和社会上引起了良好的反响。借此机会，我代表总局党组对在资源节约工作中取得良好成效的单位表示祝贺！同时，对各级参与和推动节能降耗的机关服务中心系统的广大干部职工表示亲切慰问和衷心感谢！

二、充分认识资源节约的重大战略意义

能源、矿产、水、土地等自然资源，是经济社会可持续发展的物质基础和保障。新中国成立后特别是改革开放以来，我国经济社会发展取得了举世瞩目的巨大成就。但是，随着经济的快速发展，我国承载了越来越重的资源、能源压力。经济增长方式粗放、资源消耗高、浪费大、污染重，已经成为制约我国经济社会持续、协调、健康发展的"瓶颈"。进一步增强资源节约的意识，大力降低资源消耗，提高利用效率，建设节约型社会，增强可持续发展能力，是全面建设小康社会、构建社会主义和谐社会的必由之路。

（一）高度重视资源节约，是我国基本国情决定的。我国人口众多、能源资源相对不足，目前又正处在工业化和城镇化加快发展的重要时期，能源资源的消耗强度高，消费规模不断扩大，能源供需矛盾越来越突出。从有关统计数据来看，虽然我们的国土面积和有些资源的蕴藏量较大，但我国的资源总量和人均资源量都严重不足。在资源总量方面，我国石油储量仅占世界的1.8%，天然气占0.7%，铁矿石不足9%，铜矿不足5%，铅矿不足2%。在人均资源方面，我国人均矿产资源是世界平均水平的1/2，人均耕地、草地资源是世界人均水平的1/3，人均水资源是世界人均水平的1/4，人均森林资源是世界人均水平的1/5，人均能源占有量是世界人均水平的1/7。其中，人均石油占有量只占世界人均水平的1/10。同时，我国资源利用效率与世界水平也有很大的差距。我国单

位总产值能耗比世界平均水平高2.4倍,是德国的4.97倍,日本的4.43倍,英国的2.1倍,印度的1.65倍。当前我国的节能形势十分严峻。按照今年全年单位国内生产总值能耗降低4%、经济增长保持在8%至10%测算,能源消费总量增幅应当控制在3.7%至5.6%的范围。但从当前运行情况看,经济增长和能源消耗与这一控制目标差距较大。今年上半年国内生产总值增长了10.9%,而全国单位GDP能耗同比上升了0.8%。从主要行业单位增加值能耗看,煤炭上升5.5%,石油石化上升8.7%,有色金属上升0.4%,电力上升0.8%。特别值得注意的是我国生产、建设、流通、消费领域浪费资源的现象相当严重,一些城市建设贪大求洋,汽车消费追求豪华型、大排量,住房消费追求大面积、高标准,有的产品过分包装,一些活动讲究排场、大吃大喝。这样,不仅造成资源供求矛盾日趋尖锐,煤电油运紧张,环境污染加重,导致一些重要矿产资源对外依存度不断上升,而且助长了不良的社会风气。我国资源支撑这种粗放的经济增长已经难以承受,以拼资源、拼环境为代价的经济社会发展必将难以为继。因此,高度重视资源利用问题,推进能源资源节约,是缓解能源资源供求矛盾的重大举措,也是减少污染、改善生态环境的重要途径。我们要充分认识到资源节约绝不是一件小事,而是事关现代化建设进程和国家安全,事关人民群众福祉和根本利益,事关中华民族生存和长远发展的国策。我们一定要从全局和战略的高度,充分认识加快建设节约型社会的极端重要性和紧迫性。

(二)高度重视资源节约,是落实科学发展观的必然要求。科学发展观是我们党对我国现代化建设指导思想的重大发展。科学发展观的实质,就是以人为本,实现经济社会的全面协调和可持续发展,贯彻落实科学发展观的一个重要方面,就是要处理好经济建设、人口增长、资源利用、环境保护的关系。在资源节约、保护环境的前提下实现经济较快发展,促进人与自然和谐相处,提高人民生活水平和生活质量。在我国经济社会发展进入新的历史阶段,党中央、国务院高度重视资源节约工作。党的十六届五中全会提出,要把资源节约作为基本国策,发展循环经济,保护生态环境,加快建设资源节约型、环境友好型社会,促进经济发展与人口、资源、环境相协调。胡锦涛总书记指出,各级党委和政府要从树立和落实科学发展观、实现全面建设小康社会宏伟目标和中华民族伟大复兴的战略高度,充分认识做好能源资源工作的重要性和紧迫性。温家宝总理在全国做好建设节约型社会重点工作电视电话会议上强调,要在全国范围内大张旗鼓、深入持久地开展资源节约活动,加快推进节约型社会建设,促进我国经济社会全面协调可持续发展。中央和国家机关要首先带头，各级政府和所有公务员都要率先垂范，厉行节约，反对浪费。我国国民经济和社会发展第十一个五年规划纲要也明确提出，要把资源节约作为基本国策，发展循环经济，保护生态环境，加快建设资源节约型、环境友好型社会，促进经济发展与人口、资源、环境相协调，并把节约能源、节约用水、节约土地、节约材料、加强资源综合利用等作为建设资源节约型、环境友好型社会的重要措施。按照十六届五中全会和"十一五"规划的要求，未来五年我国单位国内生产总值能源消耗要比"十五"期末降低20%左右，为实现这一目标，国务院在今年8月6日又专门下发了关于加强节能工作的决定，提出了具体的措施和要求。我们要充分认识资源节约的极端重要性，认真学习贯彻党中央、国务院的一系列方针政策和要求，牢固树立资源节约的意识，推动我国经济社会的协调发展。

（三）高度重视资源节约，是推动税收事业发展的重要举措。建设节约型社会，就是要在社会生产、建设、流通、消费的各个领域，在经济和社会发展的各个方面，切实保护和合理利用各种资源，提高资源利用效率，以尽可能少的资源消耗获得最大的经济效益和社会效益。这是关系到我国经济社会发展和中华民族兴衰，具有全局性和战略性的重大决策。税务部门是国家重要的经济管理部门，税务系统广大干部必须牢固树立和全面落实科学发展观，坚持聚财为国、执法为民的税务工作宗旨，认真研究如何从税收政策上支持循环经济发展，发挥税收调节作用，促进资源节约，提高资源利用效率，严格执行国家的各项税收法律法规和政策，推动经济增长方式转变，促进可持续发展，更好地推动全面建设小康社会和谐社会建设。同时，各级税务机关必须高度重视节约型机关建设，把资源节约放在重要地位，在机关节水、节能降耗、节约资金、提高行政效能等方面作出表率。要教育引导广大税务干部充分认识资源节约是实现"执法规范、征收率高、成本降低、社会满意"税收征管目标的内在要求，只有降低税收征收成本和机关管理运行成本，最终才能降低整个税收成本；充分认识资源节约是坚持"两个务必"的根本要求，只有做到艰苦创业，厉行节约，坚决反对大手大脚、铺张浪费，才能永葆勤俭节约的光荣传统；充分认识资源节约是提高机关行政效能的现实需要，只有树立过紧日子的思想，纠正"花公家钱不心疼"的错误作法，才能做到少投入多产出，不断提高税收工作效益；充分认识资源节约是树立健康生活方式的必然选择，只有追求简朴的生活方式，接近自然，摈弃过度的物质需求，才能做到健康生活、快乐工作。总之，推动税收事业快速健康发展，既要充分发挥税收筹集财政收入和调节经济、调节分配的职能作用，又要加强干部教育，强化内部管理，大力倡导节约文化和节约文明，引导广大税务干部职工立足税收工作实际，切实抓好资源节约工作，促进节约型机关建设。

三、切实加强税务系统资源节约建设

推进税务系统资源节约建设是一项长期的工作任务。加强税务系统资源节约建设的总体要求是，深入贯彻党的十六大和十六届五中全会精神，坚持以邓小平理论和"三个代表"重要思想为指导，全面落实科学发展观，以宣传教育为基础，以制度管理为根本，以科技创新为动力，以队伍建设为保障，全面降低税务系统资源消耗，大力推动节约型机关建设，促进税收事业健康发展，为全面建设小康社会、构建社会主义和谐社会作出积极贡献。各级税务机关要按照这一总体要求，坚持领导与群众并重，宣传与教育并重，改进技术手段与加强管理并重，建立完善制度与狠抓工作落实并重，进一步强化措施，确保推进资源节约建设的各项工作取得成效。

（一）进一步加强资源节约工作的组织领导。资源节约是一项全局性工作，涉及方方面面。各级税务机关要把资源节约工作摆在重要议事日程，加强部署、调度和检查。要建立健全工作机制，形成领导重视，群众参与，各方面支持，齐抓共管的工作格局。要明确职责分工，"一把手"要亲自过问，抓好全局的资源节约工作，分管领导要注重落实，抓好所分管部门的资源节约工作。要以领导的模范行动和表率作用影响带动机关和系统的资源节约工作。机关服务中心、物业管理等部门要牵头研究制定建设节约型机关的具体方案、目标、任务和措施。各部门要采取有效措施，细化管理要求，把每一项工作落实到具体岗位、具体的人员，确保资源节约措施取得实效。

（二）全面加强资源节约宣传教育。资源节约涉及多个部门，是每一个税务干部职工共同的责任。各级税务机关要加强国情教育，宣传我国面临的资源形势，不断增强广大干部职工做好资源节约的紧迫感和责任感。要认真宣传党和国家关于资源节约的方针政策、法律法规，宣传资源节约对全面建设小康社会、构建社会主义和谐社会的重大意义，做到家喻户晓、人人皆知。要大力宣传普及资源节约的基本知识和方式方法，积极推广资源节约的科学技术，集中介绍资源节约的先进管理经验和先进单位、个人的事迹。通过有针对性的宣传教育活动，提高广大税务干部对资源节约的认识，牢固树立节约意识，克服资源节约是生产单位的事、"事不关己"等错误认识，形成"节约光荣、浪费可耻"的风尚，自觉从我做起、从现在做

起、从点滴做起，通过逐个单位、逐个部门、逐个家庭、逐个房间、逐个机器的能源节约，积少成多、聚沙成塔，把小节约变成大节约。

（三）建立健全资源节约制度。制度更带有根本性、长期性和稳定性。抓好资源节约工作，必须建立健全各项制度，通过制度的建立和实行来严格教育、严格管理、严格监督。要结合税务机关实际，大处着眼、小处着手，以节约水、电、油、办公用品、粮食、机关开支等为重点，加强对薄弱环节的管理，制定切实可行的制度措施，逐项加以落实，切实降低资源消耗。

一是节约用水。定期检修用水设备，严防跑、冒、滴、漏和长流水现象发生。对公用大型耗水设施进行节水改造，尽量改用节水型设备。积极利用符合用水水质的回收水和再生水拖地、绿化、洗车、冲洗卫生间，禁止用高压清洁水冲洗车辆，严禁使用自来水龙头直接冲洗墩布。引导全体税务干部自觉养成节约用水习惯，用水后随手关闭水龙头，坚决避免长流水现象。

二是节约用电。合理使用空调设备，办公室、会议室等办公区域的夏季空调温度不得低于26摄氏度，做到无人时不开空调，开空调时不开门窗。白天朝阳的办公场所尽量不开灯，要求干部职工离开办公室、下班时做到随手关灯和及时关机，坚决杜绝白昼灯、长明灯。后勤管理部门对下班后和双休日无人办公时办公室用电情况要进行巡查通报。提倡三楼以下尽量不搭乘电梯，减少电梯运行。下班或长时间离开应及时关闭电脑主机和显示屏、传真机、复印机、打印机、饮水机等设备，减少待机耗能。推进大型耗电设施技术改造，逐步改造更新达不到节电效果的设备，积极使用节电灯具、器材。

三是节约用油。严格核定公务用车编制，控制车辆规模，集中处理超编超标车辆。严格车辆出行管理，有效杜绝公车私用现象。政府采购车辆，要优先考虑环保节能车辆。及时淘汰环保不达标、油耗高的车辆。加强车辆油料使用管理，实行车辆定点定车加油，及时登记单车燃油消耗，实行车辆定点维修保养。提高车辆管理人员和驾驶人员的业务操作技能，积极开展节油技术比赛，评选节油技术能手。对使用燃油锅炉供暖或供应生活热水的地方要加强锅炉房的管理，大力推广先进的管理方法和节油技术改造。采用科学合理的供热运行方式，降低热消耗和无用功付出。有条件的地方要尽量推广太阳能的应用，以减少燃油的消耗。

四是节约办公用品。完善办公用品配备、采购、领用制度，全面推行办公用品集中采购，建立办公用品使用情况分析、通报制度。在合理统计、调查研究的基础上探索制定人员办公用品定额标准。

五是节约粮食。建立机关食堂粮食消耗

情况的统计分析制度，尽可能准确预测就餐人数，按需投料，作到不剩饭、少剩饭。实行规范就餐制度，引导用餐人员按需取食，对用餐情况进行不定期巡查，对剩饭菜较多的人进行教育，对屡教不改者予以通报批评，让干部职工牢记"一粥一饭，当思来之不易；半丝半缕，恒念物力维艰"。

六是节约开支。完善对机关办公用房等国有资产的管理，在办公用房建设、装修中严禁攀比、超预算、超标准。机关物业管理中要采用招投标方式，降低物业管理经费支出。坚持依法理财，严格财务预算管理，实行机关财务开支"一支笔"审批制度，规范支出范围，切实控制会议费、招待费支出。建立资源消耗统计制度，定期对本部门和各单位的水、电、油等资源消耗数据和费用开支情况进行统计，压缩消耗单位的开支。

为了促进各项资源节约制度的落实，要把资源节约工作纳入考核管理，并作为干部工作业绩的重要指标。要建立资源消耗统计制度、对比分析制度和定期通报制度，对各单位的电、水、油以及办公耗材的使用情况进行统计和对比分析，定期通报。对节约活动做得好的单位和个人及时提出表扬，发挥先进典型的示范和带动作用，及时查找各种资源浪费现象，并提出批评，限期改正；对存在严重浪费情况的要作出处理，对造成严重损失的要严肃追究有关人员的责任。

（四）切实改进资源节约的技术手段。资源能源问题是一个全球性问题，当前世界各国都在研究如何作好节能节约工作这个历史性课题，已经产生了许多像利用太阳能、节水、节电、节油等方面比较成熟的科研成果和可操作的应用技术。加强资源节约建设，既要靠内部挖潜，也要靠先进的科学技术。要通过强化科技手段的运用，搞好资源的综合节约和利用，做好资源节约这篇大文章。一是建立科学的能源管理体系。对全系统和各级机关的能源消费进行全过程监督和管理，逐步建立和完善全系统能源管理能力评价指标体系，鼓励通过合同能源管理方式，聘请节能专业服务机构参与机关节能改造，优化能源管理，提高利用效率。二是积极使用新型节能设施。倡导应用节能技术、节能设备、节能工艺、节能材料，加大新型节能照明、节能型空调、余热回收利用、建筑保温等节能技术的推广，鼓励使用太阳能和清洁能源。有条件的单位可以建立再生水回用系统和雨水收集系统。要认真推广建筑节能技术，从加强对既有建筑的节能综合诊断和新建建筑节能评审工作，以及改善日常管理等方面，逐步建立和完善机关建筑设计、施工、调节、运行维护各个阶段全过程节能跟踪管理体系，有计划地开展空调、照明、采暖系统的节能改造，推进建筑低成本、无成本节能管理。三是有效开展办公综合节能。

要严格办公材料消耗核算，积极推行无纸化办公；搞好日常节约，节约每一支笔、每一张纸，提倡双面用纸、信封反面利用；推广和使用节能环保型办公材料和再生材料，完善再生资源回收利用机制，搞好废弃物的综合利用，促进办公用品的循环和高效利用。发挥视频会议系统作用，减少会议开支。

技术手段的改进往往具有一定的滞后性，并受资金条件等方面的限制。我们要正确处理需要与可能、管理与技术的关系，在加强资源节约建设中必须坚持以人为本，充分发挥人的积极性、主动性和创造性，强化日常管理，坚持科学管理，搞好精细化管理，通过管理水平的提升，挖掘节能潜力，释放经济效益。

（五）不断提高管理队伍的思想、业务素质。资源节约工作既是全局性工作，也是后勤管理部门的工作重点。各级税务机关后勤管理部门要切实抓好自身建设，努力造就一支高素质的管理队伍，为加强资源节约建设提供有力的组织保障和人才保障。

一是加强思想政治建设。后勤管理是各项税收工作正常开展、税务机关高效有序运行的重要保证，工作涉及物业管理、车辆管理、安全管理、接待安排、卫生保洁、生活服务等方方面面，具有服务性、超前性、社会性、技术性等特点，后勤管理干部必须具备过硬的政治素质才能做好本职工作。要切实加强后勤管理干部的理想信念教育，引导干部牢固树立共产主义理想和中国特色社会主义信念，坚持用马克思主义的立场、观点、方法来认识世界，形成过硬的思想素质、良好的行为规范、辩证的思维方式。广泛开展以爱岗敬业、公正执法、诚信服务、廉洁奉公为基本内容的税务干部职业道德教育，教育干部干一行、爱一行、钻一行、精一行，在平凡的后勤工作岗位上做出不平凡的成绩。要切实加强廉政教育，坚持"两个务必"，牢固树立以"八荣八耻"为主要内容的社会主义荣辱观，认真贯彻中央各项廉政纪律，全面落实总局惩治和预防腐败体系的实施意见和各项廉政规定，坚持标本兼治，惩防并举，防止各种违规违纪和不廉行为的发生。

二是不断改进工作作风。作风好则事业兴，作风差则事业衰。树立良好的工作作风，是提高后勤管理工作质量和效率的前提和基础，是切实解决"淡化责任，疏于管理"问题的关键。要坚持围绕中心，服务大局，把后勤部门的各项工作放在整个税收工作的格局中去考虑，准确定位，科学决策，使后勤管理工作不断沿着正确的方向发展，为促进各项税收工作任务的完成发挥积极的保障作用。要坚持解放思想，实事求是，不断探索后勤管理工作的规律，一切从实际出发，求真务实，埋头苦干，扎实工作，察实情、讲实话、办实事，不搞形式主义、官僚主义，不搞劳民伤财的"形象工程"、"政绩工程",不搞虚报浮夸和报喜不报忧。要切实增强责任意识,以高度负责的精神做好本职工作,把加强后勤管理特别是资源节约的各项措施落实到具体工作中去,落实到每一个工作环节,真抓实干,务求成效。要增强纪律观念,令行禁止,坚决反对各自为政、推诿扯皮、散漫拖沓的风气。

三是勇于实践勇于创新。创新是一个民族进步的灵魂,也是推进后勤管理的不竭动力。后勤管理是一项复杂的系统工作,要加强探索,认真研究后勤管理的工作规律,按照"市场导向、监管到位、廉洁高效、保障有力"的要求,与时俱进,改革创新,不断提高管理效能。要适应改革发展的要求,坚持在实践中创新后勤管理工作体制、机制和制度,不断丰富工作内容,完善工作方法。坚持从时代要求和形势需要出发,分析新情况,总结新经验,探索新途径,解决新问题,改进后勤管理模式和运行方式,在改革中创新,在创新中发展,不断开创后勤管理工作的新局面。

四是进一步加强教育培训。马克思曾说过:"要改变一般的人本性,使他获得一定劳动部门的技能和技巧,成为发达的和专门的人力资源,就要有一定的教育和训练"。后勤管理工作是技术较强的工作,要坚持以人为本,大力实施人才兴税战略,认真抓好后勤

干部队伍的教育培训工作,努力造就一支懂技术、会管理的专业化队伍。要认真贯彻落实中央《干部教育培训工作条例》,落实教育培训规划,加强后勤管理人才库建设,加大专业技术人才的培训力度。加强学习型机关建设,广泛开展后勤管理岗位练兵,培养后勤管理的业务能手。坚持"请进来"、"走出去",邀请有关部门和系统内的管理行家里手为后勤管理干部传授知识和经验,也要积极向全系统推荐各级税务机关后勤管理的先进技术和经验,不断提高全系统后勤管理的专业化水平。要抓好人才培养和引进,不断更新和充实后勤管理队伍,使之更加适应日益发展的工作需要,促进整个后勤队伍综合素质的提高,全面提升后勤管理部门科学化、精细化管理水平和服务水平。

四、对培训研讨班的几点要求

总局拿出专门时间,把省一级的国、地税局服务中心主任集中起来,就加强资源节约建设进行培训和研讨。培训班还邀请了国管局的同志介绍国家创建节约型政府、加强机关资源节约工作的基本要求和工作重点,总局机关服务中心的同志还要就资源能源利用与节约面临的形势、加强机关资源节约与节能管理、节能降耗方法和工作实践、机关车辆管理与节油,以及中央国家机关资源节约现场会的有关情况向大家作介绍。这对各

中国税务后勤建设

位参训人员来说，既是一次关于资源节约的系统学习，同时也是对加强全系统资源节约建设的再动员、再部署，相信大家通过这次培训研讨，一定会取得很大收获。在此，我也向参加培训研讨的同志们提几点要求。一是集中精力，认真研讨。参加这次培训研讨的都是省一级税务机关服务中心的负责同志，你们平时都是"大忙人"，机关后勤服务工作涉及面广、事务繁杂、责任重大，出来专门学习的时间很少，希望大家珍惜这次专题培训研讨的机会，集中学习关于推进资源节约建设的基本知识、深化后勤管理的科学方法，进一步增长才干、强化本领，为做好新形势下的后勤管理工作打下良好的基础。二是加强交流，相互学习。这次培训研讨班专门安排了交流讨论和参观学习，主要是想给大家提供一个工作交流的平台。这些年来，各级税务机关的后勤管理部门锐意改革，大胆创新，机关服务中心工作特别是资源节约建设工作开展得有声有色，涌现出了

不少好经验好做法，这是全系统后勤管理的一笔宝贵的财富。希望大家加强交流，积极沟通，互通有无，增进了解，把一些好的经验和做法不断推广开来，为保障税收工作的开展发挥更大的作用。三是研究问题，推动工作。各级税务机关在后勤管理中特别是在资源节约方面，还面临不少问题，有些问题是个别地方存在的，还有不少问题是大家共同面临的，有些问题与各部门重视程度、投入大小有关，还有更多的问题是因为管理制度不健全、管理措施不完善造成的。希望大家把这次培训研讨会当成一个全系统后勤管理特别是资源节约建设方面的"会诊会"，对一些共性和"瓶颈"性的问题，集中智慧，集思广益，深入细致地进行研究，来一次"集体大会诊"，重点完善一些管理制度，研究一些有效的管理措施，切实解决管理中存在的问题，把各级税务机关的后勤管理和资源节约建设工作提高到一个新的水平。这样，就真正达到了培训研讨的目的。

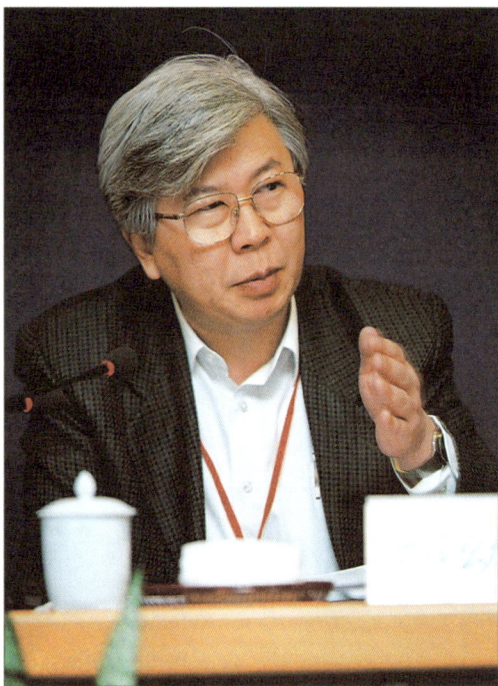

在全国税务系统后勤工作座谈会闭幕式上的讲话

国家税务总局机关服务中心主任 邢幼平

2001 年 11 月 28 日（根据录音整理）
（节选）

一、统一思想，达成共识

（一）充分认识到后勤工作的重要性。在金局长和宋总的讲话中都体现了这一点，特别是金局长讲到"军功章里有你们的一半"，税收工作取得这么大的成绩有我们一半的功劳，这充分概括了我们后勤工作的重要性。

（二）搞好后勤保障工作的必要性。金局长在讲话里讲到，做好后勤工作，首先要体现总书记"三个代表"的重要思想，最重要的是为广大人民群众服务，代表广大人民群众的根本利益。我们这里就是要代表 100 万税务干部的根本利益。后勤工作不仅是负责干部职工的医食住行，更重要的是它是政治思想工作的一部分，是搞好各项工作的重要保证。宋总在讲话里提到，随着税制改革、征管改革、机构改革和组织收入改革，各项工作的压力增大，任务越艰巨，后勤保障的作

用就越突出，它起着稳定队伍、促进工作的重要作用。如果搞不好机关后勤保障工作，整个税收工作都会受到影响。

（三）明确了后勤工作的地位和位置。税务系统后勤工作是整个税收工作的一个重要组成部分，同时后勤工作也是机关工作的一个组成部分，这就是我们的位置。做后勤工作的同志都知道，后勤工作无小事。如果每项工作都很正常，看起来都是平凡小事；但是哪件工作做得不好、哪件工作出了问题，就会变成大事，就会产生很大影响，不管在机关工作上，还是在职工生活上，都是这样。所以，处理问题要非常谨慎、非常细心，要把每件事情办细、办好。后勤工作不是中心，但要先于中心，后勤保障工作要走在税收工作的前面，要"兵马未动、粮草先行"。从外界来看，不会有人关心后勤工作的过

程，但非常注意结果，因为后勤工作的结果和影响是非常直接的，所以我们讲"后勤无小事"。后勤工作的地位正像大会交流时有的同志讲的那样，关键是看你发挥多大的作用，这是要靠我们自己干出来，干得好，你的作用就非常明显，大家就非常重视你；如果你干得不好，就会忽略你。所以，有的同志讲"有为才能有位，有位才能更加有为"，我觉得这句话讲得确实有道理。

（四）搞好后勤工作，要有领导的重视和支持。后勤工作要取得领导的支持和重视，没有领导的支持，后勤工作是搞不好的。其实总局的机关后勤工作能搞得比较好，能有今天的发展，就因为领导非常重视。在宋总的讲话里也讲了很多，这次会议大家也都看到了。只要领导重视了，我们的工作就能搞上去。这次会议这么高的规格，领导这么重视，对我们今后的工作，是一个很好的促进。就是领导在帮我们说话，就是在我们的日常工作当中，也要争取领导的支持，今后还要这样。取得领导支持的前提条件，就是好好工作，把后勤工作做好。领导明白，只有后勤工作做好了才能减轻领导的负担，才能稳定队伍，才能把中心工作搞上去。

（五）关于后勤改革问题。要认真研究后勤改革问题，对这个问题，在大家的讨论中议论也比较多、也最热烈，想法也比较多。后勤改革在我们系统中应该说起步和动作都比较慢，这并不一定是坏事，因为我们系统有自身的特点。改革要搞，这是大趋势，谁也挡不住，但如何进行改革，怎样使改革更顺利，效果更明显，这是我们要研究的问题，使

改革真正能够对后勤工作起到促进作用。后勤改革进行了这么多年并不是一帆风顺，从中央国家机关各个部门的情况看，走得并不是很顺利，有的单位改革得还可以，有的走得很困难，有的走到死路上去了，进退两难。这就是因为没有认真研究中央关于后勤改革的政策和自己的实际情况，盲目地走出去，这样带来的效果并不好，对后勤工作没有起到促进作用，反而起到了阻碍作用。所以我们要认真研究，稳步推进。总的讲要在体制上理顺机构，改革管理体制和服务机制。后勤改革就是要使后勤工作做到管理科学化、保障法制化、服务社会化，这是中央提出的目标，改革方向都是一致的。后勤改革的目的是为了更好地做好后勤工作。关于后勤服务的社会化问题，这是一个大概念，实际上就是一个走出去、请进来的问题。从这次会上各地介绍的情况来看，很多地方已经开始这样做了。这就是对机关服务已经开始社会化，从总局到一些省局，在物业管理、保洁、工程设备管理等方面都引进了社会上的专业公司，我们自己不再直接从事这些工作，而是通过管理，来实现优质服务，这就叫做服务社会化，应该这样做。当然，各地的情况不一样，有的地方搞得好一些，有的地方反映搞社会化，经费有些紧张，社会化服务费用较高，有一定的困难，这也是可以理解的，各地条件不一样，但总的来说我们已经这样走了，这是请进来。那么走出去呢？对我们来说可能就比较困难，有少数地方搞得比较好，像湖南地税、广东河源市等地，走得还算不错，有一定的实力和经验，可以进入市

场去竞争，已经向这个方面发展了，因为将来肯定要走这条路。但大多数地方还不具备这个条件，我们还真是没有实力和能力到市场上去参与竞争，但大家要考虑这个问题，就是将来可能要面临进入市场的，我觉得可能主要是宾馆、招待所、印刷厂和车辆管理，将来宾馆、招待所既要对内又要对外，都要面向社会。为干部职工生活服务的社会化问题，我认为这有赖于今后公务员收入水平的提高，它是以职工福利货币化为前提的，恐怕近一个时期内不可能达到这样的水平，现在干部职工生活服务消费的提高还要依赖于机关提供的各种福利，可能在数年之内，一直要维持这个现状，一直到公务员收入水平提高到足以自己解决自己的衣食住行，不再需要机关后勤部门为止。这还需要有个过程，有一段时间，近期内不可能达到，所以我们对机关的服务、对干部职工生活的服务确实还要加强，还要起好服务保障的作用，还要给大家搞福利，给大家服好务。关于后勤改革下一步的发展。大家在会上听了王司长的报告，学习和了解了一些文件和政策，在我们的认识当中，大家有些问题和想法，"是不是就不管我们了，把我们推向社会了"，"过几年就要实行自收自支，后勤怎么办呢？"有种种的顾虑，这是客观的也是可以理解的。对这个问题我们要有个清醒的认识和正确的思路，就是今后我们后勤工作到底怎么办，后勤部门还要不要？这个问题王司长虽然没有讲，但是国管局对后勤体制改革面临的形势和今后的发展，也在进行研究。他们到国外进行考察，回来后也在分析这些问题，今后后勤部门是个什么部门呢？实际上是一个事务性的综合管理部门，在国外就是这样，一个机关、一个政府是永远离不开后勤部门的。即使进行后勤改革、搞社会化，但服务管理、资产管理等管理职能还是要存在。将来在职能的划分上、机构的设置上还会有新的变化，这是很多年后的事，所以大家不要有这个担心和顾虑。首先要稳定大家的思想，思想不要混乱。但在关于改革的问题上，我们要有一定的思想准备，要进行分析研究、要有改革的意识。关于后勤改革中的人员问题。实际上不光是我们有这个问题，中央国家机关对改革中人员的问题一直在研究，后勤的发展需要很多专业的人才，那么我们后勤部门现有的人怎么办？就像昨天大连的同志介绍的那样，别的部门人员更新特别快，而后勤部门的人员多少年没有变化，仍是一些老面孔，说明后勤人员结构老化。那么对这些人怎么办呢？可以从两方面入手，一是对于比较年轻、有一定培养条件的进行培训，加大培训力度使他们尽快适应后勤新形势的需要，适应新岗位工作的需要，尽快跟上去。二是年龄比较大的同志逐步退到机关里，让机关管起来。这样，后勤队伍就会越来越精干。实际上要对后勤人员严格控制，争取只出不进。但不进不是绝对的，要少而精，要吸纳懂管理、懂专业的优秀人才，提高专业技术人才的比重。机构改革后，我们各地基本上都单独设立后勤服务中心，在刚刚起步时，要特别注意这个问题。

要控制人员，尤其要控制固定人员的数量，不要给自己加包袱，也不要太多的编制，要多用一些临时人员，多用一些专业公司，多用一些社会上的力量来干我们自己的工作，这样就不会有太重的负担，以后机构、职能再重新划分时，我们就好处理。再一点就是我们税务系统的后勤保障特别重要，可以说税收工作离不开后勤部门，而我们的税务机构又会长期存在，不像有的部委今天存在，下届政府可能就不存在了。所以说，取消后勤机构对我们税务系统来说不太可能，但从另外一个角度看，我们还要提高我们的后勤管理和服务水平，还要做好我们的本职工作，还要发挥好我们的保障作用，这样我们的存在就更有意义，更有价值。因此，我们作为后勤部门的负责人，首先在思想上不要乱，如果你的思想不稳定，你的队伍还能稳定吗？队伍不稳定就干不好工作，就不能发挥应有的作用，领导对你不满意，群众对你不满意，你就有风险了。

后勤改革要形成一种良性循环状态。对后勤改革要多宣传，要让领导和群众都知道后勤改革是为机关好是为群众好，是为了更好地为大家服务。大家理解了就会支持我们，有了大家的支持配合，后勤改革就可以顺利进行。对于后勤改革中央给了一些政策，给后勤部门松绑，可以进行一些资产经营，获得一些经济效益，这些效益要用于改善机关干部职工的福利待遇，干部职工得到了实惠，感受到了改革的好处，就会更加支持后勤工作和后勤改革；有了他们的支持，

后勤改革就能顺利进行，后勤工作就能更好地发展。这就是一种良性循环。有些部委由于工作没有到位，搞得不好，后勤改革则变成了一种恶性循环，就是说领导也没有认识到后勤改革到底是为什么，认为所谓搞后勤改革就是把后勤部门分离出去，就把后勤部门推出去了，后勤部门也就稀里糊涂地走出来了，走出来后就开始跟机关算账，算大账、算小账，没有把为机关服务当作自己的中心任务，而是把后勤部门如何自己养活自己当作自己的中心任务，这样就和机关形成了一种对立、一种矛盾。这样机关服务工作搞不好，群众就有意见，领导有意见，最后大家就反对，路子就走不下去了，进退两难，危机四伏，这样工作就难做了。所以我们要稳扎稳打、逐步推进，我们要改革就要成功，走一步成一步。关于后勤改革就总结这么多，要理清思路，不要再动摇了，也不要再受其他影响了，还是要立足于我们的本职工作，把税务系统的后勤服务保障工作做好。

（六）做好后勤工作首先要抓好管理，提高我们的管理水平。现在我们的管理水平并不高，大家可以看到、体会到的许多问题其实都是管理问题，管理搞不好，服务也上不去。所以，我们首先要抓好管理工作。

1.要学习管理知识，管理是一门科学，必须要弄懂。

2.制度建设，制定制度要科学、合理、完善、可行。不管是对事的管理、物的管理、财的管理、人的管理各方面，都要建立制度和程序，并且最重要的是要狠抓落实，确保各

项制度切实落到实处，才会收到预期的效果。如果落实不了，其原因一可能是因为制度不合理，二可能是因为措施不到位，所以从管理上最重要的是这两条。

（七）抓队伍建设。后勤工作队伍建设很重要，要抓思想，抓作风建设，要重视思想工作。要经过数年的培训，使我们有一批懂管理、会管理的专业队伍。后勤队伍是一支大队伍，总局机关内后勤人员我算了一下，算上金三环宾馆有400多人，总局机关就有200人，还不算保洁公司、托管公司的人员。各省可以算一算，看后勤到底有多少人，恐怕也是一个不小的数字。要把这支庞大的队伍带好，首先要抓队伍的思想政治工作，要让大家对我们后勤工作有一个正确的认识，要提高到政治高度，把每一项工作都看成政治任务。要抓作风建设。作风建设关系到队伍的整体形象和工作效率，关系到你的队伍能不能打仗。后勤队伍要雷厉风行，要有团队精神，不能是一盘散沙。再一点要抓班子建设，在金局长的讲话里专门提到了这一点，要抓好领导班子，当好班长，实际上就是要抓好"一把手"，"一把手"的作用非常重要。去年总局在成都开了个队伍建设会议，里面专门有一个"'一把手'工程"，一个队伍搞得好不好在班子，一个班子好不好最重要的在于"一把手"。我们在座的同志大部分都是"一把手"，或是班子成员，都很重要，金局长这个问题就是讲给我们大家的。我们应该怎么做呢？一是要提高自身素质。首先要提高政治素质，要有一定的政治理论

水平，才能跟得上形势的要求，才能较好地领会党中央、国务院的方针政策。其次要有全局观念和大局意识，要从全局和整体的角度考虑问题和安排我们的工作。二是要有知识，知识面要宽，要善于学习。我们这些同志并不是一开始就是搞后勤的，也是从各行各业转过来的。后勤工作不是一件简单的事，而是由各种不同行业和专业组成的，包括社会科学、自然科学、文化、艺术等很多方面，所以也要求我们自身具备很多知识。对于后勤工作三百六十行，我们不能成为每一行的专家，但要成为一个杂家，每一行都要懂一些，脑子里要有概念。作为领导干部不具备各方面的知识，就很难有正确的决断，对工作就会有影响或失误，严重的可能造成浪费和破坏，给国家带来损失。三是要有一定的文化修养，要有包容性，要能够忍让，要善于团结，处理好各方面的关系。四是要有民主作风，能够听取各种意见，尤其是不同的意见。我们大家要有这个意识，一定要让大家说出不同的意见和反对意见来，当然要做到这一点很不容易，这样可以避免主观性和片面性，避免失误。五是要有较强的判断能力和决策能力。六是要有较强的组织协调能力，要善于用好人。七是要有开拓创新精神，工作当中要有思路。八是要有吃苦耐劳精神，能够在工作当中身先士卒。后勤工作确实很辛苦，作为领导，要能顶上去，带着大家一块儿干，这样在大家心目中才能有威信。我们应尽可能地提高这些素质，工作当中应该做到：

1. 以身作则，平等待人；

2. 办事公平、公道；

3. 要敢于坚持原则；

4. 要讲究工作方法；

5. 要主动承担责任；

6. 要廉洁自律。

以上是我对金局长讲到的领导干部和领导班子建设的一些体会。再一点就是要贯彻金局长要求的艰苦奋斗、勤俭节约的思想。

（八）搞好培训。我们说有坚定正确的政治方向，有做好工作的愿望，还要具备做好工作的能力，这就需要加强培训。进行各种培训，管理方面的、服务方面的、各种专业技能的培训，一定要在很短的时间内，以很快的速度使我们的管理人员、服务人员都能够达到现在所要求的水平。虽然我们现在的水平有了一定的提高，但还有一定的差距。我们这次会议以后，可以有计划地组织一些培训，包括交流、座谈、竞赛等等，各省里要抓好自己的培训，各个机关的后勤部门也要抓好自身干部队伍的培训。

（九）积极稳妥地开展后勤经营工作。通过这次会议了解到，很多省的经营工作也都搞起来了，这是很不错的，也确实给机关带来了一定的效益，产生了很好的影响。我们要朝这个方向走，要充分利用我们的资产、资源来进行经营。但要注意稳步进行，因为我们在人才、经验等方面都不占优势，要一边学习一边经营。另外我们要选择最有优势、最没有风险的行业来做。我们有房子、有宾馆、有饭店、有写字楼可以出租，因为资产是固定的，做物业可能是风险比较小的。建议少做买卖，不要进行资本运营，不要涉足金融业，风险太大，不要贪图高额利润，现在是市场经济，高利润就意味着高风险，我们没有这个承受能力。我们的经营不允许我们犯错误，如果出现问题，可能就会对我们所有的工作产生非常不利的影响。所以这些工作要做，这是方向，但一定要谨慎，要认真研究好了再做。

（十）要处理好几个关系。一是机关与中心的关系。要始终把为机关服务放在第一位，理顺与机关的人事、财务、资产等各种关系，建立起一种良好的工作环境。二是服务与经营的关系。在宋总的讲话里已经谈得比较清楚了，我在这里就不再多说了。三是政务与事务的关系。政务是机关的中心工作，事务是保障工作，所以我们要把事情办好，处理好以谁为主的问题，一定要事务服从于政务，事务保障于政务。四是中心与其他部门的关系。后勤工作需要各部门的配合和支持，同时又是为各个部门服务的，所以要与他们建立良好的协作关系。千万不要搞对立，除了搞好服务还要处理好人际关系，可以说总局机关服务中心与办公厅、人事司、机关党委、监察局、财务司以及各个业务司的关系都非常好，各部门对我们的工作也非常支持，这次后勤会因涉及到人事、财务与办公厅的政务等方面，这些司局的领导都亲自到会，这就是对我们工作的支持。五是需求与服务的关系。后勤服务要量力而行，因为需求是在增长，服务能不能跟得上

领导谈后勤

有个条件和能力问题。能办的事情要尽力去办，办就要办好，办不到的事不要勉强，因为各地的情况不同，可以不一样，只要能使大家满意就行了。六是花钱与办事的关系。我们讲后勤工作要先把事情办好，钱是用来办事的，钱也是为事情服务的，在此基础上尽量节约开支。七是为领导服务与为群众服务的关系。首先一定要有群众观点，群众的事情办好了领导的事情才好办，既要为群众办事又要为领导服务，所以都要兼顾到。八是被动服务与主动服务的关系。主动服务是走在需求的前面，得到的始终是表扬是成绩，被动服务是走在需求的后面，跟着意见走，得到的总是意见和批评，请大家认真想一想。九是稳定与发展的关系。首先要立足于眼前，把服务工作做好，保持队伍的稳定，保持机关的稳定。同时要思考后勤改革和发展，在思想、行动和条件上做好准备，稳定在前，在金局长的讲话里也提到了这一点。

二、机关服务中心的职能划分问题

许多代表提出的职能划分问题，其实最主要的就是经费管理问题。就目前的情况来看，存在两种形式，一种财务管理在办公室；一种是财务管理在机关服务中心，两种情况各有利弊。财务在后勤部门管理，工作起来可能效率高一些，管钱、办事和花钱一条线；不利方面是在制约方面弱一些，而且在后勤改革以后，机关服务将实行结算制，如果自己给自己定价，自己跟自己结算就会有问题，从财务管理上和审计上，会认为这样是不行的。财务在办公室管理就便于监督和制约，也有利于经费节约；不利地方是办事程序多，对后勤的工作效率会有些影响。总局财务在办公厅管理，我觉得挺好，它管钱我花钱，它制约我，我对办公厅负责，办公厅要对机关负责，多一层监督和审批，有好处。有时可能觉得办事不太方便，但这些问题可用制度措施来解决。有预算制、有计划，这些都可以在年初定下来的，到时候按预算拨钱，没什么问题。再有我们的合同让他们审核一下，也可以让他们把一道关，责任也分担一些，所以没有坏处。现在这两种情况都存在，我们不能说哪一种情况更好，要摸索一段时间，做一些研究后，根据发展情况再定。

还有大家还提到要加强服务中心的管理信息化，事务管理信息化，在总局的网站上搞一个平台，总局服务中心可以及时发布各种信息，便于咨询和沟通，这都是很好的建议，将来我们肯定都是要向信息化方向发展。

坚持科学发展
构建和谐的机关后勤工作

在全国税务系统后勤工作座谈会闭幕会上的讲话

国家税务总局机关服务中心主任 邢幼平

2006 年 12 月 21 日

这两天大家很辛苦，会议开得很紧张，20日上午听了总局领导讲话，下午大会进行交流发言，21日上午进行了小组讨论，内容非常紧凑。大家反映会议时间有点短，可能由于五年才开一次会，大家见面机会非常少，要说的话很多，希望在一起多交流、多谈一些工作的感受。年底工作紧张，后勤工作很辛苦，总局领导同意开会表示对后勤工作支持与重视。总局党组书记、局长谢旭人同志在百忙当中抽出时间到会上看望大家，做了重要指示，会上宋兰总会计师也做了重要讲话，系统地总结了五年来后勤工作走过的历程和成功的经验，指出了我们面临着机遇和挑战，以及科学发展、创建和谐的工作目标和前进方向，提出了我们在工作中需要注意探讨研究和着重把握的一些问题。国务院机关事务管理局后勤改革与综合管理司李黎司长就当前的后勤工作动态和形势给我们作了情况介绍。局领导充分肯定税务系统后勤工作取得的成绩和做出的贡献，使大家倍受鼓舞，为我们努力做好机关后勤工作增加了动力，这次会议我们还安排了几个单位的经验交流，由于时间所限没能组织更多的同志进行发言，大部分同志是在分组座谈中交流的。各单位在工作中有许多成功的经验和好的作法、好的思路，交流中大家不断总结，互相学到了不少东西，互受启发，这样就达到了我们会议的目的。通过学习讨论和座谈交流，大家普遍感到内容比较充实，气氛比较热烈，领导非常重视，我们身上的担子很重。大家回去后，首先要把总局领导的关怀和问候转达到后勤工作岗位的每一个同志，真正把这种关怀和鼓励变为现实的动力。二是要把这次会议精神和总局领导的重要讲话、报告连同明年的工作打算，向所在单位的局领导做一次认真的汇报，尤其是分管领导和"一把手"，对全省税务后勤队伍做好传达贯彻，并注意在今后的工作中认真抓好落实。下面就会议学习和讨论中提出的问题，简单小结一下：

一、要把构建和谐机关作为后勤工作的基本出发点

这次会议结合党的十六届六中全会，以此为方针，这是我们工作的出发点。机关后勤工作担负着保障税务机关依法行政正常实施的重要任务，责任重大。宋总的讲话中已经强调了很多，我这里不再重复。党的十六届六中全会作出的《中共中央关于构建社会主义和谐社会若干重大问题的决定》，明确提出了构建社会主义和谐社会的指导思想、目标任务和工作原则，国家制定的"十一五"规划进一步强调了科学发展与建立和谐社会的重要性和相互关系。这些都为我们构建和谐机关做好后勤工作指明了方向，我们一定要认真地学习和贯彻，把思想和行动统一到中央的要求和决策部署上来。结合本单位工作实际制定自身的发展规划和工作目标，抓

住以人为本、构建和谐机关这个核心，创造性地开展工作，在科学化、规范化和社会化建设方面创造出新成绩。

尤其是想方设法着力解决群众急需解决的迫切问题和困难，构建和谐社会最实的是要抓到实际工作中去，真正做些实事，解决我们工作中出现的矛盾和问题，帮助干部职工解决好急需解决的问题和困难，使大家从心理上感到组织和后勤部门在为他们着想，为他们考虑。

二、要认真贯彻预防为主的方针，切实抓好机关安全工作

机关工作安全第一，以预防为主，靠后勤人员扎实工作来实现，总局领导强调的很多，也十分重视，大家应该深刻地认识到，"预防为主"不能是一句空洞的口号，这一原则的落实要靠广大干部职工扎实的工作来实现。我们担负一定责任的同志都有体会，后勤工作无小事，都是一些实实在在的工作，它不是"中心"但影响"中心"。从某种意义上讲，有些甚至是无法挽回的。一些事故特别是重特大事故一旦发生，工作受到非常大的影响，有些事情是一票否决，一切工作成绩等于零。我们税务系统10多年没有发生一起重大的安全事故，这是非常不易的，这项

工作是靠在座各位同志辛辛苦苦，白天黑夜地坚守岗位，不懈努力来完成的。越不出事情就越不能出事情，一旦出现事情，前面工作受到影响，我们的成绩就被抹杀，所以，能保持10多年不出事故是很不容易的事情，今后还要不断加强这方面工作，把安全管理放在首位。

三、抓好后勤队伍建设

造就一支什么样的后勤工作队伍，是能否完成好后勤工作任务的关键。这些年后勤系统的领导素质普遍提高，机关服务中心主任对后勤工作的认识更加明确，工作思路更加清晰，更加注意研究性创造性开展工作，使我们系统后勤工作水平上了一个很大台阶，后勤干部水平上了一个很大台阶，这对提高我们后勤工作水平起到决定性因素。抓队伍建设一是要抓思想教育。要强调有政策观念、有奉献精神、有扎实作风。要紧密围绕中心工作服务，不要怕工作多，不要怕负责任，要创造性主动性地开展工作，积极参与各项行政管理，"有为才有位"。二是一定要把握好廉洁自律的根本界线。完善各种措施加强监督，提高敏感工作的透明度，在大是大非面前不能糊涂。要严格执行中纪委和总局制定廉政建设有关规定，后勤工作管

钱、管物、管事，要常抓不懈，关键是要把握好自己，带好队伍。三是要坚持按政策办事。后勤工作政策性很强，要组织大家认真学习，领会国家有关政策法规和精神，正确理解和贯彻。后勤政策是比较深和复杂的，例如房改政策、医保政策、社会保障政策等直接关系到群众的切身利益，要正确地理解政策，才能给大家解释得清，使大家能够理解和接受。有不明白的问题一定要及时请示制定政策的机关，使后勤工作既能为干部职工办好事，又不违反国家的政策规定。四是要抓好科学文化知识和专业技能培训。这些年做了很多专业培训工作，不光是总局开展了一些专业培训，同时各省局也进行了很多专业培训，对提高后勤队伍专业技能水平起了很大作用，要常抓不懈，不断地坚持下去。这是培养专业化保障队伍的需要，也是新形势下后勤服务工作特点的需要。各省在抓培训工作的同时，总局可以尽力帮助大家请一些专业方面的人士来做这项工作。同时可以利用扬州培训中心，作为一种渠道，他们为总局办了一些培训班，各省也可以把培训班办到扬州培训中心。五是要提高竞争意识。鼓励培养、发现和科学合理地使用人才，努力创造公平竞争和拴心留人的机制氛围。各单位人员都比较紧张，要注意搞好人力资源

的合理配备，注重人力成本，提倡岗位竞争、交流，奖罚分明，奖优罚劣。后勤也可以搞一些竞争上岗。六是要坚持群众路线关心群众生活。要落实总局领导"用事业留人，用感情留人，用适当的待遇留人"的指示精神，真心实意地解决群众关心的热点问题、难点问题。要明白"只有善待员工，员工才能善待顾客"的道理，稳定队伍，关心群众。

四、要把强化管理作为机关后勤工作的重要职能任务

机关后勤工作点多、面宽、专业繁杂，要求高、信息变化快。随着市场经济的发展和社会化、信息化、数字化的进程，后勤工作的重点必将由管理、服务、经营向强化管理转变，经营职能将逐步退出，服务也将由直接向间接转变，管理将成为最主要的根本职能。因此，要求我们的各级领导要紧紧抓住这一根本环节，强化科学管理，向管理要效益，抓管理促提高。后勤工作要贯彻总局领导提出的各项工作都要实行科学化，精细化的管理要求。

（一）对将来的后勤改革方向。从现在大趋势看是服务社会化，逐步走向社会，后勤自己的服务基本不做了，尤其税务系统更是这样，过去就没有老的服务队伍。1998年机构改革成立省以下服务中心以后，不要自己搞服务，要依靠社会，不要给自己增加负担，随着现在服务社会化的市场程度越来越高，这项工作基本可以完全依靠社会，现在财政能力比过去强，经费也可以支付得了，这项工作职能基本可以由社会服务替代了。

（二）经营方面。目前国家机关一部分还是靠机关服务中心的创收来解决机关的福利待遇，随着公务员工资待遇规范以后，也不需要自己来做，服务中心经营工作的职能也将逐步取消（此类问题目前还不成熟，至少需要3至5年来完成）。随着今后的发展，公务员工资提高，后勤工作创收的任务就没有了，以后后勤管理只剩下管理机关资产、管理机关事务，用这种方式保证机关工作正常进行，为职工生活服好务。作为管理对后勤工作十分重要，需要不断提高管理技能，增强管理知识。我国目前管理体制比较弱，管理模式、管理理念、新的管理方式也在提高，但仍需一段过程。这次开会听取各省对管理工作也下了很多工夫，对如何采取现代管理方法来加强管理工作，提高管理水平都做得很不错。希望今后专门召集服务中心主任对提高后勤管理水平、加强管理工作召开一次专题会议，进行更多深入的探讨。

（三）要转变观念。一是要强化后勤工作

是机关行政工作的一部分的观念，克服轻视后勤管理的模糊认识，树立后勤管理是一门科学的观念，加强教育积极寻找和把握后勤工作管理的规律，紧密联系本单位工作实际，创造性地搞好后勤管理工作。二是要抓好制度建设。科学合理的规章制度是实现科学规范管理的必要条件，是管理的基础。没有科学严谨的规章制度，就不可能避免主观随意性和"拍脑袋决策"的事情发生。因此，一定要下气力抓好完善各项制度建设，规章制度要具有完整性、科学性和可操作性，还要具有严肃性。加强监督检查，形成一个用制度管人，按制度办事的良好风气。三是要抓改革创新。改革的发展，经济科技日新月异，信息瞬息万变，后勤工作面临着许多新情况、新问题，不能够墨守成规，不少单位都在进行这方面的研究和探索。后勤工作就是要有自己的特色，不搞"千篇一律"、"千人一面"，要在改革用人机制、规范服务保障、维护使用好国有资产、转变经营观念、引入竞争机制、引进科学管理观念和技术、开展社会化服务等等方面，广开思路、大胆探索、勇于实践，不断创造新的经验。比较成熟经验要互相借鉴、互相推广。后勤工作既有统一性，又有特殊性。因为条件地域不一样，不能做统一规定。但也有相通地方，利用不同条件来完成一项工作，这就是后勤工作的灵活性，后勤工作想要搞好，是靠大家努力来完成的。

五、要高度重视和加强资源节约工作

搞好节约型机关的建设十分重要，税务系统做得很见成效，在中央国家机关是走在前列的，起到模范作用，今后更要率先做好这项工作。在今年8月举办的"机关资源节约工作培训研讨班"上，宋总作了重要讲话。按照总局领导指示，近期准备下发文件，重点强调资源节约工作的重要性，来充分落实这项工作。首先要摸清现状，才能做出成效。充分了解使用资源情况，做法是否合理，搞清数字，通过采取各种节能措施（人为宣传、技术改造方式等）取得节能成效。文件当中也会提出要求让大家来做。其次是建立长效机制，有一套完整的制度，很好的管理方式、自觉的行动，养成良好习惯和良好作风，把不合理的浪费能源设施改造成节能设施，长期保持下去，同时要列为明年突破性工作，要作为重中之重，不可懈怠。

六、要注意加强税务系统后勤工作相互联系和指导

机关后勤服务机关是根本，机关后勤的

生存和发展也要依托机关才有可能。但是我们税务系统是一个大系统，许多政策方针需要联系沟通和协调，总局国有资产也有个整个系统的管理、正确使用和保值增值问题，各项工作要求也有一个联系性和连续性。尽管总局服务中心还没有直接与各省市区间的垂直领导工作关系，但通过近年来的工作情况和实际当中遇到的问题，大家要求垂直管理的呼声越来越高。工作要一步一步来，这几年我们通过同大家的交流、座谈和培训，逐步加强了与省市区系统间的沟通和联系，通过系统本身之间的横向联系，随时进行交流，作为经验进行宣传。各地政府也在一些具体工作上对部分省市局给予了一些指导，今后我们将在这些方面继续加强与大家的联系和业务上的指导。各省市区局也要加强对本系统地市县局后勤工作的指导，逐步把我们后勤工作的点连成线、构成网，形成整个税务系统的后勤大系统。只要我们的管理工作上去了，服务保障满意了，我们的信任度就会提高，领导和机关对后勤工作的支持就会增加，力度就会加大。后勤工作离不开各级政府机关的支持，因此要注意加强与各级政府和党政机关的联系，取得他们的支持，人情、地利都是资源，要合理利用这部分资源。

后勤工作队伍很庞大，要了解自身情况，做到心中有数，统计税务系统后勤人员所占比例（包括在职干部、合同工、临时工以及培训中心、宾馆、招待所）到底有多少人。总局党组会十分重视这支队伍的建设，一定要带好这支队伍，了解自身情况，包括管理的资产、每年的花销、经费开销都要统计出来。税收任务完成得好，后勤工作也做了很多贡献。再有就是，后勤工作做的节约资源工作，可以和税务经费做一个比较，有效地降低税务成本，压缩开支。

在建设节约型机关构建和谐社会的大环境下，机关后勤工作面临着难得的机遇，也面临着不少问题和挑战。在关系广大干部职工的切身利益的调整和改革的事情上，一定要坚持稳妥细致，循序渐进的原则，充分论证，把握政策，稳定大局。目前很多事情越来越规范，趋向法制化。制度越来越完善，要依照政策来办事，要办事不要惹事。例如今年新出台的公务接待管理办法，包括会议标准、差旅费标准、接待标准都规范化了，要按制度办事，虽然事情难度大了，但要把握好政策。另外，有关职能规范问题，参照服务中心的"三定"方案。后勤还要多注重宣传自己，多利用媒体、报刊报道自己。在先进性教育活动中，安排张捷岩副主任介绍后

中国税务后勤建设

勤工作情况，使大家受到很大鼓舞。总局机关准备出版中国税务后勤建设一书，要把当前最新的精神、领导讲话、最新形势都收集到刊物中去。尤其是对今后的工作既有现实性又有指导性，希望各省支持配合，在提供稿子的同时再提供领导班子的照片，采取图文并茂的形式，一定要把这本书出好。同时利用中国税务报开辟一条专栏，有利于作好宣传后勤工作。

总之，希望大家深刻领会总局领导的讲话精神，认清形势，统一思想，抓好落实，进一步开拓视野，解放思想，努力工作。今后我们还要召开不同形式不同范围的座谈会、交流会、现场会，组织一些专题性的交流和

学习。紧紧把握强化管理、服务机关、服务基层，为税收事业提供优质保障这个中心，大胆实践，勇于探索和创新，加强交流和协作，我们税务系统的机关后勤工作就一定能够有新突破，开创新局面。让我们大家携手并进，共同努力，完成税收中心工作的保障任务。

最后感谢北京市国地税提供的支持和帮助，在这里代表与会全体同志表示衷心感谢！年底工作很忙，回去以后抓好各项工作，为税收任务做好保障工作、为完成好今年税收工作做出贡献，为明年的工作做好准备。新的一年祝大家新年快乐、工作顺利。

谢谢大家！

领导谈后勤

中国税务后勤建设

后勤面面观

HOU　QIN　MIAN　MIAN　GUAN

自机关服务中心成立以来，在国家税务总局党组的正确领导下，以邓小平理论和"三个代表"重要思想为指导，认真贯彻落实党的十六大和十六届三中、四中、五中、六中全会精神，以深化改革为动力，以强化管理和搞好服务为重点，以加强党的建设和人才队伍建设为保证，转变职能，依法行政，统筹兼顾，大力加强思想政治建设和党风廉政建设，进一步强化国有资产、房地产、财务资金、基建投资的管理，继续推进机关后勤改革和住房制度改革，加强教育培训，搞活服务经营，开展资源节约活动，创造性地开展工作，较好地完成了各项任务。

2004年末，温家宝总理亲切接见全国机关事务工作协会第三次会员代表大会代表和全国机关后勤先进集体代表及先进工作者，发表了重要讲话，提出了殷切希望。2004年2月，谢旭人局长听取了机关服务中心邢幼平同志所作的汇报并作了重要指示。这些都充分体现了领导同志对机关事务工作的高度重视和对机关事务工作人员的亲切关怀，大家倍感振奋，深受教育和鼓舞，进一步增强了做好机关事务工作的事业心和责任感。

这些年的工作主要有以下特点：

一、坚持理论武装头脑

干部职工广泛兴起学习贯彻"三个代表"重要思想新高潮，认真贯彻落实党的十六大和十六届三中、四中、五中、六中全会精神，积极参加处级干部专题学习班、党校集中培训、单位自学以及座谈讨论、参观辅导等多种形式的学习活动，在统一思想、明确任务、锐意创新上下工夫、在掌握基本理论、提高思想认识、指导工作实践上求成效，促进了思想政治建设，保证了中心各项工作的正确方向。

二、认真履行后勤管理职责

积极探索推进机关事务管理体制的改革，全力做好总局资产、经费预算、住房资金等管理工作，组织各部门开展资源节约活动。切实抓好办公用房和公务员住宅管理及办公设备物资用品的管理，认真做好服务对象的生活服务和重要会议、重大活动的服务保障工作，积极改善干部职工办公和居住条件，管理、保障和服务水平进一步提高。

三、切实搞好服务经营

认真落实中心财务管理与经营工作会议要求，加强组织领导，转变经营观念，强化市场意识，优化经营结构，采取节能降耗措施，大力加强"人、财、物"的管理，积极推进管理机制和经营方式创新，实现了经济效益较快增长，较好地完成了服务经营任务。

四、着力加强队伍建设

以能力建设为核心，认真抓好各级领导班子建设，较大幅度地调整和交流干部，改善了领导班子的年龄结构和知识结构，形成了一支爱岗敬业、吃苦耐劳的干部职工队伍。

今后，我们将按照谢旭人局长对机关服务中心工作的要求，在全国税务后勤工作中以提高管理机关事务工作能力为重点，牢固树立和落实科学发展观，认真开展保持共产党员先进性教育活动，全面履行管理、保障、服务职能，完善管理体制，健全保障制度，改进服务方式，把机关事务管理工作提高到一个新水平。

第一，积极稳妥地推进改革，逐步完善机关事务管理体制。要根据谢旭人局长对机关服务中心工作所做指示的精神研究解决机关事务工作中的深层次矛盾和问题，完善管理体制，健全保障机制，改进服务方式，为履行管理、保障、服务职能提供体制保障。一要推进机关事务管理体制改革。按照"管理科学、保障有力、服务规范"的要求，科学规范管理职能，合理设置管理机构，完善机关事务管理体制，提高科学管理水平；二要按照"统一规划、统一政策、统一制度、统一标准"的思路，健全机关事务保障机制，增强机关保障能力；三要按照"周密细致、规范优质"的要求，规范服务程序，改进服务方式，提高服务质量；四要深化机关后勤服务经营改革；五要推动住房制度改革。

第二，建立健全管理制度，切实加强和改进机关事务管理工作。要坚决贯彻执行国家关于办公用房、土地、基建投资等管理制度、办法。要规范服务保障标准，修订和完善会议服务标准、机关办公区物业管理标准、要按照集约、经济、高效的要求，统筹配置资源，制定相关管理制度。要深入开展资源节约活动，制定机关后勤保障节能降耗的标准和办法，提高资源使用效益。

第三，大力加强队伍建设，不断提高服务保障水平。"努力建设一支政治素质好、作风过硬、甘于奉献、全心全意为人民服务的机关事务管理队伍"是温家宝总理对机关事务工作战线提出的殷切希望。面临新形势、新要求，我们要大力加强队伍建设，不断提高服务保障水平。

一、精简高效 科学管理

1998年以来，服务中心遵照"三定"方案，按照精简、统一、效能的原则，加强了

对后勤工作的管理力度。

首先是针对新形势下机关后勤面临的新情况、新要求，合理调整和确定各处行政管

理职能和岗位设置。根据中心"三定"方案，行政处与管理处进行合并调整，分别设立了行政管理处和设备技术处，理顺了设备技术处与行政管理处、经营处、金三环宾馆等单

位的协作关系，为今后顺利开展工作打下了良好基础。

其次是明确职责，落实岗位责任制，努力实现人员精简、办事高效、行为规范、管理科学的改革目标。

三是不断深化内部体制改革。继续学习引进ISO9000国际标准化质量管理认证体系的管理理念，结合我局后勤工作实际，把后勤工作提高到一个新水平。

二、建章建制 有规可循

机关服务中心制定了中心《经营服务型单位工资改革方案(试行)》，推动了枣林前街综合楼、金三环宾馆和北戴河培训中心实行企业化管理，打破"大锅饭"，在一定程度上

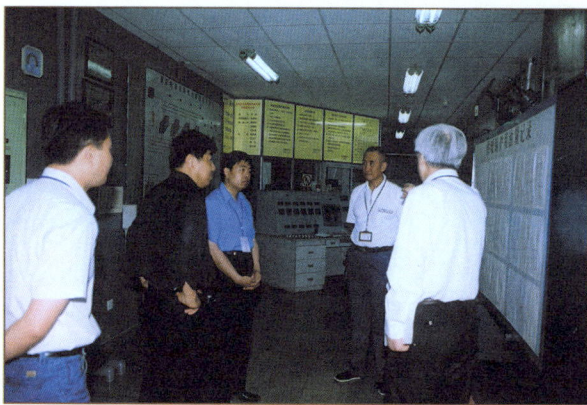

体现了效绩优先和按劳取酬的原则。对三个经营单位分别试行效益指标管理，增加了经营单位的压力，加大了管理力度。

修订了后勤管理的各项规章制度，重点

是中心人事管理及考核、劳动用工管理制度、财务管理制度、公文运转双轨制度、印章管理和文档管理制度、各处工作职责及岗位责任制等，并制定了《机关服务中心岗位职责和工作制度》。

三、办公楼管理有条不紊　细致到位

1996年6月局机关迁入新楼后，为了保证机关办公正常进行，为了环境的舒适清洁，并在现有基础上进一步改善办公条件，

零。中心想方设法，一人多用，基本保障了水、电、空调、通风、电梯及通讯设备的良好状态。后来按照后勤改革提出服务社会化的方向，引进了北京市设备安装公司的专业技术队伍，对大楼的工程设备进行托管。工程部门在1996年9月份逐步组建起来，他们克服了难以想象的困难，只用了短短三个多月时间就从原施工单位手中接下了全部工作，并具有了一定的维修能力和处理突发事件的能力。完成了锅炉使用合格证办理、锅

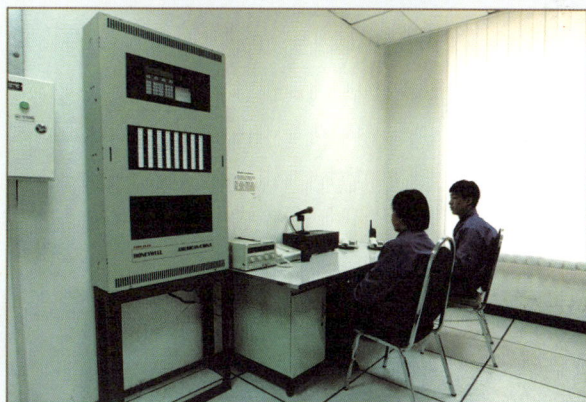

中心认真做了以下工作：

（一）努力做好工程设备改造维修工作

局机关迁到新址后，遇到的最大困难是，属于我们自己的办公楼维修保障队伍等于

炉房竣工验收工作，完成了生活用水系统使用合格办理及水质检验工作，开通消防总控室系统，完成了浴室、理发室建设和地下二层乒乓球、台球室及健身房的改造以及地下

二层污水排放的设计改造。

（二）改增办公用房

将原有的水房改造出16间办公室，院内翻建东小楼增加14间办公室，并将中心部分处室迁到东小楼办公，在一定程度上缓解了全局办公用房的紧张状况。

（三）努力实现电话班的两线服务

电话班的同志在1995年全年工作中，在人员少、任务重、新楼启用前工作条件差的情况下，既保证了旧办公楼电话通讯的畅通，又顺利完成了新办公楼电话的安装开通工作。重点完成了北京市电话号码升八位，电话从326局割接到354局，新楼1000门程控交换机开通、双组大功率电池和直流—交流逆变器安装和新楼电话安装工作。同时，还及时完成了旧楼改造工程的电话布线方案设计工作。

（四）抓好机关保洁、服务工作，力求高标准、上档次

按照服务社会化的要求，服务中心与保

中国税务后勤建设

洁公司签订了保洁服务合同，由保洁公司负责新楼的保洁服务工作，如何用先进的管理手段长期保持办公环境的良好状态，如何提高服务质量，对于我们来说是一个新的课题。管理处采取以下措施：第一，建立规章制度，从员工守则到操作规程，从领用物品制度到工作质量的检查评比制度，使保洁服务管理逐步规范化。第二，经常与保洁公司领导商洽工作，协调关系，监督检查，保洁公司圆满完成了许多合同之外的工作。第三，把工作的重点放在了保持大楼优美环境上，着重进行大楼的养护，提出了让大楼两年不变样的口号，并把院内配楼、浴室、美容美发室也纳入了保洁范围。第四，公共会议室保证了全局业务会议、学习的需要，仅1996年下半年就接待会议208次，参加会议人员近4000人次，外宾接待室接待外事团体226个，共接待客人2100名。

（五）发挥"窗口"作用，做好安全保卫和门卫接待工作

为了保证机关的安全和保持办公秩序的良好状态，在安全保卫方面采取以下措施：第一，安排了武警部队担任大门警卫，并设置了传达室负责接待登记工作。他们都积极认真负责，武警每天检查进出人员2100人次、车辆300余辆次，传达室日均接待来访人员230人次。第二，实行中心科以上干部和传达室工作人员共同承担办公楼夜间值班工作。第三，积极和办公厅保卫处、公安派出所以及当地居民配合，搞好外部环境的保卫工作和内外协调工作。

为做好总局机关消防安全工作，在各级领导的支持下，总局机关服务中心在总局办公楼内设计安装了全自动报警系统和人员逃生保障系统，楼区(含配楼)装有545只烟温感报警探头，采取三级预报制，中央控制室24小时值班监控可能发生的一切火灾征候。

服务中心负责的绿化、消防、爱国卫生、计划生育、交通安全、环境整治、社会治安综合治理各项工作在中央国家机关各部委精神文明建设工作中始终名列前矛，连年获得先进称号。从1997年到现在10年来先后获得北京市爱国卫生红旗单位，总局机关食堂也获选为中央国家机关"十佳"单位，为总

局机关获得首都精神文明单位标兵、中央国家机关文明单位标兵的光荣称号奠定了坚实的基础。

四、车辆管理严格规范

机关车辆管理是机关后勤工作的重要组成部分，是机关服务职能活动的基础性工作

之一，要做好机关车辆的管理工作，首先要统一思想，明确职责，摆正位置，岗位就是责任，司机的责任就是为领导开好车，管好车，服好务。机关司机虽然与社会同等岗位性质相同，但这一岗位又具有其特殊性，一是分散作业，独立完成，难于监管。二是服务对象广泛而重要。在领导身边工作，一旦

服务不好或行为出轨，都会造成极坏影响。三是手握方向盘，脚踩油门，稍不小心就要发生事故，所以我们的一言一行、一举一动，不仅影响到自己乃至集体的形象，而且对人民生命财产有着至关重大的影响。这些特点决定着对司机的要求，所以交通处对工作要求必须十分严格。统一思想认识，明确自己

的责任是前提，而抓好我们的工作是关键。他们处在工作中着重抓好以下几个方面工作：一是管得住，先进科学技术和先进的管理是推动现代经济发展的两个车轮，二者缺一不可。而当前优先解决的问题，第一是管理，第二是管理，第三还是管理。这个原则同样适用于车管工作。要抓好车辆管理，首先要有一个统一思想的领导班子和有高素质懂业务的车管人员，对各类车辆的技术状况和使用安排要心中有数，既要管住人，又要管住车，首先要管住人，其次要有一套切实可行的车管制度。要以制度来管人、管车、管维修保养、管安全行车。做到有章可循，有据可依，建立健全规章制度是管好车、用好车、管好人的基础。二要派得出，交通处的

特点是既要保障领导的用车和机关的工作用车，又要保障会议、培训班、外事团组来访、工作洽谈用车，既重要又繁杂。但我们的工作职责就是为机关服务。任何时候都要保证派得出，搞好车辆调度，合理高效地使用有限的车辆。对车辆状况、用车情况随时做到心中有数，分清轻重缓急，合理安排。提高现有人员和车辆的使用效率，确保领导和机关用车。三要开得动，就是采取各种措施使车辆随时处于良好的技术状态，重视对车辆的维修保养，有步骤地安排车辆，延长车辆的使用寿命，良好的车辆技术状况是保障机关用车的有力保证。服务质量和行车安全是车管工作最重要的一个环节。安全问题既是管理问题也是工作质量问题。

车辆管理工作是一项比较复杂的工作，具有政治性、政策性、技术性强的特点，这几个方面环环相扣，密不可分，哪个环节出了问题都会影响全局，统一思想，端正认识，是抓好车辆管理工作的关键。交通处在具体的工作中，认真把握"管得住、派得出、开得动，提高服务质量和确保安全"这几个环节，做到领导放心、群众满意、保障有力。

随着机关的工作量增大，用车需求增多，随着职工新思想、新观念的不断涌现，眼界扩大了，就必须有科学的管理方法。为充分提高职工的工作主动性和创造性，交通处坚持物质奖励和精神奖励相结合的方法，根据总局机关的实际情况及各部委车勤补助发放情况，及时修订出总局车队公里费补助、超时、节假日加班费等发放标准，提高司机的车勤补助。为丰富职工的业余生活，我们配置了家庭影院设备，经常组织收看科教片和卡拉OK等寓教于乐活动。另外，2000年国管局举办高级驾驶员培训班，我们积极支持每位司机参加培训，并提供学习条件，请老师来机关辅导，考试前处领导到现场动员，稳

定情绪，使每个职工都取得了好成绩。

多年来，交通处从未发生过重大责任事故，连续数年被评为北京市和中央国家机关交通安全先进单位和先进个人。

五、房产管理科学务实

总局职工宿舍主要有晾果厂小区、天宁

寺小区、玉林小区、太平桥23号楼、莲花桥23号楼、定慧东里宿舍区、翠微中里宿舍区以及三义庙、北洼路、花园村等部分零散住房，共100877平方米，1290余套。在这些房产中(除外单位产权房外)，对总局产权的房

产我们主要实行两种管理模式：托管和自管。托管即将职工宿舍小区委托物业公司管理，中心只负责监管；自管即由房产处自行管理。无论托管还是自管，中心都以为职工解决实际困难为己任，踏踏实实为职工办实事。

这些年来，中心在房产建设和管理方面

行了一次整体修缮，包括粉刷内墙和门窗，为厨房和卫生间作防水、铺地面、贴瓷砖等。1998年开工建设了晾果厂住宅小区。2000年为配合北京市申办奥运，由国务院机关事务管理局统一拨款，中心对总局职工宿舍楼外立面进行了粉刷，粉刷后的宿舍楼美观大方，面貌一新。

为总局职工办了几件大事。1994年，中心给全局职工宿舍都配发了燃气灶、热水器，安装了防盗门，封装了阳台。1995年为职工购买了莲花桥和定慧寺两处宿舍楼共210套住房。1997年至1998年，中心对全局旧宿舍进

后勤面面观

后勤服务

Hou Qin Fu wu

中国税务后勤建设

一、服务是机关后勤工作的灵魂

总局机关服务中心全体干部职工牢记"机关事务工作要为党和国家中心工作服务"的总体要求，坚持以人为本，坚持为机关服务、为系统服务、为职工生活服务的宗旨，加强科学化管理，严格各项规章制度，认真搞好办公楼管理，努力提高机关食堂、设备维修、公务用车、医疗保健等各项服务工作的水平，为总局机关创造了清洁优美、安全畅通的办公环境；牢固树立"服务第一"意识，努力为机关干部职工办实事、办好事，切实

为机关干部职工解决实际困难，营造和谐的生活环境；完成了多次全国性会议和税务系统大型活动的会务接待与后勤保障任务，保证了总局机关职能工作的正常运转，为完成全年的税收任务提供了有力的后勤服务保障。

二、坚持服务宗旨，强化服务意识，拓宽服务领域，改进服务作风

为保障总局机关各项职能活动的正常运

转，服务中心全体同志立足本职，努力做好各项服务工作。

树立"用户至上、服务第一"的思想，把服务对象的满意程度作为衡量自己工作好坏的唯一标准。设备技术处承担着机关办公大楼水电消防、冷暖空调、电话通信设备的管理维护任务，他们注重服务意识的强化教育，以星级宾馆的标准为尺度，根据机关办公规律，总结出维修工作的"时效性、时段

性、及时性、灵活性、持久性"特点，努力做好设备维修工作，保证了办公楼内各种设备的正常运转。1998年建立了性能稳定、操作安全、环境整洁、自动化管理的供暖锅炉

房，被海淀区主管部门评为先进供暖机房，先后有130个单位前来参观取经，成为同行业中学习的榜样。

三、发挥窗口作用，展现服务新貌

服务中心深入开展"三优一满意"的群众性精神文明创建活动，在全体人员中牢固树立"服务工作就是总局机关精神文明建设窗口"的观念，开创文明优质服务。办公室在做好会务接待的同时，把为系统内来局人员解决困难当做自己义不容辞的责任，先后为多个省市来京办事、治病的同志联系住宿、用车、联系医院、帮助治疗，解决困难。1998年4月份，新疆国税局一年轻干部患肾功能衰竭来京治疗，因住院困难向总局求助，中心办公室与医务室多方想办法，在北京市地税局的协助下，很快就让他住进了朝阳医院，得到及时治疗，病人及家属感激万

分。

总局机关服务中心一直积极落实住房政策，促进总局职工住房条件的改善。我局与财政部共同筹建了晾果厂职工住宅小区。1998年3月正式动工拆迁，1999年5月开工建设，2000年底竣工，提前一年工期。小区总建筑面积约15.8万平方米，总投资约9.5亿元，共建成住宅875套，综合成本控制在6200元／米。小区建筑外部景观设计理念先进，造价低廉，户型设计优秀，使用合理科学，全小区19栋住宅楼结构均达到长城杯的质量标准，抗震系数达到8级，整体设计被建设部确认为获奖作品，获得北京市规划委、绿化委及环卫等部门的高度评价。晾果厂小区的建成，彻底解决了财政部、国家税

务总局职工住房的困难，创造了良好的经济效益和社会效益。

　　为贯彻落实国务院房改政策，总局机关服务中心于1999年底至2000年初，先后两次开展全局房改售房工作。全局职工797人之中，符合条件的有757人参加了购房，其中有324人购买晾果厂新房，436人购买了腾退旧房，全局共售出公有住宅1095套，圆满完成了总局房改售房工作，使全局95％以上的职工改善了居住条件。

　　总局机关服务中心主动为局内职工统一办理住房公积金贷款手续，解决了部分职工购房资金不足的困难。加强入住管理，抓紧房屋周转，及时完成了小区物业管理招标工作，保证全局600户职工及时搬迁和入住新居。积极办理房屋产权登记手续，到2006年底，总局各住宅楼已全部取得了产权证，并开始继续发到职工手中。

四、坚持搞好工作用餐

　　中心根据季节变化调剂伙食品种，调整营养结构，粗粮细做，合理配餐，保证全局职工吃饱吃好。机关食堂平均每日接待职工用餐约1100人次，平均每年约27万人次，营业额达二百余万元；每年接待工作用餐三四千人次，营业额数十万元。在中央国家机关烹饪协会组织的考核评比中，获得"国务院各部门机关先进食堂十佳单位"的光荣称

中国税务后勤建设

号。

　　食堂安装了计算机打卡售饭系统，采用计算机窗口打卡和自助餐相结合的售饭方式，职工凭IC卡就餐，既快捷又卫生。

　　餐饮处加强对食堂炊事人员的专业技术培训，采用走出去和请进来的方法，不断学习各种烹饪技能，提高厨艺水平，使机关食

堂饭菜质量得到了很大提高。在参加全国烹饪大赛中，获得了两银一铜的优秀成绩。

五、不断提高医疗保健水平，扩大医疗范围

　　为满足全局职工就近医疗的需要，总局机关在院内设立了门诊部，按照社会化服务的要求聘请了北大医院专家队伍和402医院的医护人员，先后开设了内科、外科、口腔科、放射、B超、化验、理疗按摩、妇科、中医等专科门诊，每年完成各种门诊治疗近20000人次，保证职工小病就诊不用出局。同时为总局内部举行的各种会议和运动会、老干部外出休养等活动提供医疗保健服务。组织职工参加义务献血活动，连续14年被评为

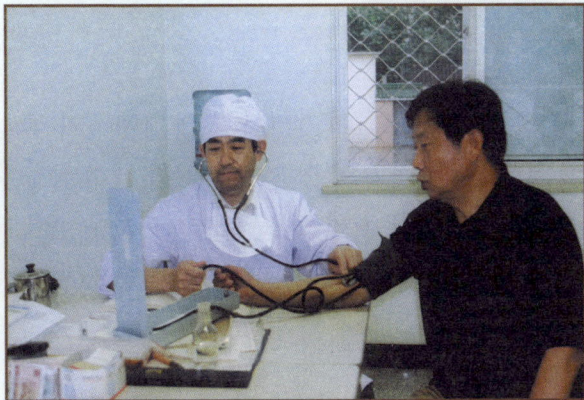

"北京市公民义务献血先进单位"。

　　总局计生办积极开展以避孕节育全程服务为重点的计划生育优质服务，较好地完成了各项人口控制目标，连续多年实现计划生育率100%，多年来连续获得了"中央国家机关计划生育先进单位"的光荣称号。

六、竭尽所能为干部职工提供各种生活便利

　　近年来，服务中心为局内部分职工解决了子女入学、入托困难，寒暑假开办子女管理班2次，为59名职工解除子女假期无人看管的后顾之忧。开办洗衣代理服务；为职工

提供自行车小修服务；成立家庭保洁服务队，为数百户职工家庭提供卫生保洁上门服务，大大方便了职工生活。

总局办公大楼和枣林前街68号综合楼由服务中心负责统一管理，如何管好用好这两座大楼，使非经营性资产使用更加合理、有效，可经营性资产要有偿使用、保值增值，这是中心面临的新课题。服务中心领导首先注重制度建设，加强管理职能，对固定资产进行统一管理。一方面要求中心各处进一步

建立健全各项规章制度，努力实现后勤工作规范化、科学化；另一方面，明确由设备技术处统一负责二座办公大楼设备管理与维修工作，提高了维修资金使用效率，使房屋、设备完好和使用率基本上达到100％。同时培养和锻炼了技术队伍，为将来开展内外两面服务打下了基础。

其次以管理促进服务，以服务带动经营。设备技术处根据办公大楼水电、空调、通信设备管理、使用与维修工作的需要，建立了局内报修制度，力争在接到报修电话5分

钟之内维修人员到达现场进行处理，仅1999年全年就完成维修3600多次，节约了水、电、油等能源，增强了设备维修的快速反应能力，大大提高了设备完好率和服务及时率，让非经营性固定资产使用更加合理，受到全局同志普遍好评。

枣林前街68号综合楼是总局经营性的

固定资产，中心经营处努力学习市场化物业管理方法，积极开展创"安全、温暖、迅捷、

高效"的物业管理目标活动，根据楼内客户的需要，他们完善大楼硬件设施，装修会议室、建造商务中心；开设了邮件代办点、商品服务部，增开客户班车，改进工作作风，实行承诺制、做到微笑服务，认真进行市场调研，建立预租客户档案，以规范的管理、优质的服务促进市场营销工作，使大楼的出租率始终保持在90%以上，提高了经营效益，初步实现了可经营性资产的保值增值。仅2000年完成收入970多万元，实现利润近500

缮资金，为我局旧房维修改造提供了资金。利用这批资金治理整顿小区环境，为总局各小区职工宿舍更换塑钢窗，安装集中防盗门；粉刷各小区宿舍楼外墙，改造莲花桥宿舍楼高压热水装置；解决小区暖气不热的老大难问题；为小区绿地进行绿化、加高围墙、修建健身场地，使各小区的生活条件大为改善。

万元；2002年完成收入达1000万元，实现利润突破500万元。

1998年机构改革之后，总局机关服务中心从零起步，更新观念，从抓制度、抓队伍建设入手，强化经营管理，树立成本意识，大力提倡勤俭节约、艰苦奋斗作风，提高了经营效益，保证了总局经营性资产达到保值增值目的，完成了利润上缴任务，为提高全局职工生活水平做出了很大贡献。

2006年在中央国家机关房改办支持下，总局机关服务中心申报返还1100万元旧房维

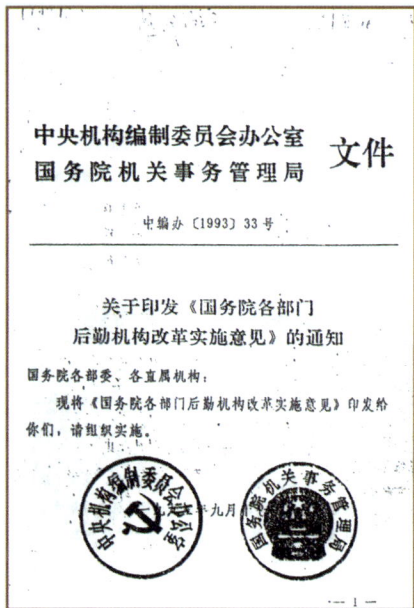

中央机构编制委员会办公室
国务院机关事务管理局   文件

中编办〔1993〕33号

关于印发《国务院各部门
后勤机构改革实施意见》的通知

国务院各部委、各直属机构：
现将《国务院各部门后勤机构改革实施意见》印发给
你们，请组织实施。

一、机关后勤改革的基本思路和主要工作

党的十三届四中全会以来的十多年，围绕深化机关后勤体制改革，中央和国务院主管部门先后印发了5个主要文件：一是中编办和国管局印发的《国务院各部门后勤机构改革实施意见》（中编办〔1993〕33号）；二是国管局印发的《关于加强机关服务中心建设若干问题的意见》（国管体改〔1996〕116号）；三是国务院办公厅转发国管局和中编办制定的《关于深化国务院各部门机关后勤体制改革的意见》（国办发〔1998〕147号）；四是国管局与原国家计委印发的《关于中央国家机关办公楼(区)物业管理服务收费的指导意见》（国管改字〔2001〕154号）；五是商请国家税务总局印发的《关于国务院各部门

机关后勤体制改革有关税收政策具体问题的通知》（国税发〔2000〕153号）。十多年的改革实践，逐步形成了关于深化我国政府机关后勤体制改革的基本思路，主要是：在发展市场经济的条件下，规范和加强政府机关资产的集中统一管理，提高政府资产的使用效益，保障政府职能协调、高效、有序运转；促进开放后勤服务市场，转换后勤服务机制，强化服务市场管理，在改组、改造机关原有服务单位的同时，鼓励支持社会服务力量参与机关后勤服务竞争，提高政府机关后勤专业化服务水平。

机关后勤改革主要有以下几个环节的工作：

一是逐步完善实现管理科学化、保障法制化、服务社会化的改革目标，为全面认识后勤工作，促进后勤改革健康发展，提供重要的理论基础。

二是实行两种职能分开，将后勤服务职能从机关行政序列划出，后勤服务工作由原来的行政管理方式，逐步向事业单位企业化管理过渡。1993年以来，中央国家机关各部门先后组建了96家机关服务中心，实行独立核算，开展内外两面服务。

三是积极探索建立机关后勤服务费用结算制度，在试点基础上，结合后勤服务特点，逐步完善后勤服务价格形成机制，强化成本意识、核算意识，为加快后勤服务经营单位实现自收自支和企业化管理创造条件。

四是以发展物业管理为契机，引导机关服务中心整合服务项目，优化服务资源，按照建立现代企业制度的思路，转换内部运行机制，为参与市场竞争奠定基础。

五是结合推行政府采购制度，积极探索后勤服务项目招标、合同管理，引入竞争机制，鼓励支持社会服务力量参与为机关提供服务，促进开放后勤服务市场。

二、总局机关的后勤改革

机关后勤改革是政府机构改革的重要内

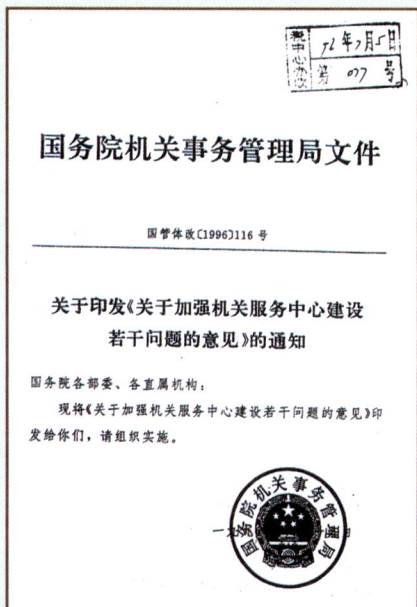

容，是建立和健全适应社会主义市场经济体制要求的机关后勤运行机制的需要，也是推进机关后勤管理科学化、保障法制化、服务社会化，促进后勤事业自身发展的必要条件。

通过深化改革，转变后勤体制和机制，

使过去的单一服务型转变为服务经营型，进一步强化服务职能，增强保障能力，提高经济效益，减轻财政负担，提高服务质量，更好地为机关工作和职工生活服务。

总局机关后勤服务中心顺利完成了机构改革、人员分流工作，自觉与党中央保持一致。

1998年，根据总局改革方案，要求服务中心减员20%。为完成这一重大任务，服务中心采取了积极有效的措施，加强对改革工作的统一领导。一是稳定队伍。召开全体党员大会，号召全体党员在机构改革工作中发挥先锋模范作用，服从改革大局，自觉与党中央保持一致，为改革打下了思想基础。二是加强领导。成立机构改革领导小组，讨论制定了中心机构改革的"三定方案"。三是认真学习研究有关政策文件，加强教育，开展深入细致的思想工作，分别召开了"符合提前离岗条件人员"和"符合参加学习培训人员"两个座谈会，认真听取群众意见，从关心人、爱护人的角度出发，多方启发引导，解除了部分人员的思想顾虑。

在这次机构改革过程中，段治修、袁书琴等14名同志表现了极高的思想觉悟。他们多年来在机关后勤工作岗位上，勤勤恳恳、无私奉献，把一生中大部分精力献给了机关后勤事业。在机构改革大潮中，他们立场坚定，识大体顾大局，服从组织安排，自愿选择提前离岗，以实际行动与党中央保持了一致，表现了很高的思想觉悟，为其他同志树立了学习的榜样。

通过机构改革，服务中心压缩编制16人，做到了思想不散、秩序不乱、工作不断，保证了机构改革和各项管理、服务、经营工作的顺利完成，表现出了良好的精神风貌、较高的思想觉悟和严明的组织纪律。

根据中编办［1993］33号文件《国务院各部门后勤机构改革的实施意见》和国务院办公厅［1998］147号文件《关于深化国务院各部门机关后勤体制改革的意见》的精神，2000年总局机关服务中心提出《国家税务总局机关后勤改革实施意见》，并在4月4日的局长办公会上向总局领导作了汇报。局务会原则同意服务中心"分两步走，逐步推进"的后勤体制改革实施方案。后勤改革的总原则是，属于为总局工作提供保障的部分不进行经营性改革，除此之外的部分可以进行经营，并向总局机关上交经营收益。明确改革后的机关服务中心在财务管理上实行独立核算，对办公厅财务处负责。总局将部分国有资产委托改革后的机关服务中心管理和使用，服务中心要重点经营好枣林前街综合楼、金三环宾馆、北戴河培训中心等经营性资产，不搞其他投资性项目，做到保值增值。此次会议为服务中心今后的工作指明了前进方向，为总局的后勤体制改革奠定了坚实的基础。

三、总局机关后勤改革的原则和目标

总局机关后勤体制改革，坚持管理科学化、保障法制化、服务社会化的方向，逐步建立和完善机关与后勤单位的结算制度，推

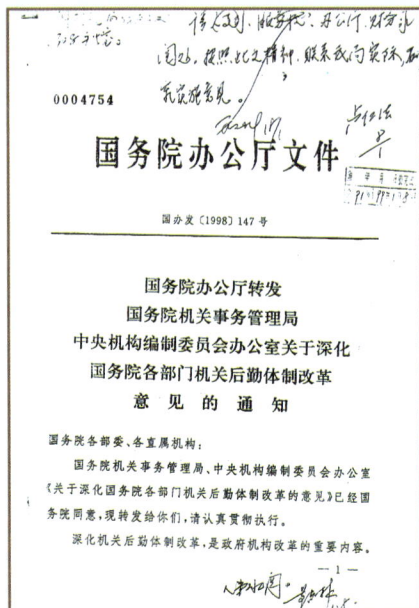

进后勤服务商品化。通过改革，转换后勤管理体制和服务机制，充分利用现有的后勤服务资源，强化服务职能，更好地为机关工作和职工生活服务。

四、总局机关服务中心的性质和职能

机关服务中心为国家税务总局直属事业单位(正司级)，行使机关后勤服务职能并代理部分行政管理职能。具有事业法人资格，独立核算。对外可使用机关服务局的名称和印章。

五、总局机关服务中心的责任、义务和权利

机关服务中心承担的责任和义务包括承担规定的工作职能和总局交办的各项任务、为机关提供优质服务、接受总局有关部门的审计和监督、管理部分国有资产并使其保值

增值、提高工作效率和降低服务成本、管理和使用后勤经费等。机关服务中心的权利包括决定人事和劳动用工、工资和奖金分配、内部机构设置方案、留用资金支配、资产使用经营和服务定价权等。

　　总局机关服务中心在总局党组的正确领导下，组织全体干部职工认真学习十六大精神，不断增强贯彻"三个代表"重要思想的自觉性和坚定性，牢固树立科学发展观，在机关后勤工作的实践中大胆探索，努力打破旧的观念和体制的束缚，开拓创新，深化改革，不断落实《国家税务总局机关后勤改革实施意见》，深入结合后勤工作的实践，开展广泛深入的调查研究，探索新形势下机关后勤工作的新特点，研究新情况，解决新问题，求得后勤工作的不断发展。

后勤面面观

一、队伍建设是机关后勤工作改革与发展的保证

牢固树立和全面落实科学发展观，通过多种途径有效提升队伍素质，是提交后勤管理和服务水平，促进后勤工作持续发展的根本源泉。

1999年总局机关服务中心成立了党总支，下设3个党支部(2002年换届改选为5个支部)，加强了中心的党员队伍建设。在党总支的带领下，中心各党支部积极参加总局机关开展的"三讲"教育、"转变作风年"教育整顿和"三个代表"重要思想的学习教育活动，全体党员干部的思想作风和廉政建设得到全面加强，各支部战斗堡垒作用和党员的先锋模范作用得到充分发挥，为各项后勤服务工作的顺利完成提供了重要保障。

中心党总支根据后勤工作点多、面宽、时间长的特点，狠抓支部建设，组织党员干

部认真学习"三个代表"重要思想和党的十五大、十六大精神，组织全体党员积极参加机关党委安排的思想教育和形势教育活动，分别派出处级党员干部参加了处以上干部理论学习班、支部书记、宣传委员和纪检委员培训班等，使中心党员队伍适时补充新知识。

总局机关服务中心采取走出去、请进来的办法，大力开展后勤服务专业技术培训。每年派出多名干部职工参加各类专业技术培

训，学习先进的管理思想和科学技术知识。先后有近40名职工通过了中央国家机关工人技术等级考试，取得了中、高级技术等级证书，一支高素质的机关后勤队伍正在逐步地发展壮大。

二、注重加强党风廉政建设

后勤工作与人财物接触多，服务中心党总支把反腐倡廉当做头等大事来抓，中心党总支把《机关服务中心关于加强党风廉政建设的措施》修订后下发到各支部，从思想上、组织上加大了对党员领导干部的廉政教育，增强搞好党风廉政建设和反腐败斗争的责任感和紧迫感，要求他们做到：路不要走错，权不要用错，钱不要拿错。严守法纪，艰苦奋斗，正己律己，自省自励。中心主任以身作则，在中心领导的带动下，各处干部身体力行，严把经费关，自觉抵制不正之风，在思想上筑起一道反腐倡廉的防线。

三、注重加强培训工作

2003年以来，遵照总局领导下大力抓基层建设抓队伍建设的指示精神，针对税务系统各省、市国、地税务局后勤建设方面的新形式、新特点，总局机关服务中心组织召开了两次全国税务系统后勤工作会议，并根据总局领导要完善干部教育培训制度，使每一位税务干部都有接受培训、提高素质的机会，把教育培训作为激励干部做好工作的重要手段的指示精神，认真落实五年教育培训

规划，充分利用系统内外的教育资源，形成多层次、大规模的教育培训格局，大力开展在岗培训。

（一）机关后勤物业管理培训班。2003年11月，针对税务系统机构调整和办公设施改造等基建工作基本完成的实际情况，结合后勤改革和国家颁布《物业管理条例》的有利时机，总局服务中心及时举办了以提高和加强税务机关干部"物业管理"观念为主要内容的"机关后勤物业管理培训班"。培训班由广东省深圳市国税局承办，全国税务系统国家税务局、地方税务局机关服务中心主任、副主任、管理科长190多人参加了培训。

总局机关服务中心邢幼平主任、铁斌副主任、秦志强巡视员和深圳市国税局胡仕文副局长、地税局乔家华局长参加了培训班开班仪式，邢幼平主任作了培训动员。培训分为"物业管理综述；解读《物业管理条例》；如何聘请物业管理公司及提高自管物业管理服务水平；物业经理人的基本素质和基本责任；物业经理人的管理、服务与经营；物业管理模式应根据本地实际超前运作；物业管理中工程设备技术原理介绍；物业管理中主要设备管理与节能"等基本问题，分别邀请了北京市物业管理协会及有相当经验的物业管理公司朱建平、衣滨斌、王章英三位总经理和总局机关设备技术处张捷岩处长进行了授课辅导。期间还组织了考试和实地参观深

圳市国家税务局、地方税务局办公楼。通过学习讨论和交流，大家普遍反映提高了对物业管理工作的认识和重视程度，看到了差距，消除了模糊认识，有了一些科学、规范、可操作的工作思路的认识理念。此后税务机关的物业管理工作普遍跨上一个新台阶。

（二）税务系统后勤财务管理培训班。2004年4月，针对税务系统机关后勤工作管理、服务、经营三大职能和工作状况，在调查研究的基础上，总局服务中心在扬州举办了"税务系统后勤财务管理培训班"。培训班由扬州税务干部进修学院承办，税务系统国家税务局、地方税务局机关服务中心、办公室主管财务工作的主任、副主任、财务科长及总局机关服务中心相关人员97人参加了培训。

总局机关服务中心邢幼平主任进行了动员，解爱国院长、魏仲愉副院长到会并讲了话。培训针对机关后勤财务管理工作的实际情况，从注重实际操作入手，分为"机关后勤财务管理的基本概念、范畴和基本制度；税务机关经费开支渠道和程序规则；预决算管理，报表管理；相关财务制度和财务分析；基建财务管理；经营收入管理与成本核算及纳税；财务审计，资产管理"等六个方面进行辅导。聘请了国务院机关事务管理局财务司丁逸仙副司长和王永宏处长，总局财务管理司张玉香处长、赵弘副处长和税务学院高

金平老师、刁华兰老师为大家授课。由于培训内容针对性和实用性强，大家学习非常认真、热情非常高，对一些模糊概念和工作中易发生问题的方面进行了共同探讨，收获很大。培训班为税务系统后勤财务工作水平的整体提高和规范化建设奠定了基础。

（三）税务系统消防安全管理培训班。2004年9月，针对全国火灾事故频发安全形势严峻的实际，结合税务系统工作特点，从预防为主的原则出发，总局服务中心在大连举办了"税务系统消防安全管理培训班"。培训班由大连税务培训中心承办，税务系统负责机关消防安全工作的干部96人参加了培训。

大连培训中心张松柏副校长主持开班仪式，总局机关服务中心邢幼平主任进行了动员，总局机关服务中心副主任铁斌、大连培训中心齐美云校长出席了开班仪式。培训邀请北京市武警消防学院刘康明、韦增盈老师和总局机关设备技术处张捷岩处长，分别就"消防安全的基本概念、基本要求和消防法规；消防管理的重点问题；消防监督检查、消防突发事件的处理与应急预案；消防设施设备和案例介绍；消防安全理念和总局消防管理经验介绍"等四个专题六个方面进行了授课辅导。组织了考试和河南、江西、广东、山东等省市国地税12个单位的经验介绍，参观了大连市国税局办公楼和武警大连特勤消防

大队教育训练基地，实地观摩了消防装备设备和消防战士训练表演。通过学习培训和案例分析，大家普遍提高了对加强消防安全工作的认识，特别对研究本单位安全预防、制定消防应急预案工作等有了清晰规范的思路。培训班为加强税务机关消防安全工作从理论和实际操作上提供了基础保证。

（四）机关后勤安全管理培训班。2005年10月，总局服务中心在重庆举办了"加强机关后勤安全管理培训班"，针对国内国际安全事故频繁税务系统安全工作形势严峻的现实，着力从分析安全形势加强内保工作方面进行了探讨和研究。培训班由重庆市国家税务局承办，税务系统国地税机关服务中心主任、副主任118人参加了培训。

总局机关服务中心主任邢幼平作了动员，重庆市国税局胡晓明副局长、地税局冯邦富总会计师、煤炭部机关服务局马宏发副主任、总局机关服务中心铁斌副主任、秦志强巡视员、卢仲礼副巡视员出席了开班仪式。培训班邀请国家安全生产监督管理总局新闻发言人、政策法规司黄毅司长，公安部治安局董训则副处长，总局机关服务中心交通处高亚军处长、餐饮处王秀新副处长、设备技术处张捷岩处长，从"国家宏观安全生产形势及相关法规；社会治安情况；机关交通安全管理、食堂食品安全和设备设施安全与节能"等五个专题进行了介绍和辅导。广

东省地税局、山东省国税局等15家单位进行了经验材料交流，并实地参观考察了重庆市国税局办公区的安全设施、场所及管理情况。培训班进一步提高了大家对安全预防工作的认识，统一了思想，对合理调整工作矛盾、科学调配工作人员、正确使用办公设施设备，努力把握安全预防工作主线，切实落实党中央、国务院"责任重于泰山"、"安全预防是各项工作的重中之重"的指示，起到了积极作用。

（五）税务系统机关资源节约工作培训研讨班。2006年8月，为响应党中央、国务院关于大力加强资源能源节约，建设节约型政府、节约型社会、节约型机关的号召，紧密结合总局党组的指示精神和税务系统的工作实际，总局服务中心在贵阳市举办了"税务系统机关资源节约工作培训研讨班"。培训研讨班由贵州省国税局承办，采取以会代训形式对税务系统开展资源节约工作进行了部署和研讨。各省、自治区、直辖市国税局、地税局机关服务中心主任及总局机关服务中心相关人员共114人参加了培训研讨。

总局党组领导对节能工作非常重视，党组成员、主管后勤工作的总会计师宋兰亲自到会，就全国税务系统加强资源节约工作作了以《落实科学发展观，推动资源节约建设》为题的重要讲话。贵州省国税局刘毓文局长、地税局刘汉樵局长到会并讲话，总局教育中心王维平副主任、服务中心邢幼平主任、铁斌副主任、张捷岩副主任、秦志强巡视员、卢仲礼副巡视员参加了开班仪式。宋总从"全国税务系统资源节约工作取得明显成绩；充分认识资源节约的重大意义；切实加强税务系统资源节约建设；对培训研讨班的几点要求"等方面进行了详细阐述。充分肯定了近年来总局机关和税务系统在加强机关资源节约建设方面所作的主要工作和取得的主要成绩，指出要从我国基本国情和落实科学发展观的高度充分认识资源节约工作的重大战略意义，要从推动税收事业发展的重要举措上来把握资源节约工作的重要性。强调推进税务系统资源节约建设是一项长期的工作任务，各级机关要认真贯彻加强税务系统资源节约建设的总体要求，进一步加强资源节约工作的组织领导，全面加强资源节约的宣传教育，建立健全资源节约的各项制度，切实改进资源节约工作的技术手段，不断提高管理队伍的思想业务素质。特别要加强队伍思想政治建设，不断改进工作作风，勇于实践，勇于创新。进一步加强各种教育培训工作，不断提高全系统后勤管理的专业化水平，适应日益发展的工作需要，带动和促进整个后勤队伍综合素质的提高，全面提升后勤管理部门科学化、精细化管理水平和服务水平。宋总代表总局党组的讲话是对全系统加强资源节约建设的动员令，要求全系统各级机关和领导班子都要充分认清形势，统一思想，扎扎实实地投入到这项"功在当代，利在千秋"工作中来，真正在节约资源能源加强机关资源节约建设上带好头，作表率。

结合党中央、国务院号召及国家发改委、国管局等五部委联合发出的《关于加强政府机构节约资源工作的通知》，培训班邀请了国管局房管司的柳承茂处长，就"中央国家机关资源节约工作的现状，国家对政府部门开展资源节约工作的指导思想、目标和基本要求，以及近期要突出抓好资源节约的工作重点"进行了详细讲解。张捷岩副主任结合工作实践和对系统工作的了解，就"开展资源节约工作的具体技术环节从建筑节能到技术节能，从认识理念到操作检查，从材料、建筑、锅炉、空调、管道、电路、节水和太阳能的使用、维护和管理"等方面附以典型技术成果介绍，对大家进行了生动的技术辅导课。总局服务中心高亚军处长就"机关车辆管理，车辆性能、特点及合理使用，如何发挥最大效能，进口车、国产车，手动挡、自动挡车的特点及维护保养，节油节能管理与考核监督"等进行了讲解，给大家以鲜活的理性和感性认识。培训期间代表们就宋总的重要讲话，柳承茂处长、张捷岩副主任、高亚军处长的辅导内容进行了热烈的座谈讨论。为促进大家学有典型，培训班专题安排

了重庆市国税局、大连市国税局、山东省国税局、广东省地税局、浙江省国税局、宜昌市国税局、福建省国税局等7家单位进行了大会交流发言，选择了12家单位的经验材料供代表学习。这些单位在基础建设，节能管理，制度建设，太阳能利用和设备管理等方面的成功经验给代表们以深刻的触动和启发，产生了很好的反响。大家普遍反映学以致用，收获很大，了解了套路，掌握了方法。感到经验实在可信，可操作性强，有借鉴和指导意义。宋总的讲话非常重要及时，是近期开展资源节约工作的指导性文件，对讲话涉及的具体内容和具体目标一定要层层分解、逐一落实。在降低税收成本上扎实工作，真正把资源节约建设深入到机关每个干部职工的心坎里，落实到干部职工的行动中。培训研讨班起到了以会代训，提高认识，统一思想的作用，为税务系统扎扎实实地开展资源节约工作拉响了前奏。

（六）机关食堂管理培训班。2007年5月，为落实后勤干部教育培训计划，针对税务系统机关食堂管理情况和国家相关法律法规要求，为全面提高大家加强机关食品安全意识、资源节约意识，安全、卫生、营养、科学地完成好税务机关的食堂管理保障工作。总局服务中心在浙江省杭州市举办了税务系统"机关食堂管理培训班"。培训班由浙江省国家税务局承办，并得到了总局领导、国务

院机关事务管理局、中央国家机关烹饪协会和浙江省地税局领导及系统内各省、市、自治区国地税局的大力支持，共119人参加培训。

机关食堂管理培训班由总局机关服务中心张捷岩副主任主持，浙江省国税局副局长乐国定，地税局副局长单美娟出席了开班仪式并讲话。邢幼平主任进行了动员，就税务系统机关食堂管理工作的重要性、现状和面临的实际问题，以及树立科学、规范、安全、营养的机关食堂管理目标，加强培训提高素质和技能等方面进行了强调。国管局李太平司长和中央国家机关烹饪协会刘晓明秘书长到会，中央国家机关食堂管理先进单位铁道部机关服务局彭玉才副局长到会介绍了经验。

针对近年来食品卫生方面出现的问题，围绕如何把握机关食堂管理和操作中的安全、卫生、科学、营养等重要环节，培训班邀请中央国家机关烹饪协会副秘书长、特级烹饪大师、国家高级评委、烹饪专业鉴定委员会副主任、劳动和社会保障部培训中心技能培训处处长侯玉瑞老师为大家进行授课辅导。侯老师紧密联系实际，有事例、有数据、有理论、有经验教训的讲解，可操作性强、通俗易懂，使大家很受启发。普遍反映学以致用，内容丰富，事例实在，针对性强，收获很大。考试中大家十分重视，仔细查阅笔记、教材，认真答好每一道题。

培训期间代表们就邢主任的动员讲话，侯老师的讲课辅导和各单位的工作实际等内容进行了热烈的座谈讨论。大家普遍反映这次培训非常及时，体现了总局对工作抓落实、抓精细的思路。过去只强调吃饱吃好，但吃什么？怎么吃？怎样才叫吃饱吃好，吃的科学，吃的营养？强调得少，研究得少、懂得少。通过专家讲解，了解了营养搭配和膳食平衡，懂得了安全饮食、科学饮食的道理。学习了先进单位的经验，看到了差距，找到了工作的着手点。为促进大家学有榜样，培训班专题安排了总局机关餐饮处、铁道部机关服务局和四川省国税局、广东省地税局、青岛市国税局、黑龙江省国税局等6家单位进行了大会交流发言和演示，选择发放了国地税16家单位的经验材料供大家学习。这些单位在基础建设，日常管理，制度建设，食品安全卫生等方面的成功经验给代表们以深刻的触动和启发，产生了很好的反响。为提高大家的感性认识，培训期间专门安排实地考察参观了浙江省地税局和杭州市国税局的机关食堂。他们的操作间、加工间、库房及职工就餐大厅的建设和职工就餐管理，规章制度、岗位职责规范，局领导的重视程度，机关食堂服务理念，设计思路等给大家留下了深刻印象。

机关食堂管理培训班适合当前加强资源

中国税务后勤建设

节约，实现科学、营养、安全的饮食要求。突出了加强机关建设和合理利用资源，从管理入手提高机关人员身体素质和健康水平，进而提高机关服务保障水平的总思路。符合总局领导办实事、重实效，提高服务保障科学化、精细化的总体要求。适应广大税务机关干部安全、科学、营养、平衡、健康的需要。对提高税务系统干部职工良好膳食习惯和税务机关食堂的科学管理水平起到了积极作用。

（七）加拿大培训团考察报告。2006年10月29日至11月16日，国税系统部分省市服务中心主任与北京市国税局共同组团赴加拿大，在多伦多圣力嘉应用艺术与技术学院（SENECA）参加了"计算机在税收征收中的实际应用"培训。利用此机会，服务中心主任同时考察了加拿大政府部门机关事务管理工作。

1.加拿大政府机关事务管理体制

加拿大为联邦制国家，其政府行政管理体制分为联邦政府、省政府和市政府（地方政府）三级行政管理体制。宪法对联邦和省两级政府的事权作为了明确划分，联邦政府主管贸易和商业、货币和金融、国防、外交、国家交通等方面的事务；省政府负责教育、卫生、社会服务、自然资源、财产权、市级政府等方面的事务；两级政府在税收、农业、司法管理等方面共同分享权力。因所管事务

不同，联邦、省、市政府机构设置不同，也无相应隶属关系。联邦政府各部及所属机构在全国各地驻有分支机构，负责处理当地联邦事务，其人、财、物均归渥太华本部管理，与地方政府没有关系。

加拿大联邦和省、市三级政府尽管职责和机构设置不同，政府对机关事务管理部门的设置和职能法律上没有统一规定，各级政府机关事务管理部门的名称、职责、编制也不完全一样，但各级政府都设置了负责本级政府房地产、资产、政府采购、信息管理服务等行政事务管理工作的机关事务管理机构，称之为政府提供支持和保障的共同服务部门，在政府行政序列中占有重要地位。联邦政府设有公共事务和政府服务部，为正部级单位。主要职责是：管理联邦国库及联邦所有机构的账户，负责联邦政府收入和支出账目管理，政府支票签发；房地产管理服务和经营，联邦公共工程管理，政府出版物和印刷管理服务；政府采购管理、公务通讯及电讯信息管理服务；国有资产的分配和处置；办公楼建设、管理和租赁；对各部门经费使用等的审核监督；为各部门提供差旅、租车及其他所需要的各种后勤服务管理等。

从省、市政府看，安大略省负责政府机关事务工作的部门是省机关事务管理委员会，有五项职责：一是管理政府机构行政事务，如经费、人事、资产管理和后勤服务，制

定有关政策、制度和标准等；二是信息和信息技术管理；三是负责为政府机构提供财务支持服务，如经费、工资、会计等管理服务；四是省政府房地产（不动产）管理服务；五是博彩业政策与发展管理。

从联邦政府各部门的情况看，一般都设有机关事务管理机构。加拿大政府机关后勤管理机构也即机关事务管理的概念，比我们要宽泛得多，除经费、资产管理、物业和服务采购、接待外，还将为业务部门提供技术支持和服务的其他工作，如信息技术管理服务、档案、人事管理、对外交流等其他事务性工作都纳入后勤管理，由机关事务管理部门或后勤部门统管，是与市场经济紧密结合、适应现代科技发展的全面机关事务管理。至于政府机关需要的各项后勤服务工作，基体上实行招标采购、社会化供应。

2.加拿大政府机关后勤管理和服务保障运作情况

集中统一的管理模式；制度化、程序化、法制化的后勤保障机构；高度市场化、社会化的后勤服务；信息化的现代技术管理手段，构成了加拿大政府机关后勤管理和服务保障的基本特点，为政府机关职能活动的高效运转提供强有力的保障。

（1）经费预算管理。加拿大联邦政府的所有收入，如国家税务部征收的联邦所得税及其他部门取得的收入，全部纳入公共服务部的国库账户管理；联邦政府及各部所有支出，都由该部统一支付。总之，政府部门的所有往来都必须经过公共服务部，各部不得私设账户和"小金库"。

加拿大政府预算管理实行部门预算，即预算拨款细化到每个部门。政府部门每年需要开支的事业费、工资、差旅费及后勤服务费等所有费用，由各部门提出年度预算建议，经有关部门审核后，报国会审议批准成为法律文件，立法执行。

经费预算的基本程序是：每年9月份，联邦政府各部门拟定出本部门下一年度经费预算估算报告，提交国库委员会秘书处审核；秘书处审查通过后，国库委员会主席在预算报告上签字；下年2月份，国库委员会主席将汇总的各部门预算报告送交议长，提请国会分别审议通过。国会在讨论通过预算前，要听取财政部长的联邦财政预算报告，以此确定各部门预算规模。国会批准后，预算直接下达各部执行。

正常情况下联邦各部预算额的60%是经常性项目，如固定的事业费、人员工资、差旅费及物业管理费、交通费等后勤保障费根据国库委员会、公共服务部等主管部门制定的制度和标准预算，40%的预算为事业发展经费，与财政部提出的年度国家财政总预算规模密切联系，每年有变动。各部的行政费及办公楼物业管理费等后勤服务费，有充足

中国税务后勤建设

的预算经费保障。后勤服务费预算主要是根据公共服务部制定的有关制度和标准提出，如办公楼物业管理费主要参照该部所属物业管理协会每年测算的标准确定。省、市政府预算管理也实行部门预算，预算拨款细化到各部门，其编制程序与联邦政府基本一致。

（2）房产地管理是机关事务管理的重要内容。一是办公用房管理。联邦和省政府的办公用房都是由机关事务管理部门集中统一管理，商品化、市场化供应，货币化结算。政府各部门根据办公需要以房客身份，从机关事务管理部门租用设施完好、物业管理服务齐全的办公楼宇使用。租用部门除支付租金（包括房租、水电暖等能源费在内的物业管理费，列入部门预算）外，对办公楼的日常管理服务不用操心，大楼的物业管理等运转保障服务全部由机关事务部门负责，服务不好则向其投诉处理。加拿大对政府办公用房实行动态管理办法，除对政府所属具有历史文化意义的建筑必须很好地保护利用外，富余办公用房向社会出租或出售，不够则由房地产管理部门提出投资分析报告决定采取购买、租赁或建设等效益最佳的方式解决。这种管理方法的优点是政府房地产资源能得到有效配置，既能及时满足各部门办公用房的需求，又使办公用房得到充分、合理利用。公共服务部作为联邦办公楼宇的所有者和管理者，将设施完好、物业管理服务齐备的办公

楼提供给各部租用。作为租客的各部门，除要向其交租金外，办公家俱、电话等费用也要从预算中支出，房屋改变用途同样要由各部付款，大楼日常服务及装修改造等由公共服务部负责。

二是办公楼的物业管理服务。政府办公楼宇的维修及水、电、暖等设施设备的运行维护、保洁、保安等物业管理服务工作，目前除少数楼宇仍由机关事务部门负责外，绝大多数办公楼的物业管理公开招标承包给专业化的社会企业，机关事务部门负责产权管理和服务合同监督。办公楼运转所需的水、电、暖等能源费用，一般都包含在物业管理费中，由物业管理单位承担，节余归己，超支自负，机关事务部门和办公单位预算不再列此项费用开支科目，既简化了预算科目，也促使物业管理公司加强管理，降低消耗、提高效益。

三是办公楼的维修管理。办公楼的日常维修维护（小修）一般公开招标由物业管理公司或专业维修公司负责，少数由房地产管理部门承担。为确保办公楼的高标准、安全，各级政府设有一个独立的房屋结构安全检查委员会，由建筑管理专家及有关部门人员组成，每年对需要维修的大楼进行鉴定，决定需要大中修或改造的楼宇，然后向议会申请维修经费，拨款批准后由房地产管理机构通过电子招标采购系统公开招标实施，使办公

楼始终保持良好的状态。

（3）机关后勤服务供应——合同化管理与社会化、专业化服务。加拿大政府机关运转所需要的各项后勤服务工作，如公务交通、公务旅行、餐饮等服务，除少数不宜由社会承担的工作外，都由机关事务管理部门主要以政府采购方式从社会购买，以合同形式雇佣企业为机关提供各种所需的服务，基本实现后勤服务社会化。机关对后勤服务管理是合同管理，主要任务是根据机关职能运转保障的需求签订并监督保证相应服务合同的实施。

一是公务车管理。加拿大政府的公务车，除少量机关公务车外，主要是政府部门业务用车，如警察、司法、税务、高速公路督察、消防等车辆，车上印有明显的"公务车"标志。政府对公务车管理严格，必须是执行公务方可使用，由于标记明显，也便于社会监督。由于经济发达，公务员都有私车，加拿大政府机关一般是"私车公用"，公务员使用个人车辆执行公务时，可按规定程序报销油费和停车费，并领取每公里0.27加元的车辆损耗费；公务员因公用车，也可按规定办理相关手续后从机关事务管理部门领取车辆使用，用完即交还回。

二是公务旅行管理。加拿大政府机关没有用于内部接待的宾馆招待所，公务员出差在机关事务部门招标定点旅馆住宿，乘指定航空公司航班，租定点出租公司汽车，按照确定的优惠价格付款，并按地区不同单位每天给一定的伙食补贴。公务员出差使用旅行卡，一旦公务旅行批准，就会从所在部门得到一个旅行代码并填好相应表格，根据工作需要向差旅服务公司申请航班、旅馆、租车等各项预订服务，用旅行卡付账。各部门差旅费纳入部门预算控制使用，近年通过电视、电话会议等方式减少出差次数节省费用。

三是机关餐饮等服务管理。政府办公楼内一般都有餐厅，机关职工就餐很方便、便宜。底层设有商场等商业网点，这些商业性服务单位，并不是政府机关自己办的，而是机关事务部门公开招标交给私人企业承包管理。企业中标获得政府办公楼内的餐饮、商店等服务经营权，要向政府交纳租赁费及房屋水电等物业管理费，照章纳税，并接受机关事务部门监督管理，遵守有关规定，价格优惠。政府从这些服务企业收取的租赁费等，不交税但收入要全部上交财政纳入预算管理。

3.考察收获和建议

此次培训考察活动时间虽短，大家普遍感到开阔了视野，转变了观念，拓展了思路，加深了对实现机关后勤保障法制化、管理科学化、服务社会化的认识，增强了改革的紧迫感、危机感和责任感。

由于与其他单位共同组团培训考察，而且主要培训课程是关于税收工作方面的，与机关后勤工作联系不紧密。因此建议今后能够组织针对性强的后勤方面的培训考察，取得更大的收获。

几年来，后勤培训工作开拓了局面，取得了很好的效果，得到了广大税务干部职工的欢迎和肯定。首先得益于各级领导的高度重视。系统后勤工作培训班从开始立项起就得到了各级领导的高度重视和大力支持。每期班前服务中心领导都要多次召开专题会议，成立领导小组和工作小组，专门研究内容和议题，上报培训计划。教育中心领导和相关处室热情支持，主管领导宋局长多次听取专题汇报，反复研究培训内容，从时间、地点，培训形式到动员讲话的具体内容都给予了多次的指导和指示。办公厅相关部门密切配合。各省、自治区、直辖市国家税务局、地方税务局的领导自始至终给予了高度重视和大力支持。

其次是组织工作比较周密。后勤工作培训班每期都成立筹备工作小组，就培训的内容、时间、地点、参加人员和选择授课辅导人员等进行反复多次的研究。有时还召集部分省市的专题调研会，就培训的日程、内容，研讨材料和交流单位等筹备情况进行通报和专题调研。培训前还专门组织人员就培训地点、教室、会场、教材、住宿、参观考察等具体细节与当地国地税局现地协商，为保证培训质量起到了重要作用。

第三是主题明确。后勤培训工作选择了针对性、实用性强的主题，紧密结合了当前形势和加强资源节约，建设节约型政府，节约型机关的时代要求，符合总局党组的整体工作思路。围绕降低税收成本加强税务机关建设的核心，突出了管理、规范，实用性和可操作性，结合了税务系统机构分设十几年来基础建设的客观实际，牢牢把握了"学有所用，学以致用"的原则，具有很强的针对性和指导性。

第四是多方大力支持。税务系统的后勤培训工作之所以开展得比较顺利，收到了比较好的效果，主要是得到总局领导的重视，教育中心、办公厅和各省、市、自治区国地税局领导、后勤工作战线干部职工的大力支持和无私帮助。机关后勤工作的科学化、专业化、规范化发展和需要，为广大干部职工提供了积极培训提高的动力。总局机关各部门协调配合，积极地选择项目，周密地安排实施，优质的服务保障，为今后进一步办好各类后勤培训班，完成总局的年度干部培训计划，不断提高税务系统机关后勤管理保障水平奠定了坚实的基础。

节约型机关建设

近年来，国家税务总局积极响应党中央、国务院关于"建设节约型社会"的号召，在全国税务系统带头开展资源节约活动，取得明显成效。总局机关在1997年至2006年间，累计节水24万吨，节电74万度，节油830吨，折合人民币650余万元。国务院领导和国管局、北京市领导对我们开展节约资源的工作极为重视，亲临总局机关检查指导。我局连续8年被北京市政府评为"供热先进单位"，连续6年被北京市节水办公室评为"节水先进单位"，2003年至2007年，北京市人民政府分别授予我局"节水先进单位"、"节水优秀单位"、"管理型节水模式先进单位"等多项荣誉称号。2005年4月，北京市政府为我局树立了永久性的"北京市节水模范奖碑"，以表彰我局在节约用水造福北京方面做出的贡献。

一、税务总局党组高度重视节约型机关建设

总局党组认真学习、深刻领会党中央、国务院关于建设节约型社会的一系列重要批

国家税务总局

国税函〔2007〕469号

国家税务总局关于加强税务系统资源节约工作的意见

各省、自治区、直辖市和计划单列市国家税务局、地方税务局，扬州税务进修学院：

为进一步贯彻落实党中央、国务院关于"能源开发与节约并举、把节约放在首位"、"加强资源节约"、"建设节约型社会"等一系列方针、政策，现就加强全国税务系统资源节约工作提出如下意见：

一、提高思想认识，加强对资源节约的领导

资源节约是我国的基本国策，建设资源节约型、环境友好型社会，是构建社会主义和谐社会的重要内容。税务部门是重要的经济执法部门，人员多、队伍大、分布广、战线长，搞好资源节约工作，对于减少费用支出，降低税收成本，对于发挥政府部门的带头作用，培育良好的可持续发展环境，都具有重要意义。全面推进税务系统节约型机关建设是一项长期的任务，各级税务机关要以党的

— 1 —

示精神，谢旭人局长强调："在研究如何从税收政策上支持循环经济发展的同时，要高度重视节约型机关建设，对机关节水、节能降耗等方面的工作进行周密部署，提出具体要求，特别是在人、财、物方面给予大力支持。"总局主管领导召开专题会议，研究机关节能节水工作重点、措施及长远规划并亲自挂帅抓好落实。增强干部职工的节约意识，是建设节约型机关的群众基础。我们结合自身的实际，不失时机地利用多种形式进行宣传教

育，定期制做各种宣传板报；在人员流动较大的大厅和人员相对集中的机关餐厅的电子显示屏幕上宣传节约知识；大力开展"节约资源从我做起"倡议活动，要求机关干部职工从我做起、从一点一滴做起，珍惜每一度电、每一滴水、每一张纸，减少和杜绝跑冒滴漏。通过宣传教育，广大干部职工节能节水意识大大增强，中央电视台《新闻联播》和《晚间新闻》、北京电视台《今日话题》和《科技全方位》等栏目介绍了我局的节能节水经验，中国机关后勤杂志、北京日报、中国水利报、中国税务报等均报道了我局的节能节水先进事迹。去年11月，国务院机关事务管理局在我局召开节水工作现场会，国务委员、国务院秘书长华建敏同志到会并讲了话，对我们的工作给予了肯定。

二、积极采取各种措施节能节水效果明显

（一）大力实施技术改造，提高节能节水科技含量。在节水方面，抓好设备用水是节水工作的重中之重。我们坚持自主创新，对中央空调、供暖锅炉等耗水大的设备系统进行了多项技术改造，取得良好效益。

利用涡旋离心原理自行设计研制了"循环水固形物过滤器"，无须增加动力，巧妙利用系统压差自动循环。分别安装在中央空调和锅炉等需要经常排污处理的各种水系统中，每年节水近2000吨。该设备造价低廉，但在节水、节电、延长设备使用寿命、减少维修量、大大降低加化学药剂的污水排放对环境的污染等方面有着明显效果，此项设计已在税务系统内推广使用并获国家发明专利。自行设计和改造了饮用水锅炉系统，并加装电子防垢磁化器，减少了结垢提高了水质，节省了大量清洗用水，每年可节约用水70~80吨。对冬季采暖系统加装高效自动排气阀，每个供暖季可节约用水450吨。对冬季中央空调的新风机组加湿雾化余水进行集中回收再利用，每个冬季可节约用水500多吨。对供暖系统的热膨胀水进行回收循环使用，每个冬季可节水350吨左右。废弃了原来的高位水箱改为变频供水，既保证了用水的清洁卫生，又免除了每年反复清洗水库的浪费。将公共浴室供水系统改为单路恒温、恒压供水，并加装红外感应式淋浴喷头，比原系统用水量节约60%。我们还将中央空调冷凝水、办公室暖瓶隔日剩水和制备纯净水的废水集中回收加以利用。最近，我们还在自制雨水存储设施，计划用于建筑清洗、绿化和洗车。由于上述努力，总局机关的水消耗量不断降低，2005年实际用水为38000吨，2006年进一步降低为28058吨，远低于10年前市水管部门核定的10万吨年用水定额。

在节能方面，先后实施了多次较大的技术改造：采用国际先进的现场总线技术，自主设计"热力站自动监控系统"，使供暖网络得到最优化控制，热能的生产和配置更加合理，改造后，在确保供暖质量的前提下每年节省燃油180吨以上，按现价约合90万元。每平方米供暖平均综合成本，比社会同等规模的建筑群节省25%以上。按供暖面积计算，水电油综合费用为每平方米24元，被北京地区行业专家评定为全市最低。自主设计"自动循环变量储能太阳能集热系统"，使卫生热水的生产成本大幅度降低。改造前每年卫生热水的油耗为50吨左右，改造后仅为10吨左右，节省了80%，折合人民币20万元。该设计已在一些省市税务局推广使用。我们将办公楼照明全部换成高效节能灯，节约了照明费用约70%；在中央空调、锅炉管网和生活水系统中加装了变频调速装置，降低电耗25%。

在车辆节油方面实行了计算机管理，考核百公里油耗。通过加强管理，降低了汽车燃油消耗。通过试验在汽车油箱中加装"力清神"燃油催化装置，使车辆平均节油率在8%以上。

（二）建立健全规章制度，为节能节水提供有力保证。建立健全各项规章制度，是节能节水工作得以顺利开展的切实保证。我们先后建立了目标管理、岗位责任、设备巡查、责任追究、情况通报等制度。通过建立健全规章制度并严格遵循，强化了科学化、精细化管理，杜绝了跑冒滴漏浪费现象。干部严格监督日常管理，确保各项制度规定落到实处。

在节水管理方面，一是对用水设备进行专人管理，把节水要求写进岗位责任制，落实到人头。二是对各种用水部位加计量仪表进行精确核计并进行统一管理，按时核对，做到规范、准确、真实、完整。三是认真落实节能节水巡查制度，设立专职质检员，做到每天有人按巡视路线检查各用水设施，发现跑冒滴漏现象及时进行维修。四是严格检修各种用水设备和器具，确保所有管道接头阀门没有滴漏，泵房干净整洁，对因不负责任导致的严重浪费现象，进行责任追究。

在节能管理方面，在供电网络中分区加装了计量表，随时掌握电能水泵情况以便于节能分析。在照明灯和空调开关处安装提示牌；对办公室和公共区的空调和大型新风机组坚持每年两次换季时检修清洗，以提高设备的热交换率，大大降低了能源消耗。此外，春秋两季在保证楼内温度舒适宜人的前提下，尽可能地利用了室外新风的温度，减少了冷水机组的运行时间和出力，节省了电耗。锅炉燃油日消耗量统计精确到两。

按照建设节约型机关的要求，我们将从机制上进一步完善对税务系统内部资源节约工作的管理。强化基建审批，增加对选用节能节水设备的具体要求并加强督促检查。在全国税务系统推广总局成熟的经验，开展技术培训，大力推广太阳能利用节水、节电、节油等技术改造成果，从源泉头上杜绝能源和水资源的浪费。

建设节约型社会是长期的任务，政府机关责无旁贷。在国管局和市政府的领导下，我们将更好地借鉴兄弟单位的经验，努力建立资源节约工作的长效机制。继续积极探索深入挖潜，切实结合自己实际情况推进技术创新，把资源节约工作做得更好。

后勤面面观

中国税务后勤建设

百花齐放

BAI   HUA   QI   FANG

北京市国家税务局机关服务中心

北京市国税局机关服务中心全体党员

北京市国家税务局机关服务中心，前身为北京市国家税务局行政事务管理处。现有干部16人，工勤人员36人。

十多年来，北京市国家税务局行政处和北京市国家税务局机关服务中心在北京市国税局党组和主管局长的领导下，带领全体干部、职工认真学习贯彻党的十四大、十五大、十六大精神，以实际行动实践"三个代表"重要思想。牢固树立服务意识，始终把保障和服务思想贯彻到具体工作中去，按照"一二三四"的思路和服务理念积极开展工作，即："一个中心"——以搞好后勤保障服务为中心；突出"两个服务"——服务机关干部，服务税收工作；狠抓"三个提高"——提高服务意识，提高服务技能，提高服务质量和水平；做到"四个到位"——职责内的工作要落实到位，领导临时交办的工作要及时到位，突发事情要处理到位，与外部相关的工作要协调到位。在机关财务管理、办公楼物业管理、总务管理、食堂管理、医疗保健计划生育管理、车辆管理、职工住房管理、职工办公环境和生活条件改善等诸方面有较大的改进与提高，为北京市国税事业做出了应有的贡献。

一、加强基础建设，改善办公环境和住房条件

（一）改善市局机关办公环境。1994年机构分设时办公地点是租用的一座四层楼，办公环境比较紧张。1999年6月搬入新建的办公大楼，总建筑面积47200平米，我局建筑面积23600平方米，投资1.94亿元。新办公楼是一个多功能综合性较强的现代化的办公楼，地上1至13层为办公用房。设置了大小会议室7个、多功能厅1个、可容纳200人的报告厅1个、可供260人同时就餐的大餐厅1个，另设小餐厅3个，并设置了图书室、阅览室、活动室、健身房和男、女浴室，在14和15层设立了8间客房，使北京市国税局机关的办公环境得到了根本改变，保证了全市国税系统相关会议和机关工作的需要。

服务中心全体党员在抗"非典"期间宣誓

（二）改善市局机关干部职工住房条件。1994年8月国、地税机构分设后，北京市国家税务局共有职工住房产权房146套，建筑面积10633.78平方米，到2003年底，我局共有产权房294套，建筑面积23855.67平方米。1998年10月开始向干部、职工出售公有住房，截至2003年底已有242套产权证办理完毕并发放到个人。

二、高标准严要求，搞好后勤服务管理工作

（一）加强机关财务管理，确保经费支出需要。十多年来，机关财务管理不断规范，并逐步运用了计算机财务软件。1994年机构分设后财务记账、会账使用手工，发展到1998年开始使用计算机汇总账，2001年机关服务中心成立后原始凭证、总账、各项会计报表全部使用计算机操作。机关财务由预算内和预算外分别转变为合并成一套账统一管理，使各项资金全部纳入预算，规范管理。严格执行财务管理的各项制度和法规，严格审核每项开支，既坚持原则又不失为大家服好务，充分发挥了领导的参谋助手作用。

（二）加强后勤物业管理，保证机关办公楼的正常运行。十多年来，北京市国税局机关办公大楼的后勤、物业管理从不规范逐步跨入规范化的行列。为了搞好办公大楼的管理，市局机关派专人负责后勤、物业管理；并先后与九家公司签订了十几项相关协议，进一步明确了各自的责任，使管理工作更加科学、规范。同时严格按照《中华人民共和国物业管理法》加大对协议执行情况的检查力度，对发现的问题及时向物业公司或合同单位提出，要求其限期整改。在对重点设备的

北京市国税局机关办公大楼

北京市国税局机关会议室

北京市国税局食堂中型餐厅

管理中，我们把安全放在第一位，要求严格遵守操作规程，确保各类设备的安全运转；在卫生保洁工作中，狠抓服务到位率，坚持做到办公房间、会议室、公共场所整洁卫生，为机关创造了良好的工作环境。

（三）加强食堂管理，保证就餐供应。服

务中心在食堂管理中，始终坚持把勤俭节约、保证卫生、提高伙食质量、方便职工生活放在首位，严格执行《中华人民共和国食品法》，严格食品卫生制度注重成本核算，严格食品采购制度和出入库制度。确保食堂各项工作的顺利开展。1999年6月进入新办公楼后，食堂就餐环境发生了很大的改变。食堂售饭由过去纸质饭票改为计算机刷卡，2001年机关服务中心成立后又重新更换了计算机售饭系统。在2003年抗击"非典"期间积极采取了各种预防措施，保证了大家用餐安全。十年来，未发生因食物不洁而引发的疾病。为了进一步提高服务质量，坚持食谱制度，从2002年开始通过局内网向全局干部职工公布，按照食谱内容做到一周早餐、午餐不重样，随时征求意见，不断改进工作。在保证干部、职工用餐的同时认真做好各种会议餐、客饭的接待工作。十年来累计接待会议、客饭用餐6万人次。机关食堂管理、服务在规范化、科学化管理上取得了可喜的成绩。

（四）坚持预防为主，防治结合的原则，做好医疗保健工作。医务室由1994年机构分设时的50平方米扩大到目前100平方米的工作面积，并且有一个专用库房和消毒区。

1999年医务室实现了信息化管理，各项医疗费用和上报医疗部门的报表全部运用了计算机。从2002年起对各种卫生常识利用局机关内部网进行宣传。每年组织干部职工健康体检一次，每两年口腔洁治一次。每年按照市献血办要求，积极组织完成了献血任务。2003年3月北京突发非典型肺炎，市局机关医务室人员不畏风险，不怕牺牲，知难而上，及时采取各种消毒、预防措施，严格执行《中华人民共和国传染病防治法》，为保障市局机关干部职工的身体健康尽职尽责，做到了零感染。

（五）加强车辆管理，保证机关各项用车。在车辆管理中，始终把行车安全放在首位，经常组织驾驶员进行安全教育。严格执行《中华人民共和国交通法》，不断提高交通安全意识和法制观念，要求司机不酒后开车，不疲劳开车，不带故障开车。10年行车800万公里安全无事故。连续十年被评为西城区交通安全先进单位，每年有数十名同志被评为西城区交通先进、安全驾驶员。合理调配车辆，分清轻重缓急，最大限度地满足各处室业务用车的需要。租用带空调的环境舒适的班车，为干部职工提供了良好的工作条件。

北京市国税局医务室

候诊室

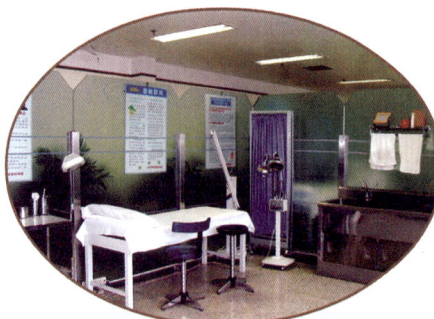

治疗室

药房

北京市地方税务局机关服务中心

北京地税机关后勤服务中心领导班子成员
（左起苏茂华副主任、于欣杰主任、李燕生副主任）

北京市地方税务局机关后勤服务中心是2001年经北京市人事局批复成立的差额预算事业单位，是由原行政处分设出来，2002年正式独立开展工作的部门。目前中心干部职工共52人，主要负责市局机关和相关直属分局的物业、房产、车辆、接待、医务、食堂等方面的相关后勤管理工作。从我们北京市地方税务局的情况来看，机关后勤服务中心所从事的具体职能完全是机关行政管理工作，没有自己独立的第三产业经济实体，内部许多服务项目基本实现了社会化。

北京地税后勤工作依托于北京地税理论的指导。北京地税理论的精华和实质就是在于树立和坚持"四个一"的治税思想。即，一个工作宗旨：依法征收，服务至上，开拓创新，追求卓越；一个税收理念：税收"四观"——税收经济观、税收服务观、税收信息观、税收标准观；一个发展方略："六、二、三"方略；一个奋斗目标：率先建成与国际接轨的现代化公共管理部门。这是北京地税后勤

工作的指南，也是我们北京地税机关后勤理论创新的力量源泉。随着蓬勃发展的北京地税形势，机关后勤服务工作按照"六二三"方略的要求，既以经济实用的物质服务保障全局工作的有序运转，又以文明礼貌的形象服务让广大干部职工心情舒畅，从而提高了后勤工作的服务品牌，并通过优化环境，"对等优质接待"等方式方法，较好树立了北京地税的窗口形象。

（一）抓管理。我们在后勤的管理上突出了科学化，引入了目前国际通行并在许多政府部门广泛应用的ISO9000质量管理体系，我们从2005年9月开始运行，当年12月通过审核，取得了《ISO9000质量管理体系认证》证书。机关后勤服务的工作特点是千头万绪、纷繁复杂、随机性强。我们通过运行ISO9000质量管理体系之后，首先是提高了工作效率。各项工作的落实有规范的要求、标准和考评机制，强化了工作落实的时效性。其次是减少了工作的交叉性。重新制定了各项工

北京地税机关后勤服务中心主任于欣杰研究后勤办公自动化软件开发工作

作流程、岗位说明书,明确了各项工作的标准和相关的制度,这样就进一步理顺了工作关系,达到了能够按职责办事、按工作成果考核,对于调动干部职工的积极性,提高工作执行力都有很强的促进作用。第三是各项工作更加规范了。把各项工作运用ISO9000的手段有效地"统"了起来,使不同的业务工作都能做到规范有序,较好克服了过去工作中的随意性、个人经验化的问题。我们在成功运行ISO9000质量管理体系之后,经过2006年的努力,我们研发了后勤信息化管理系统软件,并将于2007正式上线使用,至此我们将完全在内部实现后勤工作的网上流程,取消传统的纸质化办公。ISO9000质量管理体系和后勤办公自动化是我们提出的近两年的重点工作,这两项重点工作在北京地税市局机关可以说是影响较大、反响较好。

(二)抓服务。这些年来,我们一直把服务对象的合理需求作为工作的基础。2003年,在北京抗击"非典"的战斗中,我们发扬不怕艰难、不怕危险、敢打必胜的精神,从方案制定到物资保障都很到位,保证了市局机关干部职工中无一例"非典"感染;还有近几年来,我们为了提高接待服务水平,提出了"对等接待"的工作理念,在全国许多地税同仁中反映很好。在客饭安排上,实行了A、B、C、D四个方案的商务套餐。在内部服务上,我们市局机关的两个职工食堂2005年进行了营养配餐,聘请了专业营养师为我们把食谱关,作营养定量分析,2006年初,两个食堂都被北京市卫生部门评为A级食堂;我们的物业维修、物业保洁、餐饮服务、保安管理、花摆绿化、会务管理等工作都于2006年初通过市财政局以招标方式选定了服务商,实现了后勤服务专业化、社会化。我

们在工作中还实行了"首问负责制",推出了后勤服务承诺十五条,这对有效规范我们后勤干部的言行,不断树好北京后勤窗口形象都起到了促进作用。

(三)抓安全。安全工作是我们后勤工作中的一个重点、难点工作。这几年,我们在抓安全工作主要突出了两个方面:一是办公楼宇的安全。对隐蔽在楼宇层中的水、电、消防系统进行了全面维修、布线,消除楼宇中存在的安全隐患。先后集中组织了"消防演习"、"防天然气泄漏演习"等,以防止发生火、水、电、气、热等方面的安全事故。二是车辆安全。先后集中组织了"汽车驾驶员驾驶技能大赛"、"汽车驾驶员汽车维修技能竞赛"、"交通安全法规知识大赛"等活动,设立了专门的车辆安全员,凡是车辆出场,都要进行安全检查和安全提示,确保了车辆的安全行驶。五年来,我们市局机关车辆年行驶里程年均近300万公里,没有出现过等级交通事故,连续被北京市安委会、交管局评为"交通安全先进单位"。

(四)抓队伍。我们坚持科学的人才观,使人才的选调、培养、使用和管理形成有效的民主机制。从大学毕业生、军转干部中选调了部分懂管理、有专业技能的同志进入后

北京地税举办消防演习

勤工作队伍，以此来优化后勤人才的环境。目前，大专以上文化程度的占98.4%，其中本科文化程度的占78.2%，具有计算机等级证书的占54.3%，具有外语等级证书的占44.1%。

回顾近五年来，北京地税后勤工作以"确立科学的发展观，努力构建满意、到位、实用的后勤保障体系"为己任，贯穿着加强"班子和队伍建设、学习型的组织建设、规范化的法制建设、信息化建设、民主建设、廉政建设、党团建设"这条主线，经过长期奋斗和科学筹划，立足实际，开拓进取，促使北京地税后勤工作形成了管理规范、结构比

北京地税机关后勤服务中心主任于欣杰检查食品安全卫生

较合理的格局，后勤保障体系初具规模，为北京地税事业提供了强力的保障。

展望未来，"十一五"期间是我们国家发展的一个重要的历史机遇期，也是我们加强机关后勤建设的重大战略发展期。在这期间我们北京地税的后勤工作要以总局机关后勤服务领导和北京市地方税务局党组的工作要求为指导，继续坚持"管理科学化、保障法制化、服务社会化"的机关后勤发展方向，继续坚持"以人为本、务实高效、开拓创新、服

务一流"的工作质量方针，在后勤队伍建设和环境安全上下工夫，加强内部建设，优化内部组织结构，履行好后勤管理职能，切实建设"科学、有效、和谐"的机关后勤保障体系。一是要进一步优化人才环境。人才是我们做好工作的基础，也是我们干事、干成事的关键。我们将采取选调、接收、培训等多种手段，将一批思想好、有专长的干部职工调入后勤干部队伍中来，使后勤干部队伍达到"政治上过硬，道德上纯正，业务上精通，服务上优质"的目标，以适应后勤工作的长远发展需要。二是进一步优化机关办公环境。就是要保证机关办公环境的安全和提高机关办公环境的舒适度。我们拟对办公大楼的管理增大科技投入，实行门禁系统管理，增加室内温湿度调节，利用新风机组，改善办公室内的空气质量。三是进一步实现后勤管理创新。我们要继续坚持ISO9000质量管理体系，通过ISO9000质量管理使我们的各项工作更加向标准化的方向迈进，在此基础上，我们要继续运行好后勤信息管理自动化办公平台。通过ISO9000质量管理和后勤办公自动化的运行，进一步规范后勤的各项工作。同时，我们将引入ISO14000绿色环境管理体系和OHSAS18000职业健康于全管理体系的咨询认证工作，使我们从环境安全、人员安全、节能降耗、消防预防等方面加强后勤工作的管理，从根本上提升后勤工作的质量。四是要进一步加大后勤工作改革的力度。总结后勤社会化保障的成果，探索系统后勤工作标准化的路子，通过走出去进行学习考察等办法，逐步加强自身后勤体系建设，切实以强有力的后勤保障为北京地方税收工作服务，为北京地方经济建设做出自己应有的贡献。

百花齐放

天津市国家税务局机关服务中心

天津市国家税务局机关服务中心在岗人员77人。中心设置六个管理组，负责制定后勤服务和行政事务的规章制度及管理办法并组织实施，负责局机关后勤服务的组织管理工作；负责局机关办公用品的采购、保管、分配和维修工作；负责房产管理、绿化、职工医疗保健和计划生育等工作。

服务中心内部设置

（一）综合管理组负责以下工作：

1. 文件、档案及自动化办公的管理；

2. 机关固定资产的管理；

3. 机关房产的管理；

4. 医疗医务管理及系统计划生育工作；

5. 机关行政后勤管理制度建设；

6. 办公用品的采购、保管、分配；

7. 招待所收支账目管理。

（二）车辆管理组负责以下工作：

1. 车辆的管理及公务用车服务；

2. 系统车辆户籍管理；

3. 系统车辆免征养路费工作；

4. 协调管理保安及大楼安全检查。

（三）物业管理组负责以下工作：

1. 机关所有设备、设施的管理。包括空调（冷、热）机组、配电供电、供水排水、电梯、通讯、洗衣设备、食堂设施、消防、燃气等设备设施的运行、维护、维修等；

2. 办公楼、招待所等建筑物的管理。包括内外檐保养维护、装修改造等；

3. 职工宿舍的有关物业服务；

4. 纯净水制作；

5. 零星建设项目。

（四）餐饮服务组负责以下工作：

1. 机关食堂的日常管理及相应服务；

2. 半成品的购置及发放；

3. 会议的餐饮服务；

4. 内部招待的餐饮服务。

（五）接待、保洁管理组负责以下工作：

1. 机关环境的管理，包括美化、绿化等；

2. 系统服装制作及管理；

3. 招待所的日常管理和接待；

4. 洗衣房的日常管理和运营。

（六）经营管理组负责以下工作：

1. 票证管理中心的管理及日常工作；

2. 发行部的管理及日常工作；

3. 金税印刷厂的经营管理。

机关后勤管理实行局长分工负责制，由一名党组副书记副局长主管机关服务中心日常工作；服务中心主任负责服务中心全面工作。各管理组负责人实行岗位责任制，分工负责各管理组的日常工作。服务中心各岗位严格按照各项规章制度和规范要求包干负责。

社会化服务

在天津市河北区保安公司聘请保安员7名，每年支付保安费8万元。中央空调、2台冷水机组由特灵公司天津分公司进行日常检测、维修，每年维保费8000元（不包括更换配件）。中央空调、2台热水机组由天津天鹿锅炉有限公司进行日常检测、维修，每年维保费1200元（不包括更换配件）。两部奥的斯电梯由奥的斯有限公司天津分公司负责维修保养，每年维保费9600元（不包括更换配件）。机关大楼内外绿化由天津市大顺园林装饰有限公司负责日常养护，每年绿化费用30000元。

回顾近几年，我们始终以邓小平理论和"三个代表"重要思想为指导，坚决贯彻科学发展观，贯彻落实党中央提出的"建设节约型机关、构建和谐社会"的指示精神，以人为本、艰苦奋斗，高效、安全、节约的为天津国税机关创造一个良好的工作和生活环境，为完成国家税收任务，为创造和谐机关做好一切后勤保障工作。

百花齐放

天津市地方税务局机关服务中心

天津地方税务局机关服务中心"一班人"注重加强自身建设

天津市财政局（地方税务局）机关服务中心自2001年4月组建以来，在局党组的正确领导下，在财政部、国家税务总局机关服务中心的关心指导下，深入贯彻"三个代表"重要思想，认真落实上级的有关部署和要求，本着"管理科学规范、办事高效快捷、服务热情周到"的原则，围绕中心，服务大局，为局机关提供了优质及时、坚强有力的后勤服务保障，为圆满完成以财税为中心的各项工作任务做出了积极的贡献。

一、用"三个代表"重要思想武装头脑，不断加强思想、作风和队伍建设，提高大家的政治思想觉悟和能力素质

（一）注重政治理论学习。根据服务中心的特点和实际，为每人配发了"政治理论学习笔记本"，并且每季度统一制定下发《政治理论学习计划》。

（二）深入开展细致的思想政治工作。中

心成立之初，针对个别员工存在的"后勤服务苦又累，低人一等没发展"的思想，在认真开展以"工作服从党安排，立足岗位比贡献"为主题的爱岗敬业系列教育的基础上，开展了深入细致的思想工作，转变了观念，调动了积极性。

（三）着力抓党支部和干部队伍建设。一是注重加强党支部和班子的自身建设。建立健全了党、政、工、团等组织，完善了相关制度，规范了办事程序，加强了自身学习，提高了支部的决策能力和领导水平，班子的核心领导和党支部的战斗堡垒作用得到了加

中心领导深入食堂、贴近群众

强。二是认真抓了党员的教育管理和入党积极分子的培养工作。近3年来，有5名同志被评为局级优秀党员；有2名同志光荣地加入了党组织，3名同志郑重地向组织递交了入党申请。三是着力抓了干部、骨干队伍建设。研究制定了《科级干部聘任暂行办法》，认真组织干部职工综合素质的教育培训，先后选

派37名骨干79人次参加了各级各类业务知识和技能的培训，3名同志参加了素质教育和BFT考试。

（四）认真搞好党风廉政和思想作风建设。几年中，我们认真组织传达学习了各级领导关于党风廉政建设的重要讲话和有关会议精神，始终把反腐倡廉当作一项重大的政治任务来抓，结合开展"两个务必"教育和"增强'三个意识'"活动，进一步严格落实了党风廉政责任制，严格落实"收支两条线"，加强会计核算、物资采购、物品保管（发放）、固定资产报废清理、废旧物品处理等方面的管理及监督制约，规范审批程序，完善相关制度和手续等途径和措施，努力从源头上预防和治理腐败。

二、不断完善管理机制，强化服务意识，圆满完成了党组赋予的各项工作任务

一是逐步完善管理机制。"以人为本"，多头并进、齐抓共管，在建章立制、加强检查指导、每周一次工作碰头会、每月一次例会、重要事项随时沟通协调的基础上，分专业系列成立了7个技术骨干小组，明确了各自负责人及其职能，形成了一个"纵向到底，横向到边"的组织领导和科学管理体系。确保"事事有人管，件件落实好"。

二是推进机关后勤服务工作社会化。按

照上级的要求，结合局机关的实际，采取了逐步推进、分步到位的方法，现已将市局机关食堂、保安保洁等工作委托给烹饪协会和保安保洁公司进行管理。搞活了用人机制，引入了竞争机制，调动了员工的工作积极性，提高了服务质量。

三是不断强化服务意识。中心"一班人"模范带头，从基础入手、从点滴抓起，逢会必讲、遇事必说，使得大家都能从小事做起、从自我做起，牢固树立服务意识。

四是高标准、高质量地完成了各项工作任务。几年来，我们不仅高标准、高质量地做好了日常管理、维修维护、保安保洁、接待服务等具体事务性工作，还圆满地完成了机关食堂餐厅及洗碗间改造、机关办公楼水箱、上下水和暖气管道改建以及办公用房综合整修、系统车辆安全管理工作现场会等大

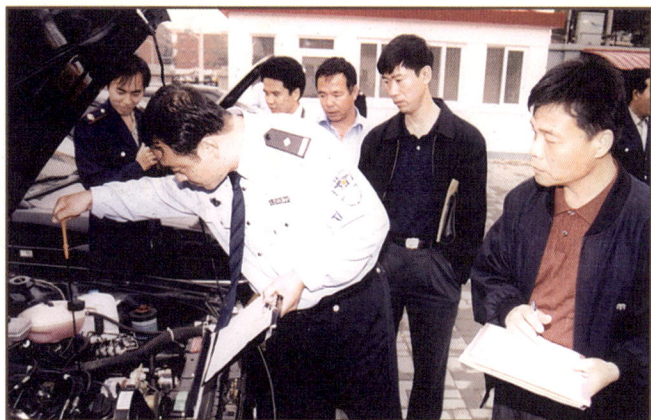
与交管部门联合对车辆进行检查

小区管理严格、正规

维护维修一丝不苟

百花齐放

167

项任务，得到了领导和机关的充分肯定。尤其是机关办公楼外檐装修、"里光外透"、电力增容等三大工程，分别得到市容委、市灯光办、市电力局的好评。几年来，先后有3个科室被评为天津市财税系统"先进集体"，6人被评为局级先进，9名同志分别被天津市驾协、市直驾协评为"优秀驾驶员"。2003年，司机班还被天津市市直驾协评为"优秀工作组"。

三、努力改进工作作风，拓宽服务领域，不断提高优质服务水平

几年来，中心党支部始终把"服务第一，保障至上"作为工作的出发点和落脚点，以"改进工作作风，拓宽服务领域，提供优质服务"为突破口，尽心竭力干好每一项工作。全体员工积极响应支部号召，努力探索，勇于实践，团结拼搏，开拓进取，积极开展各种节能挖潜和技术革新活动，不断改进工作作风，拓宽服务领域，努力增收节支，强化"超前服务一分钟"意识，切实做到了"内强素质、外树形象"，进一步提高了后勤保障能力和优质服务水平，为更好地服务机关、服务职工，圆满完成以财税为中心的各项工作任务、开创后勤服务工作的新局面做出了贡献。如：认真开展各类办公消耗品的使用登

整修后的局机关办公楼焕然一新

记和统计、分析工作，力求做出最科学、合理的安排，避免不必要的损失和浪费；制定《天津市财政局（地方税务局）机关食堂伙食管理办法》，狠抓食堂日常管理和秩序，主动征求意见，努力提高烹饪技术和水平，组织岗位练兵和技术比武，提高维修、维护等综合服务和保障能力；开展送温暖、上门服务等活动，仅2003年就为职工洗衣5900余件（套），并依靠自身力量拆改安装了中央空调过滤网50余套，既减轻了业主的负担，又为中心节省了大量经费，受到了领导和业主们的一致好评。

河北省国家税务局机关服务中心

河北省国税局机关服务中心现有干部职工28人，其中干部19人，工人9人，根据工作岗位、职责分工，内设了综合科、财务科、物业科、装备科、安保科、车管科、生活科等7个科室，各科之间分工协作，职责分明。

十多年来，在省局党组的正确领导下，在总局机关服务中心的关怀指导下，省局机关服务中心紧紧围绕税收中心工作，围绕机关正常运转，围绕为干部职工服务，不断增强大局意识、服务意识、责任意识，积极探索，不断创新，使机关后勤服务工作取得了较好的成绩，后勤管理水平和服务质量上了一个新的台阶。

大局观念、团队意识、奉献精神，提高了后勤队伍的凝聚力和战斗力；二是认真学习有关后勤体制改革和全国税务系统后勤工作座谈会精神，对后勤体制改革的必要性、改革的目的、发展方向和目标等有了认识，认清了形势；三是采取办培训班、到兄弟单位考察学习、请高级专业人员讲课等多种形式组织干部职工培训学习，有意识地培养高级管理人才、服务人才和专业技术人才，不断提高队伍的整体业务素质和职业技能。

河北省国家税务局机关服务中心领导在研究工作
主任李俊彬（右二）、副主任刘兴无（右一）、胡希洲（左二）、郭玉锦（左一）

一、注重教育，队伍素质不断增强

随着社会主义市场经济体制的建立和后勤体制改革的深化，后勤管理服务在机关工作中的地位越来越重要，对后勤工作人员的素质要求也越来越高。机关服务中心始终把提高队伍素质作为提高后勤管理服务水平的一项基础性工作常抓不懈。一是认真组织政治理论学习，提高队伍的政治素质，树立了

二、严格制度，管理服务水平不断提高

根据机关服务中心的工作性质，在管理上重点突出人、财、物三个方面。一是建章立制。管理水平、服务质量、工作效率的提高，有赖于工作的规范化水平。机关后勤工作涉及面广，关乎干部职工的切身利益，必须增强政策意识，按制度办事。因此，制度体系的建设就愈加显得重要。在总结工作经验的基础上，机关服务中心根据实际不断制定、修订和完善各项后勤管理制度，目前已

百花齐放

经形成了一个涵盖后勤工作全方位比较完善的制度体系，包括：综合楼管理办法、物业管理办法、接待管理办法、办公用品管理办法、固定资产管理办法、机关医疗卫生管理办法、安全保卫和消防管理办法、机关工作用车管理办法、系统装备管理办法、机关经费管理办法，以及机关招待所、食堂、外卖口管理办法等等。制度体系的完善，使各项工作做到了有法可依，有章可行，后勤管理规范化水平得到了提高。二是狠抓制度落实。机关服务中心在建章立制的基础上狠抓制度落实，工作中严格按制度办事。在财务审批上，严格按预算和权限审批；在接待安排上，按程序审批，按标准安排；在大宗物品采购和工程施工上，严格按招投标制度办事，"货比三家"，严把质量关；在机关工作用车的审批上，按照"保证重点、兼顾一般"的原则派车。机关后勤工作做到了既保障有力，又公平公正。三是加强民主监督。成立了由机关各处室干部组成的机关生活委员会，对机关后勤保障工作进行监督、指导。定期组织召开机关生活委员会会议，及时征求对机关后勤服务的意见和建议，不断改进工作，努力提高服务保障水平。

河北国税机关服务中心——阅览室

三、推进改革，后勤保障能力不断提升

后勤管理与后勤服务职能分离，服务社会化是后勤体制改革的方向。河北省国税局机关服务中心结合河北国税的实际，建立了具有河北国税特色的后勤管理服务模式，后勤保障能力不断提升。

首先在管理体制上，将后勤服务工作交由具有社会化条件的服务型企业承担，机关服务中心着力发挥好后勤管理和服务质量监督考核职能的作用。我们利用河北阳光大厦的设施和人力资源优势，实行委托管理，根据服务岗位、职责和工作量，确定年度委托管理费用，由机关服务中心与阳光大厦签订委托管理合同，明确双方权利义务。如将机关工作用车保障，机关食堂就餐服务，副食

河北国税机关服务中心——外卖

品供应，水、电、空调维修维护，机关安全、消防等工作统一委托阳光大厦物业部负责。机关服务中心主要是对服务工作的监督、检查、指导、考核和经费结算。委托管理，解决了机关服务中心任务大、人员少的矛盾，使机关服务中心有精力在管理上下工夫，促进了后勤管理水平的提高。

其次在保障能力上，拓宽了服务范围。

一是在生活服务上，机关食堂为机关干部职工提供一日三餐供应，外部餐厅在为机关干部家属子女提供就餐方便的同时还供应各种副食，宿舍区24小时提供维修服务。二是在医疗服务上，专门成立了机关医务室。三是在文化建设上，建立了图书阅览室、健身房、棋牌室、台球室、乒乓球室和多功能歌舞厅，丰富干部职工健康向上的业余文化生活。四是在安全保障上，安装了安全监控报警装置，设立了汽车规范化停车位、地下自行车棚，小区保安24小时巡逻值班等。

四、积极探索，经营性资产管理不断完善

确保经营性资产的保值增值，是机关服务中心工作的重要组成部分。河北阳光大厦、北戴河联峰宾馆、承德白楼宾馆是隶属于省国税局的经营性企业，其经营效益直接关系到国有资产的保值增值。按照现代企业制度要求，河北国税局机关服务中心对经营性资产管理进行了积极探索。首先是调整完善管理机制。按照建立现代企业制度要求，成立了河北省国税局机关国有资产管理委员会，将管人、管事、管资产统一起来。其次是初步建立了现代企业管理模式。先后制定

了《河北省国家税务局国有资产管理委员会章程》、《河北阳光大厦总经理聘任制暂行办法》、《河北阳光大厦总经理年薪制暂行办法》、《河北省国家税务局国有资产管理委员会派驻所属企业管理、工作人员管理办法》，通过公开竞聘选定总经理，赋予总经理一定的经营自主权，并明确了经营目标。第三是加大对所属企业的监管力度。一是委派负责资产和财务的管理人员入驻企业，监督企业资产的使用、工程施工和财务核算。二是建立企业经营情况分析报告制度，按季汇总分析所属企业经营状况，对存在的问题提出相应对策。三是加强对企业的审计监督，2001年底到2002年初，对所属企业进行了全面的清产核资审计，摸清了所属企业的基本底数和状况，定期由中介审计机构对企业经营等情况进行审计。四是帮助企业调整经营方向，寻找新的利润增长点，协调企业与外部各种关系。五是加强对企业的考核。机关服务中心每年年初向企业下达利润、资产保值增值、不良资产率三项考核指标，中介机构每年对企业效绩进行科学评价，根据年终考核结果奖优罚劣，兑现奖惩。经营性资产管理的不断完善，确保了国有资产的保值增值。

河北国税机关服务中心——多功能厅

河北国税机关服务中心——健身房

河北省地方税务局机关服务中心

河北省地方税务局机关服务中心是在2000年机构改革时设立的，前身是省局行政装备处，有正式工作人员25人，领导职数3名（1正2副）。内设：综合科、财务科、膳食科（含日常接待、招待所管理工作）、物业科、保卫科、车队。主要职责：1.负责全省地税系统及局机关各处室的接待服务工作，负责各处室会议的食宿安排、大型活动的后勤保障工作；2.负责机关后勤服务工作的组织规划与协调、编报机关经费预算、制定有关财务管理制度、办法并组织实施；3.承担机关办公用房、职工宿舍和其他公用设施的建设、分配、维修管理工作，以及机关房改和房改资金管理工作；4.负责局机关的财务、固定资产产权、物业管理；5.负责机关车辆、电梯、电话、中央空调、水、电、暖、消防等设施的购置、管理和维修工作；6.承担机关所需物资、设备、日常办公用品的采购、供应和管理工作；7.承担机关会议室、职工之家、客房、食堂、传达室、收发室、浴室、医务室等管理工作；8.负责局机关、宿舍安全保卫、消防和社会治安综合治理工作；9.负责局机关、宿舍环境卫生、绿化、人防等工作。

近年来我们根据形势的要求，不断强化后勤工作人员的服务意识、奉献意识、和谐意识和创新意识。正确处理好保障与创新的关系；和谐与服务的关系；效能与节约的关系。积极探索在创建和谐和节约型机关工作中如

何发挥后勤保障作用，中心宗旨是：围绕全省地税工作总体要求，牢固树立"为机关服务、为基层服务、为领导服务"的思想，深化改革、强化管理、细化服务，以信息化为支撑，以专业化为基础，以社会化为方向，在降耗上突破，在服务细节上完善，全面提高后勤队伍的整体管理能力和服务水平，确保圆满完成各项目标任务，为地税事业的发展、构建和谐地税做出更大贡献。中心始终把让干部职工满意作为工作的出发点和落脚点。在保障中服务，在服务中锻炼，在锻炼中提高，人员素质年年有提升，工作年年有进步。

一、明晰工作职责，进一步实现后勤服务工作的制度化

后勤管理的职位分工较细、事务繁多，且涉及每个干部职工的切身利益，如果没有一套严格的制度，必然会出现这样或那样的问题，为了把后勤工作纳入规范管理，第一，我们定期召开主任、科长例会，沟通情况，掌握工作进度及遇到的问题，确定解决办法，确保工作按计划进行。第二，重新明确了每个工作人员的工作岗位及职责，并将职责分为AB责任人，把工作责任细化、量化，责任到岗到人，A(B)责任人不在的情况下，B(A)责任人自觉承担起A(B)责任人的工作，保障工作有效不间断地开展。第三，对已制定

的规章制度进行清理和修改完善，相继修订和制定了《河北省地税局机关接待工作暂行规定》、《关于局机关财务和财产管理暂行规定》、《河北省地税局关于建设节约型机关实施方案》、《河北省地税局突发事件应急处置预案》、《省局机关办公设备配备的原则》等十几个方面的规章制度。第四，建立了中心事务管理小组，负责考察采购、工程招标、维修等资质、价格、质量等相关事项，并向主任、科长会提出考察意见，集体决定。现在已形成了用制度约束人，用制度管理规范工作的格局，使得后勤工作秩序良好，保障有力。

二、推行现代化管理，落实科学发展观，努力建设和谐的节约型机关

积极探索管理模式、创新管理内容和方法。首先，各科账目实行微机管理，目前一套新的后勤服务中心软件正在安装试运行；其次，在用人制度上发挥每个人的特长，根据个人能力和工作需要，对几名同志进行了岗位交流，并收到了良好效果；第三，认真贯彻执行国家各项财务制度，加强预算管理，严格审批把关，在财务管理上实行了"统一管理，分别设账"的管理模式，严格实行费用预算定额支出管理，实行按季度对财务进行分析报告制度，严格控制财务支出；第四，为给干部职工创造舒心、无忧的生活环境，构建和谐机关，根据干部、职工居住在局机关周围的特点，顺应大家的要求和需要，克服困难，解决了子女、家属上学、上班走的早早晨用餐问题，将早餐开在6：30—8：20，既照顾了家属子女，又照顾了夜间加班第二天早晨起得晚的干部用餐问题；第五，按照省委、省政府和总局的要求，对建设节约型机关提出了具体意见，发出了倡议，明确了责任和职责，并检查督导，如机关食堂打饭取消提供塑料袋，提供环保型饭盒及布制馒头袋；每天下午下班前向干部职工外卖加工食品、蔬菜等；晚餐、节假日提供点菜等，为干部职工提供方便；复印纸双面印；办公室三根灯管（一组），每组去掉一根；地下车库的灯在满足照明需要的情况下仅开启三分之一；下班各办公室检查微机、中央空调等用电设备是否关掉，组织人员夜间22时左右进行检查，发现办公室开灯有加班的提醒走时关掉电源，发现办公室没人的通知所属处室来人关掉；对纯净水设备的循环水浪费系统进行了改造，将办公楼卫生间全部安装了节水装置；将楼道的电灯换成了"黑响亮"装置；公共部位的电灯、水龙头由服务员负责管理，食堂每天下班离开时有专人负责检查。通过对水、电、蒸汽、中央空调的节能改造和管理，每年节约经费约10万元；第六，借鉴安全防范工作的教训和经验，及时对消防设施进行了更新，聘请专家来局宣讲消防知识并组织了演练，同时制定了防火、防盗、防汛等突发事件应急处置预案；第七，机关食堂以人为本，坚持"吃出营养，吃出健康"的理念，走出去、请进来，求实、求新、求发展，不断改进菜品，定期更新菜谱，满足不同口味的需求，得到了干部、职工和来宾的好评；第八，物业管理学习"海尔"的服务理念，建立24小时维修值班制度，随叫随到，

百花齐放

进户穿鞋套，离开时将卫生搞好，做到文明、礼貌、洁净、高效的处置一切维修事项。为临时工上了养老保险。

三、内强素质，外树形象，打造和谐团队

根据后勤服务中心的工作特点，我们明确提出了"政治坚定、作风过硬、技术精湛、服务优良、保障有力"的后勤队伍思想建设标准，要求每个工作人员"会业务、会政策、会微机、会协调、会写文章"，把建设一支创新型、廉政型、实干型、节约型、学习型的高素质干部队伍做为中心工作来抓，努力把服务中心打造成"服务便捷、工作节俭、照章办事、高效运转"的格局。

中心干部职工的整体素质不断提高，年年完成局党组的考核目标，服务和保障了省局中心工作，取得了很多荣誉称号。

近年来，中心有1人被评为河北省优秀公务员；1人被评为河北省先进工作者；2人荣立三等功。后勤服务中心连年被省局党组评为先进集体单位、实绩突出单位。被评为省直后勤系统先进单位、省直机关卫生绿化先进单位、省直固定资产产权登记先进单位、省直抗击"非典"先进单位；被石家庄市评为安全先进集体、先进卫生单位，行车安全先进单位（已连续6年）等荣誉。机关食堂在参加全省烹饪大赛中推出的"全鱼宴"获"河北名宴席"称号。

山西省国家税务局机关服务中心

十多年来，机关服务中心围绕税收中心工作，着力强化大局意识、服务意识、创新意识，靠严格管理提高服务质量、靠科学方法提高服务效率，培养和建立了一支精明强干、乐于奉献、清正廉洁的后勤服务队伍，初步形成了适应新形势下机关建设需要的、适合本局实际的后勤服务机制，为局机关各项工作的顺利开展提供了有力的保障。

一、与时俱进，创新观念

随着时代不断进步，生活节奏不断加快，机关后勤服务工作也需要不断注入新的内涵。针对广大干部职工提出的建设性意见，中心要求全体干部职工从自觉实践"三个代表"重要思想的高度来看待后勤服务工作，把先进的政治思想理论同具体工作实际紧密地结合起来，着力解决干部群众关心的难点和热点问题，真正提高"三个意识"，即：大局意识、服务意识、创新意识。从制度上、机制上鼓励大家开动脑筋，大胆摸索新形势下机关后勤服务工作的有效途径，充分利用现代手段，实行科学的规范化管理，不断引入社会化服务理念，树立后勤服务工作必须紧跟时代，强调科技加管理，靠科技出效率，靠管理出水平的全新观念。

二、强化管理，创新服务

后勤工作头绪繁杂，涉及范围包括机关的人、财、物和各种社会交往，机关服务中心提出了"以人为本、整章建制、合理分工、统筹兼顾"的工作思路，提出了"靠严格管理提高服务质量、靠科学方法提高服务效率"的工作口号，以办公大楼规范化管理为突破口，全方位地搞好后勤服务工作。

（一）全面发动，齐抓共管。2000年以来，山西省国税局以办公大楼搬迁为契机，成立了以局领导为首的综合办公大楼规范化管理领导小组，下设宣传教育、公共环境管理、服务窗口、室内环境卫生、人员行为规范管理、文体活动管理、室内监督检查、室外监督检查等管理小组，制定了《山西省国家税务局综合办公大楼规范化管理办法》，依靠现代化的手段，靠严格的管理制度规范和约束全局干部的行为，使局机关办公大楼成为全省国税系统一个明亮的窗口。后勤服

山西省国家税务局机关办公大楼

务就不再只是机关服务中心几个人的事，而是融入了整个机关建设、精神文明建设的范畴之内，起到了事半功倍的效果。形成了全局干部共同关心，共同参与的良好氛围。

（二）明确分工，加强考核。根据每一位工作人员的特长，细化分工，明确了从中心主任、副主任、办公室、财务室、房管、强电、弱电、空调、管道、通讯、医务、机关食堂、交安委等十几个岗位的工作职责，做到了各司其职，各负其责。鉴于中心工作头绪多，任务繁重的实际情况，实行了一人多岗，从业务上要求有关人员相互交叉、相互配合、相互补位。同时把中心每组工作人员的分工情况、联系方式、工作职责在局机关进行公布，使中心每一个人的工作置于全局干部职工的监督之下。并且，每个岗位的工作人员都必须将各自的工作情况在每周一次的工作例会上进行汇报，集思广益，随时解决每个环节存在的问题。

（三）整章建制，完善机制。经过十几年来的不断总结、摸索，山西省国税局机关服务中心制定完善了一系列的规章制度和办法，包括：固定资产管理办法；办公用品采购、保管、领用制度；机关财务管理办法；公有住房售后服务管理规定；卫生检查评比办法；物业管理各岗位的岗位职责及操作规程等。使每一项工作都能够有章可循，有条不紊，纳入了规范管理的轨道。对根据工作需要招聘的100多名临时人员，中心严把进人关，坚持岗前培训，岗位技能培训，坚持定期不定期检查，并切实解决他们在工作生活上存在的问题，还实行了临时工互助金等制度，使他们克服了普遍存在的短期思想，保证了这支队伍的相对稳定。

（四）主动热情，高效快捷。为进一步提高工作效率，中心充分发挥监控室的作用，不仅可以利用20多个监视器探头对档案室、财务室等要害部门进行24小时监控，而且可以指挥协调机关办公大楼、家属院的安全、维修、防火、号码查询等方面的有关事项。不管哪个地方出现问题，只要拨通总控室的电话，工作人员就会在第一时间出现。同志们称赞，监控室是山西省国税局机关的"110"。

展望未来，重任在肩，我们将紧随经济、税收发展的主旋律，以优质、高效原则为核心，精心打造科学化、专业化的后勤服务管理新体系，为山西省国税事业的持续发展提供强有力的保障。

舒适、整洁的山西省国税宾馆客房

山西省地方税务局机关服务中心

山西省委副书记、纪检委书记金银焕同志（左一）在"非典"期间，到我局宿舍院检查防控工作。省局党组书记、局长宋德晋同志（右二）、副局长张跃建同志（左二）、征管处处长兼宿舍院院长王惠文同志（右一）在现场汇报工作

1994年，伴随着税制改革的实施，山西省地方税务局机关后勤服务中心应运而生了。中心成立初期，可以说是一贫如洗，面对新机构、新人员、新环境、新工作，中心首任领导不等不靠、主动出击、艰苦拼搏，理思路、订规程。随后的几位主任乘势而上、奋发进取、开拓创新，以管理促规范，以改革谋发展，以服务求保障。十几年来，经过中心全体干部职工的不懈努力，中心队伍从小到大，干部职工整体素质不断提高，后勤保障能力日益增强，有力地促进了全局各项工作的顺利开展。

一、立足于服务机关，努力做到保障有力

要做到保障有力，关键是要为机关各项工作的运转创造良好的工作环境，搞好后方工作。首先，加强了消防工作，成立了局机关消防领导组和共青团义务消防队，对机关

办公区、宿舍区配备了200余件消防器材，同时为税务大厦配置了300余件消防器具，并定期举办消防知识宣传、讲座。定时开展消防工作检查、消防器具维修等工作。其次，加强了安全保卫工作。建立了领导干部值班制度，保安24小时巡逻；对办公区、宿舍区实行封闭管理，严格外来人员的进入；加强安全保卫硬件建设，为机关更换配置铁皮文件档案柜245套，安装防护栏1700平方米，重要部门全部安装了防盗门，还给宿舍区安装了红外线探头警报器。再次，加强交通安全工作。充分利用交管部门年检、春检、冬检的机会，对机关车辆进行全面检查，同时对驾驶员进行交通法规教育，保证了车辆始终处于良性运行状态。

二、立足于服务职工，不断改善干部职工的工作生活条件

为干部职工服好务既是服务中心的一项重要职责，也是做好后勤保障的重要基础。

省局分管机关后勤工作的副局长张跃建同志（中）与机关后勤服务中心主任赵登福同志（右）、副主任申志虎同志（左）研究后勤工作

首先，全力以赴抗"非典"。2003年3月，后勤中心全体干部职工舍小家、顾大家，不畏险情，沉着应战，预防及时，安排严密，措施得力，保障了我局无一人感染，出色地完成了这一艰巨的工作任务。其次，认真搞好机关食堂。积极筹划开办了机关食堂，在选配人员、配备设备、饭菜质量、服务水平、经营管理等方面做了大量认真细致、精心周密的工作，赢得了广大干部职工的称赞。三是认真做好医疗保健工作，定期为了全局干部职工进行体检，及时接种流感疫苗，保证了大家的身体健康。四是积极解决机关干部职工子女入学入托问题，消除了大家的后顾之忧。积极改善职工生活环境。建起了3个400平方米的封闭式自行车棚，硬化宿舍区路面3000平方米，安装防盗门220个，绿化美化3000平方米，基本实现了绿化、美化、净化、硬化，为争创省级文明单位创造了有利条件。

三、立足于规范管理，着力提高后勤工作的水平

后勤中心以管理为突破口，以制度建设为切入点，狠抓制度建设，以制度管人，以制度约束人，先后制定机关财务管理暂行规定、接待管理规定、防火安全管理规定、车辆使用管理规定等多项规章制度，并不断修订完善。还制定了社会治安管理制度，后勤临时人员管理制度，使各项工作有章可循，有规可依，实现了各项工作的程序化、规范化、科学化。此外，建立机制，狠抓落实，目前，我们已建立了工作目标责任制、工作评议考核制、事故责任追究制、工作程序阳光制等一系列运行机制，做到了事前工作责任明确、服务对象明确、质量标准明确，事中操作规范、程序规范、服务规范，事后有反馈、有跟踪、有考核，从而既调动了全体干部职工的工作积极性，又减少了工作失误，提高了机关后勤工作效率和服务保障能力。如2000年，机关的经费支出比上年下降了3%，会议费下降了15%，接待费下降了20%，这些都充分说明管理出效益，管理出质量，管理出水平。

总之，中心组建以来，在省局党组的正确领导下，我局的后勤服务工作取得了较好成绩，后勤中心各项工作不断受到上级有关部门的表彰。2001年、2002年后勤服务中心被山西省事务管理局、山西省总工会、中共山西省省直工委等5个单位评为省直机关后勤工作先进集体。

今后，我们将继续创新机制、开拓进取、奋发工作，努力使我们的后勤工作达到服务内容多元化，服务形式多样化，服务手段现代化，服务速度快捷化，服务质量优质化，服务结果满意化，为完成地税任务提供有力的后勤保障。

山西省地方税务局，山西省税务大厦全景

内蒙古自治区
国家税务局机关服务中心

内蒙古自治区国税系统后勤服务中心为保障国税事业的发展和税收工作正常运行作出了重大的贡献和成绩。后勤服务工作也要与时俱进，要按照"发展要有新思路，改革要有新突破，开放要有新局面，各项工作要有新举措"的要求，研究新情况，解决新问题，把管理放在首位，管好国税家业。

一、培养了一支高素质的后勤工作队伍

机关服务中心按照"三个代表"重要思想的要求，进一步树立整体意识、服务意识、保障意识，把后勤服务纳入国税整体工作，在为中心工作服务的同时，加强自身建设，把后勤工作队伍建设好，充分发挥后勤服务工作对整个国税工作的保障和促进作用。

内蒙古自治区国家税务局机关服务中心工作照

通过开展机关能级管理和目标管理，区局机关服务中心将原来的6个科室转变为6个岗位，职工由原来的30多人精简为20人，合理分流人员，优化人员结构，落实了岗位责任制，一批素质高、懂管理、善协调的同志充实到后勤工作岗位，机构精简了，人员

少了，但工作效率和管理服务水平却提高了。事业兴衰，关键在人。我们从后勤事业兴衰这一高度出发，着眼于后勤人才的培养，努力建设一支政治强、业务精、作风正的后勤队伍。一是强化理想信念教育。坚持用邓小平理论和"三个代表"重要思想来教育后勤职工，使大家牢固树立正确的世界观、人生观和价值观，按照"三个代表"重要思想要求，积极做好本职工作。二是强化职业道德教育。教育广大后勤职工正确处理得与失、荣与辱、苦与乐的关系，形成助人为乐、诚实守信的良好风尚，弘扬爱岗敬业、扎实工作的奉献精神。三是强化廉政教育。构筑思想防线，经常开展一些党性党风、法律法规和警示教育；构筑制度防线，建立一套严格的廉政制度，健全内部执法监督机制，完善财务审计制度；构筑社会防线，实行政务公开，广泛征求各方面的意见，对各项管理工作进行监督。四是强化业务素质教育。加大培训和岗位练兵力度，激励干部职工学业务、钻本行、练技能的热情，促进

服务水平和服务质量的不断提高。

二、优化创新了机关后勤管理机制

在制度建设方面：区局和各盟市局都建立健全了《机关接待工作制度》、《固定资产管理办法》等多项规章制度，使机关后勤服务工作逐步走向规范化、制度化；在管理体制方面：按照区局的统一部署，把后勤工作纳入目标管理，规范行政职能和工作程序，统一管理办法和考核标准，使经费、资产、车辆管理进一步优化，后勤管理工作水平进一步提高；在服务保障方面：坚持勤俭节约、艰苦奋斗原则，推行政府采购制度，将机关所有办公用品和设备的采购都纳入到服务中心实行政府采购，合理配置和利用人、财、物的资源。力争少花钱、多办事，提高行政经费和国有资产的使用效率和经济效益，年节约经费近100万元；在实体管理方面：区局和一些盟市国税局总结了一套行之有效的管理模式，对培训中心、印刷厂、服装厂、农(牧)场等单位建立完善企业管理制度，本着产权清晰、权责明确、政企分开、管理科学

内蒙古国税机关服务中心宾馆
金岁大酒店

的原则，建立激励和约束机制，引入市场竞争机制，使企业与行政脱钩。有的实行承包责任制，有的实行内部管理，内部核算等，取得了数百万元的经济效益，确保了国有资产的保值增值，并在一定程度上补充了机关经费不足，改善了职工生活。

2003年我区发生了严重的"非典"疫情。面对疫情灾害，全区各级国税机关的广大后勤国税干部万众一心，众志成城，及时采购了大量的防非物资和消毒预防药品。切实加强工作、生活场所的防护、消毒措施，全区国税系统未出现一例诊断病例或疑似病例，

金岁大酒店——大堂

金岁大酒店——豪华套间

中国税务后勤建设

确保了全体国税干部和广大纳税人的身体健康与生命安全。

三、加强基础设施建设

加强基础设施建设，为机关工作和干部职工生活提供更优越的环境和条件。从区局到盟市局到旗县局直至基层税务分局(所)，大部分地区的办公楼、办税服务厅和机关培训中心都进行了新建和扩建，广大税干的住房困难基本得到解决，机关的办公条件及职工的福利待遇得到较大改善。职工图书阅览室、老干部活动室、游泳馆、网球馆等学习、活动场所应有尽有。全体职工的福利待遇逐年提高。目前，全区国税系统广大税干思想稳定、精力充沛，工作热情空前高涨。这些成绩的取得都是同广大后勤工作人员的努力分不开的。

四、接待服务工作取得了新的成绩

随着税收事业的发展，区内和区外的各种会议及人员来往交流增加了，全区国税系统平均每年接待会议20多次，每年接待系统内外来内蒙古工作、考察、旅游人员不下万人。广大后勤服务工作人员以树立内蒙古国税形象为己任，一丝不苟地搞好接待工作，

宣传内蒙古的发展，宣传内蒙古国税工作，让各地来宾在领略内蒙古草原风情和内蒙古草原文化的同时，感受到内蒙古国税人的热情好客，做到了服务热情、待客真诚、安排周到、筹备细致，得到了全国税务系统同仁的一致好评。在做好服务的同时，我们制定了《机关接待管理制度》，按照特定的标准进行接待，既让客人满意，又节约了经费。仅此一项年节约150万元。

栉风沐雨创新路，春秋十载铸辉煌。面对飞速发展的全区国税事业及新时期对后勤工作的客观需要，我们将进一步树立大局观念，增强服务意识，奋发进取，勇于创新，完善服务方式，拓宽服务领域，通过良好优质的服务向全国展示内蒙古国税人的精神风貌。

内蒙古国家税务局
满洲里市国税培训中心大餐厅

内蒙古自治区
地方税务局机关服务中心

内蒙古自治区地方税务局机关服务中心是内蒙古自治区地税局下设的事业编制的处级职能部门，具有独立的事业单位法人资格。在盟市（地级）以下地税机关不设置机构，其职能由办公室承担。中心现有编制21名，下设三个科级部门，分别是总务科、行政科和机关车队。其中总务科主管后勤总务及物业管理工作，行政科主管事务工作制度的制定和执行及公务接待工作，机关车队主管机关公务用车管理工作。

一、建立健全了各项事务管理及后勤保障制度，规范了事务服务工作

2002年以来，内蒙古自治区地税局机关服务中心建立和健全了30多项事务管理工作制度，进一步完善了后勤事务工作的办法和程序，并狠抓制度的落实，严格按程序和制度办事，从而保证了内蒙古自治区地税局税收工作和各项工作的顺利运行和开展，使各项后勤事务工作井然有序。通过大力加强制度建设，使纷繁复杂的事务工作有章可循，有规可依，使事务工作进一步到位和规范。

二、创办"后勤事务安全年"，提升事务工作的安全意识和防范水平

针对近几年事务工作出现的薄弱环节，机关服务中心在2004年提出全力创办"后勤事务安全年"活动，重点在行车安全、设施运行安全、食品卫生安全、生命财产安全等方面必保不存在安全隐患，不出安全事故，牢固树立有安全才能谈服务、有安全才有后勤保障的思想，通过创办"安全年"活动，以安全为事务工作的切入点，提高了事务工作的安全意识，有效防范了安全事故的发生，避免了人财物的损失，为机关创造了平安和谐的工作氛围和环境。

三、后勤总务工作本着增强后勤保障能力，突出保障重点，工作力度逐年加大

随着机关各类设施设备的逐年老化，维修、维护任务十分繁重。中心在装备保障方面，一是注重设备的日常养护；二是对设备的易损及易出事部位重点监控；三是加大对维护人员的技术培训力度。近五年来，内蒙古自治区地税局的所有装备都没有出现过责任事故。

四、社会化物业管理已经启动，并逐步向深层次发展

保安、生活热水和冬季取暖项目已试行社会化物业管理，在试行社会化管理的项目上中心坚持依法办事，务必使后勤服务社会

化的同时实现法制化。

五、在保障机关公务用车要求的基础上，重点抓好抓实安全行车和节能降耗工作

2002年以来，机关车队实现了行驶450多万公里无事故的安全行车记录，在行车管理上一是坚持安全第一的思想；二是严格执行公务用车节能降耗制度；三是加强车辆的日常保养和维护工作。

今后，内蒙古自治区地方税务局机关服务中心将继续围绕地税事业改革与发展的大局，服务于地税的中心工作，围绕中心开展事务服务与后勤保障工作，以热情服务、保障有力、勤俭持家为宗旨，不断创新、积极探索事务工作的新理念、新办法，使事务工作始终保持旺盛的活力，以优质、高效的管理与服务为内蒙古自治区地税事业做出贡献。

百花齐放

辽宁省国家税务局机关服务中心

辽宁省国家税务局机关服务中心是在2000年机构改革中，撤销原行政管理处后成立的事业单位，现有干部职工31人。如何做好机关服务中心的工作，适应职能的转变为全局更好地服务，我们主要做法和体会是：

一、提高认识，转变思想，明确工作目标

发挥机关服务中心的职能作用，明确工作目标，是我们首先应该解决的问题。在局党组的领导下，中心一班人首先分析了改革前后的异同点，以便找准位置，更好地发挥服务中心的职能作用。相同点体现在：一是基本职能未变；二是单位构成人员未变；三是多数工作人员的岗位未变；四是工作环境未变。不同之处是：一是减少了行政管理职能，突出了服务保障职能；二是中心领导班子的人员构成发生变化，班子成员的年龄结构较为合理，趋向年轻化；三是单位性质发生变化，由行政编制管理，转变为事业单位，人员管理采取新人新办法，老人老办法的模式。新的形势要求机关服务中心的工作应更好地体现在服务上，对工作的要求标准更高。因此，中心领导工作的方式、方法也要随之进行转变和改进。根据上述情况，结合工作实际，我们确定的工作目标是："加强管理，热情服务，团结奋斗，勤奋工作，争创三优(优质服务、优良作风、优美环境)一满意(满意的后勤工作)单位"。

在2001年2月19日机关服务中心召开了由局机关各部门领导及内勤参加的全局后勤工作会议，征求到16条有很好参考借鉴价值的意见和建议，这些意见和建议对中心更好的开展工作起到了很大的帮助和促进作用。然后，中心领导在统一思想，明确认识的基础上，适时召开了由中心全体人员参加的会议。对如何优化服务，强化管理，提高服务水平提出了要求。中心领导还经过考察、考核，配备了中心所属的物业管理、餐厅、车队、卫生所、保卫、通讯、固定资产管理、房产维修、洗衣房等各部门的负责人，明确了人员责任。同时制定了各部门的工作制度，要求全体人员按章执行，用制度去管理人。

二、加强自身建设，把中心的职工队伍培养成为一支勤政、务实、廉洁、高效的后勤服务队伍

加强两个队伍建设。一个是加强中心领导班子建设。后勤服务水平的高低，中心领导的整体素质很重要，我们一是着重落实了分工责任制，实现既分工又合作的工作原则。各位主任自觉做好本职工作，带好分管各部门人员，达到各负其责，物尽其用。二是加强中心领导自身学习，坚持定期开展业务、政治学习，进行党风党性教育、廉洁勤政教育，增强中心班子的凝聚力，战斗力。注意在工作中以身作则，严于律己，以实际行

动为中心职工做出表率。

另一个是加强中心职工队伍建设。认真开展政治、业务培训和思想道德及爱岗敬业教育，全面提高中心人员素质。针对服务中心人员的构成情况，按照"三个代表"重要思想和"三个想一想"的要求，专题对中心全体人员进行培训，以升华中心人员思想道德情操和提高爱岗敬业精神，做到以人为本，树立中心人员为全局机关服务意识。坚持每月全员学习一次，每半年举办一次专题讲座。开展谈心活动，上级同下一级谈心，支部书记同组长、组长同党员谈心。

三、以提高服务质量为中心，建章立制，加强制度化、规范化建设，强化科学管理

机关后勤工作头绪繁多，事情杂乱，工作的时效、质量必须保证跟得上，管理出效果，管理出质量，针对机关后勤工作的特点对中心工作建章建制，我们努力加强制度化、规范化建设，确保为机关提供优质、高效的服务。

（一）工作检查制度。对每一项工作做到事前有布置，事中有检查，事后有总结，具体办法是：上级监督下级，下级及时向上级反馈，每月或每季检查一次工作的安排和贯彻情况，发现问题后，及时调整工作思路和步骤，并完善制度和抓好落实。

（二）实行岗位目标责任制。通过实行"岗位目标责任制"，增强了干部职工的工作主动性和主人翁责任感。

（三）建立健全各项规章制度。为更好地开展工作，提高工作效率，我们制定和完善了食品采购制度，餐厅、后厨管理制度，房产修缮等一系列规章制度。

四、紧紧围绕局机关工作需要和机关干部职工生活需要服务，做好日常工作

（一）加强机关餐厅建设。创建环境优美，方便快捷，科学合理，营养卫生的餐厅新形象，实现供餐服务餐厅化，用餐方式自助化，花样品种多样化，膳食结构营养化，服务层次立体化。机关餐厅工作一直是机关后勤服务保障中的一个重头戏。首先，我们着重餐厅硬件及环境的建设。机关餐厅大厅宽敞明亮，地面清洁、光亮，桌椅摆放井然有序，鲜花和绿树点缀其间，卫星电视直接在餐厅播放，餐厅饮水龙头均为感应式水龙头。走进餐厅、很多人有回家的感觉。餐厅后厨均为不锈钢机械，劳动工具的改进带动生产力的提高，高效率的工作使高质量的服务得到充分体现。餐厅服务人员均由专业学校选拔，统一着装，服务热情，举止文明，动作规范，现在已经能够承担礼仪服务，外事服务，宴席及大型会议接待的服务事项。此外，我们千方百计提高伙食质量，增加主副食花色品种，变众口难调为众口可调。每天供餐花样不少于20种，做到每天一个菜谱，一周不重样，让大家吃得可口，吃得舒心，也避免了剩菜、剩饭，减少了浪费现象。除为职工提供一日三餐外，出售主、副食食品，做到卫生、味好、便宜，使职工免去家务劳累。

（二）科学管理，规范运作，对机关办公区域实现社会化的物业管理。对大楼的日常维护均与专业物业公司签订合同，由其统一进行管理，目前运转良好，效果明显，中心与物业公司各司其职、各负其责，社会化管

理使我们取得了有益的经验，为今后自身实施物业管理和扩大物业管理范围积累了经验。

（三）加强办公区域的绿化、亮化、美化工作。做到机关大院内三季绿草如茵，鲜花常开，办公楼内四季绿树常青。

（四）切实抓好安全保卫工作。机关后勤工作服务面大，内容多，加之设备、设施众多，因此，我们花大力气，消除隐患，确保安全，在办公楼内各入口处配备了可移动监控摄像头，在各楼层内配备固定摄像头；并按要求配备了各类消防器材，定期更换。对电器等消防验收不符合要求的100余个问题全部进行整改。组织了安全消防知识讲座，还在局机关各部门设立兼职安全员。

（五）积极做好职工住宅的日常维修工作，完成了对局机关职工两处住宅小区公用部分的大修。对房改遗留的问题加紧解决，使国家的住房政策在职工身上最大限度地得到落实。

（六）对机关浴池进行改造，维修，解决通风不畅及电器方面存在的问题。目前冷、温、热水池及蒸气浴、桑拿浴均可使用，同时在浴池向职工提供免费搓澡、擦鞋服务。

机关服务中心成立以来，总体运行平稳，主要表现在：管理工作得到进一步加强；工作效率有所提高；服务和保障工作更加有力；后勤队伍稳定。中心各项工作的顺利运转。我们决心进一步解放思想，转换机制，加强管理，更好地为局机关作好后勤保障工作。

辽宁省地方税务局机关服务中心

辽宁省地方税务局机关服务中心1997年组建成立，定编44人，下设行政科、管理科、伙食科、交通科。几年来，在局党组的正确领导下，本着"以人为本，竭诚服务"的工作宗旨，紧紧围绕完成税收任务这一中心工作，以高度的敬业精神和扎实的工作作风较好地完成了机关后勤的保障工作。

一、人事制度改革

2006年5月，事业单位人事制度改革全面开始后，省局党组决定在机关综合服务中心推行全员聘用制。本着统一、精简、效能的原则，规范职能、科学设岗、以岗定员。内部机构由原来的科室改为岗位职责，每个岗位设管理员，实行服务中心主任领导下的扁平化管理。我们共设了十一个职责岗位。

资产管理员岗：负责固定资产登记、调拨、维修、保管、使用及建账；办公用品的领用、发放、登记、核算；职工房产的登记；办公设备的维修维护。

接待管理员岗：负责接待上级领导和外省（区）市税务部门来我省检查、交流人员；承办省局各类全局性大、小型会议；负责组织、发放全局职工各种福利。

内勤岗：负责机关综合服务中心所有网上纸质文件的收发、保管、督办工作；省局机关要求上报的各类总结、报告等文字材料；法人资料、公章、代码证等保管；职工集体户口管理；值班表的排定，值班情况的检查、落实；服务中心内部所有统计及党务工作；配合人事部门管理正式职工人事事务

及临时工的招聘、培训、辞退、考核等工作。

车辆管理员岗：负责省局领导车辆、省局公务车辆的调配、维修保养；车辆用油管理和油耗统计分析；局机关所属车辆修配、更换零件管理工作；驾驶员调配使用、交通安全管理工作；交纳车辆养路费、保险费、旧车处理、新车上牌；协调交警部门完成车辆安全检测、驾驶员证件审验。

会计岗：负责对机关服务中心经济事务进行全面会统核算。

现金会计岗：配合会计进行现金核算及管理。

物业管理岗：负责省局办公楼的保安监控、消防、保洁；办公楼维修改造工程计划报送、方案制定、预算的编制及施工管理；办公楼内各种设备、线路的维修维护；停车场车库的管理、除雪、花卉养护、独身宿舍、文体设施的管理工作。

伙食管理岗：科学编制食谱、营养配餐；督促厨师制作食品程序、保证食品安全、保证食堂内部煤气、电路的安全、用餐环境卫生的督促检查；每周向财务报送采购单、与财务进行联合采购招标、负责食品原材料出库、入库、检斤、验收、耗料统计分析；负责上报临时用工计划及临时用工工作业绩，上报主管主任审批后，具体落实培训上岗、解聘结算事宜；提供食堂设备、用具采购计划，待主管主任批准后与采购员同时到场购买。

接待员岗：负责省局领导访客的接待工作、全局报刊征订发放、公交IC卡的办理及

局内所有会议服务。

公务车驾驶员岗：保障省局机关公务用车，及时向车辆管理员报告出车地点、里程、油耗、车辆状况。

食堂采购员岗：负责省局职工食堂原材料采购、登记、报账工作。

车辆统计员岗：负责车辆里程、单车油耗、修配、更换零件等事务的统计、上报、核算工作（采购员、统计员岗位可司机兼职）。

二、完善工作制度，保障工作秩序，完成各项保障工作

（一）建立和完善各项工作制度，自觉履行本职。服务中心在刚刚成立初期，为规范工作程序，明确岗位职责，编制了《服务中心服务指南》小册子。规定了上至主任下至科员和工人对谁负责、做些什么等具体内容。随着工作流程的理顺，工作层次的深入，根据实际情况，按照各科不同职责，制定和完善了符合各科管理要求的各项规章制度。如《辽宁省地方税务局行政接待制度》、《辽宁省地方税务局机关值班制度》、《辽宁省地方税务局固定资产管理制度》、《辽宁省地方税务局办公用品管理制度》、《辽宁省地方税务局机关车辆管理制度》、《辽宁省地方税务局消防安全管理制度》、《辽宁省地方税务局卫生管理制度》、《辽宁省地方税务局机关浴池管理制度》、《辽宁省地方税务局停车场管理制度》、《辽宁省地方税务局自行车车库管理制度》、《辽宁省地方税务局变电所管理制度》、《辽宁省地方税务局伙食管理制度》、《辽宁省地方税务局食堂财务管理制度》、《辽宁省地方税务局食堂节约制度》、《辽宁省地方税务局卫生防疫制度》、《辽宁省地方税务局设备维修维护制度》、《辽宁省地方税务局

办公楼灭火方案》、《电梯突发故障紧急处理预案》等等。随着各项规章制度的逐步完善，各科室以制度管事，依制度约束人，变事后的被动管理为事前的主动管理。实现了管理的科学化规范化，从而全面提升了管理档次。

（二）面向社会招标，实现办公大楼的物业化管理。 1998年局机关有了自己的办公大楼。为了使大楼的管理从一开始就能实现正规化、科学化、规范化，局党组决定请物业公司来做办公楼的日常管理。面向社会招标，对应聘的几家物业公司反复进行比较，选择资质高、信誉好、管理规范、服务科学的物业公司来管理办公楼。与物业公司签订了从接待、保安、保洁到维护办公大楼正常运转的各种设备的维护维修等方面的合同协议。为了避免物业公司因长期合作而放松要求，服务质量下降，一方面加强督促检查；另一方面定期招标更换物业公司，从而促使其不断提高管理水平和服务质量。几年来，在办公楼的日常管理这方面由于和物业公司的合作，不但减少了机关管理人员的数量，而且使广大干部职工能够享受舒适整洁的办公环境。

（三）结合实际，逐步完善办公大楼配套设施。由于购置的办公楼是现成的写字楼，内部设施很不完善，所以每年都有计划地完成其配套工程。例如：多功能会议室的改造、职工健身中心的改扩建工程及运动器械的采购安装、信息中心网络数据中心的改扩建工程、空调安装工程及电梯轿厢装修改造、监控系统的改造工程等等。在与各家施工单位签订合同的过程中，会同机关党委、监察处及相关处室成立招标、议标小组，本着保证工程质量，降低工程造价的原则，按程序招

标、定标。在施工中加强监督检查的力度，严格把好质量关；在完成施工后，以设计蓝图为依据，按照合同要求做好验收工作，把好成本决算关。

（四）加强服务意识，作好业务培训，提高服务质量。服务中心的工作核心是服务，只有衷心为机关提供高质量的及时的周到的服务，才是工作的宗旨。结合机关服务中心人员调动比较频繁，业务素质参差不齐的实际情况，认真组织大家学习时事政治，大力开展思想工作，解决为谁服务的问题。为了了解税务工作的相关内容，还参加了税收业务知识考试。参加公民行为规范讲座。采取走出去请进来等方式对职工进行业务培训，包括微机的使用与考试、行政接待礼仪、会议室和会客室及餐厅餐桌座位的摆放、特色主食的加工与配料、餐厅服务员的行为规范、驾驶员交通安全意识的教育和培训、消防安全及设备使用知识讲座等。以解决为机关服好务的问题。思想觉悟和业务素质的提高，激发了职工做好服务工作的热情，大家主动想事，踏实做事。如：在电梯口安装传媒广告电视、冬季食堂座椅增加棉垫、在大厅内增设自动咖啡机、食堂对全局职工的食品外卖由窗口零售改为网上订购，送货上门等，力争把服务作到最实、最细、最好。

（五）开源节流，从小处着眼，建立节约型机关。针对局机关几年来办公经费始终居高不下，各种打印复印设备品种多、型号杂、不便于维护管理的现状，成立了机关印务中心。使机关各处室和直属单位的文字材料或存盘或从网上转到印务中心打印成文。这样，不但减少了设备的重复投入，也降低了办公成本，提高了工作效率，实现了文印工作的智能化。机关食堂在采购环节上，经常

进行市场调研，实行定点采购，降低采购成本。在食品制作过程中，准确计算各种原料的使用数量，严格控制原材料的浪费。多年来，一直自己制作中秋月饼为职工搞福利。对车辆采取国产车和进口车定点、定公里维修保养的方法。车辆维修实行安全员签字制度和主任审批制度，采取费用分支的方法，把汽车装饰、汽车轮胎与车辆维修分开，以最好的质量、最低的价格、最好的售后服务来保障车辆安全出行。通过计算和考察，确定了单车油耗，固定加油点，建立单车加油档案，定期核算油耗。把每个月每辆车发生的每一笔费用都输入系统中，减少车辆因重复维修而发生的浪费。

（六）树立大局意识，做好后勤保障工作。服务中心的工作都是面向全局、服务全体的工作，涉及到方方面面，务求认真负责。所以在日常工作中，围绕全局的中心任务，踏踏实实作好本职工作。对往来的信件、报刊杂志都逐一进行登记，准确投放；认真作好各种类型各种级别会议的保障工作；建立健全省局机关职工住房档案、建立固定资产台账；对食堂的饮食结构按季节进行调整；加强办公楼各种设施的巡查、检修、更换；严格食堂餐具、灶具清洗消毒，并主动请防疫站定期检查；搞好办公楼的环境卫生，清洗外墙罩面，及时了解各处室对办公用品的需求情况，尽快补充；对调整房间的处室，争取在第一时间把电源线、电话线安装调试好。这些具体而繁杂的工作，体现了服务中心的同志吃苦耐劳、踏实工作的精神。为此，被局党组评为"老黄牛"奉献奖、多次被评为辽宁省和沈阳市"爱国卫生"先进单位、连续六年荣获沈阳市交警支队颁发的"交通安全先进单位"光荣称号。

吉林省国家税务局机关服务中心

吉林省国家税务局机关服务中心现有干部职工37人，内设行政科、财务科、房产科、接待科和综合科等五个科室，主要工作职责是为省局机关工作提供良好的后勤保障，创造良好的工作环境，保证各项税收工作高效有序的运转。几年来，在省局党组的领导下，紧紧围绕国税工作的中心任务，坚持贯彻"优质、高效、服务、创新"的工作方针，在努力做好日常工作的同时，不断探索加强内部管理方法，不断探索提升服务质量和服务层次的途径，各项工作都取得了较好的成绩。

一、加强队伍建设，不断提高后勤人员的整体素质

加强队伍建设，培养和造就高素质的干部职工队伍是做好机关服务中心工作的重要保证，多年来，坚持以人为本，以加强思想教育，培养爱岗敬业精神为重点，努力提高干部职工队伍的综合素质。一是认真组织开展学习教育活动，提高干部职工的理论水平和业务素质。二是积极组织参加业务技能培训，提高干部职工的服务技能。通过学习教育和业务培训，使干部职工对后勤工作的认识有了明显提高，政治上有了明显进步，作风上有了明显转变，服务意识明显增强，各项工作都有了新的起色。

二、加强机关管理，充分发挥后勤保障作用

加强机关管理是做好机关服务中心工作

的重要基础。在实际工作中，坚持以管理为主线，在做"细"做"严"上下工夫，充分发挥后勤保障的功能作用。

（一）抓好安全管理。安全管理是机关服务中心的重点工作。为将这项工作抓好抓实，我们重点抓了两个方面。第一，加强安全教育。近年来，先后在省局机关开展了消防知识、交通安全知识、健康安全知识等三方面内容的讲座，培养干部职工高度的安全意识，自觉养成"人人守安全"的良好习惯。第二，加强安全检查。针对机关办公区、发票库、财务室、食堂、锅炉房、水房、配电室等重点部位，建立健全了各项规章制度，坚持每年对机关办公大楼安全设备进行一次地毯式的全面检查维护，对所有的消防设备进行安全测试，对具有火险隐患的设施进行了及时维修。

（二）抓好节能降耗。一是广泛宣传，营造浓厚的氛围。在省局机关节约一张纸、一度电、一滴水、人走关灯、人离机停已成为每个人自觉行动。二是抓住重点，节约能源资源。在节电方面，根据办公情况，尽量减少开启和使用电脑、打印机、复印机和传真机等办公设备时间；在节水方面，改造了办公楼生活供水系统，更换节水感应水龙头，控制洗手盆和卫生间的出水量；在节油方面，严禁公车私用，实行定点加油和定点维修，切实降低公务用车油耗；在节约办公用品方面，严格把好审批观，按计划采购，减少库存；在节约粮食方面，要求机关干部职工吃多少，取多少，节约粮食，取消使用方

便筷子等一次性餐具。三是建立制度，强化监督考核。我们先后制定了《机关资源节约管理办法》、《加强财务管理节约经费开支的具体措施》等制度。

（三）抓好车辆管理。一是搞好专项培训，组织驾驶员认真学习，及时了解掌握交通管理部门的一系列管理要求。二是及时堵塞漏洞，针对机关临时公务用车方面产生的问题和冬季易发交通事故的不利情况，每年都组织一次交通安全知识讲座，以增强驾驶员的安全意识。三是搞好车辆维护保养，每年都组织一次车辆行驶性能检查，并对车辆保养提出维护意见，实现了连续五年车辆行驶无重大事故的工作目标。

（四）抓好房产维修工作。一是建立明确的岗位责任制。二是以建章立制为基础，抓好内部管理工作。三是建立定期巡查制度，变被动服务为主动服务。四是建立快速反应机制和应急机制。

三、加强财务管理，提高资金使用效益

机关财务管理是一项政策性和业务性较强的工作，科学管理好机关财务，对保证机关工作正常运转和党风廉政建设具有十分重要的意义。为切实加强机关财务管理工作，建设节约型机关，充分发挥各项资金的使用效益，着重抓了以下几个环节：

（一）坚持财务公开，增强工作的透明度；

（二）严格财务审批，维护财经纪律的严肃性；

（三）抓资产管理，严防固定资产流失；

（四）落实财务集中支付改革，合理安排经费支出。

四、树立服务意识，努力提升服务水平

几年来，中心始终坚持"为领导服务、为机关服务、为干部职工服务"的宗旨，努力做好后勤服务保障工作。

（一）搞好机关内部服务。从干部职工最关心、最直接的问题入手，努力为大家办好事、办实事。

（二）搞好对外接待服务。接待服务是对外联系的桥梁和纽带，是机关服务中心工作的重要内容。在具体的接待工作中，我们本着"热情周到、务实求简"的原则，坚持用热心、真心、诚心感动人，用特色打动人，努力让客人高兴而来，满意而归，让其体会到我们的真诚与热情。

黑龙江省国家税务局机关服务中心

黑龙江省国家税务局机关服务中心是1997年成立的。现有干部职工32名(党员24名)，临时工70名。担负着机关财务、行政管理、接待、房产、车队、安全保卫、机关食堂管理等多项工作。几年来，在局党组的正确领导下、在服务中心党支部和全体同志的积极努力下，认真学习，努力工作，较圆满地完成了各项后勤工作，受到省局领导和同志们的好评。集体和个人多次立功受奖。之所以取得一定成绩，关键在于认真抓好思想政治工作，加强党风廉政建设。

一、坚持抓好思想政治工作，学好理论引导人

服务中心刚成立时，有的同志存在着消极、畏难，不愿干后勤工作的思想，认为后勤工作费力不讨好很难见成绩。为了从根本上解决大家思想上的问题，树立服务意识，我们认真抓了以下两项工作：一是抓党支部自身建设。要想带好这支后勤队伍，必须领导本身过硬，起到表率作用。为此，我们党支部坚持经常进行政治理论学习，开展谈心、交心活动，每年定期召开民主生活会，认真开展批评与自我批评，互相帮助，增强团结协作精神。通过学习我们班子成员首先提高了为大家服好务的思想意识，鼓足了干好后勤工作的干劲，增强了事业心和责任感。二是抓好全体职工的政治理论学习和思想教育。为了提高服务中心全体职工的政治理论水平和思想觉悟，增加做好后勤工作的服务意识，我们制定了学习计划，每月都组织大家学习一次，每个同志都写学习笔记。服务

中心一名老同志，组织分配做收发工作，开始她想法很大，认为组织上不重视她，经过学习和思想教育，她的思想转变很快，认为做什么工作都是为人民服务，没有贵贱之分，她每天坚守岗位，认真努力工作，受到大家的好评。财务科的3名同志工作认真负责，对经费管理非常认真，严格执行各项财务规章制度，对各项经费收、支严格把关，使每年度的经费支出都控制在预算指标之内。机关服务中心的临时工较多，从服务中心成立时，我们从没放松过对这部分人的思想教育，平时结合政治形势和思想工作实际，组织政治学习和思想教育。对他们和正式职工一样看待，体贴关心他们，鼓励他们踏实工作。几年来，所有临时工思想都很稳定，工作表现也很出色。前几年洪涝灾害时，临时工都主动向灾区捐献了财物。

二、认真抓好党风廉政建设，坚持用制度规范人

机关后勤部门是管钱、管物单位，在市场经济的大潮中如不加强党风廉政建设，有的同志就容易犯错误，给党的事业造成损失。我们党支部对全体职工的党风廉政工作高度重视，坚持常抓不懈，警钟长鸣。在实际工作中坚持做到：一是经常组织学习。对照党风廉政"准则"严格检查自己。每个人都有党风廉政建设学习笔记，并制定自己的党风廉政规划。还注意经常组织大家学习报刊上发表的正、反两方面教材。参加司法部门组织的现身说法警示大会，使大家深受教育，深刻认识到抓好党风廉政建设的重要

中国税务后勤建设

性。二是用制度规范行动。为使服务中心全体人员都能自觉地做到勤政、廉政，我们先后制定了《省局机关大宗物品采购管理办法》、《省局机关工程项目招标议标管理办法》、《省局机关车辆管理办法》、《机关财务管理制度》、《食堂物品采购、验收制度》、《接待外来客人审批制度》。这些制度的建立和实行，使每项工作都有章可循。三是坚持廉政建设与个人利益挂钩。年终评先进、发奖金，以廉政建设好差为重要依据。现在服务中心的正气占上风，歪风邪气没市场，几年来没发生违法违纪事件。

三、扎实有效地做好后勤工作，用实际行动体现人的价值

由于我们重视思想政治工作和党风廉政建设，从而充分调动了大家干好工作，做好服务的热情。如行政科的同志对办公用品及时发放，机关各项行政管理工作认真负责，经常检查，为机关创造了良好的工作和生活环境。省局机关大院被哈尔滨市南岗区评为文明小区；机关卫生工作被省爱卫会评为先进单位；对来自总局、兄弟省市客人给予妥善安排，做到礼貌、周到、热情接待，使客人高兴而来，满意而归。机关食堂的同志严

把质量和卫生关，不断调整主副食花样，使大家吃得好、吃得卫生。保卫科的同志健全了安全保卫各项规章制度和档案，成立了各级消防组织，对重要部位和要害部门经常进行检查，发现隐患及时解决。几年来，我局从未发生安全事故，连续4年先后被街道办事处、南岗公安分局、南岗区、哈尔滨市、省政府评为安全文明单位、安全文明示范单位。

回顾几年的工作，之所以能得到省局领导和机关同志们的认可，我们的体会是：一是紧紧围绕省局党组的工作中心开展后勤服务工作，二是有关重要事情及时向局领导请示报告，得到了支持和帮助；三是工作再忙不能放松思想政治教育，抓好党风廉政建设，时刻牢记抓好人、引好路、带好队伍；四是班子团结协作，起到模范带头作用；五是充分调动全体人员的积极性，使大家心往一块想，劲往一块使。

我们的工作虽然取得了较好的成绩，但与省局领导的要求和机关人员的期望还有差距。今后我们要进一步牢固树立服务意识，努力工作，开拓进取，做好机关各项后勤服务工作，使我们的工作百尺竿头，更进一步。

百花齐放

193

黑龙江省地方税务局机关服务中心

黑龙江省地方税务局机关服务中心成立于2000年9月27日,属于自收自支事业单位,核定编制12人,其中管理编制2人,工勤编制10人,下设财务科、行政科(含保卫科)、食堂科、车队、房产科、物业科。中心负责省局机关后勤服务和行政事务的规章制度及管理办法的拟定、组织实施;省局机关后勤服务的组织管理工作(包括财务、房产、车队、食堂、接待等项工作)及全系统安全工作,负责省局机关公产和办公物品的采购、保管、分配和维修工作。

五年来,紧紧围绕税收工作实际,本着机关后勤工作服务于税收中心工作、服从于税收中心工作这一指导思想,开拓进取,努力工作,较好地履行了工作职责,有力地推动和保障了税收工作的深入开展,使机关后勤工作取得了可喜的局面。

机关服务中心成立后,由原来的行政管理机关变成集管理与服务一体的事业单位,从管理到服务,工作职能的转变,干部职工对工作感到茫然,通过组织大家学习讨论,使干部职工正确认识机关服务中心的地位和作用,充分认识到机关服务中心成立的必然性和重要性,以崭新的精神面貌和高度的责任感、使命感投入到工作中去,积极探讨新形势下机关后勤工作的新思路、新途径和新办法;紧紧围绕全局税收工作,加强管理、搞好服务,优质高效地做好机关后勤工作。

为了加强管理,提高服务水平,从制度建设入手,强化了制约机制。一是健全了制度。认真研究建局以来省局机关管理有关制度及规定,结合机构改革后实行部门财政预算的要求,以及地税部门后勤管理的实际,经过多方征求意见,参阅了大量的有关文件和规定,制定下发了涉及机关后勤全面工作的四个制度、三个办法,即《黑龙江省地方税务局机关财务管理制度》、《黑龙江省地方税务局接待工作制度》、《黑龙江省地方税务局机关卫生制度》、《黑龙江省地方税务局安全防火制度》、《黑龙江省地方税务局食堂管理办法》、《黑龙江省地方税务局车辆管理办法》、《黑龙江省地方税务局机关房产及职工住宅物业管理办法》。二是形成了后勤管理机制。多少年来,在人们的头脑中始终认为后勤工作无常规,经常是兵来将挡,水来土掩。面对这种现状,我们对机关后勤工作进行细致分析、科学分类,分为行政、房产、财务、保卫、车队和食堂六类,由六个科室分管,分别明确岗位责任,制定完善各科室目标责任制和内部管理制度,从而使服务中心全部工作都按类分解到各科室,中心严格按目标责任制和管理制度按月检查、按季考核、年终总评、奖勤罚懒。这样就使得中心的同志职责分明、工作思路清晰、各司其职、各负其责,科学高效、有条不紊地开展工作。三是严格按制度办法规范工作行为。由于地税局组建时间较短,一些制度还不很健全,人们习惯于就事论事,一事一议,使得后勤工作很不规范。因此，在制度和制约机制形成之后，在用制度规范行为上狠下了工夫。为了加强财务管理，规范了会计程序，坚持"一支笔"批钱，对于会议、培训、人员公出、外出考察等大宗支出都做了明确规定，财务坚决按程序、按规定办理，决不违规支付一分钱。为了与部门预算接轨，对原来难以掌握、随意性很大的会议费、培训费、报刊费、电话费、车辆燃油及修理等费用按处室包干，超支不补、节余结转下年，这样既理顺了程序，又大大节约了开支，避免了违反财经纪律情况的发生。在年度有关部门检查审计中，均得到肯定。为了加强机关车辆管理，实行全局车辆由车队统一管理，费用按车包干，对司机行车实行全程跟踪，保证车辆安全高效、低成本地运行。几年来，局机关未发生任何交通事故。为了提高接待工作质量，严格实行接待审批制度，凡是接待客人，都由机关服务中心统一按标准接待，安排好食宿、工作、交通等一切事宜，有关领导和处室一人陪客，这样既保证了高质量接待客人，又杜绝了接待工作中的铺张浪费现象，深受领导和兄弟省市同仁们的赞扬。由于事事都严格按制度办事，使服务中心各项工作很快理顺，办事效率明显提高，工作随意性大大降低，同时也很好地平衡了全局干部的利益关系，得到了同志们的认可。

几年来，本着踏踏实实开展工作，热心真诚搞好服务，提高机关管理水平这一基点，认真地做好机关各项工作。一是实行现代化管理。结合局机关现代化建设，大力推进了后勤管理手段现代化。对中心各个科室都上了微机，聘请专家研制了后勤管理软件，使财务、车辆、行政、安全保卫、房产和食堂都实现了微机化管理。二是实行规范化管理。实行微机管理之后，按照有关制度和规定，确定了各职能部门的工作程序，按照这一程序编排制定了科学高效的工作软件。工作中，尽量网上联络，主任和各科室、各科室与工作人员之间的工作都通过网上汇报、指导和检查。同时，在工作中严格按制度办事，按规定的程序办事，一级对一级负责，不越级请示，不越级指挥。这样既提高了工作效率，又提高了工作质量。三是全力抓好局机关和全省地税系统的安全工作。对局机关安全工作常抓不懈，采取多种形式开展安全教育活动，全面提高了干部职工的安全意识；严格执行干部值班值宿制度，聘请专业人员担任保安工作，开展日常安全工作检查，节假日期间进行联查，加强了局机关重点部位的安全防范设施，安装了较为先进的报警系统和监控系统，安全工作软件建设和硬件设施不断完善，安全工作得到有关部门的肯定，局机关多次被评为市区安全工作先进集体，连续两年荣立哈尔滨市内保工作三等功。2004年，机关服务中心主抓全省地税系统安全工作以来，把安全工作纳入局机关目标考核体系，每年年初召开一次全省地税系统安全工作会议，部署全年工作计划，制定下发年度安全检查实施方案，年中组织有关人员深入各地市进行安全检查，对基层存在的安全隐患及时下达整改通知书，限期整改，年末对全省安全工作进行总结验收，使全省地税系统安全工作每年上一个新台阶，为全省税收工作的开展提供了坚实的保障。四是提供优质服务，做好后勤保障工作。

几年来，投入大量资金，进行了机关局域网工程建设，实现了机关办公无纸化，大大提高了机关办公效率。精心组织筹划，集资建成了26层职工住宅楼和功能齐全、环境舒适优美的住宅小区，改善了干部职工的居住环境，为职工办了一件实实在在的福利。精心设计、科学施工、严格管理，对办公楼进行了全面改造，安装了电子监控系统，新建了高标准的职工浴池，为干部职工创造了一流的工作生活环境。为方便干部职工的生活，我们把职工食堂建在了家属住宅楼内，不仅为干部职工提供工作餐，而且为其家属提供早餐、午餐，每周还定期为职工发放各种面食和副食品。方便了职工生活，深受职工的称赞。不仅做好职工的日常福利工作，而且全力做好节假日福利工作，每逢节假日，有关人员都亲自到市场考察、采购味美新鲜的食品发放给职工，让职工满意，感受到组织的温暖。每年冬季来临，都组织干部职工及家属接种流感疫苗，增强免疫力。机关后勤人员想职工之所想，急职工之所急，努力为全局干部职工办实事、办好事，充分发挥了服务中心的职能作用，受到全局干部职工的好评。

几年来，在国家局的正确领导下，经过探索和努力，取得了一些成绩，今后要结合工作实际，继续发扬已取得的成绩、经验和做法，认真汲取兄弟省市局的经验，努力做好做大做强税务系统机关后勤服务这篇文章。一是要适应社会化服务这一大趋势，把局机关社会化服务工作做实做好，充分发挥机关有效资金利用率，不断探索用最少的资金投入获取最大化的社会效益，为机关提供最优质的服务。二是要统筹好实行部门预算后，财政按标准核定的有限资金与多年来税务部门形成的庞大房产所需的大量维护保障资金之间的矛盾，确保机关后勤管理经费需要。三是要筹划实行"阳光工资"之后职工福利工作的新途径、新办法，尽最大努力为干部职工提供优质服务。

上海市国家税务局机关服务中心

上海市国家税务局机关服务中心有人员编制135人，实有在编人数为102人，中心主任韩德国，副主任梁建芬，内设办公室、基建物业部、经营管理部、后勤服务部、保安部等五个部门以及管理上海珍贝饭店、上海宛平宾馆。为上海市财政局、上海市国家税务局、上海市地方税务局提供后勤保障服务。

几年来上海市国家税务局机关服务中心的广大干部群众以邓小平理论为指导，认真学习"三个代表"、科学发展观等重要思想，紧紧围绕为财税机关提供良好的后勤保障、后勤服务的工作目标，不断提高后勤服务水平和服务质量，为上海市财税局机关提供了安全、舒适、优良的办公环境和优质的服务。

一、队伍建设

几年来我们在加强职工队伍建设方面做了以下几项工作：1.健全了中心内部的学习、会议制度，保证了主任办公会议、中心组学习和党支部活动的定期召开。2.全体党员参加了保持共产党员先进性教育活动，取得了一定的成效。学习了中国共产党党内监督条例和纪律处分条例、"财税干部职工行为规范以及文明服务用语和服务忌语"等有关文件，使广大员工提高了思想意识和文明素质。3.加强了人员培训，安排人员参加了国税总局、市、局等部门组织的处、科级干部培训、财务管理、资产管理、物业管理负责人员的培训以及会计持证人员的继续教育培训等。通过学习培训，中心各级领导的管理能力及专业人员的专业水平都有了一定程度的提高。4.抓好党员干部的廉政教育和建设，把好资金报销审核、物品采购、工程定价、进库物品验收、选择供应商和选择设备保养维修单位等各个关口，对承担这些工作的同志不断进行反腐倡廉教育，制定了《关于职工收受礼品、受邀赴宴的有关规定的通知》、《采购物品、签订合同必须经过中心询价组询价》和《财务报销实行多级审核和"一支笔"审批制度》等多项管理措施。5.组织人员编写了《机关服务中心员工手册》，该手册主要汇编了中心日常执行的制度、政策、规定、规范，与职工个人的关系较密切，使每个职工了解自己的权益和义务。以上工作的开展，使机关服务中心职工队伍的整体素质有了明显的提高。

二、加强后勤管理，做好后勤保障工作

（一）食堂服务人性化。以人为本，服务第一，是做好食堂工作的宗旨。财税大楼机关食堂在做好食品卫生工作的前提下，始终把让机关职工满意作为工作目标，尽心、尽职、尽力地为广大机关职工提供可口的饭菜。2002年食堂随市财税局机关一起搬入了财税大楼以后，改变了过去的传统做法，午

百花齐放

餐供应从单一的一组菜增加到三组菜，还提供早餐和在中午提供熟菜、点心等，受到了机关工作人员的好评。2004年食堂进行了改造，实行了自助选择、刷卡结算的人性化用餐模式，改善了午餐菜肴和免费供应的汤的质量，并为加班的人员供应晚餐。为了满足大家的需求，点心品种不断增加，现在食堂供应中式、西式点心达十几种。特别是根据季节特点，食堂在夏季增加了冷面、稀饭、绿豆汤供应和免费提供咖啡、果汁等饮料，在冬季免费供应豆浆等措施使用餐者非常满意。从2005年起，在春节、"五一"劳动节、"十一"国庆节及传统节日里安排食堂将自制的酱牛肉、猪蹄、咸鸡及粽子、鲜肉月饼等传统食品供应职工，使广大职工既感到温馨和方便，又得到实惠。

（二）物业管理规范化。坚持了由基建物业部的大楼管理组同设备、保洁、绿化、礼仪、保安等分包单位组成物业管理定期联合办公的制度，及时协调处理大楼的物业管理工作，提高了办事效率；设立了每周工作例会制度，总结前期工作，布置下阶段任务和要求，起到了很好的效果；制定完善了各种应急预案（有：防汛防台预案、消防预案、停电预案、煤气渗漏预案及停水和水管爆裂预案等），增强了应付突发事件的能力。

（三）车队管理制度化。车队坚持实行"四个统一"（驾驶员车辆集中统一管理、统一停放、统一定点维修、统一定点加油），先后制定和修改了《车队长职责》、《安全员职责》、《驾驶员职责》、《人员、车辆管理规定》、《车辆使用派遣规定》等规章制度，采取规范化、程序化管理模式，用制度管人、管车，取得了较好的成效。

（四）接待工作程序化。为了做好接待和会务工作，制定了接待和会务安排工作的相应规定，使该两项工作从接到任务起到落实住宿、用餐、交通和会场直到费用结算都必须按照规定的程序来办，避免了工作差错和矛盾。

（五）仓库管理科学化。统一管理所有的备用品，成立了中心办公室统一管理的综合仓库，统一管理所有的备用品，制定了各种规章制度，其内容包含了申购、审批、采购、验收、入库、保管、领用、出库等所有的步骤，使仓库管理做到了科学、合理、账目清晰，杜绝了漏洞。

三、宾馆管理

2002年9月，上海宛平宾馆正式落成对外试营业。宛平宾馆隶属于机关服务中心，宛平宾馆位于上海市宛平路315号财税新大楼北区，宾馆客房、餐饮、会议、娱乐等设施完善。120间（套）客房分为不同的豪华套房、套房、标准房和残疾人士专用客房能满足不同的需求。大小会议厅、影视厅、会见厅、休息厅既能承担财税系统的各项接待任务又能承担大型会议服务。宛平宾馆委托上海市委接待办下属的东湖酒店集团管理，2005年在完成本系统接待和会务任务的同时，实现经营收入达到了2860万元，完成了年初预定的经营指标。上海珍贝饭店有各种客房37套（间），早在1995年就开始接待系统来沪人员，由于经营多年没有进行装修，设备陈旧老化，因此在2003年10月开工改建，2004年4月投入了改建后的试运行。我们将改建后的珍贝饭店隶属于宛平宾馆管理，使两个宾馆做到资源共享，节约了管理费用，提高了服务水准。机关服务中心专门成立了宾馆管理委员会对两个宾馆实行监管。目前，两个宾馆运行正常，其经济效益达到了我们所预定的指标。

今后要继续加强政治思想工作，抓好职工队伍建设，要认真组织好干部群众的政治学习，学好"三个代表"、"科学发展观"和"构建社会主义和谐社会"的重要思想和中央有关党风廉正建设的有关文件，在党内要巩固保持共产党员先进性教育的成果。要不断提高干部员工的思想素质和业务水平，增强改革意识、危机意识、竞争意识和服务意识，提倡爱岗、敬业、奉献精神。促进体制改革，实行企业化管理，筹备成立自己的物业公司，积极做好后勤保障工作。

百花齐放

江苏省国家税务局机关服务中心

江苏省国家税务局机关服务中心于1998年初成立，1999年4月转入正常运转，下设财务科、行政科和物资房产科。几年来，为了适应机关后勤改革的形势，在管理规范化、服务社会化、运作市场化等方面作了一些有益的尝试。通过建立和逐步完善各项规章制度，规范日常管理收到了较好效果。

一、适应市场经济形势需要，完善工作制度

机关服务中心从办公室分离出来后，工作特点由综合型向保障型，由政务型向事务型转变。随着市场经济的不断深入和改革开放不断推进，必须使管理制度与市场经济和改革相配套，与社会化、专业化服务的模式相接轨。这就对我们后勤保障方式提出了更高的要求。在机关服务中心成立之初，局领导就明确提出，机关服务中心的成立，标志着省局机关后勤保障体制向专业化、社会化、市场化迈进。怎样开好头，起好步，建立和完善制度是关键。1998年，利用近一年时间，着手总结以往后勤保障方面的经验教训，认真学习先进单位的好经验好做法，在内部广泛征求意见的基础

上，先后制定出台了《省局机关会议管理暂行办法》、《省局机关固定资产管理办法》、《省局机关行政经费管理办法》、《省局机关办公用品和协税护税物品管理办法》、《省局机关接待工作暂行规定》六项规定。1999年6月，趁省局机关乔迁新办公楼之机，采取委托承包责任制的方式，对办公区的物业管理、保洁保安等实行社会化、开放式管理。打破了后勤工作部门封闭式、自我管理的僵化模式，实现真正意义上的市场化、企业化管理。而市场化、企业化模式的正常运作，必须依赖于一系列制度作保障。在用工方式上突破关系网，实现了全员招聘竞争上岗，全员劳动合同制，全员岗位责任制。每道工序都制定严格的操作规程，对专业化操作要求较高的进口设备的维修保养，实现了二级委托承包责任制。初步达到了后勤保障的市场化、机关服务的制度化。

二、严格按章办事，达到规范管理

正如市场经济是法制经济一样，机关后勤管理制度化，同样也给机关后勤保障服务跃上新台阶带来了机遇。制定后勤保障服务

2006年10月9日，江苏省国税局机关服务中心组织省局机关各处室义务消防员参加消防知识竞赛活动

制度，是规范化服务的前提，而在实践中不断完善制度和严格执行制度，这是后勤服务上新台阶的关键。

按章办事，贵在严格。如何体现公开、公平、公正，关键在于制度是一把尺子，要用一个标准去衡量。我们较好地把握了以下三点：

（一）抓制度落实从领导做起。抓好制度落实必须从干部抓起、从领导抓起。依照用车制度，局领导特别是"一把手"从自己做起带头上下班不用专车。车辆实行半年定期轮换。从此大大减少了人情车、公车私用的现象。机关服务中心有自己的培训中心，吃住比较方便，局领导带头严格执行接待工作暂行规定，以及酒店承包经营管理规定，严格接待标准，从不因私而白吃白住。对于职工餐厅，按照承包经营合同规定，5元标准，扣除水电气工人工资后，还剩4元。局领导坚持与全局职工一起就餐，使全局同志深受感动。

（二）抓制度落实，不分内外。落实后勤工作制度，坚持从服务中心内部严起。为了落实车辆管理制度，严格车辆使用与调度，用车单位认真填写《用车申请单》，派车干部填写《出车通知书》，使大家都知道车在哪里，干什么，较好地缓解了用车上的矛盾。对车辆停放，要求驾驶员下班后和节假日，车辆统一停放在办公楼车库，并作为考核的依据，较好地避免了汽车乱停乱放的现象。车辆的维修保养，严格实行《车辆维修申请单》等报批手续，一般情况实行定点维修，定点加油，驾驶员严格实行定量的奖惩规定。由

于省局机关的行政经费由机关服务中心归口管理，理财责任很重。按照行政经费管理办法，从经费的预算、审批、开支、到建账报表，必须认真贯彻执行《会计法》，并在以上环节严于把关，坚持"一支笔"审批，主要开支项目列入项目预算集体讨论，较好地避免了超预算、超标准的现象。近两年来国家审计署和财政专员办等单位对我们省局机关财务的年度审计和检查，都评价较高。

（三）抓制度落实，建立内部制约机制。后勤服务保障天天与钱物打交道，一旦权利失衡，就容易出这样那样的问题。为避免在钱物上出问题，我们在制定有关制度和执行程序上明确了制约措施，如：在执行办公用品、协税护税品管理办法中，采取采购、保管、使用、财务报销相互分离、相互配合的方法，接待工作，各处室来人，根据接待制度，认真填写"食宿登记表"，由服务中心行政科书面通知酒店总台和餐饮部，餐饮部根据客人需要，列菜单通知厨师长，收银台凭"食宿通知单"和"点菜单"结账。机关服务中心行政科与酒店财务部日结日清账目。平时食宿经费与承包金每半年交割清楚，收归收、支归支，收支分开。做到机关服务中心、各处室和酒店各部门相互配合、相互制约，由此而保证接待工作的正常展开。近三年来，经机关服务中心扎口管理的协税护税品和办公用品、固定资产等账物相符无差错。购买大宗物品笔笔登记、责任到人。

三、充分调动积极因素，提高服务质量

由于机关后勤保障和服务工作较繁杂，

管好繁杂的事务，要依靠制度来约束。而制度是靠人去执行的，在某种意义上讲，要管好物、理好财、办好事，首先要用好人，只有后勤人员整体素质提高了，才能从整体上提高机关服务质量和保障水平，才能适应市场经济条件下机关服务保障融入社会化管理的发展趋势。

面对新情况，新问题，省局机关服务中心经常组织大家学习党和国家关于机构改革的有关文件，用市场机制和价值规律管好人、用好人，时刻树立责任意识和危机意识。在后勤机制转换的几年中，用市场经济法制观念指导后勤工作的制度观念，力求以全新的业务素质和优异的工作姿态，投入到为省局机关全体干部、职工服务之中去。为此，通过岗位自学，岗位练兵，组织短期专业培训，走出去参观学习，请进来教育指导等，开展了优质服务系列活动。经过几年的实践，较好地适应了新机制的需要，机关的服务质量明显提高。江苏省政府统一组织对各个厅局机关进行办公秩序、环境卫生、安全保卫、绿化美化、机关食堂进行的综合检查评比中，我局均名列前茅。

几年来通过狠抓制度建设，来促进管理水平的提高，做了一些有益的尝试，取得了一些成绩，我们将通过机关服务中心全体同志的共同努力，围绕中心工作，努力完成领导交办的各项工作任务，为国税事业的发展作出新的更大的贡献。

江苏省地方税务局机关服务中心

江苏省地方税务局机关服务中心成立于2001年12月，为正处级差额拨款事业单位，编制15人，现有12人。设主任，副主任，接待组，综合（车管）组，房产（物业）组，主要负责机关内部的一切事务管理工作，其职责为：负责机关日常行政接待，会务安排；负责机关房产管理和基建工作，包括机关卫生、绿化、环保、人防、安全保卫及职工住宅公共部分的日常管理工作；负责机关办公用品、车辆、物资管理；与机关工会配合，共同搞好机关职工的生活福利等。并代管票证公司。

中心成立五年来，按照服务税收、服务机关、服务全系统工作的要求，以做好机关后勤工作为己任，为全局干部职工解决后顾之忧，以热情、真诚、周到的工作态度为来宾服务，努力树立江苏省地方税务局的良好形象。

中心成立五年来，组织大小会议200余场，基本上圆满完成任务。受到领导和同志们的好评。办好机关食堂是我们服务中心的一项重要工作，是我们做好服务最直接的体现，为使就餐人员吃到经济实惠，卫生可口的饭菜，我们动脑筋，想办法，千方百计订好食谱，调剂伙食，降低成本，提高质量。考虑到双职工家庭比较多，食堂推出多种成品、半成品的点心、菜肴、净菜供应。通过努力，机关食堂工作得到同志们的肯定和赞誉，较好地解决了众口难调的矛盾。为领导当好家、理好财，是后勤工作的主要内容，我们牢固树立主人翁的思想，在物品采购、接待保障、车辆维修等各项工作中，坚持按规定办事，坚持政府采购。在固定资产管理方面，建立规范的固定资产管理办法，管理到人，责任到人。办公用品严格预算、采购、领用程序，使整个管理规范有序，多次评为省级机关固定资产管理先进单位。加强车辆的管理是服务中心的一项经常性工作，省局现有车辆25台，针对车辆少，任务重的特点，适应建设节约型政府的要求，我们不断改进车辆使用办法，在保障局领导和接待用车的前提下，机关内部处室实行公里票包干制度，以缓解车辆紧张的矛盾。对驾驶人员实行经常性的安全教育，制定规范的驾驶员守则，坚持月安全讲评。五年来，安全行驶300多万公里无事故，连年被评为省级机关安全行车先进单位。

一、做好服务中心工作的思考

首先要用科学发展观正确认识机关事务管理工作。在"三型"税务建设中，坚持以人为本，着力维护广大机关干部职工根本利益。以人为本是科学发展观的本质和核心，坚持以人为本就是一切从干部群众的需要和利益出发，是机关事务工作坚持立党为公、执政为民的集中体现，也是机关事务工作的立足点。事务工作作为政务工作的保障，具有不可替代的地位和作用。为领导服务，为广大机关干部群众服务，为机关高效有序运转提供保障服务，是机关事务工作的准则，也是我局开展建设"三型"税务的一项重要内容。正确认识机关事务工作的重要作用，按照科学发展观的要求，以人为本，认真研究新形势下机关事务工作的特点，不断满足机关日益增长的服务保障需求，是摆在我们面前迫切需要解决的问题。

机关服务中心是一个综合性职能部门，它管理的内容是行政上的所有事务，服务的对象是领导、基层、机关业务单位。机关服务中心工作是机关工作中最繁杂最辛苦的一项工作，也是一项非常重要的工作，从工作内容上讲，它和机关的业务工作联系并不多，但从工作性质上讲，机关的任何一项业务工作都离不开它，尤其是后勤服务保障工作。工作的特点"杂、高、多"，所谓杂就是工作繁杂，除了业务、政务和党务外的几乎所有管理上服务上的事都在机关服务中心；所谓高就是质量要求高，后勤服务，既要吃苦耐劳，又要服务周到；领导交办的工作，既要领会意图，又要雷厉风行完成任务；接待工作，既要勤俭节约，又要热情大方等等要求比较高；所谓多就是被动性多，被动性多主要是由于临时性、突发性、应急性的事情所造成的，特别是服务性工作很多是在领导授意下进行的，往往就处在被动状态。那么，针对这些特点，如何使服务中心工作适应全局性工作要求，并且把工作做到点子上？我

们认为，做好服务中心工作的要旨，应在明确任务和指导思想的前提下，把握好以下三个方面问题：

（一）正确处理好四种关系是做好机关服务中心工作的基础。首先处理好大事与小事的关系。机关服务中心工作大大小小事务繁多，但大体上可分为行政管理和后勤服务两大类。这两大类工作每类都有大有小，只有坚持抓住每类中的大事，为领导出谋策划，机关服务中心工作才算抓住了主要矛盾，当然每类中的小事也不能忽略。因此，要正确处理好大事和小事的关系，两者关系处理得当，就不会乱，就会井然有序，促进整个事务工作质量的提高。

其次，正确处理全局的中心工作与部门工作的关系。机关服务中心应该服从和服务于全局的中心工作，协助领导抓好中心工作，但是作为独立的工作部门，机关服务中心又有自己的工作，如日常行政管理、后勤服务保障等等，这些工作做好了，也有利于促进局内的中心工作，正确处理好两者的关系，要在工作安排和人员使用上把二者结合起来。

再次，正确处理好管理与服务的关系。服务中心担负着一定的管理职能，比如行政管理、车辆管理、后勤管理等等，它关系到全局日常工作的运转和一些制度的实施，决不能忽视，但是，它的内涵决不是纯粹的管理，这种管理寓于服务之中，是服务的手段和途径，为领导、为机关、为基层、为业务服务才是机关服务中心管理的根本出发点和

落脚点。在实际工作中，要坚持优质高效服务的原则，不断改进管理手段，促进管理和服务有序进行。

另外，还要正确处理好唱主角与演配角的关系。服务中心的干部职工，就自己的本职工作而言，是唱主角的，作为主角就必须尽力做好自己的本职工作，但从全局的整体工作看，又都是参谋助手，演的是配角，因而就不能喧宾夺主，必须对领导负责，找准自己的位置。在工作中要坚持向领导请示汇报工作，并根据领导的意图出主意想办法，在执行中，要努力体现领导意图，严格按照领导意图办事。

（二）做好协调工作是机关服务中心工作的重点。机关服务中心作为单位的综合性的职能部门，有三个职能作用，一是管理作用；二是服务作用；三是协调作用。协调工作是机关服务中心管理、服务作用的直接体现，但是协调工作不是孤立存在的，它范围很广，渗透到机关服务中心工作的方方面面，机关服务中心在发挥每一种职能作用时，都兼有协调的职能，如车辆管理、服务

接待工作，协调问题就有很多。应当说，搞好协调工作不是一件容易的事，我们认为，做好协调工作，一要讲效率，尽快解决问题，不拖不推不扯皮；二要讲原则，按规定办事，实事求是解决问题，不搞简单的"摆平"，不"和稀泥"；三要讲方法，在按规定办事的前提下，尽力妥善地处理问题。另外，做好协调工作，还必须具备一定的基本素质，要有准确领会领导意图的能力。按领导意图办事，只有准确地领会领导意图，才能有针对性地发挥协调作用；还要有全局观念。协调本身是一项全局性很强的工作，这就要求机关服务中心人员必须树立全局观念。

（三）人员素质是提高机关服务中心工作质量高低的关键。针对机关服务中心工作"杂、高、多"等特点，工作人员一定要选准选好，既要符合其个性特点，又要会管善管、服务态度好、有一定的事业心，应具备变通处理问题的能力、处理人际关系的能力、区别轻重缓急的能力、会管善管的能力、主动服务的意识。

浙江省国家税务局机关服务中心

浙江省国家税务局机关服务中心成立于2000年9月，现有工作人员15人，临时工作人员52人，其中主任1名，副主任2名，下设行政接待科、保卫科、房产科，下辖一个车队，共有车辆35辆，开办并自行管理有一个机关食堂，理发室、浴室、活动室等生活设施具全，直接管理着除计算机设备以外的约2.12亿元固定资产。

服务中心的职责划分为：拟定机关后勤服务和行政事务的规章制度及管理办法并组织实施；负责局机关后勤服务的组织管理工作；负责全省国税工作会议、全省国税专项工作会议、市地局长会议的后勤保障工作，协助有关处室或承办单位做好总局在浙召开的全国性会议（包括片会）的后勤服务工作。

浙江省国税大厦

负责有关人员来杭的接待工作；负责局机关办公楼、宿舍的基建、维修和管理工作，以及零星办公用品的购置；负责局机关的安全、保卫及综合治理工作；负责全省税务服装的制发、管理工作；负责局机关车辆的购置、调度、管理工作；负责局机关临时工的管理工作；负责职工医疗保健和计划生育工作，联系机关干部、职工子女的入学入托工作；负责联系印刷厂、中瑞大厦、千岛湖税务培训中心，协助其搞好工作。财务管理归办公室。

机关服务中心自成立以来，认真贯彻"三个代表"重要思想，不断加强支部建设和队伍建设；牢固树立主动服务意识，按照"热情、周到、节俭、高效"的原则，紧紧围绕省局中心开展工作，在省局党组、领导的正确领导下，实事求是，与时俱进，抓住机遇，乘势而上，调整服务思路、改进服务方法，以不断健全、完善各项工作制度为重点，以强化服务和管理为主线，坚持严谨细致、严格规范、实惠便利、统筹协调的工作标准，稳步推进责任制度化、服务规范化、操作程序化，立足根本，扎实苦干，服务大局，争创一流，为全省国税事业的稳步快速发展提供了良好的后勤保障。2001年、2003年机关服务中心被评为省局机关先进单位。

一、加强理论学习，提高综合素质，确保后勤服务人员的政治合格

后勤服务工作任务繁杂，事务性工作多，责任重、标准高，这就要求从事后勤服务保障的人员要有强烈的责任心和事业感。

没有一支综合素质高、甘于奉献的精干队伍，是不能保证各项任务高质量的完成。为此，服务中心在努力建设"学习型组织、创新型团队、实干型集体、廉洁型班子"上下工夫，始终把提高人员的综合素质作为重点工作来抓。

一是抓思想建设，提高全员的政治素质。中心积极组织学习党的路线方针政策，注重发挥党支部的战斗堡垒作用，贯彻"科技加管理"的思想，加强内部的思想政治工作，在人多、文化层次相对来说高低不均衡的团队中树正气、压邪气，树立良好的团队精神和集体荣誉感。教育全体人员牢固树立服务意识、奉献意识，树立良好的职业道德，激励全体人员团结一致干工作，一心一意谋发展，为各项保障工作的顺利开展奠定了坚实的思想理论基础。

二是抓专业培训，提高全员的业务素质。服务中心工作是窗口工作，对外是浙江国税的形象，对内要实现固定资产的保值增值，还要为广大国税干部职工排忧解难。这就需要有一支高素质的专业队伍。为此，服务中心把培养一批全面、专业、创新型的人才，作为一项长期的、前瞻性的工作来抓。针对部分同志存在的奉献精神不够，专业知识缺乏，科学文化素养不足等问题，采取专业培训与自学、交流、总结相结合，倡导学习风气，鼓励自学成才，坚持在干中学，学中干，不断加强对现有后勤人员的专业技术和文化培训。同时，还创新用人机制，与人事部门配合，在干部调配上兼顾人员的综合素质，进一步深化后勤部门的人事制度改革，引入竞争机制，实行竞聘上岗，建立业务考核制度，为后勤人才的成长营造良好的环境氛围，使后勤服务人才辈出。

三是抓廉政建设，提高全员的廉政意

浙江省税务系统宾馆——中瑞大厦

识。服务中心花钱管物，牢固树立廉政意识意义重大。在实际工作中，我们坚持开展艰苦奋斗教育，倡导勤俭节约、艰苦奋斗精神，认真落实"两个务必"的要求，力戒接待、福利等工作中的奢侈浪费行为，立足教育，着眼防范，坚持制度，规范流程，把党风廉政建设的各项规定落到实处，花好钱、用好权，确保了我们的所有人员在各种利益的考验面前，没有出现问题。

二、与时俱进，开拓进取，全面提高后勤保障的服务质量和效能

（一）拓宽服务思路和渠道，热情、周到、细致、节俭、高效地搞好机关福利和接待工作。改进服务方式，积极配合有关处室做好全国、全省大型会议的服务保障工作。服务中心成立以来，圆满完成总局领导干部49批178人次、省委省政府领导3批32人次、兄弟省市国税局领导及全省各市地领导166批927人次、外宾3批23人次的接待任务；在人员少、任务重、要求高的情况下，高质量地完成了"全国税收政策法规工作会议"、"全国进出口税收业务培训"、"全国税收征管改革工作会议"、"国家税务局系统省局级领导干部学习贯彻《干部选拔任用条例》培训

百花齐放

207

班"、"全国税务学会完善增值税课题组会议"、"全国税务稽查工作会议"等会议的会务保障任务，受到了与会代表的高度评价，树立了良好的浙江国税形象。

为努力做好机关干部职工的福利工作，服务中心根据新形势，采取多种补给方式相结合，收效较为明显。其中每年为干部职工发放福利近百个品种，较好地保障了节假日和日常福利物品的供应；积极做好系统税务服装的制发工作，与省局招标采购领导小组密切配合，与中标生产厂家加强联系，协调矛盾，圆满地完成了历年的税服制作任务。三年来，多方协调，克服阻力，为全局37名干部职工子女办理了小学入学和幼儿园入托工作，解除了干部职工的后顾之忧。

（二）切实做好局机关的消防、安全保卫工作，综合治理初见成效。服务中心始终把安全工作作为重点工作来抓，建立和完善了各项消防、安全组织和管理制度，狠抓措施的落实。根据节假日的特点，重点做好安全消防工作的检查与防范。在节假日之前，对全局办公室、仓库、水、电等重点部位进行综合检查，举办由全局所有处室参加的消防知识讲座，提高干部职工的消防安全意识；与消防部门积极配合，每月2次定期检查消防设备和器材，对局机关大楼的所有灭火器和消防应急指示灯进行全面检修更换，每年对烟感、喷淋、排烟、消防栓等消防设施进行一次全面检测，每月2次对电梯进行安全检查，发现事故苗头及时排除处理；落实节假日值班和进出机关大楼人员登记制度；坚持日常大楼的安全巡逻制度，充分发挥电子巡更系统的作用，随时掌握保安人员巡逻情况及大楼内的安全状况，在重点防范办公室安装与当地公安部门报警中心联网的自动报警系统；针对办公楼前外来车辆停放较乱的

情况，调整保安力量对车辆停放进行了集中整治，建立了良好的外部环境；加强对保安人员的管理教育，定期对保安人员进行业务培训和教育，提高保安人员的责任心和工作技能，规范保安人员的工作规程，防范事故于未然，确保了机关大楼及周边的安全。

（三）科学管理和尽心服务相结合，大众服务和特色经营相结合，全面提升机关食堂的服务层次。几年来，服务中心不断加强对

安全检查不容忽视

机关食堂的管理，在局领导的支持下，加大设备投入，逐步建立和完善食堂采购、定价、消耗、卫生等各项制度，采用主供物品从超市采购的方法，规范采购渠道，减少中间环节，精打细算，降低成本，增加采购的透明度，从源头上把好采购关、质量关，有效控制采购环节中不廉情况的发生；把好食品验收、洗消关，确保食品、饮食的安全卫生，杜绝了食物中毒等事故的发生。注重学习和吸收同行业的先进管理经验和新开发的菜肴品种，不断翻新开发菜肴新品种，提高菜肴质量。特别是在"非典"期间，机关食堂在严格执行各项卫生制度的基础上，特别制定了防"非典"措施，定时开窗通风换气，保持空气清洁，强化对食品、加工和餐具等各环

节的卫生消毒，有针对性地在改善伙食上下工夫，增加花色品种，增加蔬菜供应，明显改善了就餐人员的营养水平和就餐卫生，有效应对了"非典"疫情。

（四）加强车辆管理，增强安全意识和服务的主动性。我局机关车辆全部分配到各处室，绝大多数驾驶员为临时工作人员。根据这一特点，我们不断完善驾驶员管理制度、车辆管理制度，并实施具体考核办法，加强车辆、驾驶员的日常管理和检查。采取定点加油、招投标定点维修保养、统计和公布各车辆的车公里数和油耗量、公布维修费用、严把费用报销关等方法，控制和降低运行成本；认真落实驾驶员周学习制度、车辆夜间停库制度和局机关干部职工不得驾驶公车的规定，定期交流行车安全经验，及时进行车辆检修，每年定期对驾驶人员进行轮岗，在汛期、暑期、节假日等重点时期，加强安全专题教育和车辆管理，每年夏季适时开展百日安全竞赛活动，开展年度优秀驾驶员评选活动，激励驾驶员的工作责任感和提高安全行车意识，提高驾驶员的政治和业务素质，有效防范了各类行车事故的发生。

（五）加强房产管理和维修服务，创造良好的工作和生活环境。服务中心管理着18600多平方米的办公楼，由于办公楼是购买的现楼，功能上与税务工作要求有一定的距离，加之物业管理中的风、水、电、消控等内容均由毗邻的华浙物业管理公司承担，因此，物业管理的重点在房产、保安、保洁等内容上，房产的改造、管理内容多，任务重。几年来，服务中心共完成大项改造任务18次，满足了机关工作网络化、功能化、舒适化的要求；在固定资产管理中，对现有的固定资产进行了全面清理和登记，制定了固定资产管理细则，对固定资产全部实行微机

化管理，理清了家底，规范了管理；在日常风、水、电等房产维修中，与相邻的华浙物业管理公司密切配合，坚持按照"快速、有效、节约、文明"的标准，及时解决房产中出现的问题，保证了局机关的正常运行。几年来，在局领导的大力支持下，服务中心多方争取，为全局机关17名干部办理了省直机关经济适用住房的申购工作，为9名干部职工办理了购买房改房工作，为新分配到局机关工作的近20名大学生解决了住房问题，有效缓解了部分干部职工的住房紧张矛盾，为全局干部职工创造了一个良好的工作生活环境。

服务中心工作事无巨细，是完成税收中心工作的重要保证。虽然近年来我们也取得了一定的成绩，积累了一定的经验，取得了干部职工的认同，但我们的工作离总局、省局领导的要求还有差距，离全体干部职工的期望还有距离。我们将在总局和省局领导的指导下，百尺竿头，更进一步，为税收事业保障好，服务好。为建设和谐国税作出新的更大的贡献。

浙江省千岛湖税务培训中心西园山庄

浙江省地方税务局机关服务中心

浙江省地方税务局办公室以科学化、精细化管理思想为指导，坚持"以人为本、优化服务、规范管理、协调关系"的后勤工作思路，及时了解掌握机关干部职工最关心、最直接、最现实的共同需求问题，主动排解他们的"后顾之忧"，以支持其聚精会神干工作，一心一意谋事业，受到领导和机关干部职工的好评。我们体会到，后勤工作也有专业，不是轻易能做好的；后勤工作做得好，也能出凝聚力，出亲和力，并通过保障业务中心工作，出生产力。

一、以人为本，优化服务，保证后勤工作的针对性、实效性

"每家每户都需要，一家一户很难办"的事，是后勤工作提供机关"公共产品"的标准。通过多方征求意见，认真细致梳理，我们着重搞好子女入学、食堂、浴室、医务室、洗衣房、停车库、理发室等服务工作，尽可能满足大家的公共需求。机关食堂除元旦、劳动节、国庆节、春节等长假以外，提供一日三餐；医务室备有常用药，能使干部职工小病小痛不需上医院；理发室、洗衣房能为干部职工提供及时服务；公务车、自备车能分别有序停放在停车库。

提倡"三个走近，三个远离"，提升生活品质。为了丰富大家的业余生活，培养健康向上的生活情趣，我们大力提倡"三个走近，三个远离"，即走近书桌、走近球桌、走近山水，远离牌桌、远离酒桌、远离尘嚣。为此，我们建立了乒乓球室、台球室、健身房等体育锻炼设施，同时成立乒乓球、篮球、羽毛球、登山、游泳、瑜珈、太极拳等兴趣活动小组，局里提供一定经费保障，各小组定期开展活动。"三个走近，三个远离"，提升了干部职工的生活品质，大大地增强了人与自然的和谐、人与人的和谐，营造了和谐机关的浓厚氛围。

二、规范管理，协调关系，提高后勤工作响应度、满意度

人员与车辆联动，做好接待工作，增强来宾的满意度。浙江的接待任务较重，我们本着"有朋自远方来，不亦乐乎"的原则，对来访客人都给予热情接待。当接到来客通知时，领导十分重视，要求接待人员拟定周密计划，做好接待准备；当客人到达时立即人车联动，按计划做好接待工作，并根据客人的意愿进一步细化计划，不论是在杭州市区，还是到我省其他风景区，都满腔热情、认真细致地做好接待工作，尽心尽力，使来宾感到满意。

业主与物管联动，做好保卫工作，增强干部职工的满意度。我局机关迁入新大楼后，为提高新大楼的物业管理水平，我们通过公开招投标聘请专业物管公司管理新大楼物业。办公室指定专人加强与物管公司的沟通与联系，双方联动，确保机关整洁安全。按照餐饮业卫生规范，做好餐饮卫生工作，确保饮食安全无事故。所有车辆进出机关、停放车库都要服从物管指挥，确保车辆安全进出机关。在机关刚迁入新大楼时，物管公司就给全体干部职工介绍大楼安全通道及有关设施的使用方法。安保人员日夜巡视，总控

室24小时监视。严格访客接待制度。严禁烟花爆竹等危险物品及宠物进入机关。加强对各类设备的维护和管理，确保其安全运行。成立应急工作组织领导机构，制定信访、消防、食品安全、工程设备、突发性安全事件等五个方面的应急预案，为有效处置突发事件做好了充分准备。

后勤与文秘联动，做好会务保障工作，增强会议的满意度。会议是机关工作一项很重要的内容，保障会议特别是重要会议的顺利进行是办公室的一项十分重要的工作。文秘发出会议通知，后勤就按会议规格和要求做好各项准备工作；文秘将会议材料准备好，后勤就立即着手印刷会议材料和装袋；会议召开前夕，后勤与文秘联手检查会场准备、领导坐席安排、资料分发、会场服务等各项保障工作，如有遗漏及时补充纠正；会议进行中时刻关注会议进展，随时做好保障工作，确保会议顺利进行，直至圆满结束。

三、建设学习型、服务型、节约型后勤队伍，加强后勤保障能力

加强教育培训，逐步提高员工的思想水平和服务能力。加强职业道德教育，增强后勤人员的事业心和责任感，使他们摆正位置、端正态度、辛勤劳动。制定《驾驶员教育培训方案》，根据任务和特点，对驾驶员进行针对性培训。通过走出去、请进来的办法加强对厨师的培训，几年来共组织厨师参观了20多家宾馆、机关食堂，定期请营养师对食谱给予指导，逐步提高厨师的烹饪能力和服务水平。通过岗位练兵，提高其他各个岗位人员的思想水平和工作能力。

后勤人员社会化管理，建立服务型后勤队伍。我局将原来从事保洁、厨房服务的12

消防安全知识培训

名后勤人员移交给物管公司，将从事汽车驾驶、厨师、理发、文印、大厅征税、12366等45名后勤人员委托省劳动厅下属的雷博人力资源有限公司管理。将聘用人员移交和托管，是我局用工制度的一项改革，是建立服务型后勤队伍的重要举措，领导对此十分重视和关心。通过宣讲政策，说明移交和托管方法，最大限度地照顾职工利益，使57名后勤人员顺利地实行了社会化管理。

后勤经费和物资管理既要按政策办事，又要方便工作，还要节约使用。为此，我们在经费管理上实行部门预算和绩效评价，各部门根据工作需要编报年度预算，经局长办公会审核批准后，按预算开支，不得超支。机关的常用物资如办公用品、会议用品等都由办公室统一采购和管理。属政府采购范围内的实行政府采购，不属政府采购范围内的，由我局采购中心按物资采购的程序及方法统一采购。

我们将认真贯彻总局领导的指示精神，虚心学习兄弟省区市的好经验、好做法，始终把干部职工的共同需要放在心上，努力把后勤工作做得更深、更细、更实，不断为构建和谐机关作出新贡献。

安徽省国家税务局机关服务中心

安徽省国家税务局机关服务中心成立于2000年3月，现有在编人员24名。中心成立以来，坚持开展以"优质服务、优良作风、优美环境，机关、职工、住户满意"为内容的"三优一满意"活动，始终抓住思想建设、精神文明建设不放松，全体人员团结协作，勤奋敬业，为机关各项工作的顺利开展起到了后勤保障作用，得到了领导与职工的充分肯定。我们的主要做法和体会是：

一、夯实基础，健全制度

机关后勤工作涉及面广、头绪繁多、情况多变。不仅要求具备认真、细致、勤恳、求实的工作作风，还必须有健全的制度作为后盾。

在实际工作中，我们针对"会海"问题，制定了《安徽省国家税务局会议管理制度》，建立会议审批制度。

针对公有住房实行房改后出现的新情况，制定了《安徽省国家税务局房改后房产管理维修办法》，及时界定了公费维修和住户自费维修的范围。针对局机关车辆少(整个局机关和直属单位加在一起，大小车辆总计11台)，公务用车比较紧张的状况，制定了《安徽省国家税务局车辆使用管理办法》。

此外，我们还制定了《安徽省国家税务局机关消防安全制度》、《安徽省国家税务局办公物品采购办法》、《安徽省国家税务局固定资产管理办法》等各项规章制度，使机关后勤各项工作基本做到有章可循。

二、强化服务意识，做好后勤保障

服务工作千头万绪，而且大部分与职工的切身利益紧密相关，稍有疏忽就可能影响整个机关工作或职工的工作情绪。因此，我们始终把"服务第一"作为宗旨，把做好每一件具体服务工作看作是体现局领导对职工实际生活的关心。例如，前几年夏天，部分楼层和职工食堂中央空调效果不好，为了不影响机关正常工作秩序，我们利用夜晚和双休日进行整修，职工上班防暑降温丝毫未受影响，得到了领导的好评。

机关车辆使用调度矛盾较为突出。为了科学管理、调度机关车辆，使之高效率投入使用，我们采取了科学管理和高标准服务相结合的办法。克服了车辆少，公务用车任务重的矛盾，同时，还节约了经费，不增加一台车辆照样做好车辆调配使用工作。

中心管理机关职工宿舍几百户，虽然宿舍分散在好几个地方，但同志们仍能做到维修水、电、气不分昼夜，随叫随到。集中利用节假日为职工住户上门检修各种设施，以优质的服务取得了机关职工信任，在机关年终评比中，我们的得票率最高。

三、积极探索有偿服务办法

随着住房制度改革的深化，公房房改售后维修实行有偿服务已势在必行。我们将根据合肥市物价局的规定并走访参照省直有关部门实行有偿服务收费标准，结合我局情况以"服务第一，收费第二"为宗旨，方便住户为原则，凡服务中心能够帮助解决的维修项目，均按市场同项目收费标准的50%收取有偿服务费。无相应工种、无技术力量帮助解决的维修项目，帮助住户从社会上雇佣相应工种，工时费按市场维修价格由住户直接支付给维修人员。根据局机关《房管办法》规定，就住房自费维修范围的界定，水电、煤气(液化气)等设施报修程序，详细向住户作了说明。服务中心还向住户承诺了以水、电、气设施维修、单元楼梯卫生保洁质量标准。

培训中心是我们省局对外的窗口，面对竞争日趋激烈的市场环境，我们不断结合实际情况，积极开拓市场，从转换机制，加强管理，规范服务，工效挂钩四个方面狠下工夫。提高服务档次，真正做到"接待与经营"两副担子一起挑，"两个效益"一起要。

四、培养高素质的后勤队伍

现代后勤管理强调"以人为本"，提高人员的素质，也是做好后勤服务工作的基本条件，是服务高效、管理有序的基础。为了全方位地提高机关服务中心的人员素质，我们着重在以下几个方面进行了素质建设：

一是政治素质。我们通过学习、讨论、谈心等多种形式加强工作人员的政治素质教育，要求大家牢固树立服务意识，树立"干一行，爱一行"的敬业精神，倾听职工呼声，尽心竭力为机关职工排忧解难。

二是知识素质。社会在不断发展，我们也必须跟上时代步伐，建立合理优化的知识结构。机关服务中心成立后，为更好适应工作要求，我们做到请进来走出去，先后邀请省市有关物业管理专家作现代管理知识讲座等方式，使人员业务素质进一步提高，达到内强素质，外树形象，创一流业绩，逐步实现管理规范化的要求。

三是能力素质。能力是知识的发挥和运用，服务中心根据各个岗位的职责，为每一位工作人员提供全面锻炼的机会，重点培养大家的创新能力、综合能力和组织协调能力，以更加高效地开展工作。

五、开拓创新，逐步实现后勤管理现代化

我们一直将转变观念、开拓创新作为提高工作效率的重要手段，利用一切条件加速推进后勤工作现代化：

一是推进人员素质现代化。我们要求机关服务中心工作人员自我加压，主动适应社会进步与后勤管理现代化的需要，努力提高业务技术素质。二是推进机构设置合理化。我们按照"精干、统一、高效"的原则，根据具体事务的不同，进行科学分工、明确职责并要求有密切的协作配合，以达到组织机构运行顺畅，管理科学的目的。三是推进后勤管理工作的程序化。通过制定各类规章制度，推动管理工作，实现后勤管理过程程序化；以最为科学、直接、有效的方式来解决问题。四是推进后勤管理手段的现代化。现在我们以局域网为纽带，通过网络实现信息共享，及时把食堂菜谱、机关职工水电费、局机关电话费等传递给大家，更好地为职工服务。

今后我们将继续以"三个代表"重要思想为指导，以人为本，搞好服务，以管理科学化、保障制度化、服务社会化为目标，着力打造一支想干事、会干事、吃苦耐劳、作风过硬、乐于奉献、熟悉后勤工作业务的管理和服务队伍。把敬业进取的精神树立得更强，把扎实苦干的作风夯得更实，把机关后勤服务方面的工作抓得更紧，增强创新意识、强化服务意识，抓住机遇，努力开创安徽省国家税务局机关后勤工作的新局面。

百花齐放

安徽省地方税务局机关服务中心

安徽省地方税务局机关服务中心近年来在局党组的坚强领导下，在上级有关部门的关心下，在兄弟单位的帮助和支持下，按照规范管理的要求，积极主动，开拓创新，求真务实，努力提高服务水平和工作质量，取得了一定成效。

一、抓制度，形成较为健全的管理规范

一方面，建立了装备处统一管理，相关部门监督制约的后勤工作管理机制。我局按照部门职能规定，将资产管理、基本建设、政府采购、行政接待、物业管理等后勤事务统一由装备处管理，体现了统一、效能的原则。同时通过财务、内部审计、监察部门在各个相关环节对其进行监督；体现了制衡的原则。另一方面，我们根据实际不断完善制度体系。针对系统固定资产管理的薄弱环节，2006年修定了《安徽省地方税务系统固定资产管理办法》，增强其可操作性。为加强基本建设各环节的管理，制定了《安徽省地方税务局基本建设管理办法》、《安徽省地方税务局采购项目管理办法》、《安徽省地税系统大宗采购项目结果公示暂行办法》，对我局及地税系统政府采购行为作了规范。为了规范系统公务用车配备，防止超标、超量配车，我们制定了《安徽省地税系统公务用车定编配备管理试行办法》，同时还制定了《安徽省地方税务局机关车辆管理办法》和《安徽省地税系统农村分局公务车辆管理暂行办法》，对车辆的调度使用和安全管理等做了细致的规定。为加强物业管理，我们还制定了《安徽省地方税务局机关物业人员管理暂行规定》。此外还有《安徽省地税局机关公务接待管理暂行办法》、《安徽省地方税务局机关印刷管理暂行办法》及其他一些单项规定。通过建立和完善制度体系，理顺了后勤工作有关各方的相互关系和管理程序，后勤各项事务有章可循。

二、抓落实，不断提高工作效率和质量

第一，负责人亲自抓。在我局从事后勤服务人员较少的情况下，负责同志靠前指挥，自己动手，集指挥员、教练员和运动员于一身，对规范后勤事务起到了重要作用。特别是在某些制度执行遇到阻力的时候，在局领导的支持下，处室负责同志顶住压力，坚持按制度办事，使制度最终得到确立。

第二，抓重点和难点。地税部门1994年成立，艰苦创业，经过多年的努力，基本建设和信息化具备了一定的规模，但由于历史的原因，固定资产管理成为一个积重难返的难题。2006年，在局领导的重视和支持下，决定破解这一难题，一季度制发了《全省地税系统固定资产清查工作实施方案》，三季度

开展了专项检查，车辆、土地、房产等一一清点检查，其他固定资产抽查。通过清查，全面掌握了全省地税系统固定资产现状，并为下一步实现固定资产管理信息化打下了基础。针对清查中发现的问题，我们修订了《安徽省地方税务系统固定资产管理办法》。

第三，抓制度落实。我们制定了《安徽省地税局机关公务接待管理暂行办法》，建立了公务接待审批制度，但由于接待任务重，有的处室嫌麻烦，经办人员有畏难情绪。我们一方面耐心做好解释工作，争取理解和支持；另一方面请定点酒店配合我处做工作，情况大有好转，目前基本做到了次次有审批。再如，有的市、县局在基本建设项目和车辆购置报批前没有认真研究，省局审批后又擅自改动，随意性大，既不严肃又不利于管理，针对这一问题，我们反复强调、严格要求，并通过严格审批手续、加强检查考核、加强固定资产审计及争取供应商支持等手段加强管理，维护了制度的严肃性。2006年对各市局装备后勤进行检查考核，评选先进单位；组织6个组开展固定资产清理专项检查，通过检查考核督促有关单位落实装备后勤工作各项制度要求。

第四，抓过程控制。围绕全局重点工作的采购较多，有税务登记证印制、税控系统、互联网站建设、视频系统等，为保证各项重点工作的落实，我们在采购前就采购内容、程序、文件、合同等与有关处室和有关部门充分沟通，实施采购过程中与有关部门充分协调，完善采购程序和方法，充分吸收有关人员参加监督、鉴证，签订合同后紧抓合同落实，有的紧紧盯住项目实施的每一步，对违约的供应商除按合同收取违约金外，还采取相应的措施对其进行惩罚。

三、抓创新，探索解决新情况新问题

随着地税系统信息化进程的加快和机关管理规范化的提高，政府采购的技术含量和规范化程度相应提高，为了做好我局政府采购工作，我们初步探索建立了采购领导小组决策，装备处组织，使用处室提需求，信息中心技术支持，借用外力，有关处室监督的采购模式，采购程序日趋严密和完善。办公用品、物业配件、汽车修理、加油和印刷等非大宗物品采购也参照集中采购程序按照制定需求、询价、比较、审批的步骤进行。过去单件价值小，领用频繁，零星采购工作量大的办公用品、物业配件等，在统计半年或全年的使用量的基础上，采取一次集中采购，分批定点供应的办法，节约了人力和经费。政府采购程序的规范化、过程的透明化、规模的经济化；既节约了经费（仅2005年12月为农村分局统配电脑一项，节约资金256万元，节约率23.75%），又保护了采购经办人；避免了猜忌和疑虑，采购工作得到机关干部的理解和认可。

物业管理事务繁杂，重要设备维护技术较强，地面和外墙清洗等需要专用设备和专业队伍，绿化养护需要专业知识；运用自己

百花齐放

的力量很难保证设备运转，实现物业管理要求，因此我们逐步探索走社会化、专业化的路子，与有关专业公司签订服务协议。

四、抓服务，不断满足机关对后勤工作的需求

（一）服务全局，围绕中心工作做好后勤保障。如，近年来，局党组提出按照建设社会主义新农村的要求，加强农村分局建设，尽快改变农村分局税干的工作、生活条件，提高农村分局的工作质量和服务水平。根据这一要求，装备处会同有关处室对441个农村分局建设逐一进行实地考察，形成考察报告，局党组根据考察情况作了重建、新建和维修部分分局办公房的决策。此外我们还根据局党组的要求为农村分局配备了144辆公务用车、1335台电脑、445台打印机。为改进纳税服务，改善办税条件，我局租用土地扩建办公大院，方便办税人员停车。为方便纳税人咨询了解有关问题，落实机关效能建设的要求，我们为相当数量的办公电话开通了呼叫转移功能。按照我局"规范管理年"的要求，在政府采购、固定资产管理、基本建设、车辆使用管理、公务接待、物业管理等多方面进行了规范和改进，出台了相关的制度和办法。

（二）服务机关，保证机关及系统工作运转。适应系统及机关工作需要，组织或协调政府采购24个项目，金额5847万元，节约资金639万元，节约率9.85%。认真细致地

做好公务接待工作。2006年1~3季度经办公务接待系统外来宾163批次，其中外省98批。加强安全管理。在有关主管部门协助下主动对安全消防设施进行一次集中检查和整改，对空调、电梯等关键设备进行了系统维修保养，平时注意加强安全岗位检查，增强有关人员安全意识，全系统没有发生大的安全事故。服务员工，落实人本管理要求。加强大楼和宿舍区物业管理，美化环境，多次在省直机关文明创建中获奖。

（三）在后勤装备工作实践中，我们深深体会到：一是加强学习研究是做好后勤工作之必须。随着社会主义市场经济的发展，机关工作现代化进程的加快，后勤工作遇到的新情况、新问题越来越多，做好后勤工作的难度也越来越大，单凭经验和热情的做法越来越行不通了。高素质的干部人才队伍是做好新时期后勤工作的关键。必须要加强学习，掌握现代后勤工作的管理理念、方法，加强研究，以现代管理理论和有关专业知识为指导解决新情况、新问题。近年来我局加强了后勤专业知识学习培训力度，学习是每次会议的主要内容之一，并通过专题培训、以会代训，以干代训等方式开展学习培训。

二是专业化、社会化是后勤工作之必然。现代机关工作要求越来越高，手段越来越信息化、自动化；这就要求后勤管理科学化、现代化、专业化。改革前党政机关的后勤队伍是庞大的；然而机构改革使机关工作人员精简，后勤管理人员少，工作量大，企

业脱钩、事业单位改制，使得后勤工作原来依靠的力量缺失，党政机关后勤工作的社会化成为必然。因此，近年来，我局适应这一要求，在一些方面依托社会专业力量加强后勤管理。然而，由于党政机关后勤社会化服务体系不健全，主要表现有市场发育还不成熟，不能保障机关后勤工作需要；后勤服务机构素质参差不齐，不能保证服务质量；市场价格不透明；服务机构运作方式不灵活等。需要主管部门采取有效措施破除传统观念和利益机制，加快建立党政机关后勤社会化服务体系，通过专业化、社会化提升后勤保障水平。

三是紧紧围绕机关工作需要是做好后勤工作之必须。服务机关工作是后勤保障工作的出发点和落脚点。做好后勤工作一要清楚机关工作的性质、内容和要求，后勤工作就主要围绕强化征管条件和手段、优化纳税服务条件和手段来开展；围绕省局机关实施领导和服务基层来开展后勤保障工作。二要把握机关阶段工作重点，有针对性地加强后勤保障，保证重点工作的顺利开展。三要了解机关工作的发展方向，适时调整后勤工作的重点和方式、方法，适应机关未来工作的需要。

四是任劳任怨、敬业奉献是做好后勤工作之必备。事多、细、繁、杂，容易得罪人历来是后勤工作的特点。现在各方面对后勤的工作要求不断提高，后勤工作的难度越来越大，而从事后勤工作的人员不足，矛盾一时更是难以解决；现状要求从事后勤工作的同志不怕烦、不怕累，讲敬业、讲奉献，还要能容忍一时不能理解的同志的埋怨。机关需要这样的默默奉献者！

机关后勤工作面临新情况、新要求，我们将认真领会总局的要求；虚心学习兄弟省市的工作经验；继续开拓创新，积极探索，做好新时期的机关后勤工作。

百花齐放

福建省国家税务局机关服务中心

福建省国家税务局机关服务中心现有干部职工25名,其中干部19名、职工6名。设有综合科、接待科、房管科、车管科、经营科等五个科室。主要负责局机关后勤服务、保障与管理工作。具体是:制定后勤服务管理办法并组织实施;负责综合性会议的后勤保障工作;负责来省局办理公务人员的接待工作;负责物业管理、机关办公用房、水、电、通讯等设施的日常管理、维修;负责机关的环卫、绿化和干部职工医疗保健等工作;负责机关食堂的管理和门市部管理工作;负责局机关车辆、房产的管理;负责承担机关办公用品的采购、保管、分发、维修和固定资产登记造册等管理工作;负责合同工的管理工作。

几年来,机关服务中心始终以邓小平理论和"三个代表"重要思想为指导,坚持和落实科学发展观,以税收工作为中心,突出重点、科学管理、优化服务,不断提高机关后勤管理、保障和服务能力,结合服务中心职能特点,不断探索机关后勤管理和服务保障新思路,推进机关后勤工作,努力为机关全面建设提供强有力的保障。

一、抓队伍,强素质,不断提高后勤人员的综合素质和管理水平

(一)加强政治思想教育。认真组织干部、职工学习邓小平理论、"三个代表"重要思想、党的十六届三中、四中、五中、六中全会精神以及《中共中央关于加强党的执政能力建设的决定》,平时注重干部职工服务意识、责任意识和职业道德等方面的教育,使干部职工充分认识到机关后勤工作的重要性,自觉端正服务思想,强化责任意识。

(二)抓好班子自身建设,扎实开展保持共产党员先进性教育活动。根据省局党组织的统一部署,牢牢抓住学习实践"三个代表"重要思想这一主线,紧紧结合机关后勤工作实际,以饱满的政治热情、良好的精神状态和求真务实的作风,高标准、严要求、重质量、求实效,狠抓先进性教育活动时间、人员、内容、质量的"四落实"。结合服务中心特点,党支部认真研究制定了机关服务中心《保持共产党员先进性教育活动实施方案》和《机关服务中心共产党员先进性具体要求》,使先进性教育活动的过程真正成为提高党员素质、推动机关后勤各项工作的过程,有力地促进了各项工作的落实。

(三)努力提高后勤队伍业务素质。服务中心在抓好政治教育及提高党员政治素质的同时,十分重视业务知识学习。积极创造条件让干部、职工参加文化和业务知识学习,派员参加总局和行业举办的业务培训。2002~2006年我们先后举办了多期以安全、节约型机关建设为主要内容的后勤管理培训班,邀请了总局机关服务中心张捷岩副主任

等专家作了节能方面的专题讲座，提高了后勤人员的管理水平和专业水平。

二、健全制度，规范管理，不断提高机关后勤管理质量和服务水平

（一）建立健全各项规章制度。几年来，我们先后制定了《机关大院安全管理规定》、《进一步完善车辆使用与管理规定》、《关于进一步加强机关节能工作规定》、《关于做好机关后勤处置突发性事件处置方案》、《省局机关大院及办公大楼管理规定》、《福建省国家税务局培训中心承办会议、培训办法》、《福建省国家税务局公务接待办法》和《省局机关客人在天星山庄公务接待办法》等制度。

（二）规范合同制临时工管理。为切实加强对省局机关临时合同工的管理，依法用工，理顺关系，提高工作效率，本着"按岗定位，严格条件，简化手续，规范管理"的原则，重新核定临时工岗位，依据有关规定组织资格审查、健康体检，并对驾驶员进行驾驶理论、交通规则、驾驶技能考核。对符合应聘条件的同志签订了劳动合同。制定了《关于调整合同制临时工工资及实行岗责考评办法》，结合对合同制临时工办理社会养老保险工作的时机，加强对合同制临时工有关政策规定和敬业爱岗教育，激发合同制临时工的工作热情，提高了工作效率，促进各项工作任务的完成。

（三）坚持公开、公平、公正原则，做好政府采购工作。严格按照《政府采购法》规定的采购程序，在省局机关采购工作协调小组的指导下，机关政府采购工作规范有序。2002～2006年来，共完成采购项目234批次，签订合同263份（次），采购总金额17000万元，比预算节约2600万元，与市场价相比节约经费4150万元。通过政府采购，增强了监督机制，堵塞了采购环节中的各种漏洞，有效地防止了腐败现象。

（四）大力推进节约型机关建设。结合后勤工作新特点和管理新模式，抓好机关节能工作。我们以节能、节水、节电、节材、节粮和资源综合利用等为重点，大力推进节能降耗，努力降低机关日常的行政支出。按照全国税务系统资源节约培训研讨班提出的各项要求和作出的部署，与省局办公室共同研究起草《关于在全省国税系统开展节约型机关建设活动的通知》，下发各地贯彻执行，加大宣传教育的力度，邀请总局机关服务中心张捷岩副主任到我省共同研究目前在节能方面存在的薄弱环节和漏洞，挖掘一些节能降耗的潜力。

三、坚持为机关服务的宗旨，优化服务质量，不断提高后勤保障能力

（一）全力以赴做好抢险救灾、抗击"非典"工作。一是2005年受台风"龙王"的影响，省局机关地下附一层、二层进水，机关供电、供水、供冷暖气设备和34台车辆被淹，给我局造成了严重的灾害。灾情发生后，中心领导及干部反应迅速，积极应对，在省局领导统一指挥，有关部门参与和支持下，我们在第一时间里组织干部、职工奋勇救灾、

百花齐放

团结拼博，连续奋战85小时，抽水、清除淤泥，把浸泡的车辆及时送达修理厂，为确保车辆维修质量赢得时间，积极与保险公司洽谈车辆理赔金，保障了34台受灾车辆修复经费的落实，在较短时间内，高质量完成好车辆修复工作。二是2003年抗击"非典"，确保干部职工身心健康。根据总局、省政府、省局等有关"非典"工作通知等一系列文件精神，我们做到领导重视，行动迅速，及时部署，并能及时根据工作重点，切实加强机关人员管理，组织办公区域和宿舍区等公共场所消毒，对办公大楼内外、楼道、卫生间及院内、外宿舍区坚持每天消毒，加强通风，直到"非典"疫情结束，确保了干部、职工的健康与安全。

（二）接待、会议保障有力。在接待工作中坚持热情、节俭原则，不断提高接待服务工作质量和工作效益。本着"勤俭节约、实事求是、积极主动、文明礼貌、周到热情"的原则，做到合法、合理、合情，尽最大努力树立和维护省局的良好形象。严格按照"准确、严谨、快速、高效"的工作要求，采取"统一标准、归口管理、对口接待"的办法，积极努力地为局领导和来宾做好接待服务工作。据统计，2002~2006年来共接待来宾605批（次）11000人，保障全省、全国性会议55场（次）455人，受到了总局领导和兄弟省（市）来宾的肯定和好评。

（三）加强固定资产管理。以制度建设为重点，抓好机关在用固定资产管理，防止资产的流失，逐步实现资产管理制度化、规范

化的要求。随着我局原直属分局、进出口分局、外税分局等机构相继撤销和新大楼的搬迁，我们积极组织相关处室对固定资产实物、账物核对、造册登账等工作。对有关处室申请计算机等专用设备报废的，我们组织专家进行逐台鉴定，并在清查的基础上，完成分类、造册、鉴定、处置、调拨、竞价拍卖处理、入账等环节的工作，做到了账账相符、账物相符。

（四）加强房产管理。切实加强并逐步完善闲置公房管理，对现有公房数、对外出租数以及租金收缴情况在机关网页进行公开，增强工作透明度。2002年以来，房屋出租收入累积达 521.34万元。为消除闲置出租房的安全隐患，我们还不定期配合公安等部门对出租房进行巡查，发放消防安全知识宣传单。及时与不履行房屋出租协议的租赁户解除了合约，确保了闲置房屋的安全。

（五）通信保障。为确保局机关通讯畅通，积极与福建省移动公司联系，做好局移动电话联网的工作，2003年将我局移动网成功改网，并与市局联网，让广大干部职工得到了更多的优惠。

（六）水、电供应。乔迁新办公大楼后，对新办公楼环境、绿化、卫生管理等要求不同了，管理模式要求更高了，为了保证办公环境工作的质量及完善管理，根据省局领导的批示，实行公开招投标方式选定物业管理公司，进一步推进服务社会化。积极改善机关大院、福飞、福圆生活小区的卫生保洁、绿化美化等物业工作，为机关干部职工营造一

个优美、整洁、舒适、方便、安全的办公和生活环境。

（七）公务车辆保障。强调抓安全工作，要有"责任重于泰山"的政治观念，经常性组织驾驶人员学习《道路交通安全法》，分析安全形势，讲评驾驶人员"爱车、守法、节约、安全"等教育，筑牢驾驶人员安全思想防线，把各类事故消灭在萌芽状态之中。建立完善的车辆管理制度，并严格加以实施。多年来，我们坚持组织完成车辆小修、三清保养等，提高了车辆完好率，累积安全行驶600万公里。省局机关车辆管理连续多年分别被福建省人民政府机关事务管理局评为"先进车队"和福州市公安交警支队、福州市道路交通管理协会授予"福州市安全行车先进单位"并多次得到车辆管理部门的好评。

（八）餐饮服务。本着热情周到、确保卫生、有利健康的服务宗旨，想方设法办好机关食堂。加强对食品采购、库存、加工等各个环节的检查与监督，杜绝餐桌污染，保证每天机关干部、职工都能吃上卫生可口的饭菜；针对不同季节，合理调剂伙食。炎热季节搞好降温品的供应，配合做好机关干部职工防暑降温保健工作。食堂人员善于发挥工作主动性，不辞辛苦，不怕麻烦，热情地为机关干部、职工代购午餐卡内余额食品采购，尽可能满足广大就餐人员的需要，做到了平时伙食有调剂，节日有改善，炎热季节防暑降温有保障。经常性搞好食堂卫生，防止食物中毒，努力做到菜肴制作好、饮食卫生好、服务态度好。

（九）办好"职工之家"。合理规划，购置健身器材，完善内部管理，在省局领导的关心与重视下，一个设施较为配套、功能比较齐全、管理较为规范的"职工之家"投入使用，丰富了机关干部、职工业余活动内容，增强了机关的活力。

在回顾总结成绩的同时，我们也清醒地认识到机关服务中心工作还有不少薄弱环节和问题，例如后勤管理人员的管理、服务水平有待进一步提高。由于历史原因，在历次机构改革中，机关后勤系统分担了许多机关分流人员，人员年龄结构、文化程度、综合素质有待提高；而机关后勤以资产管理为中心、物质保障为基础的要求又决定了机关后勤同样需要专业化、技能化的高素质人才。此外有些管理办法和制度还不能适应现代机关后勤管理的需要等。

今后，我省国税后勤管理工作努力方向：一是紧紧围绕后勤部门"管理、服务、保障"的职责，力求使我省国税系统后勤管理制度化，保障法规化，服务社会化。二是继续推进后勤管理创新，切实提高管理工作效能。创新管理理念，增强成本意识；创新管理机制，提高决策水平；创新管理方式，提高管理效能。三是深入开展节约型机关建设活动。按照建设资源节约型、环境友好型社会的要求，根据国家税务总局统一部署，大力开展能源、资源节约活动，加强政府节能采购、建筑节能改造等工作，建立健全节约资源的长效机制。

福建省地方税务局机关服务中心

按照2000年机构改革的方案，福建省地税系统不设后勤服务中心，由办公室承担后勤保障工作，办公室主任负总责，分管副主任具体抓。省局办公室后勤设有财务科、行政科，主要工作包括财务管理、固定资产管理、安全绿化管理、会务和接待管理、食堂管理、车辆管理、物业管理、公有住房的维护使用管理、办公用品管理等，并负责武夷山、湄洲湾、东山等3个地税培训中心的管理和指导工作。目前，省局办公室后勤人员共10名，其中财务3人、行政7人（干部3人、职工4人），承担省局机关300多人的后勤保障工作。除办公楼物业实行委托管理外，其余工作由办公室后勤人员按照分工进行管理。

一、加强财务管理和固定资产管理

省局办公室负责全局15个内设处室、3个直属单位的财务管理。认真执行省局财务收支由办公室统一管理、集中核算的财务管理办法，建立经费开支定期分析报告制度，改革处室业务经费包干办法，对人均包干经费水平、节余包干经费的使用管理作了调整，按月完成局机关及直属单位行政经费包干支出、计财拨入专项经费分解、核算工作，严格执行经费预算，及时编报下一年度经费预算。加大财务审核力度，明确机关财务逆向审批制度，要求协税护税费用支付和固定资产购置事先申请、公务接待以及车辆维修费用事前审批，定期通过内部网站和公开栏公开收支情况。2002年以来，未发生大的财务管理差错和违反财经纪律问题。切实改变重资金管理轻资产管理的观念，认真清理1994年机构分设至今近10亿元的固定资产，基本做到账证相符、账实相符。完善新购置固定资产登记制，做好固定资产调整登记工作。

二、加强安全工作

一是认真按照构建"平安福建"的工作要求，从组织领导、工作制度和方法手段等方面采取有效措施，落实安全工作责任制，明确各处室、各直属单位和每个人在安全工作中的责任，形成一级抓一级、逐级负责、逐级抓落实的工作机制，并明确责任追究制度。二是完善防火防盗安全设施，在大楼的重要部位安装监控探头、报警器、烟感探测器、温感探测器、喷淋头等，并设置灭火器、疏散标志、应急灯、防火阀。三是健全各项规章制度和流程预案，先后建立了车辆进出管理规定、来访人员处理流程、消防灭火演练方案、红外线报警处理程序、防台风洪涝灾害应急预案等，并与消防大队建立消防档案，制定消防应急方案。四是严格监督物业公司履行职责。物业公司对保安人员实行半军事化管理，每周组织安防例会和军事队列训练，保安和消、监控中心实行24小时值班制，所有大件物品出门实行回访落实制度，外来人员进出实行询问、登记制度，保证了办公楼人员和财产安全。自2001年投入使用至今，未发生重大治安刑事案件和消防安全事故。

三、加强机动车辆管理

制定机动车辆管理办法，对车辆管理原则、用车范围、车辆定点维修、定点保养、车辆燃料费用核定、违规处理、驾驶员职责、统一停放、统一管理、统一调配等作了具体的规定，对机关所有车辆保险费实行统一时间办理的办法。严格用车审批制度，车辆离开本市（县）区的，均按管理权限报批。在三个法定长假前，要求对车辆进行严格检修，对驾驶员进行安全教育，确保行车安全，严防交通事故。督促各级办公室按照《全省地税系统机动车辆管理办法》制定管理细则，认真抓好落实。2002年以来，未发生重大行车事故。

四、加强职工食堂管理

为方便干部职工用餐，我局2002年起在附属楼设立了职工食堂，以防火、防爆、防食物中毒为主线加强管理，引进专业技术人员负责一线管理，并配备了责任心强、工作经验丰富的食堂采购和厨房管理人员，确保采购渠道正规、食物新鲜卫生、锅炉灶台操作规范，让干部职工吃上放心饭。通过不断提高餐饮质量和服务水平，改善就餐条件，较好地解决了机关干部职工就餐问题；通过加强管理，强化成本控制，保持了收支平衡并略有节余。食堂开业至今未发生食物中毒等安全事故。

五、做好会务和接待管理

规范接待工作，制定机关接待管理暂行办法，严格控制陪餐人数、食宿标准，实行事先审批、对口接待，压缩陪餐人数，严格控制接待费支出。严格控制会议次数和规模，机关各处室、直属单位专业会议原则上每年一次，能合并召开的一律合并，能精简的会议坚决精简。

六、努力建设节约型机关

广泛宣传建设节约型机关，推进节约型社会发展的重大意义，引导干部职工增强创建节约型机关的自觉性。节约用电，每天下班后巡查各办公室用电情况，确保做到人走电断，杜绝白昼灯、长明灯现象。节约用水，定期检修用水设备，严防跑、冒、滴、漏和长流水现象发生，对公用大型耗水设施进行节水改造，尽量改用节水型设备。节约办公用品，倡导无纸化办公，建立办公用品领用登记及定期分析、通报制度。与相关部门协商调整办公大楼商业水价、电价，每月可节约水电费近2万元。

七、增强服务意识，努力为干部职工办实事

在办公楼各楼层安装了净水器，改善了饮用水质；为各处室配备了上互联网的专用电脑，方便大家及时了解国内外重要时政新闻、财经消息；联系解决干部职工子女入学入托问题，及时办理二级保健和普通干部体检有关事宜；为临时人员办理医保，成立局机关后勤临时人员分工会；与移动公司协商成立地税系统移动网及资费优惠方案，联系办理预存话费赠送手机、赠送话费等，逐步改善干部职工工作、学习和生活条件，解除大家的后顾之忧，激发工作热情。

八、推广应用新版行政管理系统，提高机关行政效能

开发行政管理系统，及时研究编制财务管理、固定资产管理、会议管理、车辆管理

软件业务需求，认真做好软件测试和试运行，今年10月在省局机关顺利投入应用。认真做好系统运行后的跟踪管理工作，对实际操作中反映的问题及时答复、解决或反馈软件公司进行修改，撰写操作注意事项，保证新系统的稳定运行。对分期分步上线运行的福州、泉州、宁德及其他设区市局及时进行指导，督促各地加快推广进度。

九、加强武夷山、湄洲湾、东山地税培训中心管理

对培训中心的管理进行具体指导，不断提高培训中心接待水平和能力，保证省局接待任务的圆满完成。制定武夷山、湄洲湾、东山地税培训中心管理暂行办法，理顺管理体制，加强人员管理，进一步提高培训中心的运营质量。

十、加强绿化管理

省局机关办公综合楼占地面积18亩，在规划设计之初，就充分考虑了庭院绿化，绿化布局完全按照规划设计实施，树木花草搭配得当、配置成景，对周边单位具有示范和辐射作用，达到省直机关"花园式单位"评选标准。

后勤保障水平的高低直接影响着机关工作和群众生活，关乎机关形象和机关作风。在今后的工作中，我们将按照总局关于科学化、精细化管理的要求，重点做好以下几个方面的工作：

一是加强队伍建设。后勤保障工作管钱、管物，政治性、政策性强，要教育后勤保障人员树立正确的人生观、价值观，增强求真务实、无私奉献、廉洁奉公和团结协助的意识，自觉将加强党的执政能力建设与提高机关后勤服务能力结合起来，与个人本职工作结合起来，努力在工作中实践立党为公、执政为民的根本宗旨。要大力开展岗位培训，着重提高干部职工的业务技能。要努力引进专业技术人员，提高后勤保障工作的质量和水平。

二是强化服务意识和节约管理意识。要强化服务意识，切实把干部职工的呼声和意愿作为指导工作的第一信号，把干部职工满意不满意作为衡量工作政绩的第一尺度，紧密围绕干部职工最现实、最关心、最直接的利益，诚心诚意办实事，尽心竭力解难事，坚持不懈做好事，把办公用房、干部职工住房、物业管理、机关食堂等涉及干部职工切身利益的各项工作，做细致、做深入、做扎实。树立节约型行政管理意识，按照科学化、精细化管理的要求，强化管理，明细岗责，优化流程，健全制度，加强创新。

三是创新服务方式。随着经济的发展和社会的进步，局机关的消费需求会不断提升，我们的后勤保障服务也应与时俱进，无论是办会、办事、接待等各个环节，都要在借鉴和继承过去一切行之有效的办法和措施的同时，积极面对新形势，研究新问题，探索新思路，总结新经验，寻找新方法，不断取得新的突破，想方设法拓展服务空间，提高服务水平和质量，为局机关干部职工提供良好的工作和生活环境。

中国税务后勤建设

江西省国家税务局机关服务中心

江西省国家税务局机关服务中心在国家税务总局机关服务中心的精心指导下，在江西省局党组的正确领导下，按照国家税务总局提出的"保障法制化、服务社会化、管理科学化"的工作思路，坚持以建设"四型"（节约型、高效型、安全型、和谐型）机关为重点，在优质服务和严格管理上下工夫，机关后勤工作做到了精简精干、廉洁高效、运转协调，圆满地完成了各项后勤保障任务。

一、统一认识，思想上克服一个"难"字

机关服务中心正式成立以来，有一些同志认为：后勤工作是伺候人的工作，低人一等，没有局机关其他处室吃香，不愿意来；也有一些同志认为：后勤工作政策性强，事务性多、涉及面广，具体繁杂，并且时间紧、要求高、任务重，有畏难情绪。针对这些情况，我们着重做了以下几项工作：

（一）开展深入细致的思想政治工作。本着思想领先的原则，首先，我们经常利用会议集中学习、会后个别谈心的方式，教育干部职工爱岗敬业、恪尽职守。其次，通过办黑板报开展思想教育活动。自1995年以来，中心一直坚持以黑板报的形式，通过让中心干部自己撰写"每日一言"、"每周一题"、"政工园地"等活动，开展教育活动，收到了较好的成效。再次，利用身边的先进典型开展宣教活动。通过用身边的事来教育身边的

人，干部职工深受教育，收到了较好的效果。

（二）切实关心后勤干部的工作生活困难。我局领导历来对后勤工作十分重视，对后勤干部关怀备至。想方设法，为后勤干部解决住房问题和其他生活困难。而且从政治上关心后勤干部的成长，服务中心成立以来，已先后有3名干部提拔为副处级以上领导干部，1名干部提拔为主任助理。

二、整章建制，管理上强调一个"严"字

在日常事务管理中，我们从加强廉政建设着手，制定了一系列的制度，并在实际操作中严格执行。

（一）严格预算管理。自1998年开始，实行了机关经费包干管理办法：即对难以控制弹性较大的会议费、培训费、电话费、差旅费实行包干办法，有效地防止了相互攀比现象的蔓延，当年就为机关节约资金约50万元。

（二）严格审批手续。从会议审批到车辆维修，从设备购置到零星采购，都有详细明确的操作规定，基本上涉及了整个后勤工作的方方面面。

（三）严格按规定操作。我们强调后勤工作要按工作规程办。规定：纳入政府采购范围的物资、工程实行公开招标、竞价采购，零星物品规定2人以上参与；会议、接待必须按事先审定的标准操作；机关公务用车实行

统一购买、统一保险、定点维修、集中管理、统一调配，并定期公布每一台车的各种费用，接受群众的监督。

所急、想群众所想，我们中心还制定了承诺制，如：水电维修6小时到场、总机房8小时人工不间断接线等等，受到群众的好评。

三、明确职责，工作上做到一个"细"字

2000年底，我们借省局机构改革人员调整之机，根据中心人员个人的特长、性格等，重新对人员进行了合理搭配，实行定岗定人定事，岗位职责细化，并强化考核。工作中既强调职责分工，又注意相互配合，具体做到"三个坚持"。

（一）坚持细致周到的原则。我们要求中心人员在后勤服务工作中要尽量细致，要有"怕不细"的思想意识。对此，中心人员在后勤保障时，总是集思广益，方案看了又看，工作想了又想。如每次开会，会前，工作人员从检查灯光、空调、音响到每一支笔能否书写，逐一进行检查。会议结束时，保证电梯门开着，两位笑容可掬的迎宾小姐迎候在两旁，凡此一件件、一桩桩，细致周到地服务，得到了大家的好评。

（二）坚持分工协作的原则。中心要求：所有人员必须树立全局意识、大局意识，各负其责，分工不分家，这一原则，使后勤工作井然有序、职责分明，为机关运转提供了高效的服务和强有力的保障。

（三）坚持守信自律的原则。在后勤保障各项工作中，我们强调要服务到位，遵守时间。有一次，我们中心的司机，车子中途坏了，为了不让客人久等，司机当时就叫了计程车前往赴约。为了提高办事效率，急机关

四、操办实事，效果上追求一个"好"字

几年来，省局在经费比较困难的条件下，在改善干部的工作、生活条件、美化环境，解决职工后顾之忧等方面，实实在在地为机关办了一些事情，受到局机关广大干部职工的一致好评。

（一）通过房屋置换、干部集资的办法，切实改善局机关的办公条件和干部职工的住房条件。1998年，省局领导集思广益、开动脑筋，用房屋置换的方法，置换位于市中心人民广场新建的办公大楼一幢，置换办公大楼附近土地23亩，新建干部住房200套，面积3万多平方米，从而较好地解决了省局没有税务宾馆、办公大楼进出不便，干部宿舍太小、太分散的问题。

（二）通过取消自供液化气站，与专业供气公司签约的办法，为省局干部职工生活用气提供了更加优质的服务。每年不但可以节约经费5万余元，而且还节省了每月供气的人力和物力，最终也消除了一大安全隐患。

（三）通过专项治理、美化设施，为机关干部职工创建一个安全、舒适的工作环境。每天，对机关大楼都坚持进行巡查；每月，对整个机关大楼都要进行安全检查；每年，对机关、宿舍的院落，我们都要进行粉刷，对铁门、铁栅栏都要进行重新油漆；同时，下大力气绿化机关大院，对新建的职工宿舍也

提出了建成花园式住宅小区的目标，新建宿舍绿化率将达54%。同时，采取租用的方式，对办公室的花卉，会议用花等不断变换新品，使整个机关春意盎然、充满生机，我局先后多次被省政府、市政府评为文明单位、文明楼院、卫生先进单位、安全管理先进单位。

随着"十一五"工作的深入，今后，我们将按照"围绕一个中心（即围绕全省税收工作中心），突出两个重点（即突出经营管理和社会治安综合治理两项重点工作），提升三个水平（即提升后勤管理水平；提升接待服务水平；提升后勤保障水平），做好四项工作（即做好机关资源节约工作；做好后勤干部队伍教育培训工作；做好后勤宣传工作；做好设备、消防监控室和车辆管理工作）"的思路，采取有效措施，充分发挥支部的战斗堡垒作用和党员的先进模范作用，有针对性地组织后勤人员参观学习，开展调研，确保后勤工作再上一个新台阶。

江西省地方税务局机关服务中心

江西省地方税务局机关后勤服务中心组建于2000年10月，行使机关后勤管理职能，主要负责省局机关的经费、房产、车辆管理和对外接待；负责综合性会议的会务保障；负责省局机关办公楼（院）及宿舍区的环境、消防、安全保卫等物业管理，以及省局机关干部职工的公费医疗等后勤保障工作。现有正式干部职工17人，内设4个职能科室：综合（财务）科、接待科、物业管理科、车辆管理科；下设4个直属单位：庐山干部培训基地、井冈山干部培训基地、银星大厦、金悦宾馆。

一、后勤保障体系逐步建立

江西地税组建（1994年8月）之初，因人员配备较少，后勤服务工作一直由办公室统一管理。随着地税事业的不断发展壮大、人员不断增加，后勤服务工作显得越来越重要，办公室管理后勤工作已不适应形势需要，并且省政府有关部门也要求机关政务、事务分开管理，基于以上原因，经批准，我局机关后勤服务中心于2000年10月正式组建成立。随后，11个设区市局和部分县局相继在2002~2003年成立了机关后勤服务中心，并逐步建立了全系统的后勤保障体系。一是加强了对后勤保障工作的领导。省局领导对后勤保障工作非常重视，十分关心后勤服务中心的日常工作、组织建设、制度建设和人员调配等问题。各设区市、县（市、区）

地税局领导对后勤保障工作也抓得很紧，经常研究解决后勤工作中所遇到的问题，为后勤部门进一步做好工作提供了坚强的领导，打下了坚实的基础；二是配备了后勤服务中心的中坚力量。省局机关后勤服务中心专门设置了4个科室来加强机关的后勤服务工作，还面向社会招聘了有丰富经验的同志专门从事接待工作，为后勤队伍输入了新鲜血液。

二、后勤运转机制逐步成熟

后勤服务工作从无序到有序，从不规范到逐步规范，经过这几年的运转已经形成了一个成熟的机制。一是在硬件建设上，江西地税在成立之初，办公用房全是租赁的，基本没有公务车，上班靠公交，执法靠徒步、自行车；职工坐长板凳办公，没有计算机，全靠手工作业；没有一个职工食堂，中午干部职工就餐只能靠自带饭或找小饭馆"打游击"。经过十几年的艰苦奋斗，目前我局已拥有自己的办公大楼，2个宾馆，2个培训基地，办公环境实现了自动化管理、宾馆式服务，省局公务用车达到28辆，省局工作餐平均每餐都有20多个菜肴（点心）；市、区、县地税局机关也都有了自己的职工食堂，职工宿舍区环境得到较大的改善。

二是在人员培训上，各级机关后勤服务中心自我加压，从加强政治素养、弘扬职业道德、培养职业技能、提高服务水平等方面加大了对后勤工作的教育培训力度。省局机关后勤服务中心也多次邀请有关专家通过视频系统为各设区市局后勤部门举办各种培训班，强化对后勤人员礼仪、接待等方面知识的教育，要求后勤人员要以主人翁的姿态不断增强服务意识，以优化服务为己任，以服务地税事业发展为天职，锻炼出过硬的服务技能，不断拓宽服务领域，尽力搞好人性化服务。

三是在制度建设上，近5年来，江西地税后勤服务中心结合自身工作实际，建立健全了《江西省地方税务局机关接待工作管理办法》等一整套涵盖机关经费、对外接待、机关物业、车辆、福利、物品采购、资料印刷、食堂、宾馆（基地）及其他经济实体管理在内的30多个规章制度。江西是个有着丰富旅游资源的内陆省份，为了做好对外接待工作，提升江西地税的形象，我局机关后勤服务中心专门组织召开了三清山、婺源、龙虎山、井冈山、庐山、瑞金等6个景点的接待工作座谈会，讨论并通过了《江西省地方税务局旅游景点接待细则》，形成了全系统接待一盘棋的理念。这些规章制度的贯彻实施，较好地调动了干部职工的工作积极性，保障了每次接待任务的顺利完成，促进了后勤工作质量的全面提升，同时也树立了我们江西地税的良好形象。

四是在管理运行上，通过建立健全各项制度，各级地税机关目前已经形成了具有自己特色的后勤管理模式。我局所属的银星大厦是一座集办公、餐饮、住宿于一体的综合性大楼，大厦采取社会化形式，委托江西饭店派出中层管理人员负责管理，经过2年多的努力，大厦在对保障省局机关运转、服务

机关工作生活等方面已经产生了很好效益；省局所属的另一座大楼金悦宾馆，在2005年8月，根据市场运作规律，进行了改制，由银星大厦接管，内部员工实行竞争上岗，实行"以收定支、工效挂钩、多劳多得"的新体制。改制后的金悦宾馆与银星大厦"比翼齐飞"，特别是宾馆的管理与服务得到全面提升，在激烈的市场竞争中，经济效益在南昌市同档次规模的宾馆中名列前茅。

各级地税机关也充分利用现有资源，做好服务文章，使后勤工作步入了良性循环。例如：全系统车辆管理遵循省政府有关部门的规定，实行了公务用车加油定点、一车一卡、单车核算制度；各级地税机关在来客接待、物业维护、固定资产管理、干部职工身体健康检查等方面，都有了规范可行的个性管理流程。

三、工作成效逐步显现

（一）有力地服务了我省地税发展。回顾我省地税多年发展，我们看到一个个明显的成就：全省纳税人对地税部门总体满意率高达98.2%，2003～2005年的全省政务环境评议评价工作江西地税荣获"三连冠"，"三个服务"学习教育活动的开展、征管业务软件的全面上线、信息化建设等等，这些工作的顺利开展，都离不开后勤部门的辛勤劳动。各级后勤服务中心围绕中心工作和重大活动，做了大量、卓有成效的工作。近年来，我省地税系统先后被省委、省政府授予全省"第二届文明行业"称号，省局机关被中央文明委评为"全国文明单位"，全省地税系统6个单位荣获"全国精神文明创建工作先进单

位"称号，3个单位被评为"全国税务系统先进集体"，6个基层单位被评为"全国巾帼文明岗"，这些荣誉与我们有力的后勤保障是分不开的，倾注了我省地税系统广大后勤工作者的心血和汗水。与此同时，我省局机关后勤服务中心还先后获得"综合治理先进单位"、"消防安全先进单位"、"文明交通管理优胜单位"、"文明安全楼院"等荣誉。

（二）有效地树立了江西地税的良好形象。后勤部门是接待的"窗口"，我局十分重视内外接待工作，通过对内、对外接待，展示江西地税良好形象。在具体的接待过程中，我们后勤接待人员基本上没有正常的节假日，接待员每次接待重要客人，都要在客人光临之前召开相关人员会议，制定详细的接待流程及接待预案，送走客人后又及时进行工作总结，赢得了各级领导、内外来宾的一致好评，真正发挥了宣传江西、宣传地税，提升江西地税形象的桥梁作用。

（三）行之有效地维护了广大干部的切身利益。从房产、物业、食堂、家电维修到身体检查，地税后勤服务涉及很多琐碎工作。我局后勤服务中心每年都组织机关干部职工进行身体健康检查，举办各种保健知识讲座，开展了形式多样的健康教育活动。局机关食堂菜肴搭配做到"多素少荤、清淡少盐、精细搭配、果蔬为主"，受到机关干部职工及家属普遍欢迎。为强化车辆管理，我们高度重视对每一位驾驶员进行交通安全教育工作，要求全系统后勤部门定期组织驾驶员进行安全培训与学习，牢固树立安全第一的意识。由于我们非常重视，自省局机关后勤服务中心成立以来，从未发生人员伤亡的交

通安全责任事故，我局机关后勤服务中心还被江西省交警总队评选为省直"文明交通车辆安全管理优胜单位"。围绕资源节约，我省地税系统相继开展了各种各样的节能活动，积极实施节水节电工程，对水电设施、设备进行普查，解决跑、冒、漏、耗等现象，对耗能大的照明灯全部采用节能灯，撤换下大流量的水龙头，有效地节约了能源，最大限度地发挥机关资源的效能，推动了我省地税"建设节约型地税机关"活动的开展。

几年来，虽然我局机关后勤服务工作取得了一定的成绩，但与兄弟省局相比，我们还存在不小差距，不论是硬件建设还是软件环境管理，我们与兄弟单位相比还有很远的路要走，管理水平和服务质量还须进一步提高。

第一，要不断提高做好后勤服务工作的能力。一是要继续提高服务能力。我们的工作理念是服务的好坏，直接影响江西地税形象，影响到干部职工的切身利益和工作积极性，影响机关正常运转。二是要不断提高政策水平。尤其要提高财务政策水平，作为后勤部门的领导，我们将更加认真学习财务管理，学习机关业务，今后，省局机关后勤服务中心将进一步加强对各设区市地税机关财务人员的培训。三是要继续提高接待水平。对外接待是与外单位沟通联系的"窗口"，接待人员的一言一行，小而言之事关江西地税，大而言之事关全国税务系统的形象，我们将做到待人热情、安排细致、服务周到、力争满意。四是要不断增强节约意识。对待机关经费，精打细算，合理使用，为建设节约型机关、节约型社会作贡献。五是要不断增

强安全意识。重点对驾驶员加强安全教育管理，树立安全第一的意识，强化每个人安全文明行车的意识和能力。加强饮食卫生、安全保卫，推进和谐地税机关的创建。

第二，要把后勤服务融入全省地税工作大格局。在今后的工作当中，我们将进一步树立中心意识，严格按照上级要求，做好本职工作，紧紧围绕省局中心做好后勤保障工作，要把后勤服务与我省地税正在开展的地税文化建设、规范化建设、征管改革、"三个服务"学习教育活动等紧密结合起来，通过规范化管理进一步建立健全系统机关后勤服务的各项管理制度和办法，完善后勤服务机制与体制，提升后勤服务质量与水平。

第三，要继续加强对后勤干部队伍的教育和管理。我们深刻认识到事业兴衰关键在人，要满足新时期地税事业发展的需要，保持机关后勤事业的可持续发展，就必须建设一支高素质、高水准的后勤人员队伍。为此，我们将首先提高工作技能，提高后勤队伍的人员素质。不断加强对后勤服务人员的教育培训工作，采取走出去、请进来等多种形式加强人员培训，促使他们努力学习经济、法律、计算机、后勤专业技术等知识。其次要强化干部职工的勤政廉洁意识。后勤服务工作管钱管物，党风廉政建设一刻也不能放松。作为地税后勤队伍的党员特别是领导干部，我们将率先垂范，切实发扬党的优良传统和作风，模范实践"八荣八辱"的社会主义荣辱观，真正做到为民、务实、清廉，努力造就一支会干事、干成事、好共事、不出事的地税后勤队伍，为江西地税事业的发展做出更大的贡献。

山东省国家税务局机关服务中心

后勤服务中心领导签订责任书

山东省国税局机关服务中心是1998年按照总局机构改革的统一部署，由局办公室分立出来的，为正处级事业单位。负责省局机关后勤保障和部分管理事务，内设行政、房管、物业、车管、生活和卫生室等6个部门，现有人员25人。多年来，我们在历届省局领导的关怀支持下，在总局机关服务中心的大力指导和帮助下，以"三个代表"重要思想为指导，认真贯彻党的十六大和十六届四中、五中全会精神，紧紧围绕国税中心工作，解放思想，更新观念，求真务实，扎实工作，各项服务管理工作都有了较大提高，先后被山东省政府和山东省安全委员会评为"全省后勤系统先进单位"和"全省安全管理先进单位"。

一、准确定位，服从服务全局工作

有作为才能有地位，有地位首先要定好位。我们充分认识到机关服务中心的"后勤部"作用，自觉摆正位置，找准位子，不断强化大局意识，想问题、办实事，充分发挥了后勤保障职能。

（一）营造良好的工作和生活环境。积极解决涉及机关工作效率和人员稳定的问题，如干部家属就餐、副食供应、宿舍区绿化等；大力改善干部的医疗、住房和交通条件；加强机关办公区和宿舍区的安全保卫工作，严格执行来宾登记制度和干部节假日、夜间巡回检查制度，确保办公区和宿舍区的正常秩序。

（二）为国税中心工作提供有力支援。认真开展物业维修检查，改进机关办公用品的采购、保管和发放办法，及时满足办公需要；加强车辆的管理、使用和安检工作，保证人

后勤服务中心领导认真听取安全讲座

身和财产安全；妥善处理突发事件，保障各项工作的顺利开展。

（三）强化管理抓服务，扎实做好各项服

务保障工作。提出了服务工作的"五项承诺制"和"首接责任制",自我加压,在干部职工中树立良好的服务形象。组织实施了新建办公楼的物业管理,及时制定了大楼管理办法

二、狠抓严防,切实加强安全管理

(一)加强重点部位和重点环节的管理。认真加强办公楼、宿舍区、培训中心的消防安全,加强计算机房、发票库房等重点部位的安全管理,先后建立完善了一系列安全管理的制度措施,省局成立安全管理委员会,每年都组织安全知识的教育,我们省局还组建了义务消防队这个群众性组织并进行演练培训;我们从实际出发,把车辆安全、消防安全、防盗、防泄密、防食物中毒作为重点环节,采取有效措施,常抓不懈,确保万无一失。

(二)落实安全责任制。针对省局重大设备、车辆多以及居住分散的特点,在服务中心实行了安全责任制。内部层层签订《安全管理工作责任状》,将责任明确到各个岗位、具体人员,明确职责,强化责任,并制定了相应的奖惩办法,提高了全体人员想安全、抓安全的主动性。

(三)加强节日期间的安全管理。以防火、防盗、防失密、防交通事故等为重点,坚持定期召开安全形势分析会,组织干部职工及家属进行安全教育,严格落实24小时值班制度、重大事项报告制度和保卫人员昼夜值班制度。确保了省局机关的公共安全。

后勤服务中心组织进行消防演习

食堂不断调剂花样,推陈出新

三、开拓创新,全面提升综合保障能力

认真抓好机关食堂管理和生活保障,坚持进放心原料,对售饭系统进行了升级,对炊事员进行了培训,定期进行卫生检查;积极稳妥地搞好宿舍区卫生清洁和环境绿化工作;行政接待是机关服务中心的重要职责,我们努力做到"诚"、"细"、"全"、"实",树立了山东国税的良好社会形象。"诚"就是待人真诚,服务热情;"细"就是认真细致,严谨周密,注重接待的细节,在接待工作中少出问题,力争不出问题;"全"就是为客人考虑周全;"实"就是各项管理制度落实到位,工作措施扎实。

四、堵漏盘活，确保固定资产保值增值

针对机关固定资产管理的现状，制定了《机关固定资产管理暂行办法》，明确了统一领导、归口管理的原则，对固定资产的增加、处置、日常管理、清查制定了详细的规定，促进了固定资产管理的科学化、制度化和规范化。每年都组织清产核资工作，对机关所有固定资产进行彻底清理清查，进行相应的盘盈、盘亏处理，严厉追究造成资产盘亏的有关人员的责任，有效地堵塞了管理中的漏洞，防止了固定资产流失。把固定资产管理列入机关目标管理考核内容，充分调动了各处室加强固定资产管理的积极性和主观能动性，真正做到了固定资产的合理配置和有效使用。

五、以人为本，全面加强后勤干部队伍建设

有针对性地组织岗位技能训练，加强业务培训，有计划地安排干部外出考察学习，特别是参加总局举办的全国税务系统后勤工作座谈会、各类专业培训班等；同时鼓励支持后勤人员参加各类学历教育，提高了干部的文化素质和业务技能。全中心现有研究生1人，本科学历的人员已达22人。加强反腐倡廉教育，筑牢思想防线。提出廉洁自律的具体要求，逢会必讲，警钟长鸣，收到了良好效果。

宿舍区绿化一角

在迎新春联欢会上后勤服务中心的干部职工放声高歌

山东省地方税务局机关服务中心

自国地税机构分设10多年来,全省地税系统在国家税务总局和各级党委政府的领导下,以组织税收为中心的各项工作都取得了优异成绩。机关服务中心主管的后勤工作也与整体工作一起得到了较大发展。

一、组织机构逐步完善

山东省地方税务局成立之初,机关行政管理和后勤工作全部由办公室承担,为开创地税工作的新局面做了大量的、卓有成效的工作。1998年,省局根据工作需要,成立了机关服务中心,在2001年的机构改革中,省局根据机构改革"三定"方案,又明确了机关服务中心负责省地方税务局机关行政管理与后勤保障服务的工作职责。

原国家税务总局局长金人庆看望职工食堂员工并合影

机关服务中心领导成员

二、服务方式逐步创新

在近年来的工作中,省局机关服务中心

紧紧围绕组织收入这个中心工作,不断强化后勤服务工作,改进服务手段,加强对后勤各个岗位工作人员的教育、管理和培训,使服务方式不断创新,服务质量逐步提高,实现了从"传统式、作坊式"到"开放型、社会化"服务的转变。在近年来省局开展的税收征管改革、综合治税、基层建设等各项重大工作中,在历年的全系统各种会议中,在接待各级领导和兄弟省市同志们的学习交流来访中,机关服务中心都能以忘我的工作精神,科学的服务方式,优质的服务标准,有力地保障了这些工作任务的顺利完成。

三、管理水平逐步提高

机关服务中心坚持一手抓服务,一手抓管理,在搞好服务的同时,充分发挥后勤工作的管理职能,向管理要效益,向管理要安全，走出了一条后勤工作制度化、规范化、程序化的管理路子。

一是建立健全了涉及人、财、物各个方面的管理制度。制定了《行政接待工作若干规定》、《机关生活管理规定》、《机关车辆管理使用规定》等26项规章制度，明确了岗位职责，细化了工作标准，规范了工作程序，落实了责岗一体化，做到了有法可依，有章可循。

二是狠抓制度落实。这方面的体会有四点：

第一，实施单位要坚持原则。敢于拉下脸皮，做到该严的严，该罚的罚，同时还要做好宣传解释工作，让对方了解制度，理解制度，从而理解和支持，以此维护制度的严肃性。

第二，单位领导要率先垂范。克服制度只管群众，不管领导的现象，以此维护制度的平等性。

第三，督促检查要坚持经常。以此维持制度的经常性。

第四，考核奖惩要严格兑现。以此维护制度的有效性。

三是突出重点，抓出实效。就我们多年来的工作经验和体会来看，地税后勤工作中的"安全工作、财务管理工作、资产管理工作"是必须经常把握的三个重点工作。安全工作涉及单位和全体人员的生命和财产安全，甚至影响到社会的稳定，近几年特别注重这项工作，强化"安全第一"意识，把安全放在各项工作的首位，研究问题、部署工作首先考虑安全。每年我们至少对办公场所和宿舍区域组织两次消防安全检查，对查出的问题都能按消防方面的规定立即进行整改；在车辆管理方面，根据形势的发展变化不断修订和完善《车辆管理使用办法》，努力提高车辆使用效率，确保行车安全，10多年来，省局机关30多辆车累计行驶1000多万公里无重大交通事故，较好地保障了地税工作的开展。财务管理工作是容易出问题的地方，为了杜绝问题发生，多年来不管是分管领导还是财务工作人员都能严格执行财务管理制度和国家的财经纪律，把好财务收支的每一关口，花好每一分钱。资产管理也可以

职工食堂

干部职工就餐

说是家业管理工作，管理上紧一紧和松一松，效果大不一样，所以，多年来我们一直安排责任心强，业务精通，工作认真的同志具体负责这方面的工作，保证了资产的安全完整。

四、保障能力逐步增强

我们一直把后勤保障工作摆在突出位置来抓，积极筹措资金，加强基本和基础建设，为后勤保障提供了坚实的载体。初步统计，仅省局机关的固定资产就由1994年成立之初的零记录，达到了现在的2.1亿元。省局机关的办公设备、交通工具、通讯设施、职工生活等方面都发生了翻天覆地的变化，保障能力比成立之初有了很大的提高。

山东地税事业10多年的发展是突飞猛进的，年均近15%的税收增长幅度里蕴含着一线地税干部职工的心血，同时也凝聚着后勤保障人员的辛勤汗水。随着地税事业的发展，机关服务中心不断地充实、完善自己，有决心、有能力为全省地税工作再上新台阶提供更加坚强有力的保障。

腌制咸菜

规范的车辆管理

河南省国家税务局机关服务中心

一、理清工作思路，强化后勤管理，提高机关服务水平

机关服务中心组建以来，根据总局的部署和省局党组的要求，紧紧围绕全省税收中心工作，牢固树立为机关服务，为基层服务，为干部职工服务的"三个服务"观念，循序渐进地开展工作。

（一）吃透情况，分析特点，理清思路。搞好工作必须要有一个明确的思路，思路与时俱进，思路就是出路。为了掌握工作主动权，我们以机关服务中心职能为基础，通过有关规章制度、群众反映、领导指示等多种渠道发现问题，分析问题。机关后勤行政管理是一项以资产管理为核心，以物质保障为手段，以保证政府机关正常、高效、有序运转为目标的行政事务管理工作；是政府行政管理体系的重要组成部分，也是政府机关职能活动正常运转的重要保障。随着国税系统机构改革的逐步展开，机关后勤在面临巨大发展机遇的同时，也面临着前所未有的挑战。

通过不懈的工作和探索，我们初步形成了"牢固树立服务意识，科学实施项目管理，认真做好本职工作，扎实推进中心建设"的工作思路。为与时俱进地做好机关行政后勤管理工作树立了明确的目标。

（二）完善制度，严格管理，竞争上岗。

制度建设是一切工作正常运行的依据和规范。因此，我们首先把理顺职能、完善制度作为重要的基础性工作来考虑。

先后制定了《服务中心工作规则》，《物资采购及出入库管理制度》，《医疗管理办法》，《房产管理规定》等10余项规定和制度，装订成册，并发布了《省局机关接待管理规定》，对接待工作进行了规范。上述制度的完善和建立，为服务中心做好今后工作奠定了基础。

为了强化内部管理，我们在省局机关双向选择以及现有人员编制的基础上，通过个人择岗、组织定岗的方式，确定了全体人员的工作岗位；通过竞争上岗的方式，确定了4个内设部门负责人。

（三）一岗两责，谈心交心，推动工作。思想政治工作是党的优良传统和政治优势，根据服务中心的人员结构特点，我们坚持引导和鼓励同志们利用各种机会和时间开展谈心活动，进而统一思想，较好地调动了全体干部职工的工作积极性和创造性。同时，把思想教育与谈心活动紧密结合起来，以事说理，进行教育，起到了举一反三的作用。强有力的思想政治工作促进了集体凝聚力的增强，保证了各项工作有条不紊地运行。

（四）抓住重点，克服难点，扑下身子，解决问题。在党组大力支持和同志们积极务

中国税务后勤建设

力下，我们在完成繁杂的日常事务的同时，想领导和群众之所想，急领导和群众之所急，抓住重点，克服难点，扎实工作，使一些久拖未决的历史遗留问题得到了解决。

1. 国、地税家属院资产彻底划分清楚。我们认真分析形势，数十次与地税局友好协商，经过资产评估，产权选择，相关补偿和资产分配等过程，终于使历时7年的遗留问题得以彻底解决。

2. 清理住房工作圆满结束。通过登门串户宣讲政策，开展思想政治工作，克服重重困难，比较好的完成了任务。在省直机关清理多占住房工作中，我局共清理清退多占住房29套，面积3581平方米。清理的多占住房1套未丢，全部纳入了省局资产管理。

3. 对丰产路国税小区2号楼供暖系统的检查维修，解决了领导和群众关心的、自1997年搬入新区以来一直未能解决的难题。

4. 基本遏制了附近村民干扰、影响省局正常工作的现象。

5. 提出家庭住户个人电脑入网工程建议并付之实施，受到全局干部的普遍欢迎，拓展了机关信息化工作范围。

二、以人为本，强化教育，增强后勤服务保障能力

（一）加强纵向与横向联系，填补工作指导"真空"。为了及时把握国家及总局关于行政机关后勤体制改革的精神，不断提高后勤服务的质量和效益，我们拟进一步加强与总局、基层局的纵向联系以及与政府机关事务管理部门的横向联系，以取得业务指导与支持。

（二）走出去，请进来，积极开展调查研究。在基层单位"三位一体"综合改革基本到位后，对各市局机关服务中心的工作进行调研，同时，召开部分服务中心主任座谈会，就新形势下如何完善和改进服务中心工作提出建议，从而更好地服务于机关，服务于基层，服务于干部职工。

（三）科技加管理，推动工作前进。先进科学技术的引进是解放生产力的最有效手段之一，服务中心在继承和发扬原有传统工作方法的基础上，下一步应加大对后勤行政管理的知识投入和科技投入，进行管理方式方法的创新，增加管理过程和管理方法上的科技含量。随着办公自动化的普及和计算机网络化，逐步建立一个能够为管理和服务各个层面提供完善的公开交流的设施和环境，促使各项工作规范化、制度化、标准化、程序化。这也是时代发展对后勤管理提出的新要求。

（四）树立和实践"五个意识"。一是要树立和实践服务意识。牢记党的全心全意为人民服务的宗旨，以强烈的服务意识，任劳任怨的工作精神，把每一件小事当作大事办，把每一件实事办出成效来，取得群众的理解与支持。二是树立和实践创新意识。经常研究后勤管理和服务工作面临的新形势、存在的新问题，做到有的放矢、长计划、短

安排，力争年年有新举措、新进步、新变化，不断提高服务水平。三是树立和实践形象意识。要树立勤政形象，一心扑在工作上，努力为干部职工服务；要树立廉政形象，做到近水楼台后得月，当一个组织和群众信得过的"红管家"；要树立公正形象，对上对下、对内对外，既有侧重，又兼顾一般，努力做到一碗水端平，公平办事，以此赢得领导和群众的理解和支持。四是树立学习意识。正视后勤人员知识结构相对落后，文化底子薄，学习机会和时间少这一现实问题，从而加倍珍惜学习机会，刻苦加强理论学习。不断提高个人整体素质，以适应新时期工作的要求。五是树立和实践协调意识。对内精诚团结，密切合作，形成一条心，拧成一股绳；对外既要坚持原则，又要注重方法，甘愿当配角，主动去协调，充分发挥后勤工作的服务和保障作用，通过自己长期不懈的辛勤劳动，开拓机关后勤行政管理新局面。

中国税务后勤建设

河南省地方税务局机关服务中心

河南省地方税务局机关服务中心于2001年4月成立,现有人员8人,内设三个科室:综合科、物业科、经营科。主要承担机关的后勤服务保障工作,承担机关委托管理的行政事务性工作;管理机关交由其占用、使用的国有资产,使经营性资产保值增值。通过深化改革,加强管理,不断改进服务质量,提高服务水平。

一、充分认识机关服务在地税工作中的重要意义

机关服务工作不是中心关乎中心,不是大局关乎大局,做好机关服务工作对于促进地税事业的健康发展具有重要作用。机关服务工作是地税机关正常运行的保障,是构建和谐地税机关的有效途径,是调动地税人员积极性的重要措施,是树立地税机关良好形象的窗口。

二、努力做好机关服务工作的实践与探索

几年来,河南地税机关服务部门,紧紧围绕税收中心工作,牢固树立服务大局的意识,开拓创新,真抓实干,各项机关服务工作都取得了明显成效,为地税工作的顺利开展作出了应有的贡献。

(一)与时俱进,树立正确的机关服务理念。思想是行动的先导。为此,做好机关服务工作首先要有科学先进的理念。正确的机关服务理念包括以人为本、真诚服务、市场化、科学管理和勇于创新。几年来,我们从解放思想,更新观念,树立正确的机关服务理念入手,加强机关服务人员思想建设,推动机关服务工作。

(二)坚持改革创新,推行机关服务社会化。2004年初,针对机关服务管理中存在的问题和提高机关服务水平的要求,省局党组决定,改革原有机关服务管理模式,推行机关服务社会化。我们通过调查研究,实地考察近10家物业公司,面向社会公开招标,选择委托1家专业化水平高、社会信誉好的物业公司来管理省局机关的卫生保洁、花草树木维护、院内绿化、水电暖维修、机关食堂等工作。物业管理公司的引进,使机关服务部门的人员从过去繁琐的日常事务中解脱出来,使他们有更多的时间从事监督管理,发现工作中存在的问题,及时反映到物业公司,由物业公司解决,这既缓解了服务中心人员不足的问题,也有利于提高机关服务水平。同时引进社会专业公司从事机关部分事务管理,也降低了服务成本,规范了临时人员的管理工作。

(三)着力解决热点难点问题,创造良好工作环境。2003年底,我们通过局内部网站和机关服务工作座谈会等形式广泛听取和收集机关干部职工对改进机关服务工作的意见和建议。在此基础上,分类梳理,分出轻重缓急,认真对待解决。尤其是反映突出的"热点"、"难点"问题,从群众利益无小事的高度予以重视,限期解决。修缮机关食堂,改善就餐条件,努力让大家吃的放心,吃的满意。对机关办公楼大院内外环境进行美化;改进机关公务车辆管理;解决部分干部职工无住房问题;建立了保健室,为大家提供医

疗保健服务。

（四）加强制度建设，规范机关服务工作管理。制度建设是规范管理的基础。我们注重吸收外地先进的机关服务管理经验，及时总结工作中的经验和不足，不断健全和完善管理制度，使机关服务工作有据可依，有章可循。

1.实行政府采购制度。要求对机关车辆保险、车辆定点维修、会议及公务接待、大宗物品购买、基建维修等凡是能招标的机关服务事务都要通过公开招标程序和方式，进行选择和购置，实行阳光作业。即使是小宗物品采购，也坚持货比三家，择优选用，既保证质量，又节约开支。仅车辆保险招标，费用就降低了40%。

2.是制定经费收支预算制度。年初将服务中心全年的服务项目进行预算，将各项收入实行目标管理责任制，切实做到了办事有计划，收支有标准，监督有机制，使各项收入及时足额收缴，为机关服务工作提供资金保障。

3.严格公务接待制度。对公务接待、会务承办，实行公务接待单、会议预算制度，严格按照程序审批，按照预算标准接待，统一由服务中心承办。规范管理，保证质量，节减经费，提高水平。

4.规范车辆管理。改进管理方式，运用车辆管理计算机信息软件，将车辆燃油费、过路过桥费、保险费等输入微机，实行动态管理。对车辆过路过桥费、燃油费用报销制度和凭证进行改革，由原来的所有票据粘贴在一起报销，改为按出发起止地点、日期填写分次填清报销。现代化技术的运用，规范了管理，节约了经费开支。适时开展了省局机关车辆百日安全竞赛活动，做到了安全行驶无事故。

（五）倡导机关服务工作精神，加强思想作风建设。思想作风建设是做好机关服务工作的保证，我们把加强思想作风建设作为做好服务工作的关键常抓不懈。一是积极倡导和弘扬"真诚服务，认真负责，乐于奉献，追求卓越"的工作精神；二是自觉接受大家监督，改进工作作风；三是明确职责，严格考核；四是加强学习培训考察，制定了学习制度和学习计划，开展了业务培训，积极组织机关服务人员外出考察学习。

三、新形势下全面提升机关服务工作的思考

根据新时期税收工作发展的新形势新任务和机关服务工作的职责要求，进一步做好机关服务工作的基本思路是：坚持真诚服务是灵魂，后勤改革是动力，科学管理是基础，队伍建设是保证的原则，按照优化服务、规范管理、降低成本、提高水平的要求，履行好服务、管理、保障三项职能，达到领导、机关、基层三个满意的目标，努力做好以下工作。

（一）抓学习，增强机关服务工作能力。一些人认为，机关服务主要是从事事务工作，不需要多高的知识水平，学不学都能干。这是不对的。毛泽东同志讲过"任何轻视后勤工作，以为后勤工作不是重要的、专门的学科，不需要一些有系统的学习，不需要精通业务的观点，是完全错误的。"机关服务工作和其他工作一样，同样有学习的任务，创新的要求。要加强政治理论学习，进一步树立和强化先进的工作理念，继续倡导和弘扬机关服务工作精神，推进机关服务人员思想作风建设，增强搞好机关服务工作的自觉性和主动性。随着经济、社会和科学技术的飞速发展，越来越多的先进科技手段被广泛应

用于各项工作中。这就要求我们要充分认识加强业务知识学习的重要性，采取会议、培训、考察、考核等多种方式和途径，培养掌握现代科学管理理论、文化知识和专业技能的机关服务人才，提高机关服务的知识化程度，实现机关服务劳动密集型向知识密集型的转变，由粗放管理向科学化、精细化管理转变。

（二）抓服务，提升机关服务水平。机关服务人员要牢固树立服务第一的观念，增强服务大局的意识。要不断拓展服务领域，丰富服务内容。要不断改进服务方式、方法，把事办好。要加强思想作风建设，真诚服务，真正做到门好进、脸好看、话好听、事好办。要积极主动工作，变被动服务为主动服务，经常听取领导和机关干部职工的意见，接受监督，取得支持，注重实际，讲究实效。要不断学习先进的服务理念和服务技能，不断提高为税收工作服务水平。

（三）抓管理，提高服务质量和效率。规范管理是提高机关服务工作水平的重要途径。抓好机关服务部门的内部管理，进一步完善各项规章制度，建立健全机关服务保障体系。按职责要求办事，按规章制度办事，按工作程序办事。加强车辆管理、设备运行管理、固定资产管理、经费使用管理、经营管理等方面的工作，确保机关服务部门规范运作。要积极研究和总结机关服务工作的内在规律，改进管理方式和管理手段，注重运用现代科学管理手段，实行科学化、精细化管理。同时，要做好沟通交流，增强配合意识，形成服务合力，提高工作质量和效率。

（四）抓节俭，降低机关服务成本。机关服务部门经常跟钱、物打交道，我们一定要大力提倡勤俭节约，降低成本，并将其作为一项重要工作抓实抓好。要坚持量力而行，学会精打细算，努力做到少花钱、多办事，花小钱、办大事。要合理安排、合理使用、合理经营、合理利用，努力降低机关的运行成本，最大限度地发挥机关服务资源的效能。要加强节约教育，培养节约意识，树立节约观念，勤俭持家，真正为机关管好家、理好财。机关服务人员要树立正确的世界观、人生观和价值观，确立廉洁意识，筑牢思想道德防线，做到严以律己，警钟常鸣，一身正气，两袖清风，做一个让干部职工信得过的"红管家"。

（五）抓创新，保持机关服务工作的生机和活力。创新是动力，创新是灵魂。机关服务工作要适应时代的发展和要求，用新观念研究新情况，用新办法解决新问题，用新举措开创新局面。要注重改革不适应新形势要求的机关服务模式、服务方式，理顺关系，创新体制。要善于用市场化、社会化的办法解决机关服务中存在的问题，改进服务工作。要适应税收工作快速发展，机关工作、机关干部职工需求的日益多样化、个性化要求，不断创新服务工作内容，满足不断发展变化的需要。要着力创新工作方法，坚持走群众路线，广泛听取大家意见，提高参与度，争取大家对服务工作的理解和支持。要坚持"引进来"和"走出去"相结合的办法，借鉴吸收先进的管理理念，不断创新服务手段，努力开创机关服务工作新局面。

几年来，河南地税机关服务部门，围绕中心，服务大局，以人为本，开拓创新，积极推行机关后勤服务社会化，充分发挥机关服务对地税工作的支撑保障作用，为河南地税事业的健康发展作出了积极贡献。

湖北省国家税务局机关服务中心

湖北省国家税务局机关服务中心是随着国税机构"三位一体"改革于1996年6月组建成立的,现有在编干部职工28人,聘用合同工45人,下设综合、接待、房管、车管、膳食等5个业务组,担负着省局机关后勤服务保障及对市、州机关服务中心业务指导的职能。组建近10年来,在省局党组的正确领导下,我们紧扣服务宗旨,强化服务意识,创新服务理念,增强保障能力,提高管理水平,为机关正常运转提供了坚实有效的后勤保障,机关后勤工作实现了跨越式发展。

一、工作职能获得新定位

1996年以前,机关后勤管理工作作为综合处室业务工作的一部分,服务和保障的职能作用未能得到充分发挥。省局服务中心成立后,我们明确其职能定位就是要紧紧围绕税收中心工作,为领导实施决策服务,为省局机关的运转服务,为基层单位提供服务。为此,我们在省局机关经费开支与管理,固定资产的维护与管理,会议会务及来客接待,水、电、暖、通运行保障等方面想尽办法,竭尽全办,在政策允许的前提下,把管理与服务融合在一起,寓管理于服务之中,全面做好服务和保障工作。工作职能的进一步明确,促进了机关后勤高效有序地开展,保证了省局机关工作的正常运行。

二、基础建设呈现新面貌

(一)院区建设完善。省局院区建成于1991年,占地30亩。院区房屋包括1幢办公楼,4幢住宅楼和省局培训中心(东湖大厦),总建筑面积63680平方米,其中办公楼10580平方米,建于1990年12月;4幢住宅楼31300平方米,208套住宅,分别建于1990年、1999年;东湖大厦21800平方米,建于2002年,拥有168间(套)客房及会议中心、健身中心、娱乐中心、餐饮中心等现代化服务设施,已跨入四星级涉外酒店行列。

(二)配套设施齐全。省局机关现有各种车辆42台,充分保证了工作用车。院区作为一个整体,建有冷暖供应中心,办公楼、宿舍楼有先进完整、功能齐全的供水、供电、暖通及网络系统,宿舍楼内还配有电子远传计费等各种设施,为机关工作和干部生活提供了方便。

三、各项管理迈上新台阶

按照全面、规范、易行的原则,我们结合实际制定了《机关财务管理办法》、《机关物业管理办法》、《机关驾驶员及车辆管理规定》、《机关接待管理规定》、《住宅楼管理规定》、《院区文明公约》等一系列规章制度,使后勤管理工作有章可循。一是财务管理不断加强。遵循把好关、理好财、服好务的原则,认真遵守各项财务制度,严格按规定办事,坚决执行财务签字审批程序,搞好精打细算,有效降低了各项开支,财务管理成效明显。二是车辆管理安全有序。为更好地保障工作用车,我们及时修定完善《省局机关驾驶员、车辆管理规定》、《省局大院车辆进出及停放管理规定》等配套管理办法,就机关车辆使用原则、出车审批程序、车辆经费开支、油料管理、驾驶员奖惩等相关事项作了明确规定,进一步规范了机关用车管理,强化了驾驶员的安全责任意识和敬业守纪意识。近年来，未发生一起等级交通事故和严重违章现象。三是物业管理日趋规范。不断加强房产设备设施的日常维护与保养，确保了机关水、电、冷、暖、煤气的正常供给，所有维修服务都坚持做到热情及时、质量到位、按规定收费。四是食堂管理明显改善。及时更新了食堂就餐计费打卡系统，重新优化了炊事人员，实行定员定岗定责，食堂的服务质量和服务水平有了明显提高。五是院区安全管理得到了加强。在不断加强门卫值班及院区安全管理的同时，运用现代化技术手段，在机关院区相应安置了电视监控设备，由监控室对院区进行全方位不间断地跟踪监控。

四、后勤改革实现了新突破

按照观念现代化、体制社会化、运行市场化的要求，我们对后勤管理工作改革进行了有益的尝试。比如，院区公共卫生过去由社会临时工管理，难以达到规范化标准，我们引入市场化管理机制，将院区保洁工作委托给社会专业公司负责，实施1年来，既提高了服务质量，又降低了成本，赢得了普遍赞誉。

为做好新形势下的后勤管理工作，我们的体会是：

一是后勤管理工作必须贯彻改革创新的精神。后勤工作是具体事务，必须要有改革精神，才能推动工作的进展。如在提高机关食堂菜肴质量方面，我们招聘了专业人员，并适度拉大人员之间的工资档次，采用了经济手段，一改过去吃大锅饭现象。在其他维修、维护工作方面，我们采用了登记制，并将此情况与平时工作考评挂钩。

二是后勤管理工作必须牢牢树立服务的宗旨。同志们始终把为机关和干部提供优质服务作为工作的出发点和落脚点。实践证明，只要我们坚持服务的宗旨，想大家之所想，急大家之所急，真心诚意地服好务，大家就会满意。

三是后勤管理工作必须引用先进的管理理念和管理手段。先进的管理理念和科学的管理手段是提高后勤服务质量的有效途径，在管理理念上，引入市场机制，给工作带来了活力。在管理手段上进行创新，工资用卡领取，院内安装电视监控等，增加了管理的科技含量，提高了效率。

四是后勤管理工作必须建立和健全相应的管理制度。服务中心工作摊子大、头绪多、工作岗位分散，要把工作做好，必须要有一整套制度，用制度来规范管理。

省局机关职工餐厅

省局机关职工活动中心

百花齐放

湖北省地方税务局机关服务中心

湖北省地税局机关后勤服务中心是依据鄂机编 [1996] 026 号文件于 1996 年初成立的，为局直属事业单位，负责局机关及所属单位的后勤保障、生活服务、房屋维修、经营活动与管理职能，内设综合科、财务科、物业管理科、车队和基建办，现有干部 12 人。

几年来，我们机关后勤服务中心坚持以人为本，强化管理理念，紧扣服务主题，抓住机遇，顺势而上，走出了一条适应机关后勤服务工作的新路子。回顾几年来的工作，我们的主要做法是：

一、提高思想认识，摆正服务位置

中心组建之初，工作千头万绪，如何着手，怎样开动脑筋，理顺工作思路，使服务保障工作尽快步入正常轨道，迅速开展工作显得尤为重要。我们本着"服务工作无小事，小事也是大事"的原则，组织全体人员学习了关于后勤建设的理论，从思想上提高认识，有针对性地做好教育工作，使同志们清醒地认识到，在新形势下开创地税服务工作新局面，完成好税务机关所肩负的重任，必须要有高素质、高效率、高质量的机关服务保障体系作保证。而统一全体人员的思想认识，端正服务态度，树立热爱本职，乐于奉献精神，是做好服务工作的前提。于是，我们在干部职工中广泛开展了"四破四立"的教育活动。即：破服务中心无所作为，低人

一等的思想，立服务位置重要，大有作为观念；破工作辛苦，怨天尤人思想，立业在人创，事在人为的观念；破得过且过，等待观望，消极怠工思想，立开拓进取，争先创优观念；破患得患失，盲目攀比思想，立艰苦创业，廉洁奉公的观念。在教育的基础上，中心领导先后找每个同志交心谈心，征询他们对工作的建议，提出工作的大胆设想，共同努力的目标和方向，从而消除了顾虑，丢掉了思想包袱。不仅如此，我们非常重视发挥党支部战斗堡垒作用，强调在服务岗位上，摆正服务位置，兢兢业业，默默无闻，甘当老黄牛。由此，大家心往一处想，劲往一处使，使信心在共识中凝聚，合力在拼搏中形成。

二、着力以人为本，提高队伍素质

工作都是由人开展的，人才是事业的基础，是服务工作的决定因素，也是推动服务向更高层次延伸的保证。后勤服务中心是主管机关后勤行政工作，履行部分行政职能的事业单位，承担着后勤行政管理、后勤服务保障双重职能。基于其工作性质、任务及特点，我们一是在全体工作人员中抓政治理论学习，认真系统地学习了邓小平理论、"三个代表"重要思想和"十六大精神"，通过学习，干部职工进一步明确了身上责任，增强了做好服务工作的信心和紧迫感。二是加强作风

建设。几年来，服务中心着重开展了观念上树立正确的"三观"(人生观、价值观、大局观)，作风纪律上做到"三戒"(戒腐、戒浮、戒散)，工作上做到"三争"(争做机关满意的后勤工作者，争做文明科室，争当文明干部、职工)的教育活动，引导大家求真务实，好学上进，发扬吃苦耐劳，朴素扎实的优良作风。三是抓以财会、税收、税法和计算机为主的业务知识学习。时代的需要以及工作人员的求知欲、进取心使我们更加注重了在繁忙的事务工作中挤出一部分时间抓好科学文化学习。为此，我们一是鼓励大家在实践中学，通过各种形式：走出去，请进来，以人之长，补己之短，既开阔了眼界，又学到了真知。二是大力倡导自学成才，多渠道大兴学习之风，使干部职工的整体素质和知识结构大大提高了一步。三是大胆放手，培养自觉意识的干部队伍。毛泽东同志曾说过，政治路线确定以后，干部是决定的因素。发挥干部的主观能动作用是我们工作的基点。我们十分注意放手使用，充分信任科室负责同志，给他们以空间，交待任务只问结果，充分发挥主观能动性，鼓励有所创新，为服务任务完成催生了原动力，充分发挥骨干队伍的带头作用。

三、严格科学管理，务求稳扎稳打

多年来，我们后勤服务中心在局领导高度重视和机关处室的大力支持下，以改革为动力，向管理要形象，向管理要效益，使后勤工作日益科学化、规范化和程序化。在科学管理上我们狠抓了三个方面：一是严格管理。如对较大建设和建筑物维修项目，一律实行公开招标的方式选择建筑、维修单位，采取事前科学规划、精心设计，事后专门聘请审计人员进行认真审计，避免了工程中的不正之风和高价低质现象发生。对大院的绿化、环境、治安管理，我们反复听取意见和建议，发动大家出主意，想办法，献计献策，共同参与，有效地避免了工作的随意性和盲目性。现在机关大院花草树木不仅四季常绿，节日的夜晚，霓虹闪烁，为文明创建工作奠定了基础。二是规范管理。对于机关车辆，经费开支，水、电费，职工住房分配等难点、热点，我们采取用制度规范的方式，先后建立健全并严格落实了六项行之有效的制度规定。如：制定车辆管理办法，对车辆使用范围和派遣程序作出规范，并对驾驶员制定了相应的奖惩措施。又如：制定财务经费集中核算管理办法，涵盖了人、财、物的各个方面，打破了以往的条条框框，走了一条以前想走而不敢走的路子，把收支工作真正纳入了制度化的轨道。收到了从严管理，有利于工作，杜绝了一些违规违纪的好效果。三是有序管理。近几年来，我们注意从日常事务工作中寻找规律性的东西，制定工作程序和"游戏规则"，不允许任何人、任何科室以特权自居。对职权范围作出明确规定，适应了后勤部门的特殊性。管理出效益，管理使我们尝到了甜头，也使全局机关干部职工从中得到了实惠。现在各项工作环环相扣，有机衔接，紧紧地把握了后勤工作的主动权。

四、号准工作脉搏，倡导质量服务

高质量的服务是后勤保障工作的根本宗旨，也是我们工作的"主旋律"。几年来特别是近两年我们紧扣质量服务主题，大胆探索，积极实践，把握特点和领导要求，确定了新的服务思路，提出了"围绕税收中心工作，在本职岗位上有新贡献；发扬传统促效率，在搞好服务中探索新经验；练好内功抓建设，在已有成绩上有新突破；搞好保障服务的同时，在优化办公环境和改善职工生活水平上争取有新起色"的"四新"措施，得到了领导和机关处室的一致认同。不仅如此，让质量服务融入干部职工的心田。在服务中心提倡了三种服务：一是变被动服务为主动服务。如生活服务部根据干部职工不同的需要，根据季节变化，采购适销对路的物品，还要求售货员主动登门送货。二是变滞后服务为超前服务。近两年来我们把服务工作想在服务对象需求之前，落实在服务对象要求之前，真正做到了"后勤不后"。每逢节日到来之际，特别是过春节前，考虑到干部职工忙于税收工作，无暇办年货，就主动提前备好品种多样，价廉物美的食品，满足需要。三是变封闭服务为开放服务。多年来，我们始终遵循把服务项目摆在桌面，不搞暗箱操作，能够给大家满意的服务，我们按规章行事，尽心尽力，不能决定的事情或者不能让干部职工满意的服务，我们及时将情况报告领导，或召开生活委员会会议进行商议，真正做到了"阳光服务"。

湖南省国家税务局机关服务中心

　　湖南省国税局机关服务中心成立于1995年3月，内设综合科、接待科、设备科、房管科、车管科、生产经营部、保卫科7个科室，现有干部职工28人，其中正、副主任3人，助理调研员5人。我们既承担为机关服务的任务，又肩负着为机关开源节流的责任，为机关干部创造一个优美的工作和生活环境，为国税工作的顺利开展提供重要保障。

一、工作职责

　　2004年以来，我们加大了岗责体系考核的力度，进一步明确了岗位职责，奖惩兑现，实行责任追究制。在内部分工上，"一把手"负总责，两位副主任具体分管。同时，按照省局党组的要求，实行财、物管理分离，将机关财务科划到办公室管理，从而理顺了管钱和用钱的关系。具体职责如下：综合科共7人，负责公文处理系统、文秘工作、固定资产管理、经营收入的财务管理、医疗保健、计划生育工作、职工活动之家的管理、局机关上挂干部住房分配和管理以及与相关部门的协调。接待科负责总局、各省市局领导、省政府领导以及相关单位的接待、全局性的会议安排和各处室的对口接待服务工作。设备科负责机关办公楼及宿舍区水、电、气、电话、空调、电梯、锅炉正常供应和安全运转，房屋、水电、动力设备的维修，以及宿舍区住户售电等工作。经费实行责任目标管理，

并进行台账登记。房管科负责管理机关房产、经营门面租赁和物业监督管理。负责机关公务用车的派遣、车辆安全和维修保养、驾驶员年审和车辆年检。省局车辆实行集中管理，统一调度。经费实行责任目标管理，进行台账登记。生产经营部负责生产基地的生产规划、技术指导，保证正常经营和财产安全，为机关干部职工（含离退休人员）提供良好的休闲环境，完成省局签订的目标责任制。同时，面向社会，服务大众。保卫科负责机关办公楼和宿舍区以及金赋酒店保卫、保安、消防、电视监控及综合治理工作。

二、工作开展

　　（一）卓有成效地开展创建节约型机关活动。根据党中央、国务院提出的加快建设"节约型社会"号召，我们大张旗鼓地宣传了资源节约工作的重要性，向机关全体同志发出了《节约就在我们身边》的倡议。要求干部职工及家属从实际出发，从自身做起，积极推动机关节约型活动的开展。我们给每个办公室张贴了温馨小提示，逐步建立了机关能耗统计体系，明确能耗、水耗定额，重点抓好空调制冷采暖、照明系统节能改造，减少费用支出。同时，制定了《湖南省国税局创建节约型机关实施方案》，并根据省局机关的实际情况，将建设节约型机关的重点放在节电、节水、节油工作上。2005年，省局对空调、锅炉等设备进行了油改气改造，每

年节约运行费用167万余元。今年年初对总机房设备进行改造，充分利用现有交换机设备资源，节约改造经费16万多元。同时，对部分宿舍楼采用节能设备小型空气源热水机制热水，每年节约运行费用8万余元。办公楼的饮用水采用纯水机，较原来购买桶装水每年节约费用7万余元。

（二）牢固树立安全意识，在全省国税系统开展"交通安全百日竞赛"活动。后勤服务无小事，安全问题尤为重要。为增强全省国税系统交通安全防范意识，我们于2005年制定下发了在全省国税系统开展交通安全百日竞赛活动的通知，由服务中心、办公室牵头，从7月1日开始，组织全省国税系统开展交通安全百日竞赛。规定以抓安全教育与培训、安全行车、车辆管理和日常安全管理为内容；省局机关参与竞赛，各市州自行组织竞赛的方式。近5年来，省局机关车辆实现安全行车400多万公里，出车35000多台次，未发生任何大小责任事故。

（三）修建生产经营部、创建职工活动之家，丰富干部职工及家属业余文化生活。2001年下半年，我们投资300多万元，在长沙市郊望城霞凝地段，新建了一个集钓鱼、休闲、娱乐为一体的生产经营部。该生产经营部占地50亩，租赁期为30年。由于生产经营部所处地理环境的优势，山青水秀，空气新鲜，加上幽雅舒适的住房和优质的服务，深受干部职工家属及社会各界好评，成为省局机关对外接待的一个窗口。自2004年以来，生产经营部每年实现营业收入近80万元，上缴服务中心资金占用费3万元，基本实现了保本经营并略有节余。同时，与局机关基建办一起，投资60万元，对宿舍区三号楼地下室进行了装修改造，建成了总面积达550多平方米的职工活动之家，里面设有图书阅览室、棋牌室、健身房、台球室、乒乓球室五大功能区，可同时容纳近百人休闲娱乐。职工之家建成后，深受各级领导及干部职工家属欢迎，省直工委还专门组织人员参观学习，并向其他兄弟单位推广。

（四）积极创建平安小区，促进和谐社会建设。根据省委、省政府、省综治委文件精神，借鉴有关平安示范社（小）区成功经验，结合省局机关实际，我们与局机关工会、老干部处配合，于2005年11月成立了以纪检组长胡荣桂同志为组长，办公室、服务中心、机关党委、老干部处、培训中心主要负责人为副组长的机关平安小区创建领导小组，负责平安小区创建的领导及督促落实和协调工作。同时，成立了以热心于公益事业、有爱心、有责任心的离退休老干部为主体的机关平安小区创建、社会治安综合治理委员会，负责协助社区维护治安、监督卫生、开展治安宣传、邻里观望、楼栋守望以及与雨花区平安社区创建的相关联系、配合。同时，小区委员会专设了一间"爱心（捐赠）超市"，2006年下半年，共组织收集可用性较好的衣被等830多件，直接捐赠给省级扶贫点——江华县兰下村瑶乡同胞。

展望未来，我们将以"五讲"，即"办事讲程序，服务讲质量，工作讲效率，事事讲回音，时时讲和谐"作为我们工作的目标和要求，更加扎实地工作，与时俱进，不断开创新局面，推动各项工作再上新台阶。

湖南省地方税务局机关服务中心

湖南省地方税务局机关服务中心于1996年组建成立，内设综合科、财务科、接待科、保卫科、物业管理科，下辖金辉大酒店，现有干部职工23人。中心成立以来，既承担着机关服务的保障任务，又肩负着下属企业、事业单位国有资产保值、增值的责任。在邓小平理论和江泽民同志"三个代表"重要思想的指导下，在省局党组的正确领导和支持下，逐步建立和完善了与社会主义市场经济体制要求和机关建设需要相适应的后勤服务保障机制，取得了应有的成绩。

第一，通过转变观念，苦练内功，彻底改变了以往传统型、封闭型、福利型的后勤管理体制，确定了"后勤服务逐步走向市场、服务社会"的工作思路，全方位改革后勤管理体制，有效地利用了后勤资源，加快了第三产业发展，为实现机关后勤服务管理科学化、保障法制化、服务社会化打下了坚实的基础。

第二，明确职责，形成合力。正确理顺了后勤中心与经济实体的关系，做到了政企分开，产权清晰，并通过逐步完善财务、接待、综合、保卫等方面的制度，使工作开展有序可循，有章可依，极大地提高了工作效率。

第三，开拓进取，发展实体。中心所属的金辉大酒店通过导入市场竞争机制，酒店管理人员积极开辟销售渠道，抢占市场，使酒店的规模得到扩大，不论是管理水平，还是经济效益均位居长沙同星级酒店前列。

总结多年来机关后勤工作的经验，有许多启示，体会最深的有四点：

一是健全制度，按职能规范管理。规范了《省局机关计划生育工作管理办法》、《省局机关医疗保健管理办法》、《省局机关临时合同工管理办法》、《省局机关固定资产管理办法》、《省局机关经费管理办法》、《省局机关车辆及驾驶人员管理办法》、《省局机关关于接待的有关规定》(根据总局[2001]46号及湘地办发[2001]1号文件精神制定)、《省局机关会务接待管理办法》(根据湘地税函[2003]119号文件制定)、《省局机关安全保卫工作管理办法》、《省局机关消防管理办法》、《省局机关综合楼管理办法》、《省局机关食堂管理办法》、《省局机关大院物业管理办法》、《全省地税系统内部工作人员入住金辉大酒店有关规定》、《湖南省地税系统后勤工作考核办法》制度等。并注重了抓制度的落实。

二是抓改革与发展，树立超前服务意识。坚持主动服务，预见性办好经常性的工作，及时办好临时性的工作，对平时的工作做到提前造计划，并坚持按计划执行，对计划外的按级审批，确保服务有序落实。

三是重教育和训练，提高人员的素质。传达学习上级指示精神，规范后勤服务工作，统一思想，提高认识，针对新形势下的新情况、新问题，采取新举措，内强素质，外树形象，通过思想教育、建立制度、加强考核和监督手段来强化规范措施，力求人员素质到位。

四是围绕中心工作，完成各项任务。规范接待程序，完成了全国兄弟省市单位多批次来湘的接待工作，组织全省会议、安排省局领导、各处长及各地市局长、书记赴各地考察，使用控制好接待费用；对局机关车辆使用严格管理，购置新车，确保了单位车辆的使用保障，车辆管理无重大责任事故、案件；严格控制外来车辆进出机关，做到物防、人防、技防三结合，防止了各类案件事故的发生，确保局机关大院无安全事故，无治安案件；根据省局机关经费管理办法的规定，本着节约、实用的服务思想，做好采购、保管、领用低值易耗品等办公用品的工作，保障了局领导日常工作所需办公设备，及时调配新调干部办公设备，确保了局机关正常办公；完成了机关工程维护保养工作，定期进行清理，保证了水、电、气、空调的运转，对宿舍屋面进行维护处理；机关食堂督促规章制度的落实，严格按量人标准进行考核，实现科学管理；努力创造并荣获省级文明卫生单位，文明卫生先进单位，酒店经营保证了略有盈利，较好地保障了机关水电的供应。

在今后的工作中，中心将围绕"科学管理、真情服务、开拓创新、争创一流"的目标，坚持以人为本、协调发展的观念，忠实地履行机关后勤的管理与服务职能，并按照市场经济的要求，逐步实现机关服务中心的社会化服务，彻底转变经营体制，参与市场竞争，力争从政治方面、经济方面、效益方面有机地结合在一起，走出一条机关后勤服务的新路子。与时俱进，开拓创新，迎接新的挑战，争取新的成绩。

广东省国家税务局机关服务中心

广东省国家税务局机关服务中心成立于1994年，现设有8个科室、1个招待所、1个车队、1个体育活动基地，在编干部职工35人，临时员工110人。10多年来，广东省国税局机关服务中心紧紧围绕局的中心工作，坚持为税收服务，为机关服务，为基层服务的宗旨，锐意改革，强化管理，充分发挥了后勤部门的服务保障职能作用，为实现广东国税各项工作的顺利发展作出了应有的贡献。

一、完善机构

1994年服务中心从省局办公室分设成立之初，主要负责行政管理的服务性、事务性工作，设有两个科，管

广东省国税局机关服务中心工作总结

理科和接待科。接待科负责车队、招待所、餐厅和迎来送往，会议会务保障工作；管理科负责固定资产管理、办公用品、设备设施管理，办公楼、住宅楼物业、房产的管理，理发室、托儿所管理，医务室负责局干部职工医疗、保健及防疫工作。1998年，省局保卫科也由省局办公室划归服务中心管理，负责局安全保卫及消防管理工作。1999年，随着省局中山二路办公楼的落成启用，服务中心成立了管理二科，负责中山二路办公楼的物业管理及部分闲置办公用房的出租创收工

作。以上科室的设立，为服务中心完成各项后勤管理工作任务起到了积极作用。但是，随着我国改革开放的逐步深入，社会经济不断发展，社会分工越来越专业，原来粗放型的管理模式越来越难以适应形势发展的要求。服务中心面对不断出现的新问题、新情况，在实践中不断总结探索，以实现精细化、科学化管理为目标，重新划分设立了8个科室，即综合科、财务科、接待科、保卫科、管理一科、管理二科、房管科和医务科。综合科负责中心内勤工作及招待所、食堂管理和会务保障工作；财务科负责服务中心财务的管理；接待科负责车队管理和来往客人接待事宜；保卫科负责局机关安全保卫及消防安全管理；管理一科负责局机关大楼物业管理、固定资产管理及办公用品、设备管理；管理二科负责中山二路办公楼物业管理；房管科负责闲置公房管理及住宅楼物业、维修管理；医务科负责局机关干部职工的医疗保健、防疫工作，同时将理发室承包出让，撤销了省局托儿所，完善了机构设置，形成了一支懂经营、会管理、保障能力强，能适应市场经济建设的后勤管理队伍。在2003年初春的防"非典"战疫中，服务中心显现

百花齐放

出来的配合协调，快速反应，，措施到位，方法科学的整体战斗力受到了省局领导及机关干部职工的好评。

二、建章立制

健全完善的规章制度，是做好后勤行政管理工作，完成各项保障任务的重要基础。1994年，服务中心成立后，我们根据总局和当地政府的有关政策和规定，结合局机关的实际情况，先后起草制定了《局机关接待工作办法》、《临时员工管理办法》、《车辆管理办法》、《固定资产管理办法》、《医疗管理制度》、《基建和维修工程招标管理办法》、《安全保卫工作规定》等。这些制度的制定，对后勤管理工作起到了指导规范作用。随着社会的不断发展进步，市场经济的急剧变化，原来的管理制度有的已不适应现实需要，有的与新的政策法规有抵触。于是，我们定期或不定期组织召开各处室综合科长会议，对实行中的各项制度的可行性、合法性进行深入讨论研究，收集合理化建议，及时修订、完善各项管理制度，确保制定的各项制度合法有效、切实可行，如我们对《局机关接待工作办法》的修改历经5次，因物价上涨因素，接待标准应随之合理调整；对《临时员工管理办法》，因劳动法的修改，我们也及时地进行修改，确保临时员工的劳动保障；对《基建和维修工程招标管理办法》、《医疗管理制度》、《车辆管理办法》、《固定资产管理办法》等也进行了多次修改；根据政府采购的有关要求和对闲置公房的管理利用，新制定了《物品采购管理办法》和《公房出租管理办法》。

在抓好制度建设的同时，我们也加强岗位责任制建立，坚持以事定岗、以岗定责原则，使每个人、每个岗位都有制度、有要求、有职责、有考核标准，实现人人有岗、岗岗有责，每个人都在制度的约束下工作，使各项后勤服务保障工作落实到位。

三、开拓创新

随着经济水平的提高，国税事业的发展，干部职工对精神文明、物质文明的需求也不断提高，更需后勤服务保障工作不断与时俱进，开拓创新。

从1999年中山二路办公楼启用开始，服务中心开始进行物业管理社会化方式的尝试，将新启用中山二路的办公楼设备、设施、保洁委托了专业物业管理公司管理。2000年，东风路办公楼的保洁也开始委托物业公司管理，为了稳妥安全起见大楼保安未委托物业公司管理。至此，办公楼物业已实现了半社会化管理，但住宅楼物业维修仍未进行社会化管理尝试。2002年底，服务中心领导作出了将东风东路住宅楼物业管理实施社会化的决定。东风路住宅楼的大多数住户是处级以上老干部并且有部分是省地税局干部，起初住户极力反对。由于涉及省地税局的干部，我们积极与省地税局服务中心联系，共同做好东风路住户的说明解释工作，稳步推进物业管理社会进程。2003年初，服务中心与物业管理公司签订了物业委托管理合同。然后，服务中心再组织住户成立业主委员会，将对物业公司的管理监督权移交给了业主委员会。物业管理社会化实施后，由于物业公司的规范化、专业化管理受到了大家的好评。至此，东风路住宅楼社会化管理方案初步完成。2003年底，总局在深圳举办了全国税务后勤物业管理培训班，使我们对物业社会化有了更深、更规范的了解，同时，也给了我们继续实施办公楼、住宅楼物业管理社会化更强的信心和更大的动力。2004年初，我们开始了筹划将所有物业全面推向社会化的方案。由于有了中山二路办公楼物业社会化试点及东风路住宅楼老干部们的带头作用，这次全面实施物业管理社会化不再遇到阻力。到2004年10月31日，随着物业公司接手各办公楼、住宅楼物业管理，我们全面实施物业管理社会化任务也圆满完成。

以人为本，不断创新餐厅管理，提高餐厅经营水平，为干部职工提供舒适就餐环境，将局领导对群众的舒适关怀送至每个群众心里。1994年，国地税机构分设后，由于国地税局仍在一起办公，餐厅也就由国地税共管。1998年，省地税局搬到新的办公楼后，餐厅才交由我局管理。餐厅位于局办公楼的2、3楼两层，2楼面积较小，为干部职工的就餐地点，一次能容纳70人同时就餐，3楼为客餐接待餐厅。干部职工到2楼就餐时，需自带餐具。由于2楼餐厅小，许多干部职工将饭菜就拿回办公室吃，食物残渣就倒在各楼层的洗手间，造成了下水道堵塞，或倒在垃圾桶，污染环境卫生。由于餐厅注重了3楼接待客餐的工作，对2楼干部职工就餐的饭菜出品抓得力不从心，显得有些简单粗糙，干部职工因此也提了不少意见。2001年服务中心经过认真详细的调查研究后，提出了重新装修整改餐厅的建议，局领导指示，必须以群众的利益为重改造餐厅。2002年初，我

们将面积较大的3楼重新装修为宽敞明亮的可容纳210人同时就餐的干部职工餐厅，使用IC卡收费系统，更换所有的餐台、凳，营造了方便、舒适的就餐环境；提供全套不锈钢自助餐式的餐具，统一回收清洗消毒，杜绝了将饭菜带回办公室就餐，食物残渣污染环境的情况；狠抓餐厅内部建设，以干部职工饭菜出品为重点，严把饭菜质量关，提高菜肴制作水平、丰富饭菜品种；同时，餐后为每人提供免费的水果一份。于是，在干部职工中流传开一种说法："以前，有机会尽量在外面吃，没办法才在餐厅吃；现在，在餐厅吃饭是一种舒适的享受，省钱省时间，就是有人请到外面吃饭，都不想去吃。"

四、开拓创新弄税潮，十载耕耘谱新篇

10年，在历史的长河中只是短暂的一瞬，正是这10年，广东省国家税务局机关服务中心从无到有，从粗放型管理向符合市场经济的精细型管理转变，也正是这10年，广东省国家税务局机关服务中心以求真务实的精神，艰苦创业，改革创新，在探索中发展，在开拓中前进，为广东国税事业实现跨越式的发展挥洒青春汗水，谱写了一曲曲锐意进

机关服务中心干部职工大合唱

广东省地方税务局机关服务中心

近年来，广东地税机关服务中心在省局党组的领导下，深入贯彻总局、广东省委、省政府的指示精神，积极探索机关后勤建设新举措，通过几年的摸索和锤炼，我们提出了打造后勤文化品牌，构建"专业型、节约型、高效型"机关后勤的目标，各项工作取得了一定的成效。

一、后勤建设成效显著

（一）领导重视，积极推进机关后勤建设。搞好税务机关后勤建设，是推进我省地税中心工作发展的重要保障。广东省地方税务局党组高度重视广东地税机关后勤建设工作，省局党组书记、局长吴昇文多次指示，要将安全工作和节能管理工作提高到与税收中心工作同等重要的地位。主管后勤工作的局领导李贵总会计师要求，机关后勤要加大管理力度，创新管理模式，为广东地税事业的发展提供强有力的后勤保障。为进一步创新后勤管理手段，近几年来，我省机关后勤管理骨干分别赴总局和各兄弟单位学习取经，并赴国外实地考察，学习先进的行政管理手段、节能管理措施等，为我省地税后勤的建设注入了许多新的理念。

（二）苦练内功，实现后勤文化建设的"三个突破"。第一个"突破"是提高后勤队伍素质的突破。一是积极灌输不学习就不称职的思想；二是我们不断在"干中学，学中干"；三是积极改善后勤人员素质结构。第二个"突破"是创新后勤管理思路的突破，主要得益于"请进来，走出去"策略的实施。第

三个"突破"是实现了队伍凝聚力建设的突破，将我们后勤服务的理念更进一步深化，使后勤人员有了一种强烈的归属感，切实增强了后勤队伍凝聚力。

（三）狠抓落实，努力营造安全工作环境。一是牢固树立"健康就是最大的节约"的思想；二是牢固树立"安全就是最大和谐"的意识；三是牢固树立全省地税后勤"一盘棋"的意识。

（四）节能增效，积极推进节约型机关建设。加强技术改造，向技术要效益；在通讯费用节约问题上，加强了与广东移动公司的通信业务合作；在政府采购方面，推行"阳光采购"；在固定资产管理方面，精打细算，优化资源管理。

（五）强化管理，努力提升接待服务保障水平。接待工作是省局的重要窗口，省局党组书记、局长吴昇文要求我们接待工作要做到"热情周到、节约大方、提升文化含量"的十四字方针。一方面，我们利用办公自动化，实行"阳光接待"，既简化了程序、降低了接待成本，又实现了公开、透明；另一方面，我们注重做好对内接待服务，确保干部职工保持良好的精神状态投入税收工作。

（六）干净干事，切实做好后勤党风廉政建设。一是发动群众，加强监督管理；二是我们多次请主管监察工作的领导给大家上廉政课，加大后勤廉政教育力度。

二、理清思路，真抓实干

建设和谐的地税机关后勤，实现后勤工

作的"管理信息化、操作流程化、服务人性化、保障专业化、发展社会化",主要做好以下几个方面工作:

(一)创新管理,推动后勤管理信息化。信息管理出效率,信息管理出效益,信息管理出品牌。近年来,广东地税事业的迅速发展对机关后勤的管理工作提出了新的要求。在社会经济日新月异,税收业务不断发展的新形势下,我们的后勤服务也要与时俱进,积极推进后勤管理的信息收集、信息共享和信息运用,建立"人脑+电脑"的信息化后勤管理模式。一是打开渠道,搭建渠道畅通的信息收集系统。二是信息互动,构建资源共享的信息平台。三是整合优化,加快信息技术在后勤管理的运用。

(二)严格程序,推动后勤操作流程化。无规矩不成方圆。后勤管理工作点多面广,没有完善的规章制度和严格的工作流程规范,我们的后勤管理工作就很难开展,建设和谐的机关后勤就无从谈起。一是明确职责权限,严格审批流程。二是强化监督,厉行奖惩。信任代替不了监督,监督是为了更好地信任。

(三)加强管理,推动后勤服务人性化。建设和谐的地税机关后勤,关键在于推进以人为本的后勤服务;建设以人为本的机关后勤,就要在用心上下工夫,结合后勤工作的实际,我们认为关键要做到"五心"。在后勤团队建设方面,我们努力创造条件做到专心、安心;在后勤服务保障方面,我们要求后勤员工要细心、热心、虚心。

(四)内强素质,推动后勤保障专业化。一方面,建设专业化的后勤保障队伍。"问渠哪得清如许,唯有源头活水来",和谐的后勤队伍,是建设和谐机关后勤的重要保证。一

是要盘活现有人力资源。在后勤服务方面,每一个人都有其专长,有以技术见长的员工,也有理论水平较强的员工,要盘活现有的人力资源,就是要把一个个"单项冠军"建设成一个"团体冠军",使我们后勤人才能够"引进来、用得上、留得住"。二是要创建学习型的后勤团队。我们提出了后勤工作"不仅要用身体干活,更要用脑子工作"的理念,倡导大家要多学习、多思考、多总结,打造"有知识、懂技术、有素质"的"三有"后勤团队。另一方面要推动节能工作的专业化。通过对总局、兄弟省市和国外节能专业化考察学习,发现很多值得我们学习借鉴的地方。如在车辆管理方面,澳大利亚联邦税务局在购买公务保障车时,首选中档以下小排气量汽车,在源头上减少燃油消耗,节约油费;对公车采取3年一淘汰的方式,有效地保障了车辆安全、基本杜绝了车辆维修费用;把公务淘汰的车辆及时放归二手市场处理,由于车况良好,车价又低于新车水平,很快就流转入市场,及时达到了资金的回收。结合对澳大利亚政府车辆管理制度的考察,我们建议省委、省政府将行政公务用车改为5年一换制,切实保证行驶安全及降低维修、维护费用。

(五)积极探索,推动后勤管理的社会化。建设和谐的机关后勤,既要发挥我们自身的职能优势,也要大胆利用社会丰富资源。一是整合社会资源。加大市场对后勤服务的参与度,通过充分利用丰富的管理服务资源,实现后勤服务的社会化。二是要转变机关后勤部门的职能。把后勤服务交给市场的同时,我们的机关后勤部门由直接参与服务,转变为监督管理服务,逐步实现从"服务"到"管理"的转变。

广西壮族自治区
国家税务局机关服务中心

广西壮族自治区国家税务局机关服务中心是直属事业单位编制，现有在编人员30人。各市局机关服务中心现有在编人员总计125人。区局机关服务中心下设5个科室：行政科、综合科、基建办、接待科、车队。主要职责是行使局机关后勤和服务职能，代理部分行政管理职能。

近年来机关服务中心全体工作人员紧紧围绕区局党组提出的"质量、效率、落实"的工作主线做好机关后勤管理工作。面对新形势、新要求，按照"实"、"新"、"特"的要求做好三篇文章，认真履行职责，把"服务机关、服务领导、服务基层、服务税收工作大局"作为根本出发点和落脚点，努力在构建和谐机关工作中发挥好机关后勤保障作用。

一、打牢基础，做好"实"的文章

（一）讲实话。结合实际，开展"勤学习，强素质"活动。从事机关后勤服务的工作人员存在年龄偏大、文化程度偏低、管理能力偏差等问题，这与迅速发展的国税事业不相适应。目前区局机关服务中心共有在职人员40人，其中在编30人，临时工10人，平均年龄42岁，大专以上文化为59%，低于机关平均水平，专业水平参差不齐，70%的人不具备计算机基本的知识和操作技能，工作效率不高，难以履行职责。面对现状，实事求是地评估队伍的情况，承认事实和差距，以人为本，打牢基础，增强自身素质。首先是加强理论学习，认真研究行政管理学的理论与知识，不断提高自身的理论水平；其次是加强文化学习，通过参加成人教育和培训，不断提高自身的文化水平；再次是加强业务学习，通过参加业务大课、中心业务学习、更新知识培训等业务培训，不断提高自身的业务水平；四是加强技能学习，参加计算机、消防安全、汽车驾驶、物业管理、礼仪等培训，提高专业技能水平。

（二）听实话。结合实际，开展"四个狠抓"活动，针对机关服务中心存在作风不扎实、工作态度不认真、工作不落实、监督管理不到位等问题进行查摆和整改。一是自查，要求中心每位成员至少要提一条意见或建议；二是群众提，要求物业管理公司发放《物业工作征求意见表》，征求群众对物业管理的意见或建议；三是处室帮，向局内各单位发放《征求意见函》，征求对机关服务中心工作的意见和建议。寻找差距，采取措施，加以改进。

（三）办实事。机关服务中心从事事务性服务,涉及群众的切身利益,是群众最关心的热点、焦点和难点。群众利益无小事,把机关后勤服务的每一件事办实、办好、办到实处。

（四）求实效。提高办事质量和效率,把握工作的主动权,超前思维,事半功倍地开展工作。改变那种做事不爽快、不干脆,效率不高,办事拖泥带水的工作作风。以认真负责的工作态度去抓落实,抓出实效。

二、创新理念,做好"新"的文章

（一）工作理念创新。精心、细心、用心的工作理念是创新的基本内涵。深入基层,深入群众,通过调查研究,随时了解掌握新情况,解决新问题。实现工作理念转变,即从办好日常事务向建立长效机制转变,从被动应付向主动工作转变,从滞后服务向超前服务转变。

（二）管理机制创新

1.抓制度,确保管理规范。一是进一步明确机关服务中心各级领导的分工和工作职责,促进中心全体成员认真履行职责,把各项工作落实到位;二是制定《机关事务工作规程》,明确办事程序和规则;三是制定《区局机关宿舍区业主公约》,并把公约印发给每个住户业主。以实际行动积极参加自治区"城乡清洁工程"和文明创建活动,努力做到管理有序、服务完善、文明清洁、自然和谐;四是制定交通事故、消防、食物中毒等处理

应急预案,进一步完善应急管理制度;五是制定办公用品、食堂、药品、固定资产等管理办法,进一步加强办公用品、食堂、药品、固定资产的规范化管理。

2.抓落实,重点做好六方面的管理工作。一是做好队伍监督管理工作,实行目标管理责任制考核,对各岗位的工作质量、效率和工作落实、组织纪律进行考核;二是做好行政事务管理工作,深入基层、深入实际了解和把握问题,采取措施加以解决,确保事事有回音,事事有落实;三是做好接待管理工作,做到勤俭、节约、热情、周到,让客人高兴而来,满意而归;四是做好基建管理工作;五是做好固定资产管理工作;六是做好车队管理工作,完善修订《自治区国税局机关机动车辆管理和驾驶员管理办法》并实施,精心、细心、用心做好机关车队工作。

3.树立新形象。机关服务中心全体工作人员以"爱岗敬业的服务意识,任劳任怨的工作态度,认真负责的工作作风,诚实守信的思想品德,清正廉洁的廉政风纪"展示自己新的形象。一是树立全心全意为人民服务的思想,急群众之所急,想群众之所想,针对不同服务对象,建立服务平台,满足不同层次不同对象的服务需求;二是大力表扬机关后勤工作的好人好事,树立先进典型,鼓励先进,鞭策后进。鼓励岗位成才,争先创优。

4.实现新目标。区局机关服务中心2007年努力实现"三个目标":一是所有工作人员

百花齐放

掌握基本的电脑知识，掌握基本的操作技能，独立完成公文处理；二是群众对机关服务中心的服务工作基本满意；三是争取跨入区局机关年度先进集体行列。

三、拓展渠道，做好"特"的文章

由于机关后勤服务是利益的集中点、矛盾的交织处，具有点多面广，岗位多、事务杂，安全责任重大，群众意见多等特点，决定了从事服务工作必须具备勤劳、廉洁、严格、诚实的条件。用勤劳朴实的品德教育人，用廉洁从政的规定约束人，用严格的纪律要求人，用诚实的态度对待人，是做好"特"这篇文章的具体表现。

（一）用勤劳朴实的品德教育人。一是把政治思想工作放在第一位，打牢思想基础，通过思想教育，使从事后勤工作的工作人员树立大局意识、服务意识、责任意识，正确看待苦与累、得与失；二是通过开展经常性的谈心、交心活动，帮助大家解决实际困难；三是充分发挥物业管理公司是机关服务中心得力助手的作用，加强办公区、生活区的保安、保洁、绿化、美化和综合治理等工作。

（二）用廉洁从政的规定约束人。一是认真贯彻落实国家税务总局颁发的《监督管理办法》，从教育、制度、监督、责任落实入手，强化行政管理权监督；二是加强党风廉政建设，认真落实廉政建设责任制，要求机关服务中心全体工作人员做到以身作则、廉洁自律；三是加强警示教育，用身边的事和身边的人做好典型案件的剖析教育和警示。

（三）用严格的纪律要求人。机关后勤服务工作大多直接与人、财、物打交道。因此，必须用严格的制度管理事，用严格的纪律要求人，严格遵守政治纪律、组织纪律、经济工作纪律、群众工作纪律。一是严格遵守政治纪律，坚持依法行政，严格执行国家法律、法规和规章；二是严格遵守组织纪律，从小事抓起，从身边的事抓起，从组织纪律抓起；三是严格遵守经济工作纪律，严格遵守财经纪律，严格执行办公用品、药品等采购制度，把采购、保管、领用三分离，强化办事和报账环节的衔接和制约；四是严格遵守群众工作纪律。切实维护群众利益，不做损害群众利益的事情。

（四）用诚实的态度对待人。一是做到言行举止文明得体，不做有损自己、有损单位形象的不良行为；二是在机关服务中心提倡"诚实守信、团结互助、服务至上、文明礼貌"的新风尚。

中国税务后勤建设

广西壮族自治区
地方税务局机关服务中心

广西壮族自治区地方税务局机关后勤服务中心成立于2000年10月，现有正式干部职工21人，具有本科学历6人，大专学历7人，内设公务车辆管理组、接待组、安全保卫物业管理组、水电办公用品报刊发行组等4个小组，承担机关的后勤服务保障工作。

10多年来，广西地税局后勤服务中心坚持为税收事业服务的方针，解放思想，实事求是，深化了后勤体制改革，创新了管理工作，提高了服务水平，锻炼了后勤队伍，出色地完成了全区地税系统的后勤保障工作任务，为本局乃至全区地税系统税收工作的顺利开展作出了应有的贡献。

广西区地税系统后勤服务中心主任工作座谈会

一、深化后勤管理改革，建立和完善管理制度

以总局和本局领导有关加强后勤工作会议的讲话精神为指导方针，结合本局工作实际，建立健全各种制度，规范管理程序，明确职责。对内，分工到位，责任到人，做到既有分工，又有合作；对外，树立形象，全力合作，为保障整个地税系统工作的正常运转而努力。完善了一系列的管理措施：一是修订了广西地税系统接待工作制度，进一步规范了接待工作；二是修订了车辆使用管理规定，进一步明确了车辆的使用与管理制度，减少了派人情车和公车私用的现象；三是建立了车辆维修与保养报批制度；四是建立了油材消耗登记制度和车公里登记制度；五是建立了固定资产登记制度；六是修订了大宗物品的采购制度；七是建立了职工食堂的饮食卫生制度和按月公布账目的制度。通过建立和完善一系列制度，使机关后勤服务中心的保障与服务工作走上了规范化、制度化、科学化的轨道。

二、创新后勤管理方法、提高工作效率和管理水平

在后勤工作中，注重结合本局机关后勤中心的工作特点和存在的问题，对后勤保障工作如何适应新的发展要求，如何适应机关的工作需求和满足机关干部职工家属日益增长的物质和文化的需求等问题进行了探索。一是深入学习"三个代表"重要思想和党的十六大精神，明确目标，加强改进税务机关后勤部门的思想、作风建设。二是充分认识后勤工作的重要性。俗话说"兵马未动，粮草先行"，而后勤服务工作不仅仅是提供"粮

广西区地税系统后勤服务中心主任座谈会

草",它担负着为整个机关正常运转提供保障的重任。只有把后勤服务工作做好,才能保障整个地税系统工作的正常运转,才能更好地完成税收收入任务,更好地做好各项税收工作。三是紧紧围绕税收工作实际,加强了对后勤保障的软件开发和建设,有效地利用了先进的科学技术设备,不断改进后勤保障工作手段、方式和方法,尤其是对车辆的行车安全教育管理,人员来往接待,会议保障,以及物业、机关环境的管理,安全防范工作等都有较新观念和较大的创新,使后勤队伍、管理和服务朝着高素质、高质量、高标准的方向迈进。四是努力牢记"两个务必"和坚持艰苦奋斗的作风,注意廉政,勤俭办事,力争少花钱、多办事、办好事,提高经费的使用效率。五是制定服务工作的目标和考核内容,提高服务质量和接待工作的水平。为了不断地提高后勤保障工作的质量,提出了"年年有切实的进步,3年上一个台阶"的要求,在具体的工作中,要求从一件件小事做起,从自己做起,想干部职工所想,急干部职工所急,切实履行自己的职责,诚心实意地抓好后勤服务工作。对保障工作突出一个"新"字;对管理工作突出一个"细"字;对服务工作突出一个"勤"字;对执行制度突出一个"严"字。在实际工作中,逐步将要求落实到位,使后勤工作中存在的

问题得到解决,不足得到弥补,有效地保证了机关的高效、正常运转。

三、以服务为本做好保障工作,提高服务水平

机关后勤服务中心的工作不仅是搞好干部职工吃、住、行的问题,更主要的是如何管好人、管好事、管好物,而且机关后勤服务中心是整个地税系统的一个窗口部门。这就要求后勤人员要有高度的事业心和责任感。一是就如何正确看待后勤服务中心的工作,如何正确认识后勤服务中心的地位以及做好后勤服务工作的意义等问题作了进一步的学习、讨论,使全系统的后勤工作人员进一步提高了思想认识,增强了凝聚力,树立了爱岗敬业的精神和为机关、为领导、为基层服务的思想。后勤服务中心的每项工作都与机关全体干部、职工、家属的切身利益紧密相连,在要求后勤人员做好工作的同时要不断提高工作艺术,使后勤服务工作切合实际,体现大家的意图。二是坚持以服务为本,改善服务的方式、方法,提高服务质量;在工作中,体现公开、公正、公平的廉政原则,以及规范、优质、廉洁、高效、务实的服务水平和工作作风。三是实施"温暖"工程,让"温暖"贯穿于整个服务工作的始终。对内,扎扎实实做好后勤每项保障工作,使全局机关领导干部、职工满意;对外,做到热情、周到,使来访的客人有宾至如归之感。

随着形势的不断变化和税收事业的蓬勃发展,对后勤保障工作的要求也越来越高。我们紧紧围绕税收工作的中心,进一步完善各种规章制度,加强后勤工作管理,改进服务方式、方法,提高服务水平,为把地税系统的后勤保障工作提高到一个新的水平而努力。

海南省国家税务局机关服务中心

近5年来，海南国税局机关服务中心在总局机关服务中心的指导下，在省局党组的领导下，努力践行"三个代表"重要思想，认真贯彻落实党的十六届六中全会、全国税务工作会议精神，以优质服务为目标，以饱满的热情，积极向上的工作态度，锐意改革的精神，齐心协力，团结拼搏，开拓进取，不断提高机关后勤保障能力，2002年被评为海南省机关服务先进单位；2004年被评为机关后勤管理先进单位；2005年机关服务中心党支部被评为先进党支部。成绩的取得主要体会是：

海南省国税局机关服务中心设主任1名、副主任2名，下设房产物业科、车辆管理科、财务和保卫科、行政接待科，在编人员17名（其中公务员6名、工勤人员11名）。主要担负的职能有：办公、住宅区的房产物业管理；车辆的管理与维修；行政公务接待工作；设备后勤保障；机关食堂；办公住宅区的卫生、绿化和保卫等工作。海南国税机关服务中心的管理运行形式，采取服务社会化和自行管理相结合的方式，大型设备和重点安全设备实行社会化服务，办公区的保安、保洁、绿化实行社会化服务，省局机关宿舍区实行自行管理方式。计划在2~3年内全部实行社会化服务管理。

一、抓好思想教育，提高人员素质

以海南省国税系统"三个文明"建设为契机，我们机关服务中心强化后勤人员职业道德教育，针对服务中心干部职工的思想素质存在参差不齐的情况，为进一步全面提高干部职工的思想素质和业务素质，我们采取了一系列积极有效的措施：一是广泛开展机关后勤人员职业道德教育，抓好经常性的思想教育和经常性的管理工作，通过开展广泛谈心和交心工作，以理服人，以情动人，掌握人员的思想脉搏；二是通过正面讲经验，反面说教训，"导之以觉悟约其心，齐之以纪律约其行"，从各方面调动积极因素，激发干部职工的工作积极性；三是在做好经常性的思想教育工作的同时，我们加强了经常性管理工作，主要是严格规章制度，以制度管人；四是积极创造条件让干部职工参加各种学习，不断提高后勤人员的业务水平和业务技能。

以先进性教育为主导，充分发挥党员的先锋模范作用，在省局先进性教育活动领导小组的统一领导下，机关服务中心广泛征求群众意见，自觉接受群众监督，高标准、严

海南省国家税务局

要求，搞好党性分析，有效地增强党员的先进性意识，坚持做到边学边改，把学习教育活动与提高服务质量、提高工作效率紧密结合起来，使教育活动真正体现在行动上。认真对照教育活动中提出的存在问题，做到边整改、边落实，让群众实实在在地感受到党员在思想上、作风上的变化和进步。重点围绕《海南省国家税务局先进性教育活动整改措施一览表》和党员个人制定的《整改措施》进行对照检查，限时整改。以"八荣八耻"为准则，牢固树立社会主义荣辱观，要求后勤人员积极主动参加局机关的所有教育活动，用税务系统的先进典型教育大家，党员用自己的行动带领大家，从自己做起，从点滴做起，做当荣之事、拒为耻之行，知荣弃耻，提升境界。

二、集中精力抓基建，实实在在管物业

省局机关成立了基建工作领导小组，加强对基建工作的领导和监督。近年来完成的主要基建项目有办公大楼30000平方米，干部职工宿舍楼21000平方米。我们本着百年大计、质量第一的原则，加大对施工质量的监督和管理，安排专人在现场监工，以防止偷工减料，定期和不定期检查和抽查，并做好与设计院、工程监理、施工队之间的协调工作，发现问题及时解决，保证了工程质量和进度。在抓基层建工作中凡是属于政府采购目录范围内的基建项目，我们全部按政府采购程序实施。

在抓好基建的同时，我们也没有放松对物业的管理。目前，我们办公区全部实行了宾馆式管理，宿舍区全部实行了花围式管理，为广大干部职工营造了良好的工作、生活环境。坚持对房屋及房屋设备设施的定期维修养护，加强对给排水系统、供电系统和消防设施进行检查，定期进行了"除四害"工作，有效地搞好环境卫生工作，重点加强了对食品卫生工作的监督和管理，确保职工食堂食品卫生安全。

三、热情周到接待，树立良好形象

接待工作是机关行政工作的一项重要内容，是展示一个单位的精神风貌、风格特点的重要窗口，同时也是加强对外沟通与联系的桥梁和纽带。我们本着"礼貌待客、优质服务、勤俭节约"的方针开展接待工作。加大对负责公务接待人员和驾驶人员培训，从而提高服务质量和接待水平。另外，我们还有意识地加强了对公务接待工作的跟踪和定期指导，保证了接待上作上下一致，标准一致。近5年来，我们共接待前来海南学习考察的全国税务人员上千批次，被接待的客人对我们的接待服务给予了高度的肯定。

根据总局有关规定，我们制定了《海南省国家税务局接待工作规定》，使我局接待工作进一步规范化、程序化、制度化。在接

热情服务，工作认真

待工作中我们做到热情、诚恳、周到，又坚持标准、勤俭节约的原则，在接待来宾，需经各处室领导签署，服务中心核准、报分管局领导审批，服务中心按照局领导的批示，以《接待通知单》形式通知安排食宿，并依据此单与服务中心进行结算，对基层人员到省局机关办理公务需要就餐的，由各处室领导签署《工作餐安排单》，按省局干部职工用餐标准，在机关食堂用餐，机关食堂依据此单与服务中心进行结算。通过这种方式进一步规范接待工作，明确接待标准，坚持勤俭节约，经过服务中心全体人员的共同努力，接待工作在严格接待标准的基础上，得到了各位来宾和基层同志的好评。

四、加强车辆管理，确保行车安全

我们严格贯彻执行总局《关于严格控制领导干部驾驶公车的通知》，组织司机学习有关交通安全法规和文件，观看行车安全教育录像片，同时下发了《海南省国家税务局关于加强省局机关车辆及驾驶员管理的通知》。一是强化车辆的维护保养，确保车况良好，车辆证照齐全；二是杜绝驾驶人员违规驾驶，杜绝无证驾驶；三是开展经常性的交通安全教育。近5年来，省局机关车辆安全行车上千万公里，没有发生一起交通安全事故。在确保行车安全的情况下，我们进一步严格了车辆维修的管理审批制度。一是专门制作了维修审批表；二是加强油料管理；三

是完善了车辆管理与使用制度，在相对保证各处室用车的前提下，实行统一管理，做到灵活调派车辆，保证省局机关各项工作的正常进行。

今后根据总局和省局提出的建设和谐税务机关的要求，结合海南国税工作的实际，我们确定了五个方面的工作思路，一是增强三个方面的意识：服务大局的意识，依法行政的意识，改革创新意识；二是牢固树立三个方面的思想：服务税收中心工作的思想，服务领导和机关的思想，服务基层的思想；三是提高三个方面的能力：依法行政的能力，综合业务的能力，沟通协调的能力，建立一支政治过硬、业务熟练、作风优良、服务规范的机关后勤队伍；四是做到三个方面的到位：管理到位，跟踪服务到位，后勤保障到位；五是努力实现三个方面的突破：安全管理制度化、物业管理社会化、后勤管理信息化。

着重抓好的五项工作。一是要努力提高后勤人员的综合素质和业务素质，不断提高他们的业务能力和业务技能；二是要不断完善各项管理制度，坚持以制度管人；三是要积极创新机关后勤管理模式，改变落后的机关后勤管理模式；四是要努力做好节约型机关建设，不断提高机关管理水平；五是要坚持科学化管理，不断提高机关后勤服务保障能力。

海南省地方税务局机关服务中心

海南省地方税务局机关服务中心于2006年1月正式运作,是省局办公室的内设机构,没有人员编制。主要工作职责:一是负责省局机关和海口地税局(因海口市局部分住房与省局合建)部分干部职工的住房管理和房改工作;二是负责或配合省局各部门对本系统相关业务往来的有关人员的接待工作;三是负责省局车辆及驾驶员管理;四是负责按省局办公室的要求购置机关办公设备、办公用品用具并保管与发放工作;五是负责省局机关办公大楼和宿舍区的安全及环境卫生工作;六是省局领导交办的其他工作。

局机关服务中心自年初开始运行近1年来,本着"热情服务、甘于吃苦,协调协作、高效运行"的工作方针,在局领导的大力支持与办公室的领导及各业务处室的配合下,各项工作都逐步走上轨道,主要体现在:

第一,建立健全工作机构。按照局务会议所确定的工作职责及工作的实际需要,局机关服务中心目前有主任、副主任(局办公室副主任兼任)各1名。下设接待与车辆管理、办公设备采购、物业管理三个业务口,各由1名相应的人员具体负责。

第二,按需分解工作职能。在局务会议确定的框架内,对中心领导及所属三个业务口的工作进行了分解和分工,明确工作职责,强化工作责任。

第三,积极推进工作的开展。近1年来,我们依照中心的职责和各自所担负的工作任务,克服困难,锐意进取,有效地推动了各项工作的实施。一是加强车辆管理。今年我们对车辆的油料管理进行了较大改革,与中石化合作对局机关公务车辆在全省范围内实行凭卡用油的办法,改变车辆用油方式,从6月份开始,机关所有公务车辆用油全部改为中石化定点刷卡用油,按不同车型定量供油,使以往无限量用油的方式得以改变。此外,将公务车市区用油与出差用油分开供应,取消发票报销,统一设置出差供油专用卡,单立管理,较好地控制了油料的无序使用,也满足了各部门因业务差异对油料供应的不同需求。二是规范接待工作程序。为使接待工作有序可循,在中心开始运作不久,我们便出台了《海南省地方税务局公务接待规程》,从接待的范围、申报、审核和审批及实施均作了明确的规定,减少接待工作中的一些随意性,使之更加规范。三是理顺新办公楼与酒店的安全保卫、物业管理、员工用餐等关系。我们局今年6月底搬迁到现址新楼办公,该楼是一栋近20000平方米的综合性办公大楼,内有酒店的客房、餐厅及我局的办公室。为处理好双方的关系(酒店对外承包),既为全局办公提供一个好的环境又使酒店有一个好的经营条件,我们与酒店承包人分别就安全保卫、物业管理、员工用餐等事项逐一进行深入细致的交流，在兼顾双方利益的前提下分别达成协议，到目前为止各方基本是满意的。四是加强宿舍区的管理。今年以来，我们对接手管理的宿舍区进行了清理，摸清了其基本情况，对一些诸如房屋漏水等多年来未能解决的问题也进行了处理，解决了部分干部职工的实际问题。

关于下一步工作，我们主要设想是：首先尽快制定和完善各项工作的规章制度，工作中做到有章可循；其次量化工作任务和设定工作标准，工作中做到有序规范；再次强化工作的落实，不断提升中心的服务水平；最后就是加强部门之间的协调与协作，为工作任务的完成创造一个好的外部环境。

百花齐放

重庆市国家税务局机关服务中心

重庆市国税局机关服务中心是根据《国家税务总局关于印发〈重庆市国家税务局职能配置、内设机构和人员编制的规定〉等3个文件的通知》（国税函[2000]825号）精神，于2000年正式成立，属重庆市国家税务局事业单位。其主要职能：拟定后勤服务和行政事务的规章制度及管理办法并组织实施；管理机关财务；负责机关后勤服务的组织管理及机关培训中心工作；负责机关办公物品的采购、保管、分配和维修工作；负责职工医疗保健和安全保卫工作。市局机关服务中心内设3个科室：行财科、接待科、保卫科。市局机关服务中心现有正式干部职工24人，其中：主任1人，副主任2人，科长2人。

税收工作多年的发展变化及取得的成绩，都离不开税务系统后勤部门所提供的服务保障。近年来，全市国税系统机关后勤部门以邓小平理论和"三个代表"重要思想和"科学发展观"为指导，坚持为税收事业服务的方针，解放思想、实事求是，圆满地完成了后勤服务的各项保障工作，全市国税系统机关在后勤管理、服务和保障等方面都发生了明显的变化，并取得显著成绩。

一、各级领导高度重视后勤队伍建设和思想、作风建设

自2000年我局机关服务中心成立以来，我局领导高度重视后勤工作，把后勤工作与业务工作比作"车的两轮和鸟的两翼"，把后勤工作与其他工作一起纳入规划和研究，列入重要议事日程，经常关心后勤工作，对后勤工作提出要求，对后勤工作倾注了大量的心血。一是配备和充实后勤各级领导班子和后勤队伍人员，加强后勤建设。二是对后勤工作规划和发展提出要求，明确工作目标。三是重视抓好后勤队伍的思想建设和作风建设，加强各项技能的培训，更新观念，强化服务意识，提高后勤工作的科技含量。使系统后勤工作能够按照市局党组的要求，围绕"中心"，服务发展，加强后勤管理，提高后勤工作的水平，圆满完成了各项后勤工作任务。

二、认真抓好三峡移民迁建工作

举世瞩目的三峡大坝水利工程，重庆作为重要的蓄水库区，实物淹没数占淹没总数的84.33%，肩负了巨大的移民迁建任务。重庆市国税系统有万州区、龙宝区、天城区、五桥区、涪陵区、丰都县、武隆县、忠县、开县、云阳县、奉节县、巫山县、巫溪县、石柱县14个移民区、县国税局和1997年重庆直辖前原四川省重庆市国税局移民项目安排的渝北区、江津市国税局等16个区、县、市国税局、103个税务所、32个征收点、4000多名干部职工及家属在这一浩大工程中涉及搬迁。搬迁后重建区、县局局机关13个、税务所28个、职工住宅16个项目。从1994年至今的10年中，移民迁建工作在国家税务总局的关怀下，在重庆市委、市政府的领导下，在全国税务系统的共同支持下，在全市国税系统的努力下，在库区移民区县（市）局广大干部职工的辛勤工作下，移民迁建工程已

中国税务后勤建设

经建成并逐步投入使用，全市国税系统移民迁建工作基本圆满结束，共建设57个工程项目，其中新建区、县局机关13个；新建税务所28个；职工住宅工程项目16个，通过对移民工程的竣工审计和财务审计，全局系统移民迁建57项工程共使用资金35385万元。取得了迁建施工项目全部为合格以上工程，其中80%以上达到优良工程和移民迁建资金管理上没有一人倒下的好成绩。

三、全力以赴抓好新办公业务培训大楼的竣工和市局机关的顺利搬迁

我局办公业务培训用房工程的建设工作，从立项到在建和竣工，我局党组都高度重视。一是成立专门的机构，加强对工程的组织领导。二是落实工作职责，明确职责分工，落实工作责任，确保工程从选址、设计、招投标、工程施工等各个环节按照程序规范进行。三是建立各项规章制度，对工程项目的审批、建设规模、面积标准、项目管理、预算资金、项目审计、办理程序等都进行了规定，严格遵照执行。四是严把"六关"，即：一把设计关；二把工程招标关；三把工程质量监督关；四把施工现场管理关；五把材料设备质量关；六把办事程序关。确保了整个工程的质量和实现了大楼的顺利竣工，竣工建筑面积4.5万平方米，征地30亩，平均造价3760元／平方米（含土建、安装、装饰、设备等项目）。

四、抓好服务经营单位的经营管理，促进经济效益的提高

一是抓好华渝宾馆的改制。实行总经理责任制，实施人事、经营、工资制度的改革，本着与市场接轨，按市场运行机制办事的原则，狠抓经营管理。

二是强化五洲大酒店这一品牌，使五洲大酒店在竞争中取胜，在创新中发展。五洲大酒店紧紧围绕"深化管理，细化服务，增收节支，提高效益"的工作思路，以"客房是五洲大酒店的重头、餐饮是五洲大酒店的龙头、会议是五洲大酒店的重要补充、销售是五洲大酒店的指挥棒"，不断创新观念，积极开展各项经营和管理工作。五洲大酒店成立以来，各项经营指标取得了不俗成绩，实现了经济效益和社会效益的双丰收。从2002年9月10日开业至今共提取折旧3358.8万元、实现利润2234万元、上缴税款1600万元。在重庆市宾馆业形成了五洲大酒店现象。

五、上下同心，全力做好"非典"、"禽流感"后的传染病预防工作

"非典"后，机关服务中心仍不放松警惕，制定相关制度、落实责任到人，积极做好具体工作：一是以预防为主，坚持做好大楼内每周3次消毒预防工作；二是严格按照食品卫生要求，从食品采购、清洁、制作、餐具消毒、厨房人员个人卫生、环境卫生等方面，狠抓机关食堂的卫生工作；三是以卫生健康为准则，及时调整机关食堂的饮食结构，注意安排食谱，菜谱每天公布，合理搭配饮食，提高市局干部职工身体素质，增强抗病能力；四是经常与市卫生防疫站联系了解疫情，及时指导华渝宾馆、五洲大酒店做好预防工作。

六、加强培训，不断提高后勤服务质量

加强培训是提高干部职工政治思想素质和业务素质，提高工作水平的有效途径。一

是针对服务中心工作头绪多、涉及面广的特点，定期组织保安、保洁员、厨房人员的专业培训；二是组织机关处室人员参加消防培训，普及消防常识，提高防火防灾自救能力；三是合理安排，组织会计、出纳参加市财政局组织的会计人员培训，提高财会知识，加强机关经费管理，做好财务决算；四是抓好新聘人员岗前培训；五是定期组织驾驶员安全教育和理论业务学习，加强车辆管理，确保管好车、用好车、安全用车。

七、认真做好政务接待、会务保障，树国税"窗口"新形象

近年来，我局全国性会议多，总局领导和各省市来渝检查指导、学习的多。全市国税系统后勤部门与其他部门相互配合，密切协同，制定周密的方案，做好会务与接待的预算工作，会务保障和接待工作做到既热情周到，又勤俭节约，圆满完成了各种会议的会务保障和来渝人员的接待工作，为市局机关顺利创建全国文明单位和创建模范职工之家作出了应有的积极贡献，为重庆国税树立了良好的形象。

八、加强机关车辆的管理和安全教育

一是完善了《重庆市国家税务局机关车辆管理和使用规定》，加强机关车辆的维修、使用和停放的管理。实行了全市系统车辆和保险政府集中采购。二是按照"安全第一、服务第一"的要求，加强后勤部门驾驶人员的安全行车、文明礼貌、礼仪礼节的教育，在元旦、春节、"五一"、"国庆"四大节，加强车辆的严格管理和节前的安全教育，同时还组织驾驶员进行春季、夏季、冬季，雾天、雨季的行车驾技、事故防范进行了研讨和培训，配合交警开展了交通安全"五进"活动，保证了春、夏、冬季的行车安全，5年来做到无重大事故的发生，确保了全局系统领导和机关的正常用车。

九、积极参加当地政府社会化活动，充分发挥协会的作用和优势，推动机关后勤工作的开展

为了加强与上级后勤部门和周边各委、办、局后勤部门的工作联系，积极争取对国税工作的支持，在重庆市机关事务管理协会的大力支持下，由我局作为牵头单位，成立了由26个部委、办、局后勤部门组成的重庆市机关事务管理协会第三分会，为各部委、办、局后勤部门搭建了一个加强相互学习，加强后勤工作交流的平台，为构建和谐国税的外部环境创造积极的条件。

十、强化措施，始终把安全工作放在第一位，安全工作取得新成绩

我局始终坚持把安全工作放在首位。一是强化值班安全管理；二是强化车辆安全管理；三是强化财务安全管理；四是强化会议活动安全管理；五是强化节假日的安全管理。通过深入细致地做好安全工作，近年来，市局机关办公业务大楼未发生一起火灾、盗窃、人身伤亡、治安案件等安全事故，为保持社会稳定，保障机关正常办公秩序作出了积极的贡献。2003～2005年连续3年被重庆市防火委员会评定为全市重点消防十佳先进单位。

今后，后勤部门还要解放思想、实事求是，深入调查研究，努力探索为机关服务的最佳机制和最佳方式，推动后勤服务的不断创新和后勤管理科学化水平的不断提高。

中国税务后勤建设

重庆市地方税务局机关服务中心

近年来，重庆市地方税务局机关服务中心在市局党组的正确领导下，高举邓小平理论伟大旗帜，努力践行"三个代表"重要思想，认真贯彻执行党的路线、方针、政策，全面贯彻落实科学发展观，以党的十六届四中、五中全会精神为指导，按照"服务、管理、保障并重，树形象、增效益、强能力"的工作思路，求真务实，开拓创新，创一流服务，建一流业绩，构建和谐地税，创节约型机关，圆满地完成了各项工作任务，为市局机关的正常运转提供了强有力的后勤保障。在后勤服务中心的努力工作下，市地税局先后获得了"市级卫生优秀单位"、"城市管理先进单位"、"社会治安综合治理先进单位"等荣誉称号。同时，市地税局还获得了"全国文明单位、文明单位标兵、全国五一劳动奖状、模范职工之家"等荣誉称号。

一、打造团队抓班子，提高服务意识和管理水平后勤服务工作繁、杂、脏、累、险，要搞好这项工作，必须打造良好团队，抓好班子建设，提高服务意识、服务水平和管理技能

（一）加强领导班子建设、强化服务意识。机关后勤服务中心具有坚强的领导班子，领导从自身做起，"外树形，内铸魂"，加强政治业务学习，坚持"政治文明、精神文明、物质文明"一起抓，扎实肯干，以身作则，开拓创新，开创后勤服务工作新局面。

（二）提高管理能力，培养团队精神。机关后勤服务中心经常组织全体干部职工学习后勤物资管理、后勤安全管理、食品卫生管理、交通安全法规、社会综合治理条例、消防法等知识和劳动法规，组织干部职工到重庆市的宾馆、饭店、物业公司参观学习、培训。

（三）完善各项制度，做到有章可循。机关后勤服务中心完善落实了各项规章制度，做到以制度管人，以制度促进工作。编印了市局机关会议、车辆、办公用品、合同制工人、政务接待管理制度，同时制定了防止重大突发事故预案。

二、坚持"五特"精神建队伍，打造学习型团队

搞好后勤服务工作，队伍建设是关键。几年来，机关后勤服务中心坚持"特别能吃苦、特别能战斗、特别能忍耐、特别能团结、特别能奉献"的"五特"精神，以提高后勤职工综合素质为重点，着力打造学习型团队。

（一）发挥共产党员先锋模范作用。在"保持共产党员先进性教育活动"中组织党员、职工到红岩村烈士陵园宣誓，重温入党誓词，要求党员以身作则，带动其他职工群众从认识上坚定岗位服务、岗位奉献、岗位

成才信念，增强服务工作的主动性、积极性。保持共产党员先进性教育活动结束后，机关后勤支部建立了保持共产党员先进性教育长效机制，按照机关党委的安排和要求，深入开展了学习贯彻党章、公民道德建设实施纲要、缅怀革命先烈、学习新时代的先进事迹、观看党建电教片和"神六升天"及三峡大坝挡墙爆破现场直播、"八荣八耻"等教育活动，对保持共产党员先进性教育工作常抓不懈，努力建设学习型党支部。

（二）开展业务培训和岗位练兵。支持职工参加经济、会计、餐饮、驾驶等知识学习，形成了"比、学、赶、帮、超"的风气；开展了《细节决定成败》读书活动，增强了"细心、踏实、热诚"的后勤服务观念；每月组织驾驶员参加交通法规、汽车维修、驾驶技术相关培训。目前，98%的职工通过了厨师、电工等专业测试，绝大多数驾驶员取得高级资格，很多同志取得了经济、会计专业技术职称。

（三）以人为本，加强合同制工人管理。针对临时工观念，后勤中心坚持"平等对待、团结协作、尊重人格、尊重劳动"，实行人性化管理，成立了5个聘用工学习小组，在聘用工中选出思想好、能力强的同志担任小组长，经常组织工作交流和业务学习活动。

三、坚持改革创新，提高管理服务水平和保障能力，创建节约型机关

近几年来，机关后勤服务中心锐意创新、深化改革，创建节约型机关，后勤管理

服务的水平和保障能力不断提高。

（一）完善用车管理。各处室用车，事前要填报用车单，由后勤中心统一调度，杜绝了乱要车，乱派车现象，仅2006年1～6月份就减少重复用车20多人次。

（二）实行会议统一管理。市局机关、各处室的会议由机关后勤服务中心统一管理，各处室在开会的上一月提出会议计划，开会当月提出会议申报表，后勤服务中心负责报局领导审批，负责联系会议地点，安排食宿。

（三）办公物资实行统一管理。市局机关的办公物资由机关后勤服务中心实行统一管理，各处室日常办公用品由服务中心统一购买，专人保管、发放。

（四）加强管理，搞好市局机关办公环境。后勤服务中心一班人勤奋工作，无私奉献，扎扎实实地搞好了市局机关的清洁卫生、机关保卫、内务管理工作，机关大楼电器得到了及时维修、保养，冷气、暖气得到了及时供应。

（五）协调配合，搞好社会治安综合治理和安全生产工作。机关后勤服务中心积极配合上清寺街道办事处的工作。几年来，市地税局无一例安全生产事故和群访事件的发生。

（六）推行个性化服务，食堂红红火火，一枝独秀。食堂的生命力在于深化个性化服务。市局机关食堂窗明几净，工作区、用餐区分开，桌椅井然有序，库房及工作间各种生熟食品、原辅材料、刀具、厨具分类存放，所有工作人员着装统一规范，用餐结算实行

IC卡管理系统，给人一种整洁有序、轻松明快的感觉。食品营养、卫生、精细、可口、价格便宜，赢得了领导和同志们的一致好评。

（七）热情周到，搞好市内外客人接待工作。机关后勤服务中心负责接待市内外的客人，总是想客人之所想，急客人之所急，热情周到、细致的为客人安排好食宿、车辆及行程路线，赢得了各方客人的高度赞扬，现在每年要接待外省市客人600多人次。

四、从严要求抓自身建设，廉洁自律当好管家管好钱、管好物、理好财，廉洁自律是前提

近年来机关后勤服务中心领导和办事人员坚持原则，廉洁自律，拒收礼、拒吃请，公道正派的作风给许多商家留下深刻的印象。为深化后勤物资管理，厉行节约，后勤服务中心编制了《大宗物品和办公用品采购管理办法》、《物资采购验收登记簿》等多项规章制度，干部职工节约意识明显增强。对大宗物品和办公用品采购，坚持公开招标，防止暗箱操作。根据各部门需求，制定采购计划，提请分管领导支局长办公会讨论审批。几年来，机关后勤服务中心无一例违法违纪事件的发生。

百花齐放

四川省国家税务局机关服务中心

四川省国家税务局机关服务中心成立于2000年11月，编制22人，现有在编人员22人，在岗人员20人。中心下设6个科(队)，2个宾馆，1个招待所，分别是综合科、经营科、接待科、房产科、保卫科、车队、峨眉山金瑞大酒店、郫县镜湖园宾馆和机关招待所。

近年来，四川省国家税务局机关服务中心，坚持为机关服务、为基层服务、为职工服务的宗旨，强化服务、管理、经营、指导四个职能，紧紧围绕税收工作中心，优质高效地完成了后勤服务工作，为全省国税荣获系统"文明行业"、机关获得省级"最佳文明单位"作出了积极贡献。

一、找准定位，强化职能，提高后勤保障能力

首先，坚持把机关中心工作作为后勤工作的出发点和落脚点。及时了解把握机关全年工作、特别是重点工作，并以此作为制定中心工作计划的主要依据。加强基础，突出重点，确保安全，多办实事是近年中心工作始终坚持的思想。年初，按照年度工作目标，进行科室目标分解，实行月工作计划和完成情况报告制度，在机关服务中心内部实行周工作计划制度，增强了工作的计划性和主动性。做到后勤不后，服务靠前，争取主动，保障到位。

其次，坚持以机关职能部门为支撑点。后勤工作涉及面广，特别是涉及到机关职工的工作生活学习等切身利益，正确处理好机关职能部门与服务中心的供需关系，以机关干部职工满意为标准，解决好供需矛盾，确保了机关各项工作协调有序的开展。

再次，以满足职工需要为着力点。我们以职工关注的水电气、食住行、安全、卫生、福利及文化娱乐等为重点，热情服务、倾听意见、多办实事，通过改进服务手段和服务方法，不断改造硬件条件，提高服务"软件"质量，努力为职工办实事办好事，工作得到各级领导和广大职工的好评。

窗明几净的机关食堂

二、健全机构，明确职责，积极推进体制改革

积极转变职能、科学设置岗位，进一步调整科室负责人，人尽其才，多岗锻炼。坚持以"管理科学化、制度规范化、服务社会化"为方向，积极探索、稳步推进政府采购、机关公务用车、办公用房、职工住房及医疗制度等方面的改革。如在车辆的管理中，实

行"三定一包"的管理办法(定点维修、定点加油、定点保险、处室车辆经费包干),总结的《积极探索、强化管理,确保服务质量和行车安全》经验,被省纪委调用,在《四川机关后勤》杂志登载。

三、夯实基础,改革创新,构筑"大后勤、大服务"的管理模式

经济和社会的发展,对后勤工作提出了更新的、更高的要求,后勤工作要围绕中心工作做好保障服务,就应该上下协调,高速运转,不能一家一户关起门来进行。为此,我们把全省国税后勤作为一条战线、一个不可分割的整体,统一部署、统一推进,着力构建"大后勤、大服务"的格局。一是统一标准,规范职能,建立省、市、县自上而下的"大后勤"管理体制。制定了《四川省国税系统后勤工作规则》,明确后勤工作的性质、基本任务、地位作用、工作方针、宗旨、服务中心人员的配置、机构设置等。对工作制度、财务制度、接待工作、房产及小区的物业管理、固定资产管理、车辆管理等统一标准、规范职能;二是交流经验,研究问题,定期召开后勤座谈会和工作会。1年召开1次片会,

每年有不同的主题和重点,专门研讨后勤工作中出现的问题。3年召开1次后勤工作会,交流经验,总结成绩,研究后勤工作的规律性,研究新情况、解决新问题。在四川国税行业网上开办《后勤工作简讯》,以此作为展示自我和交流经验、信息的舞台;三是以点带面,创新创业,推广先进典型。如引入ISO9002国际质量认证体系、盘活国有资产、经营管理、物业管理、房产管理等,取得成绩后在全省国税系统进行推广,全面提高服务质量和服务水平;四是强化管理,目标考核,评选创先争优项目。开展优质服务、优良作风、优美环境、做机关满意的后勤人的"创三优一满意"活动,创建文明示范单位。

四、以人为本,加强教育,建设一支高素质的后勤队伍

通过机构改革和实行竞争上岗,改善了后勤队伍的知识结构、年龄结构和专业知识结构;通过对机关职工进行学历培训、专业培训、技能培训,有效地提高了机关后勤队伍的文化水平和技术能力,目前,机关服务中心有研究生学历2人,大学本科学历13人,专科6人,大学专科以上学历占职工95%。

车队整装待发

四川省地方税务局机关服务中心

四川省地方税务局机关服务中心（以下简称中心）于2001年1月正式成立，现正依据全省地税系统和省局机关后勤保障的需要，逐步完善和拓展中心的业务，加强内部管理。

一、中心机构及人员编制

依据省编委的批复，我中心为直属省地税局领导的财政全额拨款事业单位(正县级)，核定事业编制23名。现招聘员工120名，共计143人。中心设主任1名，副主任3名。下设中心办公室、财务部、招待所、物业公司。

二、中心及下属单位工作职责

(一)中心工作职责

1.负责省局机关及直属单位后勤服务保障工作。

2.承办省局委托管理的后勤行政事务和社会事务工作。

3.负责拟制机关办公设备、办公用品购置预算并承办购、管、发事务。

4.负责省局交给中心占有、使用的国有资产管理，使经营性资产保值增值，力保省局投入中心的国有资本(资产)受益权的落实。

5.承办文件、资料的印制和通信业务。

6.管理下属物业公司和机关招待所、食堂。

7.负责中心行政管理和招聘人员的人事管理。

8.负责管理机关服务中心及其下属单位的财务活动。

9.承办省局职工住房改革和房产管理事务。

10.承办省局领导交办的其他事项。

(二)中心办公室工作职责

1.承办中心公文撰写和文书处理。

2.承办中心保密工作的组织、管理、督查工作。

3.承办中心人事工作具体事务。

4.承办全局电话话务管理、闭路电视管理和会议室音响、投影设备的管理及其机线维修。

5.承办全局办公设备、办公用品的购、管、发。

6.承办全局公文的打印、铅印工作。

7.承办中心承办的全省地税系统会议的会务工作。

8.承办中心后勤业务组织、协调具体事务。

9.承办中心行政管理具体事务。

10.承办省局和中心领导交办的接待工作。

11.承办省局职工住房改革和房产管理事务。

12.承办省局委托的社会事务工作。

13.承办领导交办的其他事项。

(三)财务部工作职责

1.贯彻落实国家财务制度，建立健全中心财务、会计、审计管理办法。

2.拟制中心经费收支预、决算。

3.承办中心财务管理和会计核算。

4.承办中心固定资产财务管理。

5.承办中心预算外资金管理事务。

6.承办中心内财务、会计监督和审计事务。

7.组织中心财会人员业务培训。

8.配合省局财务、会计、审计工作。

9.承办领导交办的其他事项。

（四）招待所工作职责

1.本着为系统服务为主旨、兼顾向社会提供服务的原则，承办住宿、餐饮、商务等服务工作。

2.承办各种会议，并负责会场的设计、布置。

3.承办省局职工工作餐；承接各种中餐宴会、酒会及散餐。

4.管理招待所固定资产，力争经营性资产保值增值。

5.负责招待所保洁、消防、安全工作。

6.代办机票、车票预订。

7.代办与旅行社的业务联系。

8.承办领导交办的其他事项。

（五）物业公司工作职责

1.承办省地税局办公区、生活区的水、电、气设备管理、维养。

2.代收代缴水、电、气费。

3.保障中央空调、电梯的正常运转。

4.承办省局消防工作，确保消防设施、设备完好有效。

5.负责省局办公区、生活区的安全、保卫、保洁、绿化工作。

6.管理机动车、自行车停车场。

7.协助相关政府部门做好社会治安、流动人口管理、爱国卫生和环境保护等工作。

8.承办业主委员会各项决议的落实。

9.管理物业公司固定资产。

10.承办领导交办的其他事项。

三、中心目前运行情况和体会

中心办公室、财务部、物业公司、机关食堂的业务工作已基本走上正常工作的轨道，相关管理制度正逐步建立、完善。招待所正按照省局领导"分阶段筹建、逐步完善和发展"的思路实施。

总结中心内部的工作，要做好后勤工作必须做到：心齐、风正、勤恳、扎实。

心齐，指目标一致，经常通气，不争个人长短。中心正、副主任为搞好省局后勤保障工作的基本愿望是相同的。在分工负责的基础上，经常互通信息，统一思想，互相协作。

风正，指廉洁奉公，秉公办事，按制度办事，规范操作。后勤工作最忌以权谋私，办事不公和随意处理问题。在加强教育的同时，中心始终抓住两条：一是建立完善规章制度并严格执行；二是领导、骨干模范遵守规章制度并多层次、多方位监督。

勤恳，指热爱后勤工作，刻苦钻研政策、业务，任劳任怨，主动、热情、耐心、周到地提供后勤服务。面对大量现代、智能设施、设备，面对市场经济、法制建设的现实，除招聘高素质人才外，自身钻研提高是必然要求。

扎实，指说话实在，办事落实。后勤工作关系单位和个人实际利益，责任重大(如安全、消防)，容不得虚假、应付、浮夸。

贵州省国家税务局机关服务中心

贵州省国家税务局机关服务中心编制22人，现实有正式工作人员17人，中心内主要岗位有：接待、车辆管理、固定资产管理、采购、房屋和办公楼的维修、医务室、机关食堂、理发室、招待所、印刷厂、修理厂等。

近年来，机关服务中心在上级领导的关心和支持下，立足本职，顾全大局，任劳任怨，不断强化服务意识，始终围绕税收这个中心来开展工作，抓管理、建制度、促发展，工作质量和服务水平大为提高，为我省国税事业的顺利发展提供了重要保障。

一、坚持服务宗旨，为税收这个中心工作服好务

"十五"期间，我省国税事业发展迅速，税收收入增长幅度大，税收收入累计完成703.23亿元，是"九五"期间的2.3倍。2006年预计完成250多亿元。各方面的工作也取得了喜人的成绩。从税收工作年年上台阶，到年年是省级文明红旗单位；从税收信息化阔步前进，到征管工作CTAIS上线。这些都无不倾注着后勤服务中心的心血和汗水。俗话说"兵马未动，粮草先行"。机关服务中心担负着机关的后勤保障工作，在国税系统工作中，是"三分天下有其一"。可以说没有服务

中心的辛勤工作作保障，税收工作也难以取得这样的好成绩。所以，服务中心工作的好坏，直接影响税收工作的质量。

二、坚持科学发展观，促进后勤工作全面、协调、可持续发展

近年来，我省后勤工作十分重视科学发展观在实际工作的实践。处处从资源节约出发，在接待上，既做到热情周到，又坚持厉行节约。凡是我们需入住的宾馆、招待所，我们都一一进行调查了解，掌握第一手资料，本着就近、便利工作、低价的原则，与之签订协议。这样既方便了来客，又节约了经费。在车辆管理上，不仅重视车辆的安全行驶和安全教育，还根据实际对车辆的调度进行科学安排，合理调度，提高车辆的使用效率。并对机关车辆的用油进行监测，核定车辆的基本用油标准，若超标需再加油的，则需经分管的局领导同意，中心按实际里程核发油票。这些措施大大减少了用车的随意性，也节约了经费，相应减少了公车私用的现象，另外，在办公用品等的采购上，除了按政府采购的相关规定办理外，其他的办公用品采购，我们主要请监察、财务等部门参加，对供应商进行考察，从质量和价格上把关，集

体确定商家。这些做法有效遏止了采购中的不正之风。

三、完善制度，促进发展

服务中心的工作主要和财物打交道，必须做到有章可循，有法可依。同时，还必须根据后勤工作的发展和改革的需要，来制定完善制度和办法。这些年来，我们先后建立和健全了相关的一系列制度和办法，进一步规范了中心的工作。这些制度和办法有：《机关接待管理办法》、《机关车辆管理办法》、《机关物资管理办法》、《机关财务管理办法》、《机关食堂管理办法》、《机关临时驾驶人员招聘使用管理办法》、《服务中心学习制度》等。

四、积极探索后勤改革的路子

对招待所和华诚大酒店主要采取承包租赁的办法，我们的任务主要是监督确保国有资产的保值增值，对印刷厂和汽车修理厂我们主要采取直接派中心的干部任厂长，直接负责企业的经营管理。

这些措施从目前来看，企业的经营管理比较正常，效益较好，也使企业的社会化程度进一步加强。

五、抓好安全生产，防止灾害发生

安全生产事关人的生命健康和社会安定及和谐大局，服务中心的工作看起来事小，出事都是大事。因此，我们历来十分重视安全生产，把安全生产当成头等大事来抓。把此项工作列入机关目标考核，实行"一票否决"，开展安全教育，提高职工的安全意识，防患于未然。

我局现有办公楼是20世纪60年代修建的，楼内电线老化，设施较差，安全隐患大。防火、防盗成为我们的主要任务。我们坚持经常性的检查，办公室安装警报器，办公楼配备灭火器，定期更换设备，节假日还安排专人值班、巡查。这些措施的实施，确保了办公楼没有发生过火灾。

在防车辆事故上，开展经常性的交通行车安全教育，定期组织观看录像、请交警上课，对上岗的驾驶员进行考核等。使我局多年来没有发生过重大的交通事故。

在机关食堂的管理上，严格餐厅管理，严把员工健康关、食品用品的进货关、食品加工卫生关、餐具用品的消毒关。机关食堂从未发生卫生事故。同时，我们为办好职工食堂，还经常征求职工意见，注重饭菜质量，注意各餐花色品种的搭配，食堂的工作受到领导和同志们的肯定。

在机关医务室的管理上，严格执行各项医疗护理制度和技术操作规程，严格药品管理，定点采购药品，及时撤换过期药品，开展健康咨询，办"健康园地"专栏。医务室开诊以来从未发生一起医疗事故。

百花齐放

贵州省地方税务局机关服务中心

贵州省地方税务局后勤工作主要由机关服务中心负责，机关服务中心属全额拨款的县处级事业单位，人员编制为13人，其中管理人员2人，专业技术人员2人，工勤人员9人。现我局机关服务中心主要由干部和驾驶员组成，干部负责接待工作、物业管理工作、车辆管理工作及内勤工作，驾驶员主要负责车辆驾驶和接待工作。

近年来，在局党组的领导下，在机关各处室的支持和配合下，机关服务中心始终坚持"为税收工作服务、为机关服务、为基层服务"的宗旨，以不断提高工作效率和服务质量为中心，以不断加强学习，提高思想素质和业务水平为前提，认真履行机关服务中心的工作职责，严格加强车辆管理、严格控制经费开支、加强物业管理，通过全体人员的共同努力，较好地完成工作任务，并取得了一定成效。

一、加强政治学习，提高思想素质，树立爱岗敬业意识，确保廉洁自律

思想素质的提高，是完成工作任务的政治保障。局领导始终高度重视加强机关人员的政治学习。机关服务中心紧紧围绕局机关关于加强政治学习的统一部署，认真组织全体人员坚持开展政治学习活动，并结合服务中心工作机动性强，人员分散，事多且杂的工作特点，从实际出发，通过印发资料，采取集中学习和自学相结合的方式，使全体人员在参加政治学习活动过程中，基本做到了"学习时间、学习内容和学习效果"的三落实。通过学习，全体人员不断提高了政治思想素质，在思想上，始终与党中央保持高度一致；在工作上，增强了工作的政治责任心和做好工作的积极性和主动性。在党风廉政建设上，实行了廉政责任制，年初机关服务中心负责人与局领导签订了《党风廉政建设责任书》，服务中心负责人又与全体人员签订了《党风廉政建设责任书》，自觉接受领导和局机关全体人员的监督，较好地杜绝了腐败和不廉洁现象的发生。

二、紧紧围绕局机关的各项中心工作，以提高服务质量为标准，努力做好各项服务

紧紧围绕局机关的各项中心工作搞好服务，是机关服务中心的主要工作职责。我们始终以努力提高服务质量为标准，从抓各种制度的落实和各项任务的完成为出发点和突破口，努力营造良好的服务环境，为全省地税系统税务管理质量的提高和税收任务的完成服好务。近年来，主要的工作经验是：

（一）加强车辆管理，严格安全教育，确保机关公务用车正常运转。针对局机关车少人多，既有集中又有分散管理使用的实际，我们始终把加强车辆管理作为一件大事来抓，首先，从加强对驾驶员的安全教育入手，

经常组织驾驶员开展交通安全教育活动。认真组织驾驶员学习了新颁布实施的交通法规，使全体驾驶员增强了交通安全和责任意识，做到了警钟长鸣。其次，严格车辆管理维护，确保公务用车正常运转。每年初，及时对保险到期的车辆补办了保险，要求驾驶员加强对车辆的管理维护，实行定期或不定期检查，保持车况良好，为节约车辆维修费打下了基础。第三，协调车辆调配，确保领导及公务用车。及时合理调配车辆，实行公务用车派车单制度，做到有任务就出车，车辆不够就租车，或者采取打出租车的方式，保证了公务用车。据不完全统计，近5年来，安全行车250万余公里，公务用车16000余次。

（二）以热情服务为根本，认真做好接待工作。按照局领导的要求，我们不断改进和提高服务质量，尽最大可能地接待好每一次到省局的客人，通过我们的工作，对省外客人达到树立贵州地税形象，宣传贵州地税的目的，对省内客人，尤其是我们地税系统的人员，为他们来省局或者贵阳办事提供了吃、住、行保障。据统计，近5年来，机关服务中心共接待客人20000多人次，其中，省内客人15000多人次，省外客人5000多人次。

（三）积极配合省局各处（分局），做好会议保障工作。近5年来，省局及各处（分局）召开会议98次，举办各类培训班54次，每次会议（培训班）召开（开训）前，我们均按会议（培训班）方案制定经费预算，报办公室批准。为保证会议（培训班）的顺利召开（开训），每次会议（培训班）我们都提前介入，落实好会场、食宿、交通及会议（培训班）的有关安全保卫工作，会议（培训班）期间，根据与会代表（参训人员）的要求，及时帮助解决会议代表（参训人员）的有关问题，力争让与会代表（参训人员）集中精力开好会，让会议代表对接待工作满意。

（四）积极营造良好的工作生活环境，认真做好物管工作。机关办公楼及住宅的物管涉及每个同志的工作和生活，事无巨细，非常具体。为此，我们在进一步完善机关物管有关管理规章制度的基础上，严格加强管理，经常实施督促检查，发现问题及时解决。通过全体干部职工和家属的积极支持配合，保证了机关办公和住宅的卫生整洁和正常秩序，营造了良好的环境。据不完全统计，5年来，共维修办公和住宅楼3000余次，更换各种电器设备2000余次。同时，对办公室的空调设备进行了安装和维修，装修了三楼办公室，并对三部电梯的地板进行了改造，请有关绿化单位制定了机关大门口、六楼平台的绿化方案。

（五）严格值班制度，加强巡逻检查和安全设施的管理维护，确保机关安全工作万无一失。一是严格按照消防安全的要求，完善消防设施，落实消防24小时值班制度，定期和不定期对消防设施和消防安全工作进行检查，及时消除安全隐患；二是认真落实保安执勤制度，实行专人24小时值班巡逻，对来访者实行登记、询问，对监控系统加强管理维护，有效地使其发挥作用。通过加强安全工作，在广大机关干部和家属的配合支持下，近5年来机关没有发生安全事故。

云南省国家税务局机关服务中心

云南省国税系统下设17个机关服务中心（不含县局），其中：省局服务中心、16个州、市国税局分别设有机关服务中心，人员：总计173人，其中按公务员管理的80人、工人93人。省局机关服务中心下设：接待科、房管科、车辆管理科、物业管理等部门。后勤管理的运行方式：省局机关的车辆管理、基本建设、房屋维修、固定资产、接待等工作由服务中心具体管理，安全保卫、办公楼及宿舍的物业管理外聘物业公司进行具体管理，服务中心派专人进行监管。

一、基本建设

基建工作是近年来服务中心工作的重中之重。2002年以来，我局相继完成了以下基建项目：一是新建省局办公大楼2002年底投入使用，彻底改善了省局机关的工作环境；二是省局所属三个培训中心、招待所经过更新改造，相继投入使用，为搞好系统接待、会议创造了良好的条件。在基本建设工作中，在省局党组的领导下，服务中心的领导和同志们严格按基建程序，以公开招投标选择设计、施工单位和中介机构，严格控制投资规模，严格加强施工质量管理，不惜放弃个人的休息时间，与相关单位密切配合，按省局领导指定的竣工时间，如期、保质保量地完成了任务。

二、接待工作

接待工作是我局对外交往、树立形象的窗口和桥梁。为规范局机关的接待工作，提高接待水平和质量，树立云南国税形象，我们在接待工作中本着"热情周到、有利工作、勤俭节约、杜绝浪费"的原则，在严格执行《云南省国家税务局机关接待工作管理办法》的同时，又实事求是地努力用心去做好每一次接待服务任务。几年来，局机关的接待工作，在局领导的关心、支持和各部门的配合下，克服了人少、工作量大、接待任务繁重等困难，接待工作人员以大局为重，放弃了节假日休息、不分早晚、不辞辛苦，较好地完成了各项接待工作任务。

三、车辆管理

为适应新形势下国税工作发展的需要，进一步加强省局机关的车辆管理，2002年我们制定、实施了《云南省国家税务局机关车辆管理办法》，并在实施的过程中逐步进行修改、补充和完善。为保证安全行车，几年来重点强化驾驶人员的安全意识，狠抓了安全行车和文明行车教育。组织驾驶员学习交通法规常识和局机关车辆管理规定，同时还着重加强劳动纪律、保密纪律、遵章守法、服务意识的管理和教育，坚持了定车定岗，做好车辆维护保养，减少维修费用及油耗，降低行驶成本，严格用车审批制度。通过抓学习、抓教育、抓落实、抓管理、抓节能增效，使广大驾驶员从思想上加强对安全行车工作的高度重视，整体素质有了很大提高，劳动纪律有了很大改观，遵章守法、安全意识、服务意识、保密意识、爱岗敬业意识大大增强，违法违规行为、肇事率大幅度下降。切实完成了各项车辆运营任务。

四、物业管理

为适应后勤服务社会化的要求，结合服务中心人少事多的状况，我们将办公楼及邻近职工宿舍交给专业的物业管理公司实施管理，并派专人对其实施服务和监督。几年来，这种管理方式基本满足了机关工作的正常运转及职工宿舍对物业管理的需要和要求。

五、下属企业管理

由服务中心管理的企业有4个：云南国税印刷厂、云南国税安宁温泉培训中心、云南国税江川抚仙湖培训中心（瑞文酒店）、云南省国税局招待所（祥瑞宾馆）。在对中心下属企业管理工作中，我们努力发挥系统优势，整合资源共享，遇到问题能解决的及时解决，解决不了的积极、及时地向局领导汇报，并适时的将局领导的意图及有关情况反馈给企业，确保了企业的正常运转。国税印刷厂自2000年质量管理工作改革以来，在"重视经营效益，强化内部管理，促进企业文化建设，提高人员素质"等方面均有所收获。特别是积极推进职工竞争上岗、工资制度和人员编制的企业改革，职工收入与产量、质量、工作业绩、企业效益挂钩，打破"大锅饭"，充分调动了干部、职工的积极性和创造性，取得了较好的经济效益。安宁温泉培训中心、江川抚仙湖培训中心、省局招待所三个企业，按局领导整合、共享资源的要求，在相继完成硬件的更新改造后，狠抓软件建设：一是加强政治思想和爱岗敬业教育，提高员工的政治素质和业务水平；二是定岗、定职、精简机构、减员增效；三是建立健全各项经营管理规章制度，并狠抓落实；四是坚持厉行节约、反对浪费、自力更生；五是调整机构、优化组合、精简人员、完善内部管理；六是抓采购环节、抓节约、努力控制经营成本。资源整合取得了较好的经济效益、社会效益，成效非常显著。此外，还积极努力办好机关食堂，为干部职工及家属提供优质服务；同时积极配合机关搞好会议和日常接待工作。

在今后的工作中，我们将继续以邓小平理论和"三个代表"重要思想、以党的十六大以来的路线、方针、政策为指导，全面落实科学发展观，坚持机关服务中心工作的宗旨，积极探索后勤服务和管理工作的新思路，不断提高科学化、精细化管理水平，在管理模式上有所创新。以人为本，加强服务中心干部职工的政治思想、爱岗敬业教育、业务知识的学习，不断提高服务质量和工作效率。进一步健全、完善、落实各项规章制度，使后勤服务保障工作更加规范化，充分发挥后勤服务的作用，为税收事业的发展，构建和谐税务，为全面建设小康社会，构建社会主义和谐社会作出新的更大的贡献。

云南省地方税务局机关服务中心

云南省地方税务局服务中心自成立以来，始终坚持"为税收服务，为基层服务，为机关服务"的服务宗旨；坚持服务与经营并举，有偿服务与无偿服务并重的原则；坚持依托省局机关和税收工作，不断开拓发展的方针；坚持自觉置身于省局党组的直接领导下积极开展工作的一贯做法。短短的几年时间，服务中心从以借款方式注册登记，发展到积累了300余万元的资本和近100万元的固定资产。

一、进行人员使用管理企业化模式的有益探索

经过几年的探索和实践，基本形成了一套相对灵活有效的人员聘用管理机制。在成立伊始，省局领导就决定，服务中心以集体经济的形式向工商行政管理机关注册登记，以企业形态扩大服务范围，并确定以企业化管理为主，走独立核算、自主经营，逐步实现自收自支的发展思路。在此基础上，服务中心进一步探索建立了规范的用人机制。

一是机关选派人员的关系逐步脱钩，使用管理纳入到企业化管理模式中，其待遇与服务中心的效益挂钩。

二是正式职工的招聘调动由省局机关的人事部门按人事制度统一办理。除最初从机关抽调组建服务中心的人员外，对新调入服务中心的正式职工工资关系全部转到服务中心支付，不再吃财政拨款。

三是省局对服务中心的管理人员，只任命主要负责人和核心部门负责人，其他管理人员或工作人员，由服务中心根据需要向主管局长报告后自行聘任，并可根据工作和业务变化需要随时改聘或解聘，冲破了官本位的束缚。

四是实行双重考核制度，原有国家公务员身份的人员和正式职工，年终在服务中心考核的基础上，还要根据各自的不同身份参与机关的年度公务员和工勤人员考核。

五是对服务中心使用的临聘员工，由服务中心根据业务量的大小和岗位需要自行招聘，自行培训，自行管理并全额承担其费用。形成了灵活健康的用人制度，打破了进得来、出不去的用工弊端，减少或降低了服务中心潜在的人员负担，为服务中心永葆年青，轻装前进开辟了道路。

二、实践和探索明晰的服务模式

服务中心自成立以来就力排众议、顶着压力，坚持摒弃原有的一些习惯做法，积极探索和实践新的服务方式。

一是弃暗补、兴明补。把为机关干部提供的免费工作餐以量化的方式明晰化，强化了服务中心的管理，消除了随意性弊端，而

且使机关干部或服务对象对服务中心所提供的服务监督有了市场衡量的尺码，消除了监督的主观性和情感性。

二是把为机关所提供有偿服务或无偿服务明晰化。明确哪些是有偿服务，哪些是无偿服务，形成一种规范的制度行为。

三是对机关后勤保障服务实行交办式和委托式。

三、建立企业财务制度，探索新时期服务中心财务管理办法

财务管理是服务中心管理的核心，服务中心的性质决定了服务中心的财务必须涉及行政、商业和服务业的方方面面。因此，尽管服务中心的财务部人员少、业务繁杂、工作量大，还是坚持按企业的财务制度，建立服务中心的财务管理办法。建立并坚持按部门核算制度，对服务中心开展的短期项目，坚持项目核算制度和财务分析制度。由于健全和坚持了企业化的财务制度，减少了在开展新业务、拓展投资时的盲目性和管理的随意性，服务中心自成立到现在杜绝了因无财务核算依据盲目开展业务而造成的财务损失。

四、探索实践集体采购的新路子

为了作到以最低的费用采购到需要的大宗商品，同时又能防止采购中的暗箱操作，保持国家公职人员廉洁性，从1998年起，全省地税系统的大宗采购委托服务中心负责采购，并把服务中心的部门利益与采购挂起钩，构建了明晰的利益关系，使可能的暗箱操作变成了公开、公平、互利的采供关系。服务中心接此任务后，精心组织，进行广泛的市场调查和对供应商进行资信调查，在此基础上，采取公开招标或议标的方式进行议价。最终，以报价低、实力雄厚、售后服务完善、有供货保障能力的供应商才能入选，这不仅采购到了价廉物美的商品，节约了全省经费开支，又能从整体上制约供应商的售后服务，而且杜绝了可能形成的暗箱操作，保证了采购过程中的公开性和公平性，收到了良好的社会效益。

五、坚持以税收服务为基础，积极开拓服务内容

一是依托现有的条件接待承办好各种会议和培训。每次接到会议通知后，按会议要求，做到认真准备、精密安排、细心服务，尽最大力量搞好会议服务。

二是采购了一辆专门运送票的运输车，开展了系统票证集中运送的服务项目。费用集中由省局承担，不收地、州、市的运费。安全、准确、及时地将全省地税系统所需的各种票证、书籍、表格和法律文书等按需送达全省的16个地、州、市。较好地保障了税收工作的顺利开展，解决了基层领取票证的困难，减轻了基层的负担，同时增加了服务中心的服务项目。

三是组建成立了云南金税票证管理经营

有限公司，从此形成了全省地税系统各种票证的印刷、管理、运输"一条龙"的服务体系，方便了管理，减轻了业务部门的管理压力，扩大了服务中心为税收服务，为基层服务的领域，为服务中心的发展开辟了广阔的渠道。

六、坚持把为机关服务作为开展后勤保障服务的立足点，架起省局党组和省局领导关心机关干部的桥梁

机关服务中心的产生和存在的意义就在于能为所属机关发挥好服务作用，减轻机关琐碎的事务性工作压力，保障机关集中精力搞好全省税收的中心工作。在这基本思想指导下，服务中心自成立伊始：

一是主动承担机关琐碎的事务性工作，为确保机关集中时间、精力，专注地抓好全省税收的中心工作，发挥积极作用。

二是坚持经营促服务的原则，积极开拓经营服务领域，增加服务中心的收入。

三是架起省局党组和省局领导关心机关干部的桥梁。通过提供机关干部工作餐和提高福利待遇以及提供场所、劳务服务，直接或间接地把省局党组和省局领导对机关干部的关心付诸于实践，使机关干部亲身体会到了组织的温暖，增强了机关的凝聚力，激发了机关干部积极工作的干劲。

回首过去，众志成城铸辉煌；展望未来，改革创新谋发展。我们要在云南省地方税务局党组的正确领导下，高举邓小平理论伟大旗帜，以"三个代表"重要思想为指导，全面落实科学发展观，构建和谐社会，建设富裕民主开放的云南，发扬地税系统敢打硬仗、敢于胜利的优良作风，团结一致，奋力拼搏，再接再厉，开拓创新，进一步强化服务意识，增强服务职能，牢记"三个服务"的宗旨，为云南地税的"二次创业"作出应有的贡献。

西藏自治区
国家税务局机关服务中心

1994年以来，特别是2000年税务机构改革以来，西藏自治区国税局机关后勤工作在自治区国税局党组的正确领导下，全面贯彻"三个代表"重要思想，以落实中央第三、第四次西藏工作座谈会为契机，紧扣自治区国税局中心工作，按照"学习、创新、服务、管理"的工作思路，扎实工作，奋发进取，为西藏国税的跨越式发展，提供了强有力的后勤保障。

一、转变观念，树立与时俱进的后勤服务意识

2000年按照国家税务总局机构改革的统一部署，机关服务中心从办公室中分离出来，独立行使机关的事务工作，当时联系西藏自治区国税局的后勤工作的实际情况，我们认为要做好机关后勤服务工作，当务之急就是要转变传统的观念，必须把对机关后勤服务的思想认识从那些不合时宜的观念、做法和体制中解放出来，树立与时俱进的机关后勤服务意识。

（一）必须打破茫然无措、后勤无为的思想，树立强烈的机遇意识。对专门成立一个机构从事机关后勤事务工作，一些人尤其是被组织安排到机关后勤的工作人员对此认识不足，对从事后勤服务工作有一些思想情绪。面对机构改革后出现的这一新问题、新情况，我们加大了对从事后勤服务人员的思想教育工作，强调从事后勤服务工作要打破对后勤工作茫然无措、消极担忧后勤无为的思想认识，树立强烈的机遇意识，要对后勤工作的地位、作用有一个充分的认识：后勤工作是一项事关全局的重要工作，也是一项政治工作，是落实党组对职工的关怀、稳定税务干部职工队伍、保障机关中心任务完成和保证领导集中精力抓大事的重要环节，是整个机关工作的重要组成部分，对保障机关的正常运转发挥着重要作用。

（二）打破因循守旧、按部就班的思想，树立强烈的创新意识。机构改革后，从事的后勤工作已经不是过去概念上的后勤事务工作，而是更广泛、更深入、更高层次的后勤管理服务工作。再延续过去的办法、过去的框框、靠经验办事显然不行。只有认清形势，打破因循守旧、按部就班的思想，不断研究新办法，运用新的管理思想、管理知识、管理技术和管理手段，提高管理的科技含量，合理配置资源，提高服务质量和服务水平，才能履行新的职能需要。机关后勤服务要从封闭走向开放，朝"服务社会化"的目标不断努力，勇敢地参与市场竞争。

（三）打破不学理论、随意管理的思想，

树立科学管理意识。由于受各种条件的限制，机关后勤服务工作的管理，长期以来停留在经验管理阶段，缺少一个完善、严格、科学的管理体系，造成服务成本高、消耗大、服务水平低，要彻底改变这一现状，必须破除不学理论、随意管理的思想，增强科学管理意识，实现由"粗放型"管理向"科学型"管理转变，增强科技管理的意识。

（四）打破满足现状、小进则喜的思想，树立强烈的发展意识。经过几年努力，我们的后勤工作取得了一些成绩，也得到领导和同志们的认可，但在后勤队伍中的一些人，在荣誉面前，往往满足于现状，取得一点成绩就沾沾自喜，对自己低要求，对工作低标准，得过且过，不思进取。为了进一步搞好后勤工作，我们认为要在荣誉面前保持清醒的头脑，要以此荣誉作为新的起点，加强横向和纵向比较，认真查找差距，进一步增强忧患意识、发展意识，努力提高工作标准，保持与时俱进的精神状态，奋发有为，不甘人后，争创一流。

（五）打破铺张浪费、家大业大的思想，树立强烈的勤俭意识。随着我区税务机构、人员的不断壮大，我们从事后勤工作的同志，一定要注意发扬艰苦创业、勤俭节约的精神。现在有些同志面子观念重，工作中大手大脚，马马虎虎，有家大业大的思想。后勤工作是为人们创造和改善物质条件的工作，钱怎么花，使有限的经济资源得到最大限度的利用，是后勤工作的准则。后勤工作的一个重要方面就是要处理好花钱与办事的关系，要做到既办好事，服好务，又少花钱，多办事，要学会当家理财，精打细算，使有限的后勤资源得到充分利用。另外，后勤部门管钱、管物，自觉地当好"钱管家"，就应坚持艰苦奋斗，少花钱多办事的工作方针，发扬勤俭节约、艰苦奋斗的优良传统，反对铺张浪费、不计成本、不讲核算、不求效益的作法，树立强烈的勤俭意识，加强经济核算，努力降低成本，尽一切可能做到保障有力与经济合理性的统一。

二、强化制度建设，完善机关后勤管理规章制度

自机关服务中心成立以来，我们一致认为，建立和完善制度是强化机关后勤管理的基础，是强化后勤管理的手段。为此，几年来主要抓了以下工作：

第一，健全机关后勤经费管理制度。根据机关后勤财务管理工作发展的需要，我们专门成立了机关服务中心财务科，明确了机关后勤财务管理基本原则，统一后勤财务的预、决算制度，以及核算的范围和标准，保证了机关后勤财务管理工作有章可循，有序进行，使机关后勤财务管理工作进一步制度化、规范化。

第二，完善机关固定资产和办公物品的管理制度，增加国家固定资产管理工作的透明度，有效地保证了国有资产的安全完整的合理有效使用。

第三，本着有利公务、杜绝浪费的原则，我们建立接待和车辆管理制度，制定下发了

《西藏自治区国家税务局接待管理办法》和《西藏自治区国家税务局机关车辆管理办法》，进一步规范了局机关接待和车辆管理工作，同时也促进机关的廉政建设。

第四，努力解决干部职工关心的热点问题，抓好机关食堂改革，积极探索机关食堂新的管理办法，提高服务质量和服务水平。2001年初我们对机关食堂进行了改革，经过几年的努力，现在我们机关食堂已办成了领导放心、职工满意的食堂。

第五，积极探索宿舍物业管理。制定了《西藏自治区国家税务局生活区管理办法》，逐步建立了"谁受益谁负担"，"单位补一点，自己出一点"的管理机制。

三、展望前景，努力构建后勤工作的系统化管理

为实现党中央、国务院提出"管理科学化、保障法治化、服务社会化"的后勤改革目标，努力建设一支"政治强、业务精、作风好、纪律严、会管理、懂经营"的后勤管理队伍。我们认为我区国税的后勤工作应进行系统化管理，逐步建立"大后勤、大服务"的管理模式。因此，后勤工作要围绕中心做好保障工作，就应该上下协调，高速运转，必须作为一条战线统一起来，努力构建大服务的格局。

（一）统一标准，规范职能，建立自治区、各地（市）自上而下的"大后勤、大服务"管理体制。

1.明确后勤工作的性质、基本任务、地位作用、工作方针、宗旨、服务中心人员的配置、机构设置等。

2.统一标准、规范职能。对工作制度、财务制度、接待工作、物业管理、固定资产管理、车辆管理等，全区要有一个统一的标准，逐步建立起责权明确，保障有力，运转协调，控制有效的大服务体系。

（二）按照观念创新、体制创新、制度创新的要求，以管理科学化、保障法制化、服务社会化为方向，在全区国税系统后勤工作中，引入一些内地省市的先进管理经验，全面提高服务质量和服务水平。

（三）加强培训，提高素质，建设一支高素质的后勤队伍。通过国家税务总局或自办培训班，对机关中心主要负责人进行专业培训、技能培训，努力建设一支爱岗敬业，具有专业知识和能力的后勤干部队伍；加强对临时聘请的员工进行上岗培训、技能培训，提高从业人员素质。

百花齐放

陕西省国家税务局机关服务中心

陕西省国家税务局机关服务中心在总局机关服务中心的指导帮助下，在省局党组的直接领导下，根据自身工作职能和任务，牢固树立为税收事业服务的意识，积极为税收工作创造良好的工作平台，全面履行工作职责，近年来，先后4次被评为省局机关"先进处室"，服务中心党支部连续5年被评为省局机关"先进党支部"，受到了机关和同志们的一致好评，为省局机关及各项税收工作提供了有力的服务保障。

一、基本情况和职责

机关服务中心主要负责省局机关后勤工作的全面管理和日常税收工作事务的服务和保障，拟定机关后勤管理制度并组织实施，机关办公用品的采购、保管、发放，车辆管理，膳食保障，接待服务，房产管理，安全保卫，设备运行，机关老干部的服务保障，机关住宅区管理，医疗保健及营院绿化。根据工作职能内设7个科室：综合行政科、车辆管理科、膳食科、接待科、房产科、保卫科、设备科。现有正式人员35人，其中干部17人（主任1人，副主任4人，干部12人），职工18人。

二、管理运行方式

多年来，我们在机关后勤管理方式方法的探索摸索中，根据国家的有关规定以及后勤社会化服务保障的发展趋势的要求，积极探索，大胆尝试；采取走出去，观摩学习，开拓视野；请进来，现场指导，相互交流；向当地政府其他部门、系统内兄弟省市学习好的经验、好的做法；我们现在管理运行的方法主要是：根据服务中心各要素（科室）职能，划分职责，实施责任分工管理为主，部分事项面向社会公开招标，采用委托管理（经营）的形式，实施社会化市场服务保障。各科室根据本级职责和分工，在办公用品采购发放、设备运行、房产管理、车辆管理、餐饮服务、会议接待、安全保卫等各项工作中，按照省局机关各项工作的需要，做好各项服务保障工作；对省局干部培训中心采取目标委托经营管理的方式，对机关办公楼内的保洁、部分住宅区物业管理采取责任委托管理的方式；目前运作情况良好，为省局机关各项工作提供了有力的保障。

三、工作经验体会

（一）2003年在防"非典"期间，服务中心全体人员坚决执行总局及省局机关的各项规定和要求，根据其职责和分工，坚持每日对机关公共场所及办公楼、车辆、家属院的消毒预防；加强各类门卫值班制度，及时购买发放各种消毒器械和药品，服务中心全体同志，团结一致，众志成城，工作细致认真，一丝不苟，严防死守，坚决杜绝任何漏洞和疑点，加班加点，工作中，分工明确，责任落实，中心领导坚持每日检查监督，发现问题及时处理，严密杜绝了疫情的传染，保证了机关工作环境的稳定，为机关正常税收工作提供了良好的保障。

（二）统筹安排，精心组织，按时完成了省局机关搬迁任务。我们陕西省国家税务局于2004年2月搬入新办公楼，彻底解决了省局机关一直没有自己的办公地的问题，也同时给我们服务中心各项工作提出了更高的标准和要求。搬迁前后，在时间紧、人员少、标准高、要求严、工作量大的情况下，服务中心全体人员加班加点，大半年时间全体人员基本没有休过双休日，全力以赴投入前期准备和具体搬迁工作的实施过程，从家具、水电、厨具设备的安装调试，到办公用品的选定、采购；从办公室的分配到办公区域的保洁、保卫；从各类技术人员的聘用到规章制度的制定实施，每项工作都做到专人负责，责任落实，较好地保证了机关的顺利搬迁。

（三）我们陕西地处关中平原，历朝建都，具有悠久的历史文化遗址和壮观的自然风光，随着西部大开发的崛起，近年来陕人员急剧增多，各种会议和研讨班也相应增加；我们始终坚持把会议保障、服务接待工作作为窗口工作来抓，潜心研究接待服务保障工作的新特点；在全力保障各种会议圆满、来客满意的前提下，努力做到热情周到，精心细致，坚持制度，防止浪费；近几年我们圆满保障全国税务系统各类会议、研讨班30多次，接待系统内兄弟省市来陕人员连续4年突破万人次，受到了总局及兄弟省市单位的好评。

（四）着眼形势发展，善于改革创新，随着各项改革的不断深入，后勤服务保障工作社会化、市场化，已逐步成为基本的运行模式，要想不断改进后勤工作，真正提高保障水平和服务质量，就必须着眼社会形势的快速发展，不断摸索规律，探求新的管理模式和管理手段。搬入新办公楼后，我们在认真抓好日常管理工作的同时，将办公区域的保洁、绿化和部分设施设备采取委托管理的方式，有效地克服了管理方法单一，墨守成规，效率低下的弊端，弥补了我们在诸多环节知识缺乏，没有经验的不足，既减少了事务性的忙乱，又节约了经费开支，取得良好的效果。

我们在机关后勤工作实践中获得了一定的经验和成绩，但还需要不断地努力和提高，牢记宗旨，继往开来，开拓创新，积极探索、研究机关后勤工作发展的新思路、新特点，推动机关后勤服务工作再上新台阶。

陕西省地方税务局机关服务中心

陕西省地税局机关后勤服务中心设立于2000年10月，行政事业单位编制，正式在编人员12人，目前，没有参加省级机关国家公务员登记；经费供给为财政差额拨款，主要承担省地税局机关后勤事务性工作。通过几年努力，现已初步理顺了工作关系，明确了工作范围，培养了业务骨干，保障有力的机关后勤体系初具规模，后勤服务工作得到局党组和机关干部职工的认可。

地税机构分设以后，特别是2000年省局机构改革以来，我省地税机关后勤工作，在省局党组的正确领导下，以邓小平理论和"三个代表"重要思想为指导，按照省局提出的"以组织税收收入为中心"的要求，坚持围绕中心、服务大局；以人为本、强化管理；与时俱进，改革创新；面向税收事业、面向地税干部职工生活的原则，在机关后勤建设、保障服务、日常管理等方面，都做出了不懈努力，并取得了显著成绩。

一、后勤机构设置已经完成，工作有条不紊开展

按照省局机构改革方案，各级地税机关都设置了后勤服务机构，在"建摊子、搭班子、出点子"创业中，不等不靠，克服了办公地点分散、条件差、后勤保障摊子大等诸多困难，从维修、保安、保洁和餐饮等项服务工作上抓起，以节水、节电为切入点，及时出台了各项管理制度，从细微处着手，提供周到的服务。从目前检查了解的情况看，各市局的办公区及家属区各种设备运转良好，生活服务、会议服务上了档次，地税的干部职工普遍比较满意。

二、不断深化对后勤保障服务工作的认识

通过近几年的工作实践，我们可以把机关后勤服务工作的特点概括为：工作纷繁复杂，临时性的任务多，专业化分工相对独立，供需矛盾突出，服务保障任务逐年增大，每一项细微工作都直接关系到本局机关干部职工的健康安全，直接关系到本局机关的工作开展和财产安全。几年来，后勤系统的同志们，不仅圆满完成了本单位机关的后勤服务保障任务，而且同心苦干创立了适应本单位、本地区特点的工作作风和工作经验。

三、在实践中转变理念

这几年来，我们变坐等被动服务为超前主动服务，变一般服务为优质服务。为了增强后勤工作的民主性、科学性和针对性，后勤部门主动在局机关干部职工中征求对后勤工作的意见，主动寻求领导和同志们的支持帮助，并针对大家提出的意见和建议，积极

认真地改进我们的工作。

四、在创业中提高素质

我们在干中学、学中干，认真学习后勤业务知识，注重提高思想水平，不断深化敬业精神，增强了工作责任感。据统计后勤部门从组建成立起，没有发生过重大的责任事故；工作计划性有所增强，较好克服了一些工作忙乱、目标盲目的现象；服务的主动性、创造性有所提高，从而保证了各项后勤工作的有效开展。

五、在发展中建章立制

这些年来，各市局后勤服务中心制定和出台了不少的规章制度，有效地规范和推动了后勤管理和服务工作。通过用制度促工作，用制度促管理，不仅提高了工作效益，而且很好地调动了大家的工作积极性、主动性和创造性，提高了服务工作标准。

省地税"十一五"规划将构建和谐地税作为奋斗目标。我们要充分认清后勤保障工作与建设和谐地税和完成税收任务的辩证关系，激发地税机关内在活力，促进和谐地税建设的新理念，牢固确立大服务意识，竭尽全力做好保障工作；振奋精神，大胆创新，确保全省地税后勤建设要跟上时代发展的步伐。

甘肃省国家税务局机关服务中心

甘肃省国家税务局机关服务中心成立于1999年，是省局具有事业法人资格，行使机关后勤服务职能，代理部分行政管理职能的事业单位。主要负责省局机关后勤服务和机关资产、车辆、接待、干部医疗、物业、食堂、绿化、安全保卫等管理及对华瑞大厦监管等工作。中心内设"四科一室一队"，即，综合科、接待科、资产科、膳食科和医务室及车队。现有在职人员20人，其中干部10人，所管固定资产总额达2.1亿元。

成立以来，我们在省局党组的大力支持下，坚持"严格、规范、和谐、热情、无私"的服务管理理念，在后勤工作中认真践行"三个代表"重要思想，围绕税收中心工作和职责，狠抓"三项建设"，规范"六项管理"，擦亮"四个窗口"，加强实体监管，圆满地完成了各项后勤服务工作任务，保障了全局各项工作的顺利开展，改善了机关干部职工的工作生活条件，促进了全省国税事业的发展。自2001~2005年机关服务中心连续5年被省局评为机关先进处室。

一、狠抓了"三项建设"

（一）坚持抓好队伍建设。后勤服务工作没有一支作风好、素质高的干部职工队伍，就适应不了日益发展的国税事业。这几年，我们通过组织干部职工坚持学习马列主义、毛泽东思想、邓小平理论以及党的十六大精神，开展"三观"、爱岗敬业、廉洁自律等教育，使队伍的政治思想素质不断得到提高，

努力实践"三个代表"重要思想的自觉性得到了增强。在业务方面，我们坚持对中心人员分岗位、分专业、分层次进行了专业技术培训，除了积极参加总局举办的各项工作业务培训班外，我们先后在省内外举办过物业、消防、后勤综合管理等培训班，同时还多次召开了全省国税机关后勤工作经验交流会和研讨会，使全省机关后勤工作得到了交流，使大家互相得到了学习。

（二）加强了各项规章制度的建设，并完善了内部机构设置。先后制定了《车辆管理办法》、《接待工作办法》、《财务管理办法》等一系列制度，使各项工作有章可循，规范开展。中心内部成立了"四科一室一队"，即综合科、接待科、膳食科、资产科和医务室及车队，完善了管理机构，细化了管理职能，提高了工作效能。

（三）加强了硬件设施建设。更换了办公设施，改善了办公条件；较好地解决了全局干部职工的住房，并在各家属院修建了上水工程，安装了单元防盗门，还配备了健身器材。更新了公用车辆，改造了办公楼卫生间，增供了洗手热水；在3个家属院修建了上水泵房，解决住户用水困难的问题；给每个办公室安装了空调；更换了办公楼电梯和窗户玻璃；更新了机关食堂部分设施等，以上工作为做好后勤服务工作提供了硬件保障。

二、规范了"六项管理"

（一）加强财务管理。在财务管理上落实

各项财务监督制度，对报销的各项支出，认真审核，从严把关，对定额经费开支，进行了年预算、季测算和月核算，合理支出，严格控制机关各项费用的增长。对各类专项经费，专款专用，不侵占，不挪用，使每项工作不受经费影响而如期完成。并定期主动接受有关部门的审计监督，使各项财务活动公开透明。

（二）加强固定资产管理。固定资产的管理中对出售给个人的房产，按照国家的房改政策，及时办理了房产证。对公有房产、设施设备等固定资产，按照《省局机关固定资产管理办法》，分申请、审批、购置、保管、领用、盘点、调拨、处置等环节，严格管理程序，并由服务中心1名副主任专门负责此项工作。

（三）加强车辆管理。一是将机关的车辆进行了统筹管理，改变了专人开专车的旧做法，规定驾驶员一律坐班，按照任务急缓、路途长短等情况，统一调度，节省人力，提高了效率。二是坚持每月学习交通法规，对行车中发生的事及时讲评，增强安全意识。在驾驶员中坚持开展"三个一"活动，即：在他们生病或家中有重大事情时，送去一片情；在春节时请他们家人吃一顿饭；在出车时，对他们提一个"安全"醒。几年来，我局没有发生过重大交通安全事故，确保行车安全。

（四）加强设施设备维修和更新工程的管理。在这方面，我们严格按照省局的有关规定进行了规范管理。对10万元以下的工程，始终坚持"货比三家，优质优价，确保售后服务"原则，由中心领导成员共同研究，再签报局领导审批的程序严格确定商家；10

万元以上的一律申报省局政府采购办通过公开招标确定。

（五）加强机关的安全保卫和消防管理。一是认真落实各项安全保卫制度，确保了门卫、食品、药品、车辆等重要岗位的安全。二是签订了《机关处室安全责任书》，层层落实机关各部门的安全责任。三是针对综合楼设施设备老化带来的安全隐患，如水池渗水、电线老化负荷不均、部分管件生锈破损、防火门破损等问题进行了彻底整改，消除了安全隐患。

（六）加强机关节能管理。水、电方面，将所有楼道内的公用照明灯全部更换为声控灯，按季节规定了办公室空调使用时间和温度，调整了公用路灯和电梯的开关时间，更换了办公楼的窗户玻璃，改善了室内光线，降低了电耗。调整办公楼热水供应时间，调小了公用水龙头流量，对老化的部分供水管线进行更换改造。2001～2005年，机关总计节电达20万度，节水达23万吨，节约汽油2万升，被省政府列为全省10个节能试点单位之一。

三、擦亮"四个窗口"

（一）抓好机关干部的医疗保健工作。坚持做好全局干部的常见病、多发病的诊断诊治及外科小感染处理等工作，多年来未发生过医疗差错。制定了《省局机关公职人员医疗暂行管理办法》，对机关医疗费进行了严格管理。每年组织全局干部职工和食堂炊管人员进行全面的健康检查，编印了《医保知识和健康指南》，指导大家防病治病。坚持做好各类传染疾病的预防工作和计划生育工作，尤其是2003年医务室认真落实总局有关防治"非典型肺炎"工作的指示精神，扎实工作，有效地预防了"非典"。

（二）坚持办好机关职工食堂。1999年省局在办公楼开办了机关食堂。为了办好食堂，我们聘用了一批爱岗敬业、技能过硬的炊事人员，专门成立了膳食科全力抓好食堂工作。在管理上坚持丰富饭菜品种，加强科学营养配餐，经常征求职工意见，灵活调整，最大限度地满足干部职工的就餐需求。

（三）不断优化物业服务。2001年我们改变了过去那种"自己掏钱自己管，投入太大收效差"的局面，适应市场，将办公区和家属区的安全保卫、绿化、保洁、设施维护维修等全部委托给兰州市城关物业管理公司进行了管理，并建立了《物业工作情况定期通报制度》，每月与物业公司的主要负责人进行工作沟通，确保《物业委托管理合同》的切实履行。

（四）热情搞好接待工作。一是突出热情。二是突出周到。三是不计劳苦，全力以赴搞好工作。让每一位来甘肃的客人旅途愉快，出行便利，较好地宣传了甘肃国税。

四、对经济实体加强监管，热心公益绿化事业

华瑞大厦是我局属招待所，也是一个具有法人资格且对外营业能力的经济实体。2001年，省局党组将华瑞大厦并入机关服务中心，由服务中心对其进行行政领导，并对其经营管理及资产管理行使监督职能。为了增强华瑞大厦的经营活力，2003年我们对华瑞大厦的总经理在全局进行了公开竞聘，并与聘任总经理签订了《华瑞大厦总经理聘任责任书》。

1998年3月，我局积极响应兰州市政府"绿化兰州"的号召，主动承担了兰州九州荒山的绿化义务。经过这几年的扎实工作，我局绿化点成活树木已达15万棵，绿化面积达165亩，自2001年起，我局连年被市、区农林局评为绿化先进单位。

近几年来，我们在机关后勤管理工作上虽然做了大量的工作，取得了一定的成绩，但是还存在一些不足和问题。主要是：一是后勤工作人员素质有待提高，后勤管理的专业技术人员太少。二是服务中心因不具备行政职能，使诸多管理工作处于被动地位。三是因后勤工作任务繁杂，必须学习其他专业知识，因而没有时间学习税收业务，加之外出学习提高的机会太少，造成后勤干部在竞争上岗和职务晋升中处于劣势境地，在一定程度上制约了后勤的发展。为了解决这些问题，我们建议：一是总局机关服务中心要争取恢复机关服务中心的行政职能，发挥指导全国国税系统后勤工作的职能作用，发挥国税系统条条管理的优势。二是加强对基层后勤人员在车辆、房产、绿化、设备管理等方面的专业培训和经验交流，切实提高基层后勤队伍的业务素质和管理能力。三是针对后勤工作的特点和性质，为后勤干部在竞争上岗和职务晋升方面争取一定的倾斜政策，增强后勤管理人员的事业心和成就感，体现待遇留人，稳定后勤管理队伍，使他们在后勤管理岗位上安心热忱地为税收大局服务。

甘肃省地方税务局机关服务中心

2002年，按照职能配置的需要，我局成立了机关后勤服务中心，5年来，在省局党组和分管领导的正确领导下，中心紧紧围绕省局提出的"两提两抓"工作思路和要点，始终坚持"服务是第一宗旨"的原则，狠抓各项工作落实和制度完善，为职工工作生活排忧解难，保证了省局机关各项工作的高效、有序运转。

一、突出服务意识，狠抓思想教育

我局领导一直非常重视和强调对后勤服务人员服务意识的培养及综合素质的培训、提高，认为树立正确的服务意识是搞好机关后勤服务工作的关键。为了全面提高后勤服务人员的综合素质，培养他们"顾大局、识大体"的思想观念和牢固的服务意识，我们主要采取了以下措施和办法：

第一，定期组织中心干部职工认真学习国家的法律、法规、时事政治以及省局制定的相关制度，帮助大家树立牢固的服务意识，树立"干一行、钻一行、爱一行"的敬业精神；第二，针对后勤工作具有的"广泛性、事务性、时效性、偶然性、突发性"等特点，在工作中开展换位思考的讨论，联系实际进行职业道德教育，并及时开展内部评比；第三，按照总局"一个好班长带出一个好班子，一个好班子带出一支好队伍"的思想作风建设要求，把加强后勤人员的思想作风建设当作一项重要环节来抓。

二、不断规范和完善后勤工作制度，大力加强制度建设

俗话说"没有规矩，不成方圆"，做好机关后勤服务工作，必须建立健全一套完善的管理制度，并坚持用制度管人，按制度办事，突出人性化管理。后勤中心现有正式干部职工16人，临时工28人，承担着全局141名干部职工和400多名家属的工作、生活、物业的服务保障工作，可谓摊子大、头绪多、任务重。我们结合工作中遇到和发现的实际问题，不断对已有的制度和规范进行修改、补充和完善：第一，为了加强车辆管理，近年来我们修改制定了《车辆管理制度》、《车辆保养制度》、《车辆燃料管理制度》、《车辆维修管理制度》、《车辆派车管理制度》、《车辆事故处理规定》等六项制度；第二，在加强日常物业管理的基础上，为了应付突发事件，制定了《安全保卫防范应急预案》、《水、暖、电紧急事故处理应急预案》、《火警、火灾事故消防应急预案》、《电梯突发事故应急预案》等四项应急预案；第三，修改并完善了机关办公用品购买审批、入库登记、领用发放制度，会同有关处室制定了省局大件物品采购管理办法、省局大件物品报废审查办法，使办公用品采购和报废程序更加透明化；第四，建立健全了固定资产登记管理制度。

三、坚持分工协作，不断提高后勤管理的科学化、精细化水平

后勤中心的工作虽然琐碎、具体，看似不起眼，但是，又与全局工作和每位同志息息相关，如果处理不及时、不得当，很有可能会造成不良的影响。因此，我们非常注重后勤服务工作的科学化、精细化管理，力求做到所有安排的工作项项有着落，人人有分

工，件件有落实。第一，按照"加强管理，提高服务，节约用油，确保安全"的原则，对司驾人员进行岗位责任的强化和管理；第二，按照"加强治安保卫、服务及时周到、环境整洁有序"的原则强化后勤服务管理，责任到人，专人专岗，各司其职，以其精细化管理和热情周到的服务为省局机关干部职工创造了良好、和谐的办公生活环境；第三，按照内和外顺、凡事勤沟通、多协调"的原则，加强服务中心内外协作，平时坚持勤沟通、多接触，在增进了解的过程中取得相关部门支持，促进后勤服务保障工作顺利开展。

四、存在的不足和今后的努力方向

尽管近年来我局在后勤工作实践中积累了一些经验，取得了一些成绩，但是，与精细化、科学化管理目标相比还存在较大差距，主要表现在：后勤中心工作人员整体素质和服务意识还需要进一步加强；司驾人员的职业道德教育、安全教育等培训工作还要常抓不懈；各种规章制度需进一步完善，尤其是考核制度还要进一步深化；后勤管理工作的质量和总体水平还有待于进一步提高。

今后，我们将按照总局要求，不断在管理的精细化和科学化上下工夫，与机关各部门加强协作配合，共同促进和谐型机关、节约型机关建设。一是加强政治理论的学习，在干部职工中广泛开展学习贯彻"科学发展观"和"构建社会主义和谐社会"的活动，教育职工树立全面、协调、可持续的发展观。进一步增强和谐、服务意识，使科学发展观及和谐社会建设牢牢贯穿于后勤服务工作的方方面面。二是在工作中学会"弹钢琴"，对重要和需要尽快解决的事项优先安排、处理，对一时不太紧迫的工作稍后安排，作到工作安排有轻重缓急，完成未完成心中有数，不断提高后勤管理科学化水平。三是进一步抓好后勤服务中心的廉政建设工作。后勤中心承担着机关的基建、车辆管理、房产管理、物业管理、职工福利、办公用品采购等方面的职责，廉洁自律非常重要。今后，要进一步加强廉政建设，强化自律意识，增强工作透明度。四是进一步完善各项规章制度。杜绝人为因素，一切按照规章制度办事，实现真正意义上的"制度管人"、"制度管事"。五是拓宽思路，进一步探索后勤管理工作的新方法、新途径，如将计算机技术和企业管理中的一些先进模式和经验引入后勤管理工作中；在考核措施和手段上，按照我局"两制"考核的要求，不断完善考核的内容和指标体系；按照建设节约型机关、和谐型机关的要求，不断丰富后勤服务工作内容，增强工作的主动性和创造性。总之，通过种种努力，力求后勤管理工作更加规范和富有效率。

中国税务后勤建设

青海省国家税务局机关服务中心

青海省国家税务局机关服务中心现有干部职工30名,内设总务科、物业管理科、消防保卫科、接待科、车辆管理科、城南国税小区物业管理科。机构分设以来,机关服务中心在省局党组的正确领导和支持下,坚持以人为本,积极倡导为机关服务、为基层服务、为领导服务的理念,遵循工作目标高标准,思想行动严要求,组织行动抓落实的工作要求,在改革中谋发展,在完善中求规范,在工作中上水平。

10多年来,围绕全局中心工作,认真贯彻落实省局党组、局长办公会议和局务会议的决定,采取各种有效措施和办法,切实抓基础工作,促规范管理。在加强基础设施建设和管理方面,积极美化社区环境,管好维护好国有资产,提高资产使用效率;在加强后勤保障和服务方面,搞好社区综合治理和精神文明建设,维持机关的正常工作生活秩序;在抓好植树造林方面,按照省政府的部署和要求,始终如一绿化西宁市的荒山荒坡,为再造山川秀美新青海作贡献;在加强中心自身建设方面,建立健全各项规章制度,完善工作规程,认真开展政治理论和业务学习,加强专业技能培训,努力提高中心全体干部职工政治思想素质、工作质量和工作能力,不断增强集体荣誉感、工作责任心和爱岗敬业、团结协作、奉献进取的精神,为工作向精细化、规范化、制度化方向迈进做了不懈的努力,取得了可喜的成绩。到目前为止,先后获得了省级南北山绿化先进单位,省级消防安全明星单位,市级安全文明模范小区,省级机关先进集体等荣誉称号。

成绩面前找差距,荣誉面前不停步,随着科学技术的发展和社会的进步,后勤管理和服务已成为社会化的范畴,还有许多的工作需要去研究和探索。中心全体干部职工深知肩负的责任重大,决心在今后的工作中继续保持和发扬特别能吃苦、特别能战斗、特别能奉献的高原精神,勇于实践,勤于思索,总结经验,再接再厉,在后勤管理工作中不断取得新的更大的成绩。

整洁、明亮的餐厅

精心维护的设备

青海省地方税务局机关服务中心

截至目前，青海省地税系统尚未成立机关服务中心，也没有内部宾馆和招待所，机关服务工作由办公室主管，全系统各级办公室是集办公室、机关服务中心、基建办公室为一体的特殊模式。为了保障机关高效运转、服务到位，近5年来，我们按照地税系统对机关服务职能的进一步要求，始终坚持以"创建学习型机关"为重要抓手，以学习启迪思路的创新，以学习促进作风的转变，以学习推动效能的提高，在省局党组的正确领导下，紧紧围绕中心工作，深化改革、加强管理，结合机关服务的特点，扎扎实实开展工作，使全系统后勤工作努力实现"管理科学化、服务社会化、保障制度化"，取得了一定的成效。

一、加强思想政治工作，推进学习型机关建设，不断提高整体素质

思想政治工作是队伍建设的灵魂。1年来，办公室工作人员努力在理想信念、政治立场、政治纪律等方面加强学习，不断提高办公室的凝聚力、创造力、战斗力。切实作到一切工作服从服务大局，努力做到政治上可靠、业务上熟练、作风上过硬。

二、不断创新机关服务工作思路

机关服务工作如何与时俱进，用什么办

法提升后勤服务，关键在创新，创新是发展的动力。我们围绕工作重点，不断开拓新的工作思路。从抓管理和服务的"点"，延伸到全系统机关服务工作的"线"，从而全面实现了提升管理效能和服务质量、全面提高满意率的"面"。一是抓管理，坚持勤俭节约、艰苦奋斗，合理配置和有效利用人、财、物的资源，建立了成本核算制度，提高行政经费和资产的使用效率。二是搞好服务工作，不断提高机关办公场所管理水平，加强了安全保卫工作，使服务工作尽量做到让领导和干部职工满意。三是进一步完善了接待工作制度。接待人员不怕辛苦、任劳任怨的工作精神，热情、周到、细致的服务态度，使每一个客人都能充分感受到青海地税工作者所具有的良好精神风貌和工作素质，接待工作赢得了领导和来宾的高度赞扬，树立了良好的形象。

三、加强作风建设，弘扬青藏高原精神和青海地税文化精神

办公室工作相对较杂，临时性、突发性的工作较多，如果没有较强的事业心、责任心是不可能做好工作的。多年来，办公室工作人员始终发扬青藏高原精神和青海地税文化精神，保持平常心，克服困难，调整心态，正确对待大局与小局的关系，认真处理好工

作与家庭之间的矛盾，加班加点，任劳任怨，按时完成了领导交办的各项工作任务。在工作中，全体人员认真贯彻落实中央、总局和省局关于加强党风廉政建设的各项规定，始终保持谦虚谨慎、不骄不躁的作风，保持了艰苦奋斗的作风，廉洁自律，经受住了各种考验。

四、不断改进服务方式，做好机关服务保障工作

（一）当好领导理财参谋，严格本机关的财务管理。几年来，我们针对全系统财务管理中存在的薄弱环节，加强了财务审批制度的落实，严格按照财务制度规定与要求管理经费，强化收支平衡，严格经费审批权限，按季通报、汇报财务收支情况，增强了资金使用的透明度，提高了经费的使用效率，也便于其他部门的监督。

（二）严格了固定资产管理，加强了固定资产的审核管理。我们完成了全系统固定资产的登记、核对、盘点工作，将固定资产的使用建档到人，建立健全了笔记本电脑、照相机等价值较大、容易丢失的固定资产谁使用、谁保管、谁负责的管理制度，较好地提高了固定资产的使用效能。

（三）进一步加强了办公用品采购和领、用、存各个环节的监督管理和维护、保养工作，既保证了正常的办公需求和办公设备的正常运转，也避免了浪费。

（四）狠抓了《驾驶员及车辆安全管理办法》的落实，加强了对驾驶员的安全教育和车辆的维护保养工作，做到了警钟长鸣、防患于未然。近5年来，仅省局机关行驶里程近200多万公里，完成了各类会议及活动的车辆保障，未发生一起重大交通安全事故。

（五）做好物业管理工作和安全保卫工作，保障了后勤工作的顺利开展。

2007年，我们将以党的十六届六中全会精神为指导，以全省经济建设和社会事业发展为中心，围绕总局办公室总体工作目标，注重学习，提高整体素质，适应时代，切实转变观念，将机关服务工作做得更加出色。

宁夏回族自治区
国家税务局机关服务中心

2004年10月30日国家税务总局局长谢旭人在宁夏考察工作时与宁夏区国税局机关食堂部分工作人员合影

1994年，伴随着新税制的实施，宁夏国税应运而生。10余年来，在自治区国税系统各级领导的重视、支持下，后勤服务保障部门的干部职工紧紧围绕税收工作大局，坚持服从、服务于税收工作，为税收工作提供保障优质服务，为宁夏国税事业的蓬勃发展铺就了一条快车道。

一、领导重视，全力满足税收事业发展需要

1994年，宁夏国税初创伊始，自治区国税局领导一班人清醒认识到，要顺利完成税制改革，要圆满完成社会主义市场经济条件下税收工作的艰巨任务，没有坚强有力的后勤保障是不可想象的。当年，宁夏国税局在局机关立即成立了服务中心，又根据宁夏的实际，将地（市）、县级国税部门的后勤服务保障工作归口于各级办公室，并明确后勤服务保障的主要职责和权限，创新了后勤服务保障体系，既要为行政工作出谋划策，又要为机关、基层后勤提供保障服务。为了充分发挥集行政、后勤、服务、保障为一体的新机制的作用，保证新成立的国税系统高效运转，宁夏国税局选拔调配了一大批素质高、

宁夏国税局机关服务中心一班人全心全意搞好服务，时刻关注办公大楼各个系统的安全运转

业务熟的税务干部充实到服务中心和基层办公室，逐步造就和形成了一支特别能吃苦、特别能战斗、特别能奉献的后勤管理干部职工队伍。

各级后勤服务保障部门坚持贯彻自治区局领导的决策，多方筹集资金，有计划、有步骤地先后新建了4个地级市局的办公楼，完成了全系统90%的县级局、95%的税务所的新建或扩建工程，新建了一大批办税服务厅，并于2002年完成了自治区国税局机关办公楼新建及搬迁工作，宁夏国税系统的办公条件得到了彻底改善。为满足宁夏国、地税干部职工教育培训的需求，改建、扩建了宁夏税务培训中心，面积达到1.46万平方米。新建了微机培训室，配置微机187台。为进

宁夏国税局领导经常性地对机关食堂进行检查指导，保证了干部职工的饮食健康

一步改善干部职工的住房条件，按照国家房改政策，采取"自治区国税局投一点，请地方政府资助一点，干部职工集一点，银行贷一点"的办法，新建住宅2500多套，98%的干部职工乔迁新居，较好地解决了住宅困难问题。还在沙湖、六盘山两个著名风景名胜区修建了接待站。

为加快信息化建设，适应新征管模式运行的需要，宁夏国税局多方筹资，为全系统配备微机设备2864台（套），计算机拥有量

达到了100%，并建立局域网54个，实现了自治区、市、县三级联网，使增值税一般纳税人和95%的税款纳入计算机集中征收管理，确保了征管工作的顺利进行。同时，还分期分批为各级国税机关购置了车辆，较好地解决了交通工具严重不足的问题，保证了税收工作的需要。

在新税制实施初期，宁夏国税系统70%以上的干部工作生活在基层税务所，常年累月奋斗在收税第一线，生活单调，工作辛苦。各级后勤管理部门压缩机关经费支出，为100多个基层税务所建起了职工灶、阅览室、娱乐室，自然条件较好的地方还建了小菜园，改善了干部职工的生活工作环境。

宁夏国税局机关服务中心在全区税务系统隆重纪念中国共产党成立82周年大会上荣获"先进基层党组织"

二、加强管理，着力规范后勤保障工作行为

切实加强管理，建立健全制度，规范后勤服务行为是保障有力、服务优质的关键。多年来，各级后勤服务保障部门不断建立健

全包括资产管理、经费开支、财务核算、财务审计等各项规章制度，建立了资金核算到市县、收入全额纳入预算、费用集中统一支付的新的管理机制。特别是在办公费、会议费、招待费、车辆燃油费、修理费等重要费用项目管理上，制定了既具体又严格的管理办法和制约措施，确保了资金的正确使用，有效地堵塞了跑冒滴漏，促进了廉政建设。

为使干部职工生活工作既舒适，又安全，各级后勤部门干部职工牢固树立安全、美化、绿化、亮化意识，从大处着眼，从小处着手。全系统所有的办公楼按照消防要求都配备防火、防盗等设施，还聘请保安或专人24小时值勤、巡查。全系统27个职工住宅小区绿化面积达40%，并实行了集中供暖，条件好的小区通上了热水和天然气，有的还接入了宽带网。

全系统大的开支项目按照规定全部实行"政府采购"，基本建设项目全部实行"公开招标"，各级国税监察部门坚持对后勤管理事前、事中、事后实行全方位的监督，确保了国家财产的不流失和资金的正确使用。

三、干部齐心，尽力在平凡中创建业绩

10余年来，宁夏国税系统后勤服务保障岗位上的干部职工，坚持以"公仆典范"王振举同志为榜样，尽心尽力尽责地管好家、服好务，解除大家的后顾之忧，在平凡的工作岗位作出了不平凡的成绩。

各级后勤部门配合工会定期或不定期地开展职工文艺汇演、篮球比赛、象棋比赛、乒乓球比赛等丰富多彩的文化体育活动，在住宅小区普遍建立了老干部活动之家，购置了各种健身器材和娱乐设施，经常组织开展一些有益的活动。职工食堂千方百计地变换饭菜花样，保证一日三餐经济实惠，全系统县级以上局和90%的税务所都办起了职工食堂，95%的干部职工在食堂就餐。2003年，宁夏国税培训中心被评为第七届全国少数民族运动会接待工作先进单位。

2002年成立的宁夏税校培训中心"女子军乐队"现有56名队员，她们多数来自农村，在干好服务工作的同时，刻苦训练，已能够熟练地演奏80多首中外名曲，并积极参加社会公益活动

宁夏回族自治区
地方税务局机关服务中心

宁夏回族自治区地方税务局机关服务中心成立于2006年7月。成立前，服务中心职能由办公室履行，成立后，区局将原办公室的有关职能和人员进行明确和划分，将后勤管理和服务工作剥离出来，设立机关服务中心，其职能是：拟定后勤服务和行政事务的规章制度及管理办法并组织实施，负责机关后勤服务的组织管理工作；负责局机关综合治理工作；负责局机关办公物品的采购、保管、分配和维修工作；负责局机关房产、车辆等固定资产的管理；负责全系统税务服装的制作、发放及管理工作；负责接待地税部门及其他有关接待方面的具体工作；负责局机关安全保卫、绿化和职工医疗保健等工作。

近5年来，我局机关后勤服务工作始终坚持以"三个代表"重要思想和科学发展观为指导，认真贯彻落实国家税务总局加强后勤管理的一系列指示和要求，紧紧围绕"一个中心"，即以组织收入工作为中心，坚持"两个务必"，做好"三个服务"，即全心全意为领导服务、为机关服务、为基层服务，强化"四种意识"，即责任意识、大局意识、服务意识、纪律意识，以创新的观念、奉献的

精神和实干的作风，努力做好机关后勤服务工作，为创造和谐机关、促进税收工作做出了应有的贡献。

一、全力搞好各类会议和培训的后勤服务工作，为税收中心工作顺利开展提供有力保障

做好各类会议和培训的服务保障工作，是后勤管理的重要任务。每年，我们都承办和协助、配合有关处室组织召开、举办全区性的会议和培训班。在组织筹备工作中，我们坚持精心安排、严密组织、周到服务的原则，从会址选择、会场布置，到人员报到、食宿交通，每一个环节的工作都力求严谨、周到、细致，保证了各类会议和培训的顺利进行。

二、认真做好内外接待工作，树立宁夏地税良好形象

接待工作事关机关形象。随着西部大开发的深入推进和宁夏经济的发展，每年接待兄弟省市同行来我局考察、参观的人数越来越多，同时接待基层同志来区局办理公务的同志也为数不少。不论是接待外省的同志还

是基层的同志，我们都本着热情周到、耐心细致、注意节约的原则做好接待工作。接待工作有相当一部分是利用星期天和节假日，负责接待工作的同志经常加班加点，始终任劳任怨、尽职尽责，圆满完成了各项接待任务。

三、严格执行财务管理制度，充分发挥资金使用效益

在经费开支方面，我们本着厉行节约、量入为出的原则，严格按照财务制度的规定，认真管理和核报各项经费开支，力求做到合理安排，保证需要，杜绝浪费，提高资金的使用效益。我们在会议、培训及各项日常开支方面，认真审核，严格把关，对不合理、不合规的开支坚决不予核报，维护了财经制度，节约了经费开支，确保了各项经费的合理使用，把建设节约型机关的要求落到了实处。

四、切实加强车辆管理、安全保卫和综合治理等工作，努力建设文明、和谐税务机关

多年来，我们坚持"后勤服务无小事"的思想，树立"细节决定成败"、"没有任何借口"的服务理念，从各方面提高服务工作水平。我们重视加强车辆的合理调度，加强驾驶人员的安全教育，加强车辆维修保养。在机关车辆紧缺的情况下，克服困难，精心调度，合理安排，确保了公务用车，做到了文明出车，安全行驶。多年来没有发生各类事故。加强对聘用人员的管理教育，重视做好深入细致的思想工作，调动工作积极性和主动性。坚持对门卫人员开展经常性的安全教育，建立了门卫登记制度，加强了机关办公楼的安全管理。坚持机关干部节假日值班制度，做好放火、防盗、防破坏工作，配合开展文明机关创建活动，主动搞好机关楼院卫生和环境绿化美化，为机关办公创造了文明、整洁、安全的环境。

五、加强制度建设，不断提高后勤管理的规范化水平

"没有规矩，不成方圆。"为了进一步规范区局机关后勤管理，提高服务质量，使后勤工作制度化和规范化，在分管局领导的具体指导下，我们修改完善了《自治区地税局机关财务经费管理办法》、《自治区地税局公务接待管理办法》、《自治区地税局车辆管理办法》，制定了《自治区地税局机关临时聘用人员管理办法》，并根据实际不断进行修订，切实抓好落实，有效地提高了后勤管理的质量和水平。

六、加强党风廉政建设，树立勤政廉政的良好形象

后勤管理工作直接与钱和物打交道，为了正确履行工作职责，确保廉洁从政，我们十分重视加强党风廉政建设。一是加强制度约束，贯彻落实厉行节约反对奢侈浪费的各

项规定，认真落实了机关经费开支管理办法、公务接待管理办法和车辆管理办法，并在日常工作中严格执行，严格把关，努力节约机关各项开支。如对机关经费支出严格实行按规定权限"一支笔"审批制度。对大宗开支和专项支出事先作出预算，按规定程序报批后执行。在承办会务时，按照既要满足需要又要勤俭节约的原则提前作出预算，经局领导审核同意后，在执行中逐项严格把关，硬化预算约束，坚决杜绝不必要、不合理的开支。在办理大宗物品采购时，本着质优价廉的原则，实行货比三家、好中选优。对机关车辆实行定点统一维修，严格履行报批程序。这些措施有效地提高了工作质量和效率，也防止了不廉洁问题的发生。二是认真落实党风廉政责任书和承诺书的各项要求，加强教育、检查和监督，保证各项廉政制度的落实。三是发挥表率作用。作为后勤管理

负责人，能够自觉树立廉洁自律意识，筑牢思想防线，努力做到要求别人做到的，自己首先做到；不让别人做的，自己首先不做，以自己的实际行动给大家作出榜样。负责人能够认真执行各项廉政规定，严格执行机关财务、财产管理制度，在经费开支、物资采购、车辆使用、内外接待和福利分配等方面按制度办事，按权限审批，严格把关，增强透明度，加强监督，同时严格要求自己，不搞"近水楼台先得月"，保持了廉洁自律，维护了整体形象，起到了带头作用。

今后，我们将按照总局科学化、精细化管理的要求，转变思想，更新观念，勇于创新，积极运用信息化手段和社会化管理方式，加大后勤管理改革力度，提高服务质量和工作效率，努力让领导和群众舒心、放心、安心，确保税收中心任务的圆满完成，为构建和谐社会作出积极贡献。

百花齐放

新疆维吾尔自治区国家税务局机关服务中心

　　新疆维吾尔自治区国家税务局机关服务中心在局领导的关怀和支持下，在坚持搞好机关服务工作的同时，积极探索适合我局实际的机关后勤改革的新路子。对自治区国税局机关后勤体制改革进行了一系列有益的大胆尝试。

　　初步完成了以下工作：一是机关后勤服务机构编制从局机关行政序列划出；二是列事业单位建制，企业化管理的雏形已基本形成；三是后勤服务职能进一步明确，初步实现了与机关行政管理职能相分离的要求。同时，机构改革的顺利实施，也为推进后勤体制改革营造了良好的氛围，机关广大干部职工的思想观念已经和正在发生可喜的变化。

一、结合机关实际，制定了机关后勤改革方案

　　我局机关后勤体制改革的总体思路是：转换机制、理顺关系、健全制度、规范服务、提高效益。根据这一思路，我们将机关后勤体制改革的任务与目标概括为：围绕两条主线，抓住"两个环节"，依托"一个优势"，理顺"四种关系"，建立"两大机制"，形成"两个体系"，实现"两个提高"。即：围绕规范服务和经营创收这两条主线；抓住后勤管理机制由"单一服务型"向"服务经营型"转换及健全制度两个环节；依托局机关现有资产条件和资源优势，规范机关后勤服务及资产管理；理顺机关与机关服务中心的各经济

实体之间的产权，投资经营项目管理权关系和"承包"、"租赁"等经济关系；理顺机关服务中心与机关各处（室）及事业单位之间的管理服务、后勤保障关系以及机关服务中心内部分级管理、分工负责的职责关系；建立激励竞争的用人机制和市场化、企业化管理的经营创收机制；逐步建立和完善完备的物业管理体系和服务结算体系；实现提高后勤保障能力和经营创收能力的目的。

二、健全制度，创新后勤保障运行机制

　　对机关后勤保障服务和事关职工群众切身利益的突出问题，如资产管理、车辆使用等，进行整改。又进一步明确了机关服务中心的职责范围，承担规定的工作职能和区局交办的各项任务，为机关提供后勤保障服务，接受区局有关部门的审计和监督，管理部分国有资产并使其保值增值，提高工作效率，降低服务成本，管理使用后勤经费。

三、对机关后勤的各项职能和服务职能进行了重新归类与划分

　　中心下设4个科室，即：综合管理科、物业管理科、接待科和车辆管理科。我们按照"公开、平等、竞争、择优"的原则、"因事择人，量才使用"的原则和"任人唯贤、德才兼备、群众公认、注重实绩"的原则，对各科科长进行了公开选拔，通过严格、规范的竞聘，各科科长及一般工作人员相继上

中国税务后勤建设

岗。

四、实行了正常经费指标与确定创收任务的财务预算管理办法

核定正常经费指标，确定创收任务：以托管的经营性资产为基础，确定下达经营创收任务目标，原则上一年一定，区局对中心实行创收目标任务与效益挂钩的考核办法。机关服务中心服务经营创收所取得净收益按比例分成，上交机关部分主要用于提高机关后勤保障能力和改善机关职工的生活福利待遇，服务中心留用部分，按一定比例用于自身积累和实行工效挂钩(用于中心岗位补贴和职工奖励)。

五、清理资产类型，对部分房产进行经营性管理

按照"服务＋效益"的原则，以机关资产的保值和增值为目的，以改善和提高机关职工生活质量为目标，制定了《区局机关资产管理办法》。将旧办公楼、旧住宅楼、华瑞大厦(区局培训中心)除4~11层(办公楼层)以外的部分(约2万平方米)进行经营性管理，对办公部分及附属设备、机关办公家具和按房改政策已出售给职工的住宅楼作为非经营性资产进行服务管理。

六、加强对非经营性资产的管理与服务

机关所有的247户住房分布在全市的8个地方，我们对住房较集中的两个小区委托给专业公司和华瑞大厦管理，并对其管理进行监督、指导与协调。对其余分散住处予以直接管理，包括维修管理，设施设备管理、卫生绿化管理、治安管理体制、出租与收费管理。在积极转变观念的同时，为缩短新管理运行机制的磨合期，建立健全了各项规章制度，开展了各项有偿服务与特约服务，全方位满足住房的需求。

随着西部大开发的不断深入，接待任务越来越重。我们制定了《区局机关接待管理办法》及《区局机关接待管理办法实施细则》，并形成了接待科长、中心主管主任、中心主任，主管局长逐级签字，层层把关的严格的支出管理程序。在严格执行相关制度的前提下，力求热情细致，一视同仁，努力做到一般干部和领导干部一个样，疆外干部和疆内干部一个样，生人和熟人一个样，经济欠发达地区和经济发达地区的客人一个样。不断提高接待人员的素质，使我局机关崭新的精神风貌、扎实的工作作风、谦和的务实态度、迅捷的办事效率通过接待服务这一窗口得到充分的展示。

为了保障机关工作正常用车，调动驾驶员的工作积极性，解决用车中存在的矛盾，使车辆的调配使用更加合理，车辆的使用效率得到更有效的发挥。我们制定了《区局机关车辆管理办法》和《驾驶员考核办法》、《中心车辆管理费、保养费核定标准》及《中心驾驶员目标管理考核计分表》。采取了机关车辆集中管理，实行单车核算。

创新是后勤管理事业发展的动力。在长期的工作实践中，新疆国税局机关服务中心的工作积累了一些好的传统和经验，但是，税收事业在发展，税收管理理念和思想都在发生深刻的变革。因此，后勤管理工作在坚持和发扬优良传统的同时，还要根据新的形势、新的任务，不断探索机关后勤工作的新思路、新办法和新举措。

新疆维吾尔自治区
地方税务局机关服务中心

新疆维吾尔自治区地方税务局机关服务中心于1994年机构分设时成立，现有人员42名，下设综合科、物业管理科、接待服务科和保卫科4个科级单位。主要为机关提供车辆保障、接待服务、物业管理、安全保卫、综合治理、伙食保障、会议室管理、计划生育、社保统筹、医疗保健、公共绿化、冰雪清扫、爱国卫生、义务献血、子女入托、入学管理等多项工作。多年来，机关服务中心在区局党组和分管局领导的正确领导下，在有关部门、处室的大力支持下，通过全体工作人员共同努力，为区局机关和税收工作提供了优质的后勤保障服务，有力地促进了全局各项工作的开展。

一、加强思想教育，抓好队伍建设，是做好机关后勤工作的前提

我们始终坚持以人为本的管理理念，把加强学习、提高职工的政治素质、专业技术素质和科学文化素质，作为搞好机关后勤工作的前提。利用各种方式对职工进行学习培训，不断提高职工的综合素质，促进了机关后勤工作的开展。

(一)加强政治理论学习，提高职工的政治素质。坚持用邓小平理论和"三个代表"重要思想对职工进行教育，组织全体职工认真学习党的路线、方针、政策，用正确的理论武装头脑，引导他们树立正确的世界观、人生观和价值观，坚定建设社会主义和谐社会的信心和决心，增强了职工的政治敏锐性和责任感，为做好机关后勤工作，打下了坚实的思想基础。

(二)加强专业知识培训，提高职工的专业技术素质。分期分批地组织驾驶人员进行专业知识培训，不断提高他们的专业技术水平，现中心19名驾驶员中，有18人拥有高级技工以上技术职称，约占总人数的95%。

(三)加强职业道德教育，不断增强服务意识。加强对职工的职业道德教育，引导职工正确认识和看待服务保障工作，通过不断的教育使大家充分认识到，我们所从事的后勤保障工作，能够起到凝聚人心、鼓舞士气的作用。

由于努力地做好了后勤保障工作，自1999年至2005年机关服务中心已连续7年被评为文明处室，服务中心党支部也已连续7年被确定为优秀党支部，2005年还被评为"五好党支部"。2004年分别被评为全区地税系统和区局机关的"基层建设先进单位"，2003年和2004年连续两年被自治区机关事务管理局评为区级机关后勤保障先进单位，做到了"三个文明"协调发展。

二、健全制度，规范管理，是做好机关后勤保障工作的基础

制度是规范职工思想行为的准则，建立

健全各项规章制度，是实现规范管理的前提条件，是完成后勤保障工作的有力保证。几年来通过狠抓制度建设，为实现规范管理奠定了坚实的基础。

（一）健全各项规章制度，奠定规范管理基础。2002年我们结合中心的工作实际，下决心、花大力气进行制度建设，共建立各项制度90余项，汇编成《岗位职责管理制度汇编》，内容详实、具体，职责明确。

（二）着力突出各项制度的实用性，使各项制度能够在各项管理中真正发挥作用。严格执行考勤制度和请销假制度，实行加班审批制度，能在工作日内完成的任务，不批准加班，岗位职责范围内的工作，不得利用加班完成，通过严格管理，提高了工作效率、减少了经费开支。

（三）制定用工制度，实现规范管理。狠抓了中心的用工管理，根据《劳动法》的有关规定，制定了《聘用人员用工管理暂行办法》，对使用聘用人员的岗位设置，编制确定以及员工的招聘录用、定岗、调岗、辞职、辞退、工资确定、工资调整、福利待遇等都作出了详细、具体的规定。

三、增收节支，增强实力，是做好机关后勤保障工作的保证

机关服务中心自成立以来，一直遵循"勤俭持家、改善服务、讲究效益"的原则，多年来，通过不懈的努力，我们在增收节支方面，取得了较好的成绩，特别是今年我们在资源节约方面下了很大工夫，取得了显著的成效。

（一）加强经营管理，提高创收能力。加大对餐厅、客房、会议室等经济实体的经营管理，在保证机关使用的基础上，实现对外经营，通过摸索和实践，不断增强它们的市场竞争能力和创收能力。

（二）提高资源节约意识，做好资源节约工作。作为机关的后勤保障部门，我们始终把资源节约作为大事来抓，长期坚持、持之以恒。

（三）响应政府号召，做好资源节约工作。2006年节电约14万度，节约资金约10万元；节水约2万立方，节约资金约6万余元；节约公务用车消耗约20余万元；节约办公经费5万余元。

通过开展增收节支和资源节约活动，增强了中心的经济实力，为做好机关的后勤保障工作，提供了有力的保证。

四、改革服务机制，实践服务社会化，是做好机关后勤保障的发展趋势

我们引进专业服务公司，为机关提供更加专业、标准、规范的服务，在探索机关后勤服务机制改革，着力推动后勤服务社会化方面，做了一些有益的尝试，取得了一定的成效。聘请专业物业管理公司，对机关的部分家属院进行管理。院内变得安全、卫生、整洁、有序，受到了全体住户的一致称赞，达到了预期的效果。

通过实践使我们认识到，后勤服务体制的改革是大势所趋，逐步推进后勤服务社会化，为机关提供更加完善的服务，是做好机关后勤保障工作的必然趋势。

五、摆正位置，优质服务，是做好机关后勤保障工作的最终目的

自中心成立以来，特别是最近5年，我

百花齐放

们摆正了与机关的关系，把为机关服务作为我们的宗旨和根本任务。调动各方积极因素，全心全意地为机关服务，为税收中心工作服务，较好地完成了后勤保障任务，为税收任务的超额完成，为新疆地税事业的发展，作出了我们的贡献。

（一）认真做好车辆管理，提供车辆保障。中心接待科对驾驶人员认真开展安全教育，减少了各种违章现象，确保了行车安全。督促驾驶人员精心维护车辆，使车辆处于良好的技术状态，保证车辆的正常使用。克服新疆地理、环境、道路、气候带来的不利影响，每年安全行驶七八十万余公里，保证了机关的公务用车、接待用车和下基层检查工作的长途用车，为机关提供了有力的车辆保障。

（二）积极做好内地客人的接待工作。近几年，来新疆考察学习的人员逐年增多，每年的接待人数都在1300人（次）左右。由于新疆特殊的地理结构以及各地之间互不通航等原因，接待一批客人，单是机场接送少则4～6次，多则8～10次。每年单是往返机场的里程就要6万多公里，增加了接待工作的难度和工作量。但我们发扬不怕吃苦，连续作战的工作作风，起早贪黑，加班加点地工作，耐心细致地为客人服务，用真诚和热情赢得了客人的好评，树立了新疆地税的良好形象。

（三）加强对职工餐的管理，狠抓食品卫生，降低饭菜成本，不断提高饭菜质量。实行自助就餐，每餐10菜2汤，4～5种主食，保证干部职工吃饱吃好。

（四）物业管理科的全体员工不怕脏、不怕累，实行24小时维修值班，做到随叫随到，为机关干部职工提供了优质的维修服务，保证了各环节的正常运转。积极协调与供水、供电、供暖以及街道办事处、驻地派出所的关系，按时交纳各种费用，确保水、电、暖的正常供应，确保所辖范围内各项工作的有序进行。通过努力工作为机关干部职工营造了安全、卫生、优美、舒适的工作和生活环境。

（五）认真做好计划生育、医疗保健、社会统筹、义务献血、综合治理等各项工作，确保各项工作按照政府主管部门的要求顺利达标。连年取得 "优秀达标单位"的好成绩，为每年区局机关的"自治区级文明单位"和地税系统"自治区级文明行业"的检查验收作出了我们的贡献。

中国税务后勤建设

大连市国家税务局机关服务中心

大连市国税局机关服务中心是市局内设机构，正处级单位，领导职数1正3副（正职是副局级）。在编人员26人，其中公务员10人，事业编干部2人，机关工勤人员14人。根据管理、服务、保障职能，设立了内勤（1人），财务管理岗（会计、出纳各1人），固定资产管理、政府采购管理、接待服务岗（1人），基本建设和大楼物业管理岗（2人），房产管理岗（1人），食堂管理岗（1人），卫生所（1人），机关车队（13人）。目前，管理运行方式以自主管理为主，只有市局机关和市内区局办公大楼物业管理实现了服务社会化。

近5年来，我们始终抓住管理这个核心，牢固树立为税收服务的宗旨，坚持"四个面向"，重点抓了财务管理、基本建设、政府采购和节约型机关建设等，既充分发挥了服务中心的职能作用，又为税收征管工作的正常运转提供了有力保障，也促进了和谐机关的建设。

一、重点加强"三项管理"，努力提高科学化、精细化管理水平

（一）加强财务管理工作。首先，抓好建章立制。近5年来我们围绕机关经费支出、差旅费、会议费、公务接待费管理、固定资产管理、办公用品采购发放管理等方面先后制定了《关于加强机关经费管理的意见》、《机

关部分经费支出标准和经费支出审批程序》、《差旅费、会议费、培训费管理办法》等26个管理制度，使财务管理达到了用制度管人、管事；其次，强化财务人员的岗位职责。制定了财务主管、会计出纳、固定资产管理、政府采购、车辆管理、公务接待等各职岗位的工作标准和责任，坚持了谁主管、谁负责的原则，维护了财务管理的原则性、严肃性，杜绝了随意性；三是加强了检查监督。为了保证各项制度和各职岗位责任的落实，我们还坚持做到每月审核经费支出报表，每季度进行经费支出分析，定期进行财务专项检查，全年进行财务决算分析的方法，保证了各项制度的落实到位。

（二）加强基本建设项目管理。近年来，市局党组为了改善税务机关办公条件和环境，经总局批准安排的基建项目比较多，投入的资金比较大，为了保证工程项目按计划实施，提高资金使用效率，防止发生超计划、超标准、甚至发生腐败问题，我们主要抓了三个方面工作：一是制定和完善相关制度；二是严把项目管理的四个"关口"；三是坚持市局统一委托中介机构审计。2003年以来，先后共审计了7个竣工项目，送审额3957万元，审减额1121.6万元，审减率达28.34%。通过最终审计，共节约资金700万元。

（三）加强全系统车辆管理工作。近年来，由于办公条件的改善，办公车辆逐年增

百花齐放

313

多。加强车辆管理，不仅关系到国家财产和人民的生命安全，同时，也是建设节约型机关，加强党风廉政建设，构建和谐社会的重要内容和具体体现。通过加强管理，降低了重大事故的发生率，减少了燃油和维修费用支出。仅以市局机关2006年燃油费为例，实际支出比预算下降了11%。

二、紧紧围绕"四个面向"，把服务宗旨落到实处

（一）当好参谋助手，为领导的决策和公务活动服务。对事关全局，需要领导决策的后勤管理和服务保障重大事项，诸如经费管理实行国库集中支付、干部住房补贴、政府采购项目、基建项目的确立和调整等，我们服务中心坚持做到调查研究，摸清情况，并根据实际，提出可行性报告和实施方案，为领导提供可靠的决策依据。

（二）根据机关各部门的工作需求，积极做好服务保障工作。随着税收征管科学化、精细化和机关信息化、规范化程度越来越高，对服务中心服务的保障能力要求越来越强。围绕各部门办公需求，这几年我们主要抓了信息化设备的采购和配备、办公设备的采购和更新、公务用车的配备和调整、办公大楼的物业管理和票证印制等服务保障工作，满足了各部门的需求，保证了整个机关工作正常有序的运转。

（三）拓展服务视角，主动热情地为基层服务。为了落实总局关于"两个转移"的要求和市局党组对基层的关心，我们在做好机

关服务工作的同时，积极主动地把服务延伸到基层，帮助基层局搞好基本建设，改善办公环境。2002年以来共投入838万元为所有农村税务所解决冬季取暖用煤2420吨、用油1300吨。特别是在"非典"期间，投资20余万元，为全系统统一购置了口罩(2万个)、乳胶手套(2000副)、红外测温仪(每基层局一台)和一批免疫药品，有效防止了疫情感染，保证了全系统各项工作的正常进行。

（四）着眼领导关注的干部职工切身利益，帮助他们解决后顾之忧。根据大连市政府《关于进一步深化城市住房制度改革，加快住房建设的通知》的规定，对全系统干部职工住房情况进行了调查摸底，并起草了实施方案，为1639户住房未达到标准的干部职工进行了购房货币化补贴；2003年以来，我们开始对困难的丧偶干部的子女就学和特困干部职工进行资助，共资助了62人(次)，金额46万余元；认真解决离退休老干部和在职重症病号医疗费用的困难，采取公补与捐助相结合的办法，仅市局机关先后救济69人(次)，共补助64.5万元。同时，为了方便离退休老干部用车，市局领导将自己的公务用车调配出来，共为离退休老干部配备了5台专用车辆。

三、积极落实基本国策，深入开展节约型机关建设

在认真践行节约资源基本国策，建设节约型机关工作中，我们在强化责任意识、自律意识、点滴意识、表率意识和超越自我意

识等五种意识的基础上，突出抓了三个重点，使节约型机关建设取得实效。

（一）依法、依程序做好政府采购工作。依据国家颁布的《政府采购法》和总局关于政府采购的规范要求，结合我们的工作实际，先后制定了《大连市国税局关于政府采购工作管理暂行办法》、《大连市国税局关于部门集中采购目录及限额标准》和《市局机关政府采购职责分工和程序》，对政府采购项目的计划立项、采购预算、采购程序、采购方式、组织机构、监督管理等方面都作出了明确规定，先后组织政府采购88项，采购金额8321.8万元，节省资金236万元，不仅保证了政府采购的质量和效益，同时，也杜绝了商业贿赂行为的发生。

（二）加强日常行政开支经费管理，从点滴细节抓起。坚持勤俭节约，反对铺张浪费的原则，采取有效措施，在全系统开展了节水、节电、节油、节约各种费用的活动，大大降低了费用开支。截至今年11月末，与去年同比，市局机关水费下降4.55%，燃油费下降11%，会议费下降8.03%，办公费下降22.58%。

（三）大处着眼，小处入手，精打细算。在新建、改造、维修等大项投资过程中，我们坚持量力而行，精打细算，合理安排资金，努力做到少花钱，多办事。

根据《中共中央关于构建社会主义和谐社会若干重大问题的决定》和国家税务总局提出的构建和谐税务机关的要求，结合我们的工作实际，着眼于税收事业的发展，我们初步确定了"6个3"的工作思路，具体是：

一是在服务对象上，要牢固树立三个服务的思想，即服务税收中心工作，服务领导及机关各部门，服务基层一线；

二是在工作标准上，要做到三个到位，即管理到位，服务到位，保障到位；

三是在思想观念上，要增强三个意识，即改革创新意识，服务大局意识，依法行政和责任意识；

四是在工作着眼点上，要着力抓好三个环节，即重点环节，敏感环节，群众关注环节；

五是在工作保障措施上，要抓好三个依靠，即依靠领导的重视和支持，依靠制度建设和落实，依靠服务中心内部团队和谐精神和机关各部门的理解和支持；

六是在队伍建设上，要提高三个能力，即依法行政能力，综合业务能力，沟通协调能力。

总之，要建立一支政治过硬，业务熟练，作风优良，执法严格，服务规范的干部职工队伍。

大连市地方税务局机关服务中心

1994年，伴随着国家财税体制改革的大潮，大连市地税局应运而生。10余年来，大连市地税局的广大职工，在局党组的带领下，白手起家，艰苦奋斗，用智慧、用汗水书写了新篇章。

中国税务后勤建设

一、基础设施堪称一流

1994年12月大连市地税局挂牌运作时，市局机关和8个直属基层局只有一栋5000平方米的旧办公楼、20台大小车辆和近40台计算机。如今，市局拥有一栋设备先进、建筑面积达18000平方米的办公楼，所属的19个基层局、48个中心税务所也都拥有属于自己的办公楼。市局机关的每个处和基层局的科(所)都配备了车辆，公务用车非常方便。信息化建设投资巨大，搭建了以市局为中心覆盖19个基层局和48个中心税务所的局域网，实现了征收手段的现代化和市局机关办公基本无纸化。

二、后勤管理日趋规范

大连市地方税务局依照"用制度管人、按程序办事"的治局方略，不断摸索后勤工作规范管理的路子，先后制定了《大连市地方税务系统国有资产管理暂行办法》、《大连市地方税务局政府采购管理暂行办法》、《大连市地方税务系统车辆配(处)置暂行办法》、《公务用车使用与管理规定》、《职工食堂管理暂行办法》、《机关办公楼管理暂行规定》等30余项规章制度。与此同时，还开发了《公务用车管理软件》、《接待管理软件》和《办公楼设备管理软件》。这些规章制度，使大连

美丽的大连

美丽的大连夜景

市地税局的后勤管理逐步走上了规范化、制度化的轨道。

三、服务保障以人为本

大连市地方税务局认真实践"三个代表"的重要思想，心系广大干部职工，坚持以人为本，倾心构筑了与职工切身利益密切相关的三大保障体系，即：以全体职工一年一次的健康普查为中心，对特殊病、疑难病进行跟踪治疗的职工健康保健体系；以市局和基层局办公楼为重点，延伸到职工家庭财产保险和职工个人意外伤害险的职工风险保障体系；以解决职工住房为中心，努力办好职工食堂和生活福利为两翼的职工生活服务体系。三大体系的构筑，使大连地税的广大职工生活无忧，以高昂的激情投入到税收工作中。2003年，全局共组织各项收入891281万元，同比增收115804万元，连续3年增收10亿元以上。

齐声高歌

宁波市国家税务局机关服务中心

宁波市国家税务局机关服务中心成立于2001年6月，现有干部职工18人，设置5个科室，分别为综合科：其基本职能是负责中心工作的组织计划和协调、对各项任务的完成情况进行督查、督办、内部人员的教育管理、牵头负责各类评议和考核等；总务科：负责局管房产管理、税务服装定制、固定资产管理、机关办公用品的采购发放、内部后勤事务的日常管理等；物业科：负责办公大楼的安全管理、各类设备的维护保养、室内外环境的美化和保洁以及局机关基建工程项目的组织实施等；接待科：负责局机关各类会议的后勤保障工作、接待安排各地来宁波人员的食宿等；车管科：负责机关车辆的调度派遣管理、对车勤人员的安全教育和技术培训、承办车辆修理、保险及油品采购等。

一、确立了预防为主的安全工作体系

安全工作牵一发而动全身，机关后勤工作必须把安全管理作为工作的重点。在实际工作中我们坚持从三个方面入手：一是从源头上抓预防。教育全体人员深刻理解"隐患险于明火，防范胜于救灾，责任重于泰山"的深刻内含，不断增强全体人员的忧患意识。确立以防为主的工作体系，认真过细地把牢安全工作的每一个环节，切实消除事故案件发生的土壤和条件。坚持从实际出发，认真研究安全工作的特点和规律，把握工作的主动权。坚持经常分析安全工作面临的形势，总结工作经验，查找薄弱环节，严格落实安全工作措施。坚持"重点重防"的原则，对大楼内重点部位，重要设施、设备，食堂饮食卫生，车辆管理等安全工作的重点，从设施、设备的检查与维护，车辆技术状况的检查与保养，主副食品的采购与制作，从业人员的素质与能力等源头上严格把关，及时发现和处置不安全的问题和隐患，有效地防止了设备、设施、车辆和人员抱"病"上岗，带"病"运行。二是从人头上抓预防。建立健全并认真落实安全工作岗位责任制，把安全工作的责任分解细化到每个人，通过人人尽责，层层把关，全方位做实安全工作。进一步强化责任追究制度，发现因失职出现安全事故隐患的，严肃追究当事人和分管领导的责任。经常进行安全工作警示教育，不断增强全体人员的安全意识。根据安全工作的特点和规律，适时组织应急情况处置的业务培训，进行各种应急预案的演练，使全体人员掌握日常预防和应急处置的基本技能。保持与有关专业技术机构的联系，开展技术协作交流，组织安全知识讲座，使全体人员能牢牢绷紧安全工作这根弦。三是抓好综合治理工作。认真落实社会治安综合治理工作的要求和责任，借助社会力量做好事故和案件的预防工作。定期走访地方有关部门，了解驻地社会治安环境和安全工作形势，把握工作主动权。坚持每季度走访一次劳动、公安、卫生及街道等部门，了解重要设备、设施的检测规定，道路交通政策规定，社会治安政策措施，食品卫生法律法规以及周边安全环境的变化情况，自觉接受有关部门的监督指导，实现了齐抓共治的目的。

二、建立健全了后勤工作的制度体系

机关服务中心成立5年来，我们在制度建设中作了有效的探索，主要做了三项工作：一是抓了机关后勤工作规章制度的系统配套。对原有的制度进行梳理，使制度完整齐全，既有履行职能的原则框架和总体方案，又有每一项具体工作的实施细则，使规章制度上下衔接、相互呼应。对已经不能适应的进行必要的修改，有缺陷的及时修订完善，尚未制定的尽快出台，不易操作的制定可操作性强的实施细则。出台了各类统计制度，经过统计对具体工作进行一些数量、质量分析，以此检验工作成效。根据形势的发展变化和新的政策法规的出台，及时修订充实完善规章制度，使各项工作不挂万漏一，百密一疏。二是切实发挥规章制度的作用。根据不同的专业分工，适时组织各种规章制度的学习。要求相关人员对所从事专业的各项规章制度内容必须熟悉和掌握，重要内容必须熟记会背。对重要部位从业人员每半年进行一次规章制度内容和基本技能知识测试，推行了持证上岗。经常组织规章制度执行情况的检查，发现问题及时整改，维护了规章制度的严肃性和权威性。三是建立确保制度落实的机制。建立健全了发现问题的机制，加大督促检查和情况反馈工作的力度，扩大信息来源，前移监督关口，保证各种违反规章制度的现象能够及时了解和掌握；建立健全了纠正错误的机制，促使发现的问题能够及时的处理和解决，防止了将小问题拖成大问题；建立健全了责任追究的机制，工作中出了差错，视问题的性质、后果给当事责任人及相关责任人相应的处理，决不袒护姑息。

三、强化了从业人员的教育管理工作

首先是端正了服务的指导思想。5年来，我们始终坚持正面教育，引导全体同志正确认识服务中心工作的性质和地位，要求大家自觉摆正位置，正确认识责任和义务，克服片面模糊的思想认识，纠正放不下架子，摆不正位置的倾向，克服工作中的畏难情绪和无所作为的颓废行为，使全体同志都能自觉地以正确的思想为指导，妥善协调好各种关系，设身处地为服务保障对象着想，努力提高服务质量和水平。其次是端正了服务态度。在实际工作中，我们大力提倡主动服务、贴近服务、热情服务。主动服务就是想服务保障对象之所想，主动征询意见，主动了解需求，主动解决问题；贴近服务就是根据服务对象需求多样性的特点，贴近一线，贴近重点，及时跟进，保障到位；热情服务就是坚决克服"三难"现象，做到宾至如归，热情大方，细致周到。再次是提高了管理机关事务的能力。在实际工作中我们要求大家既要看到工作成绩，更要注意存在的问题，善于把视角调整到工作中的问题和不足上，牢固地确立发现问题是能力，解决问题是政绩的思想，不断推进工作上台阶。我们坚持教育干部职工要强化"四种观念"，即：强化服务一线、保障重点的观念；服务中心工作是全局窗口的观念；管理、服务、保障水平是主要政绩的观念；问题和不足是进步空间的观念。这些观念的确立促进了机关后勤工作能够在贴近中心，履行职能，改进服务，规范管理等方面下工夫，见成效。

四、继续以科学发展观和正确的政绩观为指导，牢记一个宗旨——服务，抓住一个根本——管理，唱响一个主题——安全，明确一个方向——创新，坚持一个作风——务实，全面提高机关服务工作水平

（一）牢记一个宗旨——服务。服务是机关后勤工作的主要工作职责，服务中心的工作必须以服务为宗旨，谋划和开展好各项工作。

1.在服务保障的方向上。要把过去的以面为主的保障方法转变至点面结合上来。机关服务工作是全方位的，但是机关服务工作不能一味平推，平均用力。要将为机关创造优良的工作、学习、生活环境，为领导集中精力谋全局、作决策提供优质服务，为各类重大任务的完成提供有力保障作为机关后勤工作的重中之重，备足"粮草"，当好先行官。

2.在服务保障的内容上。要树立立体的概念，将一切正当合理的需求纳入到服务的体系中来考虑，尽力做到听民声、顺民意，不断拓展服务领域，增加服务项目，满足机关干部职工不同层次的需求。

3.在服务保障的态度上。要坚持主动作为，变被动为主动。凡是有利于全局中心工作，有利于机关正常运转的事，都应该主动出击，主动作为。服务重点工作时要及时跟进，靠前保障，服务到位。要建立服务承诺制，做到事事有人管，件件有落实。

（二）抓住一个根本——管理

1.对人的管理。在人事方面，要进一步理顺关系，明确职责，通过科学设岗、竞争上岗，尽力使各类人员人尽其才，找到相对合适的岗位。建立起考核评价机制，加强对岗位人员的管理，规范各项工作，提高工作水平。在收入分配方面，视不同岗位的性质，考虑工作强度和各种技术要求，实行收入浮动，以合理拉开收入档次，调动员工的工作积极性，促进工作质量和效益的提高。

2.对资产的管理。树立依法管理的理念，规范工作程序，理清管理职能，核实资产数量，防止资产的流失、短缺。对房产的管理，要盘活资源，避免闲置，实现增值；对接近报废的物资，应视情处理和变卖，以变废为宝，回笼资金，避免更大损失。

3.对经费的管理。要注重资金的使用效益，既不能"只算经济账"，也不能"只算政治账"。要在坚持基本原则的前提下，既重视经济效果，更重视社会效果，努力实现经济支出最低、社会效果最大的目的。要加强成本核算，有计划地使用经费，防止各种浪费。有计划地将各类零星物资的采购纳入政府采购中来，依托社会各种信息平台，运用价格竞争机制，尽可能花较少的钱办优质高效的事，发挥资金的最佳效益，优化服务保障的效果。

（三）唱响一个主题——安全。要把安全工作作为永恒的主题唱响，坚持常抓不懈，永不松懈。

1.要把一般预防、重点预防和技术预防结合起来。抓好一般预防。运用教育、行政、管理的手段，提高相关岗位人员的职业素质，堵塞各种容易诱发事故的漏洞。抓好重点预防。根据重点部位、重要人员、相对薄弱的场所等具体情况，加大防范的力度，从人力、财力、物力上加大投入，花钱买平安，确保万无一失。抓好技术预防。运用综合性技术，对相关的重要目标进行防护和保护，消除各种可能发生事故的隐患。

2.要严格执行安全工作制度法规。对消防安全、重要物资安全、行车安全、饮食安全等要严格各种规章制度，加强监督，依靠制度法规纠正错误做法，规范具体行为，克服盲目性和随意性，维护制度法规的严肃性和权威性。

3.要抓好安全工作的督促检查。严格按"一岗两责"要求落实安全工作岗位责任制，督促有关人员按照安全工作岗位责任制，认真行使安全工作的权利，履行安全工作的义务。要加大日常安全工作检查的力度，发现问题及时通报，及时纠正，对存在的问题要善于小中见大，举一反三，切实防患于未然。

（四）明确一个方向——创新。创新是事物发展进步的动力，要敢于做前人没有做过的事。

1.服务理念要创新。服务工作要着眼全局，克服本位，善于跳出局部看全局，敢于突破传统的思维定势，不墨守成规，善于学习借鉴先进的做法，凡是对工作有益的事都应该大胆实践。

2.用人机制要创新。坚持以人为本，人尽其才的原则，根据人员的知识结构、能力水平，部分调整人员的工作岗位，最大限度地调动人的工作积极性和主观能动性，实现管理人员的精干、高效。

3.工作方法要创新。改变传统的管理方式和方法，运用现代的手段，改变面貌，推进工作。要在面向大众、群众反映强烈的岗位上引进和培养人才。对厨师岗位，计划引进1~2名有真本事、有工作热情的国家承认的等级厨师，拟将现有的厨师送出去培养，使其掌握相应的服务技能，能更好地为机关服务。要改进习惯做法，比如，接待工作中应树立热情、周到、细致就是效益的观念，增强接待的实际效果。

（五）坚持一个作风——务实。要坚持求真务实的科学态度。时时处处坚持重实际、说实话、务实事、求实效，发扬脚踏实地，埋头苦干的工作作风。

1.要认真总结机关后勤工作的规律和特点，遵循后勤工作的固有规律，更好地为广大干部职工干实事、办好事。

2.要进一步认清我局后勤工作的基本情况，坚持调查研究，深入实际，搞清情况，积极应对，按照实际情况决定工作方针。

3.要坚持正确的政绩观，自觉地为全局中心工作服务。定期联系群众，拓宽民意渠道，倾听群众心声，做到民有所呼，我有所应。

4.要严格落实《惩防体系》，加强道德和法律教育，加强内外监督，筑牢拒腐防变的思想防线。

宁波市地方税务局机关服务中心

宁波市地方税务局机关服务中心成立于2000年1月，现有在岗公务员14人，其中处长1人，副处长1人。公勤人员12人，合同工32人。内设6个组和1个招待所，分别是综合组、财务组、物业组、膳食组、接待组、车队和招待所。在岗公务员中，大学本科学历6人，专科学历9人，党员29人。为推进机关后勤管理科学化进程，我们结合自身实际，采取整体推进、分步到位的方法。先后将市局食堂、大楼保安、物业管理等工作分别委托社会化管理。

近几年来，后勤处在局党委的领导下，在机关处室的大力支持下，全处同志以创建文明处室、文明机关为契机，统一思想，提高认识，立足本职，强化服务意识，改进服务方式，在"服务好"上下工夫、出成效；牢牢抓住服务工作中的一些重点、热点和难点问题，克服困难，创造条件，积极参与主动地协调，耐心细致地工作，热情周到的服务。

一是在房产管理方面，除完成日常工作外，团结奋进，认真履职；除完成日常的后勤保障工作外，为全局500多名干部职工办理了住房补贴，保证了实物分房向货币分房的平稳过渡。

二是在基建维修服务方面，我们始终做到服务至上、用户至上，面向基层，做到随叫随到，及时维修，不管刮风下雨，从不间断，保证了正常办公秩序。同时，完成对下属1个区局和4个分局办公用房的改造，市局信息中心1200平方米的机房扩建改造以及监控系统数字化升级改造并完成一卡通系统的改造（门锁、用餐、洗浴、会议等）。

三是在车辆管理工作方面，坚持把行车安全放在第一位。平时，既抓车辆调度，又抓车辆管理，使车辆管理逐步规范化。

四是接待工作充分发挥窗口作用，按照"热情、大方、节俭、高效"的原则，做到来宾、责任处室、领导三满意。

五是安全消防工作实行干部值班、保安巡班、重大节日全面检查制度，并与大楼机关处室签订安全工作责任状，实行安全消防"随主管、随负责"制度，提高了机关干部职工安全防范意识；局机关安全工作多次受到市有关部门的表彰。

六是在食堂管理方面，我们采用社会托管、内部参与的运作方式，重点抓好食品卫生，增加花色品种，减少浪费上做文章。

七是在财务方面，我们坚持各项财经纪律，在日常工作中，我们严格执行《行政单位财务规则》、《事业单位财务规则》，同时履行严格的财务审批手续，认真审核每笔资金的使用。凡不符合规定或违反财务制度的支出会向经办人说明情况，做好事前解释工作，在近几年接受审计的过程中，均得到审

中国税务后勤建设

计人员的好评。

八是积极开展爱国卫生工作。努力提高干部、职工的自我保健意识和文明健康的生活方式，在局域网内开辟了"生活与健康"专栏，宣传相关知识，并利用食堂内的宣传橱窗定期张贴宣传资料，使大家能及时了解和掌握一些防病保健和科学知识。同时，采用不同方法，不断提高室内外卫生水平，进行定期、不定期的检查、评比。通过上下努力，2004年我局被浙江省爱卫委授予"浙江省卫生先进单位"称号。

九是坚持从点滴做起，推进节约型机关建设。为了积极响应市政府关于积极开展资源节约活动、大力推进建设节约型机关的号召，在广泛发动、统一思想、增强节约理念的基础上，注重从实际出发，坚持从点滴做起，努力推进节约型机关建设。首先是增设积水桶。在大楼每个楼层的茶水间放置塑料桶，用于开水瓶中的剩水倒入此桶，以供清卫人员打扫卫生之用。此举虽小，意义重大，旨在营造"节约光荣、浪费可耻"的氛围，引导大家从我做起、从现在做起、从点滴做起，养成良好的节约习惯。其次是扩大政府采购范围。对政府（协议）采购以外的大宗办公设备的耗材（如硒鼓、墨粉等），后勤处试行了公开招标，减少办公经费支出。通过招标，各种耗材型号单价比原来节约10%~20%。此外，为保证供货质量，凡发现以次充好或缺斤短量的现象，将随时终止该中标单位供货合同。再次是减少用电量。在保证公共部位正常照明的情况下，对大楼各走廊所用的5瓦节能灯，在自然损坏后，逐步更换成3瓦节能灯。如全部更换完毕，按一天工作10小时计算，可减少功率2000多瓦，全年可减少用电量50万余瓦。

十是完善制度、规范管理。近几年来，我们坚持用制度管人，多头并进，齐抓共管，先后建立了处长碰头会、每月各组长参加的处务会（总结并计划工作）制度，修订完善了人员、车辆使用、接待、物业、办公物品采购（保管、发放）、固定资产、食堂管理等20多个方面的管理制度和规定、办法，调整充实了各类岗位人员岗位职责，使各项工作有章可循、有据可查、有法可依，增强了管理的规范性和可操作性。

厦门市国家税务局机关服务中心

厦门市国家税务局机关服务中心成立于1995年，现有干部15人，合同制职工19人，设后勤管理科、固定资产管理科、接待科等3个科。几年来，我们从深化改革、规范管理入手，健全制度，注重效益，热情务实，以人为本，不断提高后勤管理规范化、科学化水平，扎实搞好服务保障，受到各级领导和同志们的一致好评。

一、健全制度 规范管理

规章制度是"保障法制化"的基础性工作，截至目前，我们已制定和完善了《机关固定资产管理规定》、《服务中心财务管理规定》、《公务接待办法》、《车队管理暂行规定》、《公有房租住管理规定》、《财产管理规定》、《医务室管理规定》、《珍珠湾招待所管理制度》、《机关办公用品管理规定》、《公房售后公用部分公用设备设施维修管理规定》等12项规章制度，为机关后勤保障工作走上规范化、法制化轨道打造了制度平台。

在规章制度制定过程中，我们突出两个重点：一是突出重点工作。我们将财务管理、

机关服务中心一班人

房产管理、公务接待、车辆管理等牵涉面大、影响面广的工作列入工作重点，逐步建章立制，在财务管理方面，建立"一支笔"审批原则，规定经费开支做到"四个必须"，即必须先报批后开支、必须随发票附清单、必须由部门领导和会计双重审核把关、必须按分管权限报批；在公务接待方面，建立"对口接待、事前登记、转账结算"三个原则；在车辆管理方面，强调"三个统一"，即实行"统一管理、统一保险、统一维修"。二是突出重点环节。我们的建章立制中，特别重视重点环节的细化规定。在《公房售后公用部分公用设备设施维修管理规定》中，对维修勘察、工程预算等一系列重点环节作了具体规定，理顺权责关系，提高服务效率；在《车辆管理规定》中，突出维修环节、制定维修项目审批、维修价格审查、维修现场监管、维修质量监督等具体办法，堵塞漏洞；在《机关办公用品管理规定》中，加强采购、入库、供应等重要环节的管理办法，建立采购人和验收人双重管理机制；在《财务管理制度》中

突出了审批程序的管理；在《公务接待办法》中，强调了事前登记和事后结算两个重要环节。

二、注重效益　精打细算

理财管物，以"俭"为要。近年来，在后勤管理保障任务日益加重的情况下，我们的各项经费开支不升反降，据不完全统计，2003年与前两年相比，办公用品开支下降40％，电话费下降了48％，水电费和车辆维修费分别下降了29％，仅车辆保险费一项每年就节约开支20多万元。我们主要是做到"两化"：一是科学化管理。制定科学的管理制度，科学的操作程序，科学的监督机制；二是市场化管理。将食堂、电话、汽车、电梯、空调等管理推向市场，走向竞争，从而减少成本。如电话实行内部网，每年减少成本3万多元；汽车维修实行招标，确立汽车定点维修单位，改变以往汽车维修各自为政、杂乱无章的局面，达到事前、事中、事后监督的目的，虽然汽车老化，但汽车维修费用每年

却平均递减10％；电梯、空调等固定资产维修虽然委托物业负责，但我们还从市场上招聘专业技术人员进行定点、定时抽查。

三、热情务实　搞好保障

办实事，重实效，为干部职工解决实际问题是服务保障工作的根本。我们在"衣、食、住、行、医"五方面肯下"实"劲，并积极稳妥向"社会化"推进。"衣"：税务制服的制作，我们对外竞标，对内广泛征求意见，精心挑选厂家，确保衣料质量和做工水平，同时厂家对每个人量身定做，充分体现"个性化"服务。8年来我们组织制作税务制服5000多套。"食"：我们开办食堂，并把食堂管理推向市场，向社会公开招标，引入竞争机制。"住"：安居才能乐业，我们全面解决全系统干部职工的住房问题，完成货币化改革，努力做好公房售后公用部分公用设备设施维修管理，成立业主委员会，委托物业管理售后公房。"行"：我们开辟多条交通专线，接送干部职工上下班，并合理调配保障

机关餐厅

机关健身房

百花齐放

公务用车。"医"：我们为全系统人员输医疗IC卡，并设立医务室，每年定期组织一次全系统人员常规体验，安排退离休老干部就医。2003年在预防"非典"、2004年在预防"禽流感"时，向每位干部职工及其家属发放药物，将医疗服务工作延伸到每个家庭之中。

四、以人为本　提高素质

首先是解决思想问题。2001年机构改革后，服务中心划为事业单位，部分人有失落感，觉得低人一等，有后顾之忧。针对这些思想反映，我们组织大家围绕"怎样看待机关服务中心的地位作用、怎样做好本职工作"等"两个怎样"，联系实际，深入开展讨论，使大家在思想上澄清了模糊认识，实现了"两个转变"。一是由"失落感"到"光荣感"的转变，使大家认识到，服务中心划为事业单位，更有利于增强管理活力和长远发展，我们的地位没有"失落"，与税收征管等岗位一样光荣。二是由"配角意识"到"主角意识"的转变，使大家认识到，服务中心虽然是围绕税收中心任务、按照领导意图开展工作，但并不是消极被动地去"适应"、去"围绕"，而应当以主人翁的精神积极主动地超前思考、超前准备，做到"兵马未动，粮草先行"。

其次是定岗定责，责任到人。根据服务中心的任务和人员状况，我们将全中心33位干部职工划分为19个岗位，制定了全面的《工作岗位职责》，明确了每个人的工作职责，并规定了履行职责的奖惩办法，将每个人的工作置于全体干部、职工的公开监督之下，促使大家严格按照规章制度各司其职，各负其责。

第三是提高综合素质。后勤工作是一门科学，从事后勤工作的人员必须具备较高的综合素质。我们不仅经常抓好政治学习，提高思想觉悟，而且注重专业知识的学习，如电梯、中央空调、智能化办公设施等专业知识，要求分管科室懂行、内行。到兄弟单位学习取经，举办各种讲座，鼓励干部职工参加各种形式的学历教育，不断提高干部职工的综合素质。

厦门市地方税务局机关服务中心

厦门市地方税务局结合本单位后勤保障特点，坚持以人为本，抓好建章立制，较好地发挥了车辆装备在工作中的效用，促进了各项任务的完成，受到上级的好评。我们的主要做法是：

一、加强管理教育，提高驾驶人员素质

建设一支思想素质好、驾驶技术精的车勤队伍是做好车辆管理工作的关键。为此，我局专门下文，对司机的招聘工作作出具体规定，要求全局所属各单位对司机要采用临时工聘任制，并规定应聘司机年龄必须在35周岁以下，驾龄满3年以上，高中以上文化程度，无事故记录。同时统一组织交规笔试，驾驶路试，根据考试成绩择优录取。在正式签订劳动合同之前，进行3个月的试用期实践考察，只有考查合格者才与之签订劳动合同，考查不合格者给予辞退，从而较好地把住了驾驶人员的入口关。在此基础上，我局还把激励机制引入管理当中，每年年底都对驾驶人员进行综合考评。在考评过程中，给机关各个处(科)室发民主测评表，广泛征求用车人员的意见，并对表现好的司机给予奖励，不好的司机给予辞退。这几年，我局每年驾驶员更换率都在10%左右，彻底打破了"铁饭碗"，提高了驾驶员的服务意识、保障意识，增强工作责任感。

二、加强安全教育，防止车辆事故发生

近几年，我局的车辆年行驶总里程约

200万公里，没有发生过重大责任事故。究其原因，很重要的一个方面就是我局重视抓好行车安全教育，有效地强化了驾驶人员的安全意识。我局自机构分设以来，坚持每月进行一次安全教育制度，组织驾驶人员学习交通法现，查找事故隐患，制定改进措施；执照年审时，专门安排时间接受交警专题教育，提高驾驶人员的交通法规意识和安全意识；不定期地进行警示教育，通过剖析交通事故案例，使驾驶人员做到警钟常鸣；开展"红旗车"评比活动，每月进行一次；对违反交规和未按规章制度办事造成事故或不良影响的及时给予处理，如违章罚款由个人承担；违反规定发生事故由个人赔付；思想麻痹发生事故负主要责任的除行政处理外还要停发全年安全奖，事故处理期间停职反省，不发工资；违章累计达3次者立即给予解聘，等等。把驾驶人员的责任事故与个人的利益直接挂钩，促使驾驶人员时时绷紧安全行车这根弦。

三、严格规章制度，确保车辆管理有章可循

为了加强对车辆使用的管理，我局先后制定下发了《厦门市地方税务局关于加强车辆及勤务管理若干规定的通知》、《厦门市地方税务局关于加强税务所(分局)汽车管理的通知》等一系列规章制度，对车辆管理提出了具体要求。如在车辆驾驶上，要求只有驾驶人员才能出车，非驾驶人员即使有驾驶执

照，也不准驾驶本单位车辆，更不准借企业或外单位的车辆开；发现非驾驶人员驾车，从严给予处理。在车辆派遣上，要求机关各处室公务用车和业务用车须提前半小时(节假日及下班后用车须提前一个半小时)向办公室登记用车内容、用车时间、用车人数和地点，以便统筹安排；同处室人员处理公务无特殊情况原则上不得同时派两部车；科以下干部(含科级)因公办事2人以上方可派车，临时工办事不派车。在车辆管理上，规定所有车辆夜间和节假日一律入库(场)停放，班车和加班车辆停放在安全场所；各单位车辆停放地点一律报市局办公室备案，所有车辆应加固机械防盗锁，新车、贵重车辆应加装电控锁；加班车辆未经批准不进库(场)或司机擅自出车，扣发40元以及当月安全奖50元。在车辆保养和维修上，跟踪每台车公里，每月统计一次，按规定适时地对车辆各部件进行调整和保养，使车辆保持良好的技术状态；需要修理应提前请示，由车管人员进行鉴定，超过100元以上零部件报办公室分管领导批准，并指定在信誉良好，技术过硬，有资质认可的企业进行修理，建立健全车辆档案，为科学管理车辆提供依据。上述管理规定下发后，我们严格按规定办，并认真抓好落实，确保这些制度规定真正落到实处，从而使车辆管理逐步走上制度化、规范化轨道。

青岛市国家税务局机关服务中心

设备管理是办公楼管理的重中之重,为此建立了青岛市国家税务局综合办公楼设备巡查制度,定期对设备运行情况进行检查。图为杨进军副局长(中)带领有关人员进行设备检查

为加强青岛市国家税务局综合办公楼管理,建立办公楼管理督查制度,不定期对办公楼进行督查,检查和纠正各类违规现象。图为杨进军副局长(右二)带队对各楼层办公房间进行督查

青岛市国家税务局机关服务中心于2001年4月成立,现有干部职工28人,临时工40余人,工作分工为财务、接待、综合管理、总务、车辆管理等方面。

近年来,青岛市国家税务局机关服务中心作为机关后勤保障部门,始终坚持为机关服务、为领导服务、为干部职工服务的理念,以管理科学化、保障法制化、服务社会化为导向,在求实中创新,在创新中发展,后勤管理水平和服务质量不断提高。

在管理方面,逐步向社会化、信息化、专业化道路迈进,办公楼管理实现了物业公司专业化管理,临时用工采取劳动中介机构托管,接待工作正探索引入市场服务机制。同时,依托网络信息技术的发展,在职工就餐、文化娱乐、会议管理、健康咨询等管理方面实现了电子化、信息化。

在服务方面,完善服务形式的多元化、人性化,相继推出了职工"小超市"、赠送自制生日蛋糕、家庭小维修、健康咨询等一系列温馨服务,得到了各级领导和干部职工的认可和好评。2001年局综合办公楼被国家建设部评为全国物业管理示范单位,2003年被山东省爱国卫生委员会评为省级卫生先进单位,2006年被山东省卫生厅评为食品卫生等级A级单位。

时代的进步,使我们清醒地认识到后勤工作任重道远。今后我们将继续坚持以"三个代表"重要思想和党的十六大精神为指导,紧紧围绕税收中心工作,服务经济发展大局,解放思想,与时俱进,不断探索创新后勤管理思路,强化管理促发展,优化服务办实事,为推进税收事业的蓬勃发展谱写新的篇章。

百花齐放

青岛市地方税务局机关服务中心

青岛市地方税务局机关服务中心在总局、省局的正确领导下，以"三个代表"重要思想为指导，坚持统一管理、各负其责、厉行节约、文明礼貌的原则，为机关、基层提供了热情周到的后勤服务。

2002年9月，青岛市地税局实施机构改革。根据新制定的职能配置、市局机关内设机构和人员编制实施方案，由办公室统一负责局机关及所属单位的后勤服务工作。现有后勤服务人员17名，其中，办公室副主任1名，处级非领导职务2名，科级干部4名，工勤人员10名。

一、安全管理

（一）安全制度建立情况。我局自建局以来，认真贯彻落实有关法律法规，陆续制定了多项科学、配套、有效的管理制度。一是车辆管理制度，包括车辆派遣、值班、维修保养、保险、驾驶员培训及奖励奖惩的有关制度。二是安全保卫制度，包括内部保卫、门卫、值班制度，人员、车辆出入登记制度、夜间巡查及重点部门防范制度。三是消防制度，包括消防安全、用电安全规定及突发事件应急预案。

（二）安全管理责任制落实情况。我局各单位、各部门依照《安全生产法》等法律、法规，不断健全和完善安全生产责任制，明确了各单位和每个人在安全工作方面的责任，

一级抓一级，逐级抓落实。一是加强对安全工作的领导，各单位、各部门的主要领导为安全工作的第一责任人，及时了解和掌握本单位、本部门的安全工作情况，并对重大安全问题亲自抓。二是实行了谁主管、谁负责的消防工作责任制。三是严格车辆管理责任制，机关公务用车实行登记、审批制度，严禁公车私用，对需要驾车离开青岛市履行公务的，必须经组织批准并由专业司机驾驶，非专业司机一律不得驾驶公车出长途。四是认真贯彻落实安全事关行政责任追究的规定和相关法律法规。对发生的各类安全事故，认真查处，并追究有关人员的责任。

（三）实全管理措施落实情况。按照创建"平安地税"的要求，进一步加强了全市地税系统的安全工作。一是围绕保密、车辆、食堂和"三防"等工作，在全系统组织开展了"百日安全竞赛"和"车辆百日安全无事故"活动。二是加强日常特别是节假日值班管理，坚持领导带班和干部值班制度，并抓好了基层税务所的值班工作，做到经常化、制度化。三是各基层局定期对办税服务厅、票证库房等重点区域的安全工作进行检查，及时消除了安全隐患，确保不出问题。四是市局办公室不定期对各基层局的值班和安全工作情况进行检查通报。

（四）安全设施建设情况。我局按规定要求配备了安全设备设施，并经常性的维护保

养，使设施设备始终处于良好运行状态。一是内部保卫工作。办公区、宿舍区设置了有效照明；财务室、票证室、保密室等重要部位设有防盗门窗和监控报警设施；保卫人员按规定配备了必要的防护器械。二是车辆安全。按规定配备了车用、车场消防设施；按规定要求对车辆进行了日常、定期保养，落实了出车前、出车中、回场后的车辆检查；配备了消防报警设施，各种消防设施齐全完好。三是食品卫生安全。按规定设有防鼠、防蝇及消毒设备设施。

（五）安全教育培训工作。我局坚持安全行车教育、内部保卫常识教育、消防安全常识教育等。干部职工熟悉安全工作的有关规定，从业人员熟练掌握规范要求。落实了驾驶员每月一次的安全行车教育，每季进行对安全保卫、消防从业人员安全业务知识教育、培训考核，每年聘请市交警进行安全教育等。

二、建立"阳光食品"工程

自2004年市地税局加入集团消费"阳光食品工程"以来，通过在市局机关两年多的试点，收效十分明显，受到广大干部职工的充分肯定和普遍欢迎。

（一）初步建立较为完备的质量监测系统，确保了食品质量安全。"民以食为天，食以安为先"，我们始终把保障食品质量安全做为实行"阳光食品工程"的第一要务。一是严格资质准入。在市政府已建立的"阳光食品工程"服务平台上初选具有供应资质的放心食品和供应企业，并有重点地采取现场考查、书面查看资质等有效手段选定湛山蔬菜批发副食品商场有限公司为供货单位。二是严格进货把关。与供货单位签订了《市场蔬菜质量卫生安全责任协议书》，进一步明确了双方的责任和义务。配套建立了食品质量检测室，配置了相关检测仪器，组织监测人员参加培训并全部考取了"无公害蔬菜监测上岗证"。在此基础上，对每批生鲜农副产品运用酶抑制速测法按规定程序进行抽样检测，检测合格后方准入库，同时将检测结果上墙公示。三是严格索证备案。对每批采购的食品，均向供货单位索取生产经营许可证、食品卫生许可证、质量检验检疫合格证明和供货发票，并做好建档备案工作，确保食品从生产到消费各个环节，都能得到有效的质量追溯。

（二）逐步形成招投标为主的采购模式，降低了采购成本。我们积极树立现代经管理念，充分利用"阳光食品工程"服务平台，及时了解掌握食品市场最新的供求信息、价格信息和质量信息，把握食品采购的主动权。在大宗食品采购过程中，充分运用公开招标、协议供货、电子商务等现代采购交易方式，确保采购活动公开透明、公平竞争和公正诚信。进一步稳定和规范了采购渠道，达到了提高采购效率、防范交易风险、降低采购成本的目的，既提高了饭菜质量，又维持了价格的相对平稳，据统计，实行"阳光食品工程"后，市局机关食堂年均降低采购成本约1.5万元。

（三）大力倡导广泛参与的监督管理机制，提高了后勤服务水平。我们在食品采购工作中，坚持了"阳光食品工程"公开、公正、公平的原则，建立了定期公示制度、公开透明的价格形成机制和干部职工广泛参与的监督管理体制，树立了良好的后勤形象，提高了服务水平。在市局机关设立了集团消费"阳光食品工程"公示栏，公示内容以干部职工较为关心的质量、价格等方面信息为主，使大家对食品采购管理和质量安全保障工作有了直观的了解。

三、公务接待

（一）公务接待范围。一是上级机关来我局检查指导工作的领导及随行人员；二是其他省（市）、自治区地税局，省内、外各市地税局因公来我局交流经验、参观指导的人员；三是来市局联系业务的基层局人员；四是我局召开和承办的各类会议及重要活动的与会人员；五是经局领导批准需接待的其他人员。

（二）公务接待分工。一是办公室是市局机关接待工作的主管部门，负责接待工作的统一管理，市局机关其他处（室）给予配合；二是上级机关组织安排重大活动和重要会议，由会务组或领导小组负责接待，办公室协助安排；全市地税系统综合性会议由办公室统一组织安排；市局召开的各类专业性会议由相关处室组织安排，办公室给予协助。

（三）公务接待程序。一是了解情况。承办会议或接待的处（室）应准确掌握参会人员或来客的单位、姓名、职务、人数、性别、交通工具、抵达时间、停留时间及来意等，做好接待前的准备。二是上报审批。所有公务接待必须经审批后方可进行；召开、承办的各类会议及重大活动的接待，组织会议及活动的部门要作出接待经费预算并填写《青岛市地税局会议审批表》，经办公室主任审核后报分管局领导签批；局领导安排的接待，由办公室填写《青岛市地税局公务接待安排表》，报分管局领导签批，对重要的接待任务，还要拟定具体的接待方案和日程安排；市局机关日常公务接待，对口处（室）要先填写《青岛市地税局公务接待安排表》（其中需住宿的提前2天填报，只就餐的提前1天填报），办公室根据来客情况安排就餐、住宿、交通工具、参观交流及陪同领导等，经办公室主任审核后，报分管局领导签批；凡未经正常审批的公务接待，办公室不予安排接待事宜。三是办公室根据分管领导签批的《青岛市地税局会议审批表》或《青岛市地税局公务接待安排表》，安排好来客的就餐、住宿、车辆及参观游览。五是接待经费结算。接待经费的结算实行两单对账，即分管领导审签的《青岛市地税局会议审批表》或《青岛市地税局公务接待安排表》与酒店的结算单相核对，两单一致方予以结算；以现金方式结算的接待费用，按正常财务审批程序报销。以非现金方式结算的接待费用，每两个月由办公室与接待的酒店进行对账清算。

深圳市国家税务局机关服务中心

目前，税务机关后勤服务保障工作最大、最关键和亟待解决的问题：一是后勤服务社会化程度太低，"小而全"的模式相当突出；二是后勤管理不规范、不严格，随意性比较大。为了切实解决上述问题，作好后勤工作，我们深圳市国家税务局机关服务中心与时俱进，开拓创新，在后勤服务社会化方面取得了一些成绩，下面谈谈自己的体会。

一、税务机关后勤服务社会化是市场经济发展的必然要求

所谓机关后勤服务社会化，就是改变封闭的自我服务、自我管理的机关保障体系，把属于社会保障的事情交给社会，把市场能办的事情交给市场，建立起以市场化、商品化、专业化为主要特征的社会化机关服务保障体系。

市场经济体制建立后，政府机关、企事业单位所需的种种服务，不是计划经济时代那样无处"购买"，必须凭借自身"生产"，而是服务项目、服务商品应有尽有，况且价格大大低于单位自身"生产"所需的成本。目前，税务部门的后勤保障体制与自身担负的职能不相适应，改革后勤保障体制，就可以使其相互匹配，协调发展，利大弊小。将后勤服务项目社会化，一是可以精简机构。二是能够节约大量行政经费开支。三是有利于加强廉政建设。后勤服务步入社会化轨道后，其服务保障大都采取公开招标选择服务对象，统一支付服务经费，透明度比较高，这种"阳光下的交易"，能有效防止暗箱操作，加强廉政建设。

二、构建税务机关新型后勤保障体制的基本框架

新型的后勤保障体制，核心是"管理科学化、保障法制化和服务社会化"，目的是减轻财政负担，改善服务质量，发展后勤经济，增强保障能力。改革后勤保障体制，就是要使行政管理与后勤服务分离，逐步实现后勤服务社会化，建立起税务机关新型的后勤保障体制。其基本框架为：

（一）机制合理化。建立起"税务机关统筹主导，行政管理部门组织，后勤服务单位参加，社会参与，以市场为导向，法制为保障，风险共担，利益共享"的新型运作机制，使行政后勤管理与后勤服务有机分离。

（二）服务社会化。根据税务机关的具体情况，我们认为下面几个项目可以逐步向社会化推开。一是住房和物业管理社会化。二是膳食保障社会化。三是接待服务交给市场。在上述服务项目实行社会化后，再进一步深化车辆及其他服务项目的社会化改革，真正把这个既花心思，又花精力，还花经费的"包袱"卸下来，达到省心、省力、省钱，减轻负担的目的。

（三）管理手段科学化。在后勤保障过程中，要积极推行并采用政府采购、公开招标、统一支付、电子商务等先进管理手段与方法。对非经营性资产要合理配置、节约使用，

百花齐放

对经营性资产要有偿使用、保值增值、防止流失。改革分配制度，在实行独立核算、自负盈亏的基础上，大胆改革，实行多种工资制度，真正实现多劳多得、奖勤罚懒的分配原则，从根本上解决等政策、靠机关要经费的"大锅饭"思想和被动服务问题，实行干部聘任制，职工合同制，实现能者上，庸者下。

三、税务机关后勤服务社会化的理性思考

（一）要变实物型的福利保障为货币化保障。计划经济时代，干部职工享受着低工资、高福利的保障模式。目前，一些单位还在沿用这种保障方式，随着市场经济体制的建立和人民思想观念的转变，大家清醒地认识到这种模式不适应时代的要求，不能满足人民的需要，不能调动群众的工作积极性，势必要被社会所淘汰。大家期望变实物型的保障为货币化的保障，把用来实物保障的经费发给员工，建立起与市场经济相适应、与群众心理相一致的保障模式。

（二）必须深入细致地做好思想工作，引导干部职工树立正确的思想观念。机关服务走向社会化后，人员要进行分流、转岗，风险增大了，对改革到自己头上不理解，人员思想上一下子难以接受、难以转变。这就要求各级领导要积极引导大家克服留恋福利型保障和求稳守摊的思想，强化生活保障商品化的意识；克服依赖机关保饭碗的思想，强化职工就业找市场的意识，变"要我改"为"我要改"，充分认清后勤服务保障体制改革是社会主义市场经济发展的必然要求，是大

势所趋，每个同志都要以实际行动自觉投身到改革的大潮中。

（三）必须认真做好后勤职工的分流工作，使其工作有岗位、生活有保障。针对目前税务机关的实际情况，后勤服务项目和后勤人员安置可采取以下途径和形式：一是将现有服务项目、后勤设备及资产进行拍卖和实行有偿转让，将后勤服务人员转移到税务机关、税务系统的各个岗位，从事业务工作。二是将后勤服务部门成建制地从机关分流出来。组建经营实体，或与社会上同行业实体联合，要在保证安置好现有人员的基础上，再面向社会招聘人员。不管采取何种形式，都要做到充分有效地安排好后勤从业人员，不能撒手不管。

（四）必须优化政策环境，确保分离后的经营实体不断壮大发展。为了使分离后的后勤服务部门不断成长壮大，税务机关应从各方面给予扶持和优待。一是在资产使用上给予优惠。二是在服务项目上给予照顾。三是组织后勤人员集中培训，提高素质。四是为后勤分流人员办好各种保障。如医疗、社会保险等，为职工分流安置解除后顾之忧。

总之，计划经济体制下那种独立、封闭的后勤保障模式，给政府和机关带来的只是高投入、低效益的沉重的包袱，不适应时代发展的要求。随着经济的快速发展和市场经济体制的建立和完善，后勤保障社会化已成为改革和发展的必然要求。后勤体制改革在推行过程中，会受到各个方面的影响和制约，也会遇到这样那样的问题，是一件事关全局和复杂的系统工程，需要认真研究，统筹规划，整体推行，分步实施。

中国税务后勤建设

深圳市地方税务局机关服务中心

自1994年国地税分设后，我局设立了机关服务部，主要负责市局机关后勤保障、管理和服务工作，同时负责对全系统各单位后勤工作的指导、协调和考核工作。2003年我局实施机构改革后，机关服务部更名为机关服务中心（以下简称中心），并明确为市局所属事业单位之一。目前我中心共有工作人员103人，其中：正式干部职工43人（含挂靠中心管理的4人），临工60人。内设基建部、财务部、固定资产管理部、保卫部、接待部、大厦管理部等6个部门。

近年来，中心紧紧围绕我局税收中心工作，以推进后勤规范化管理为主线，以全面提升后勤服务与后勤管理水平为目标，按照后勤工作规范化、制度化、科学化、细致化管理的工作思路，踏实工作，大胆创新，较好地发挥了后勤保障、资产管理、后勤服务、机关理财等后勤工作职能，取得了突出成绩。

一、基建方面

2003年度共完成施工项目26项，金额8300多万元，完成结算审核项目12项；2004年度共完成施工项目34项，金额近9000万元，并完成结算审核项目5项。2005年全年共完成施工项目28项，金额5800多万元；2006年截至目前已完成施工项目25项。目前

全系统各分局、各税所办公楼基本上都翻新了一遍，极大地改善了办公和办税环境。此外，还通过对直属各单位基建工程项目进行认真审核把关，仅2003年度、2004年度就核减结算项目金额共1500多万元，为我局节省了大量经费支出。

二、固定资产管理方面

在资产采购方面，建立了采购招标评估机制，由市局计财处、法规处、监察室和机关服务中心等相关处室组成招标评估小组，对每一项大宗采购项目均由评估小组事先进行可行性评估，为局领导决策提供科学依据，从2005年开始又将基建项目纳入了招标评估范围。2002年共完成采购项目26项，金额1100多万元；2003年完成采购项目80多项，金额2200多万元；2004年完成采购项目70多项，金额达2400多万元；2005年完成采购金额3400多万元；2006年完成采购项目47项，金额5200多万元。在资产采购过程中，通过严格执行采购招标、货比三家，仅2003年度、2004年度就节约采购支出650多万元。在资产管理方面，从2001年开始，率先在全市行政事业单位中开发了固定资产实务账管理软件，使我局的固定产管理工作走上了全面信息化和规范化轨道，开创了我市机关事业单位固定资产管理工作的先河，总局领导

还专程就此进行了调研，并给予高度评价。通过结合资产管理软件的使用，多次组织了资产专项清理工作，摸清了家底。在车辆管理方面，在积极做好公务车辆维修保养、办理养路费、保险费、油费等日常事务的同时，通过积极与有关部门沟通协调，在近年全市各单位车辆定编大幅减少的情况下，使我局车辆编制不仅没有减少，反而略有增加。在房产管理方面，从干部职工切身利益出发，积极为我局一大批存在各种历史遗留问题的职工住宅办理房产证，仅2004年就办理了575户，解决了干部职工的后顾之忧。

三、接待工作方面

接待部每年平均承担着200多批次、近5000人次的来深参观考察客人的接待任务，以及全系统大型会议、培训活动的食宿安排工作。在承担繁重接待任务的同时，还风雨无阻地做好每天市局机关干部职工上下班接送工作。接待工作热情周到，树立了良好的地税窗口形象。

四、机关财务管理方面

中心财务部只有3名人员，但日常财务核算的任务却十分繁重，每年处理的现金流出量都在1600万元以上，每年制作的各种会计凭证平均在10000份左右，制作各种财务报表400多份，均做到了核算准确，报送及时。同时，财务部坚持原则，严格执行经费管理规定和财务审批程序，对不符合有关规

定的支出坚决予以抵制，并规范了加班费报销标准，对公务车辆过路过桥费实行单台核算，有效控制了经费支出。此外，财务部还严格执行市局接待标准有关规定，并与计财处、监察室等部门组成联合审计小组，对市局招待所、山海农场、山海湾的会议、接待、培训费用进行逐笔审核把关，并定期向市局领导提交审核报告。

五、机关物业及餐厅管理方面

大厦管理部工作人员日复一日，检修设备，美化办公环境、安排会务和大型活动，安排体检、提供医疗服务，保证了机关和谐运转。机关餐厅在就餐人数从2000年的240多人增加到目前的近400人的情况下，未增添人手，仍然保证了优质服务，并于2004年被省地税局评为"全省地税系统好饭堂"。尤其值得一提的是，在2003年抗击"非典"的斗争中，大厦管理部以及中心其他有关人员主动担负起局机关防治工作和指导、检查全系统防治工作的双重任务，在市局党组正确部署下，积极采取各项防治措施，打赢了一场硬仗，保证了全系统干部职工2000多人无一例感染"非典"，保证了征收大厅的正常运行，保证了税收任务的完成，受到了省地税局、市政府和市局的通报表彰。

六、安全保卫方面

我们通过健全安全责任制和值班制度、每年组织两次全系统安全防范工作大检查、

加强消防硬件设施建设和消防培训及教育等手段，10年来全系统未发生一起重大责任事故。保卫部年年被市公安局和消防部门授予先进单位。

此外，在对各实体单位的管理方面，我们认真执行山海系列实体单位管理办法，将各实体单位会计人员归口中心财务部管理，督促各实体单位狠抓内部管理，降低经营成本，并积极协助各单位解决生产经营中的各种难题。各实体单位服务水平和经营效益不断提高。

近年来，由于成绩突出，中心各项工作多次受到了市局党组的肯定。2002年度、2003年度中心连续两年被市局评为全市地税系统先进集体，2004年度中心被评为全系统党风廉政建设责任制先进单位，2005年中心党支部被评为全系统先进党支部。

在看到成绩的同时，我们也清醒地意识到，做好机关后勤工作任重道远，还存在不少问题和困难：一是后勤工作不仅事务繁杂，工作强度大，而且涉及部门和干部职工切身利益，工作难度较大。概括来说有以下"四难"：完成任务难、得到理解和认同难、过人情关难、出门办事难。做好后勤工作必须要有勇于吃苦、甘于奉献的精神。二是后勤干部培养和使用问题。当前后勤专业化、社会化程度不断提高，因而需要大量政治素质强、综合素质高、专业水平突出的人员。但实际工作中在一定程度上还存在着后勤工作受重视程度不够，干部的出路比较少的情况，应该在干部的调入和提拔使用上有所倾斜，使大家能真正热爱后勤岗位，安心干好后勤工作。

烟台税务培训中心

烟台税务培训中心，位于烟台经济技术开发区黄河路88号。是国家税务总局设在山东省烟台市负责全国税务干部培训、疗养的专设机构。中心占地42亩，建筑面积20233平方米。现有客房153套，总床位247个。设有中餐厅、西餐厅和宴会厅共21个，可同时接待500人用餐。大小会议室6套，共450个席位。机构设置为6部1室，设置为：办公室、客务部、餐饮部、营销部、工程部、财务部、质检部。现有在编干部职工78人，临时工120人。

近5年来，在总局的正确领导下，烟台培训中心始终坚持以系统内接待为首要职责，以市场为导向，以开展"三化"管理为保障，开拓创新，务实进取，真抓实干，圆满完成了各项工作任务。

一、牢记服务宗旨，系统内接待水平和能力不断提高

近5年来，先后接待全国税务系统举办的会议、培训班65个，计12950人次，接待系统内休假3090人次，圆满完成了各项接待任务。一是严密组织，建立健全接待方案。几年来，中心根据接待任务，及时制定完善"重大活动接待方案"和"接待休假实施方案"，

中心成立接待领导小组，抽调各部门优秀人员成立接待、生活保障和活动调度三个接待小组。每年的休假接待工作，由于正处于对外经营和内部接待高峰期，为保证接待工作的高效率，实行了报告单制度和中心、部门两级调度会议制度，中心根据休假信息进行每日统筹调度，各部门按照职责进行细化调度，通过有效的措施和调度，确保接待工作环环相扣，有条不紊。二是强化措施，确保安全。为确保到中心的领导和客人住的安全、吃的安全、外出活动安全，我们坚持抓好安全检查，制定防事故预案。每当有重要接待任务时，对乘用车辆和消防设施进行全部检查，对存在的安全隐患立即整改，确保安全可靠。制定了"重大接待活动保卫预案"、"突发事件应急预案"和"预防食物中毒预案"，由于措施具体，严抓落实，在几年来的接待工作中未发生一起安全事故。三是优质保障，开展精细化、亲情化服务。为了促进接待服务质量不断上水平，中心提出了"以情做事，精心服务"的号召，各部门能够积极响应，认真落实，亲情化的优质服务在员工当中蔚然成风，涌现了大量的好人好事，得到了各级领导的好评。2004年8月份，在接待中央国家机关全国劳动模范休养团工

作中，由于中心周密部署，优质服务，得到了休养团全体人员的称赞和肯定。2004年11月27日，中央国家机关工委的领导到中心举行了隆重的授牌仪式，授予中心为"中央国家机关全国劳动模范休养基地"。

二、坚持以效益为中心，经营收入保持稳定增长

近5年来，在市场竞争日益激烈的情况下，我们坚持抢抓机遇，科学调度，强化措施，加大营销，克服各种困难，实现了经营收入的稳定增长，经营收入每年平均增长10%，为中心自我发展奠定了良好的经济效益基础。一是以市场为导向，坚持高点定位。我们不断加强市场调研，分析市场走势，明确经营目标。在市场竞争与机遇并存的情况下，坚持毫不动摇的抓机遇，坚持毫不动摇的高点定指标，每年下达的指标高于往年实际完成的营业额，根据经营的淡旺季，将指标科学分解，形成了年度有经营目标，每月有经营计划，并根据实际完成情况，利用各种形式及时评估调度。二是加大经营收入的考核力度。每年度制定下发《年度绩效考核实施办法》，中心与各部门签订经营目标责任书，明确了经营责任，严格奖惩兑现，极大地调动了经营部门的责任心和积极性。三是加强公关营销。中心根据市场变化情况不断强化营销工作，认真分析客户的消费情况，抓住大客户，巩固老客户，开发新客户，建立客户档案。在欢度中外传统节日之时，大力开展公关营销，组织重点客户联欢，利用发短信、贺卡等形式，增加与客户联系。通过一系列具体的措施，有效促进了经营收入的稳定增长。四是以优质服务赢得信赖，以诚信经营赢得品牌。几年来，中心通过大力开展规范化、标准化、精细化的管理服务活动，服务质量不断提升，受到了社会各界的广泛关注和肯定，中心被当地党政机关确定为"政府接待定点单位"，先后接待了省部委领导和美国通用汽车公司副总裁、俄罗斯旅游考察团、韩国驻青岛领事馆领事、台湾鸿富泰集团总裁等中外来宾，取得了良好的经济效益和社会效益。

三、坚持不懈地开展"三化"管理活动，服务和管理水平不断提高

2002年，中心被旅游部门评定为"三星级"旅游涉外酒店，几年来，我们严格按"三星级"标准，结合中心实际，扎实深入地开展以规范化、标准化、精细化为主要内容的"三化"管理活动，取得了明显的成效。一是健全完善管理制度。为深入开展"三化"管理活动，中心先后编制下发了《工作规范》、《岗位作业指导书》、《质量管理手册》、《员工手册》等30余项规章制度，对开展"三化"管理起到了良好的推动作用，确保经营管理

百花齐放

规范、高效、有序运转。二是健全完善考核体系。重点抓了中心、部门和班组三级考核体系的完善，按照管理制度和服务规范，加大了工作检查力度。部门和班组重点落实工作质量检查、卫生质量检查、劳动纪律检查、安全工作检查和员工行为规范检查五项检查制度，并认真做好检查与考核紧密结合。中心建立健全了日检、周检、专题检查制度，将检查情况及时下发《质检通报》，通报存在的质量问题，依据考核标准实施奖惩，促进"三化"管理工作的落实。三是精细化、亲情化服务意识和服务能力不断提高。通过开展"三化"管理活动，规范化、标准化的管理和服务已见成效，2006年，通过市场调查，客人对服务的满意率达到了99.5%，呈现了逐年上升的好势头。客房服务员主动帮助客人洗衣服蔚然成风。餐饮服务员被客人点名服务的人越来越多，主动为客人送去方便的人也越来越多，精细化、亲情化服务有了良好的展现。先后被行业管理部门评为"中国鲁菜名店"、"国家A级卫生单位"、"山东省卫生先进单位"、"烟台市十佳旅游饭店"、"诚信旅游先进单位"等荣誉称号。

四、以人为本，大力开展企业文化建设，队伍综合素质不断提高

近5年来，中心坚持以教育培训升华人，以开展活动凝聚人，以争先创优激励人，促进员工队伍综合素质不断增强，推动服务水平不断提高。一是强化教育培训，提高综合素质。坚持抓好管理人员的教育培训，先后开展了《领导商数》、《以绩效推动企业全面发展》、《杰出班组长》、《打造坚实的基层团队》、《海岩看酒店》等教育培训，丰富了管理人员的管理知识和管理艺术。坚持抓好员工的岗前培训和在岗培训，制定年度培训计划，重点学习服务规范和作业指导书，对培训进度和培训质量定期检查评估。坚持有针对性的专题培训，聘请旅游服务专家进行餐饮个性化服务的培训，强化了员工的服务意识和技能的提升。二是文体活动不间断，寓教于乐强素质。中心结合工作实际，定期开展演讲比赛、征文比赛和板报比赛。每年举办消夏晚会，在传统节日和工作之余，组织开展篮球、乒乓球、拔河、爬山和趣味游戏比赛，活跃了员工的生活氛围，增强了团结协作精神。三是开展形式多样的争创活动。坚持开展争创 "十佳员工"、"优秀员工"、"先进工作者"、"优秀团员"等评比创优活动，充分调动发挥员工的积极性，激励员工在本职岗位上争先创优，涌现出一大批先进模范人物，5年来，共收到客人的表扬信120余封。中心团支部长期帮扶当地的一位革命老军人，每逢传统节日到老人家走访慰问，每周组织团员青年到老人家整理卫生、买粮、灌煤气，以实际行动展示了员工队伍良

好的精神风貌，弘扬了社会新风，在当地社区传为佳话，电视台和报社都进行了宣传报道。

五、以基础建设为重点，硬件档次有了新提升

按照"统筹规划，分步实施，突出重点，确保效果"的建设方针，中心先后对2号客房楼进行装修改造、3号康乐楼进行了扩建装修和1号楼餐饮区的装修改造工程，有效提升了硬件档次，提高了接待能力，拉动了经营收入的稳定增长。在基础设施建设中，我们坚持做到：一是精心设计规划，方案论证充分。为确保装修改造达到最佳的直观效果和使用效果，聘请设计单位、制定设计方案，广泛征求意见，做到了高雅美观与实用相结合。二是基建管理程序规范。从方案立项、报批、申请开工、决算审计等都按总局基建管理的要求办理。在施工组织中，严格落实招投标规定，委托招标公司面向社会公开招标，达到了公开透明。三是施工管理到位，严把工程质量关。中心抽调专人成立基建办公室，对工程进行统一监督管理；聘请了正规的监理公司实施了全程、全项目工程质量监理，确保了施工进度和施工质量。四是严把工程造价关。坚持按合同、按规范、按协议确定造价，聘请审计部门，进行费用的决算审计，有效节约了经费。

近5年来中心的各项工作取得了一定的成绩，但是与同行业先进单位比，还有一定的不足，主要存在：创新意识和措施与市场日新月异的变化还有一定差距，精细化管理还没有达到一定的成效，服务质量不够稳定等。在今后的工作中，烟台培训中心在总局的正确领导下，要以改革创新为动力，大力推进观念创新、管理创新、服务创新，建立严密的绩效考核体系，推动经济效益再有新突破，促进系统内接待不断创优，扎实抓好队伍建设，全面提高管理质量和服务质量，团结拼搏，务实进取，圆满完成上级赋予的各项工作任务，努力开创中心建设的新局面。

国家税务总局北京金三环宾馆

北京金三环宾馆是国家税务总局投资购置、并委托总局机关服务中心管理的惟一一所总局机关的接待场所，于1994年10月20日开始营业，宾馆总建筑面积为12600平方米，主楼为九层，拥有客房213套(间)。其中套间26套，大标间20套，单人间15套，标准间152套。同时在楼内设有能供300人同时就餐的两层宴会大厅，不同规格的厅房10个，供160人同时就餐的税务干部自助餐厅，从10～300人不等、规格不同、灵活搭配使用的大小会场可供各种会议使用。宾馆还设有多功能厅、台球室、棋牌室、健身房、美容美发厅、商务中心、商品部、税务书店、服务出租车队、大堂吧、晚间音乐茶座等配套的服务项目。

目前，宾馆共有员工230人，组织机构按8部1室设置，有公关销售部、房务部、餐饮部、工程部、旅游咨询公司、安全部、财务部、人事培训部、办公室、工会及党支部。

金三环宾馆从成立那天起，总局领导就把宾馆定为经营型服务单位，主要任务是接待全国税务系统的百万大军，同时承担总局机关的各种业务会议接待服务任务。特别是1999年进行装修改造后，服务中心领导对宾馆提出更高的要求和目标，要求达到"星级标准、家的温馨"。围绕这一目标，我们在装修改造的同时，就有计划地分期分批采取请进来走出去的多种形式，对全体员工进行了专业技术知识培训，通过培训提高了全体人员的业务水平、服务技能，树立了星级宾馆达标意识。1999年9月，国务院机关事务管理局举办的有中央国家机关直属的39个宾馆、招待所及134名选手参加的服务技能大赛中，我们派出9名参赛选手，获得了5枚金牌、3枚银牌的好成绩，并获得团体总分第一名。2001年9月国管局再次举办国家机关宾馆、招待所服务技能比赛，我们又派出7名选手，都取得了较好的成绩，同时获得"优秀组织奖"。

宾馆的中心工作就是服务，在服务接待中我们始终把热情、周到、细微、快捷作为服务宗旨，把客人当亲人，把实行个性化服务作为我们的特色，因此受到广大税务干部和社会来宾的好评。

在管理上，我们坚持狠抓制度落实、坚持质量标准、严格质量监督，建立了宾馆、部门、班组三级质量管理体系，以自查自纠为主，做到奖罚结合，从而保证了服务水平的不断提高。在北京市旅游局组织的星级宾馆年审评比活动中，我们以总分第一的成绩名列所在地区丰台区旅游饭店之首。这几年，我们始终坚持做到以人为本，充分发扬民主，积极发挥工会、职代会的作用，广泛听取职工意见，定期召开会议，分析情况、解决问题，并成立了职工伙食委员会、物品采购监督领导小组，做到财务公开，消除暗箱操作,接受群众监督。收到了较好的效果。星级标准、家的温馨,已成为我们的工作标准及服务理念。通过这两年的严格管理、狠抓落实,服务质量和管理水平都上了一个新的

热情服务,为客人提供方便

台阶,凡住过金三环宾馆的客人,都对我们的接待服务感到满意。由于宾馆设施不断完备、服务水平不断提高,2000年9月18日,经国家旅游局审定正式批准,金三环宾馆为北京涉外三星级宾馆,同时被国务院机关事务管理局、国家经贸委评定为中央国家机关特级宾馆。

随着中国加入世贸组织和旅游业的逐步开放,结合北京旅游市场这几年的实际情况,我们越来越感到工作中的压力和经营的难度。尽管我们是机关内部招待所,影响不大,但是北京宾馆饭店数量在迅猛发展,客源的份额在不断减少,争客源、降房价、打折扣是北京地区这两年饭店业非常普遍的现象。再加上我们现有的服务设施、服务项目已不能够满足各方面客人的需要,这就要求

我们必须在做好系统内服务的同时,转变思想观念,做到扬长避短,适应激烈竞争的旅游市场变化,在现有的条件下完善服务项目,拓宽客源渠道,通过加强内部管理,降低成本,增加收入,减少亏损,更好地为总局机关服务、为全国税务干部服务。

当然,经过多年的努力奋斗,金三环宾馆虽然在各方面都取得了不小的进步和发展,但与税务系统各兄弟单位相比,还相差很远,在历次的交流互访中,我们都能发现很多令人叫绝的经典创意和独创的各具特点、行之有效的管理方法,让我们回味不绝,如获至宝。

我们一定要不断努力学习和探索,取众家之长,避己之短,把金三环宾馆的各项工作做得更加出色,更好地为总局机关服务,为税务系统全体同志服务,为社会服务,力争再创新的辉煌。

提高安全意识 定期举办消防演习活动,

国家税务总局北戴河培训中心

北戴河培训中心于1994年开工建设，1996年6月竣工并投入经营。几年来创出了较好的经济效益和社会效益。同时，在北戴河区开展的休疗、旅游系统"创三优"活动中，培训中心连续三年被评为优胜单位，取得这样的成绩，主要有以下几点经验：

一、抓公关宣传，拓宽客源

几年来，我们为广泛联系客源发函、邮寄中心简介、报价单、秦皇岛地区旅游景点目录等上万份。宣传了本地的自然景观和人文景观，宣传了培训中心优越条件和服务功能，宣传了培训中心面向市场、面向基层，渴望为系统内外提供良好服务的心情。这就扩大了中心的知名度，招揽了生意。

除了普遍宣传外，我们还采取了一些积极措施。一是走访周边地区，耐心地推销自己。拉近我们与客户的距离；二是重点联系，凡有意向来北戴河的就保持密切联系，尽早达成协议，做好接待准备；三是努力争取回头客；四是抓假日经济；五是抓龙头，为总局开会、度假搞好服务；六是我们开展全员有奖"销售"活动，调动了大家的积极性；七是重点联系系统内客户，使肥水不流进外人田；八是树立"客人的满意是我们最大的满足"的意识，不断提高服务质量。以上措施对吸引客源起到了重大作用。

二、坚苦奋斗，勤俭办企业

几年来，我们坚持勤俭办企业，狠抓了节支增效。厉行节约，反对浪费，在我们培训中心已形成了风气。

为节支，我们从大处着眼，小处着手，把紧支出关。首先，在节约人力上做文章，实行了"动态"上岗，避免了临时工一步到位的人力浪费。第二是一些自己能干的维修、维护和难度较大的保洁工作我们自己干。第三是修旧利废。第四是搞小革、小改，如洗涤水二次使用，既节约了用水，又节约了洗涤剂。第五是庭院绿化不用自来水而用井水，几年来节约用水费数万元。第六是环境绿化、美化采取专业人员与职工参与相结合，自育自养，培育各种应季花卉，使庭院从开业到停业鲜花不断，流香溢彩。第七是节约电话费，增设了IC卡话机，杜绝了通私话花公款的问题。第八是效法"政府采购"的办法，对购进客房一次性用品、洗涤剂和餐厅进货等，由财务部门或餐饮部负责询价比较，专人定点采购。第九是节约电费，餐厅不到开饭时不开中央空调，办公室不到暑热难耐时不开空调。第十是严格汽车管理，尽量减少非营业用车。第十一是节省的燃料费用。第十二是压缩招待费用，不搞大吃大喝，从而招待费逐年减少。第十三是严把维修维护支出关，节约了大量资金。

三、精心准备，搞好接待

在确保为总局领导办公、开会和干部度假服务得好，我们做到了思想上高度重视，行动上积极主动，服务上尽心竭力，保卫上绝对安全。我们为接待好总局领导办公、开会，接待好总局各专业会议和干部、家属度假，事先都有充分准备。

在接待总局党委举办的读书班和各专业会议我们也都在事前做好准备工作，都成功地为会议进行了服务。在接待总局干部、家属度假前也做到了精心准备，细致安排，从而顺利完成了为总局干部、家属度假服务的任务，在这期间涌现了多起拾金不昧和好人好事，受到了休假人员的称赞。

四、"一条龙"服务，"用心"服务

根据以往的经验，我们实行了吃、住、行、游、买"一条龙"服务，不仅增进了感情，还为以后联系、交往，打下基础，使经营有后劲。客房部的信条是："宁可自己麻烦千遍，也不让客人有一丝不便"。餐厅的服务更是细致入微，根据来自不同地方的宾客料理餐食，用过第一餐就征求客人意见，从第二餐起按照与客人商定的菜谱调剂好餐食。这就保证了客人吃到喜欢、可口的饭菜。客人出门，不论是单人还是团队，我们都提供车辆服务，让客人深感方便。出游时，还有导游员随团导游和服务。我们的"一条龙"服务，时时把客人置于我们的视线以内，随时可以知道客人的需求和意见，从而及时满足客人的要求和接受客人意见，改进我们的工作。

我们在开展"一条龙"服务的同时，还开展了"用心"服务活动。规范服务容易做到，而"用心"服务，就要靠员工的观察能力和主动服务精神。餐厅的同志得知某位客人身体不适或病了就送上清淡可口的饭菜，需去医院就诊的，及时护送，被服务的客人都有不是亲人胜似亲人的感慨。我们的"一条龙"和"用心"服务，提高了优质服务的水平，这也是我们一个新鲜招数，不仅能使客人满意，而且由于客人吃、住、行、游的消费都在培训中心，自然增加了收入，两全其美。

五、做好思想政治工作

欲使单位全体员工都能识大体、顾大局、团结一致，为办好培训中心而奋斗，就要做好思想政治工作。我们组织对管理人员进行了正面教育，通过学文件，联系实际，开展批评与自我批评，使思想觉悟、认识问题的能力都有很大提高，这对打开新局面起了关键作用。同时，我们还抓住机会，因势利导地做思想工作，如总局领导来中心讲话，总要对我们提出要求和希望，鼓励我们乘胜前进。我们就抓住讲话的精神实质进行讨论，从而促进了我们改进经营管理，对争取好的效益起了重大作用。

几年来，我们从整顿入手，紧跟形势，抓好学习，及时开好民主生活会，在不断提高认识，不断解决新矛盾中前进。一句话，抓精神文明建设，促进了物质文明的发展。

百花齐放

中国税务后勤建设

春色满园

CHUN SE MAN YUAN

天津市财政局财税干部培训中心

天津市财税干部培训中心是天津市财政局(地方税务局)直属的自收自支事业单位。

该中心初建于1986年，后于1992年、1998年两期扩建完成，现占地140亩，建筑总面积为1.8万平方米。虽然中心不是同一时期建设的，但在不同的建筑时期，都较好地贯彻了有关领导和设计专家确定的"建筑要在古朴中求现代；内装要在简捷中求舒适"的指导方针，并注意在总体布局上认真坚持"依山傍水、科学布局、合理配套"的原则，同时兼顾餐饮服务行业的建筑要求和经营特点。

中心选址于国家级风景名胜区盘山脚下，清乾隆年间的"静寄山庄"遗址境内。昔日的"静寄山庄"是乾隆皇帝于1744~1753年历时10年，效仿祖父康熙皇帝承德"避暑山庄"在盘山建造的皇家行宫。占地总面积169.2万平方米，其规模小于"避暑山庄"，历史上曾与之称为姊妹山庄。

中心主要建筑有高中档别墅3座，有高级套房1套、标准套房6套、标准客房15间；标准客房区两处，有标准套房4套、标准客房115间，所有客房内部装修典雅，设施设备齐

客房六区全景

游泳池一瞥

套房陈设古朴、雅致

全。娱乐设施除有2座独立歌舞厅外，还有宾士保龄球4道、台球3座、乒乓球台1个及拥有10余种健身器材的健身房1个，室外游泳池和网球场各1个，另外两处标准客房区还备有棋牌室6间。以召开会议为主的会议楼有可容纳200人大会议室1个，可分别容纳20~30人的小会议室7个，另外还有1个可容纳80人的中会议室。2个大餐厅可容纳350人同时就餐。因而，我中心是集住宿餐饮、休闲娱乐、召开各型会议的佳境选择。

财税干部培训中心坐落地山青水秀

中心自1996年改为自收自支事业单位后，在市局领导和机关的指导关怀下，解放思想、转变观念、开拓进取，把提高员工的思想素质作为管理教育的前提，以增强员工的服务意识，提高业务技能、服务档次作为经营的主攻方向和重要手段，用"为宾客服务是我们的宗旨、让宾客满意是我们的目标"作为全体干部员工的行为准则。几年来，在完成市局交给的接待服务和系统内会议、培训等服务保障的前提下，为了贯彻"以外养内"的经营方针，还完成了大量的对外接待任务，从而提高了经济效益和社会效益，实现了自收自支的经营目标。

名称：静寄山庄(对外)　培训中心(对内)
地址：天津市蓟县官庄镇营房村北　邮编：301915
电话：(022)29821626-1629　传真：(022)29821630
主任：张树林　手机：13502039189

河北省国家税务局 阳光大厦

河北阳光大厦外景

河北阳光大厦是隶属于河北省国家税务局的一家集住宿、餐饮、娱乐、旅游为一体的现代化四星级涉外旅游宾馆。坐落于河北省省会石家庄市中心，位于平安南大街33号，距离火车站仅5分钟车程，交通便利，环境优雅，是国内外宾客商住旅行的理想场所。

河北阳光大厦作为省会的一家四星级宾馆，以各项服务功能齐全著称。大厦建筑面积5万余平方米，主楼26层，楼高99.9米，附楼5层，拥有客房186间套，包括贵宾套房，行政套房，商务套间，豪华间，写字间，残疾人房间等。房间内功能齐全，并配备多路卫星接收系统和设备先进的英特尔国际互联网，可让客人随时通过国际互联网收发电子邮件及在网上交流信息，适合各界政府要员、商业人士居住，另拥有可容纳260人，全市唯一配有同声传译设备的国际会议厅和容纳400余人的多功能厅以及不同规格的中、小型会议室、会议厅，使阳光大厦成为本市首选的大型会议、展览及宴会场地。餐饮共设有6个餐厅，9大菜系，1100多个餐位，主营粤菜、湘菜、杭州菜、淮扬菜、胶东菜、吉菜和韩国料理、日本料理、西餐及巴西烤肉，以适应各界人士的不同口味需求，并对入住客人实行24小时送餐服务。娱乐设施有：夜总会、棋牌室、台球室、模拟高尔夫球室、游泳池、保龄球室、健身中心、美容美发中心、洗浴中心、网球馆、羽毛球馆、壁球馆、沙弧球馆，是省会石家庄功能最全、设备最先进的休闲娱乐中心，同时大厦还配备了楼宇自控系统，消防自动报警系统等高科技管理系统。从而成为各界朋友的理想下榻之处。

为提高阳光大厦的市场竞争力，我们将继续坚持从实际出发，发扬阳光精神，以公开、公平、诚信的服务理念，依靠大厦全体员工的集体智慧，不断深化改革，提高市场适应力，引领酒店潮流，同时，我们也热切希望全国税务系统的各级领导和亲人们光临河北阳光大厦进行指导，共同感受"阳光"，本会家的温暖，我们企盼着你们的到来。

河北阳光大厦壁球馆

河北阳光大厦游泳馆

河北阳光大厦倚云厅

河北阳光大厦总经理：李志国
联系电话：0311-8625011；8626800
传真：0311-8625600
地址：河北省石家庄市平安南大街33号

山西省国家税务局金三元宾馆

金三元宾馆高雅、明亮的前厅

金三元宾馆餐厅

金三元宾馆豪华套间

金三元宾馆行政间

　　山西金三元宾馆是山西省国家税务局按国际标准新建的三星级涉外旅游宾馆。位于太原市坞城路669号，处于教育文化区，山西财经大学财税学院（山西省税务学校）院内，地理位置优越、交通便利、环境幽雅、闹中取静，距太原火车站乘车只需20分钟，距太原飞机场高速公路只需10分钟，宾馆内部装潢豪华、设施齐全，是一家集餐饮、住宿、娱乐、会议、购物为一体的综合性宾馆。

　　山西金三元宾馆建筑面积为10800平方米，设有客房112套（间），其中有典雅高贵的豪华套间，温馨高雅的行政套间，宽敞舒适的商务大间，布局别致的标准间，小巧宁静的单人间，每间客房均配有三星级宾馆应有的各种现代化标准设施设备以及相对人性化服务的各种便利项目，使您在喧嚣的大都市生活中享受一份宁静和温馨。与其配套的有：24小时服务的大堂吧；设备先进的商务中心，可为您代理打字、复印、传真、上网、购书、订票等服务项目，内部配置有全自动消防火系统、冷暖适宜的中央空调系统、动听悦耳的背景音乐、玲琅满目的购物中心、容貌焕发的美容美发、轻松健康的保健按摩等一系列服务及设施一应俱全。同时还配有了装饰风格各异的多功能厅、多媒体教室、大小会议室，内有投影系统、无线胸麦、高保真音响等现代化设备，具有接待团体会议和各类团队活动的完美基础。网球场、斯诺克台球室、桌球室、沙狐球室、KTV房、设备齐全的健身房等康乐健身场所，将使您兴趣盎然、一展风采。餐饮特色继承淮扬菜肴精华，"燕翅鲍肚、山珍野蔬"品味齐全，同时引进新派粤菜，集山西百食大全。还有在"2003年太原国际面食节"参赛中荣获了金奖、银奖和最佳参赛优秀奖的"锦绣一根面、雨花石汤圆"等品版菜肴。还有式装潢考究、典雅精巧的大小包间和宽敞明亮的宴会厅，是您宴请宾朋、品尝佳肴、举办大型宴会、酒会和会展、招商活动的好去处。

　　山西金三元宾馆有着良好、浓厚的企业文化氛围，有着一支高水准的管理队伍和高素质的员工队伍，积有多次接待全国会议及国家、省级领导的接待服务经验，并多次赢得了上级领导部门和宾客的高度赞誉和好评。全体员工在总经理率领下，始终追求至诚至信、尽善尽美，以"敬人、敬业、求实、创新"、"宾客满意、员工满意"为管理、经营宗旨，恭候和喜迎来自五湖四海的每一位宾朋。

辽宁省国家税务局兴城培训中心

辽宁省国家税务局兴城培训中心暨桃园宾馆(以下简称"中心")是国家二星级综合性宾馆，该"中心"坐落在集城、泉、山、海、岛于一地的历史文化名城——兴城，位于兴城海滨旅游疗养区，与东北最大的兴城海滨浴场毗邻，距兴城火车站7公里，距京沈高速公路10公里。开业以来，曾接待许多国家、省、市级的领导、各界名人、国际友人，一直受到中外宾客的青睐。无论您是举行各种商务、会议、培训，还是组织旅游观光、度假休闲，兴城培训中心都是您下榻的理想之选。

"中心"建筑面积万余平方米，由两个楼区组成，造型新颖，典雅独特。设有普、中、高档的标准单人间，标准双人间，总统套房，特色套间供您选择，能够容住235人。大餐厅可同时容纳200人就餐，并有6个小餐厅供不同民族不同风俗习惯的宾客选用，这里不仅拥有浪漫的用餐环境，还有精心烹

宾馆全景

、原汁原味的风味菜肴，让您在赏玩明代古城、感受浪漫海滨之余品尝兴城特色美食。大、中、小各类会议室、接待室、培训教与微机教室11个，微机室备有40台较先进微机供培训教学用。主楼内设有卡拉OK歌厅、游艺室、健身房等，户外除网球场外，增设了一些健身设备。

客房

有供宾客洗温泉浴的浴室，泡个温泉水澡去除旅途的疲劳，感受放松的休闲时光。漫步"中心"庭院公园，听那松涛阵阵，仰视蓝天翠柏，品味脱俗的生活。

朋友，如果您幻想古道尘埃、攻城拔寨的刀光剑影，如果您想领略碧波万顷的澎湃汹涌、访询上天入地的航天英雄故地。来吧！到兴城来吧！这里任您奇想，这里任您驰骋，这里宁静致远，这里兴家旺城。

朋友，如果您想在潇洒放松中尽显尊贵，如果您想在领略世外桃园的惬意时处处感到家的温馨，来吧！到辽宁省国税兴城培训中心来吧，这里是抒志的胜地，这里是养心的天堂；这里有众志成城的人气，这里有承诺给您宾至如归的底气。培训中心主任(总经理)刘玉华及全体员工欢迎各界朋友的光临，并竭诚为您提供超一流的服务。

餐厅

舞厅

健身房

吉林省国家税务局百汇宾馆

　　吉林省百汇宾馆隶属于吉林省国家税务局,位于长春市解放大路与百汇街交汇处。宾馆于1993年6月18日开业,1999年10月重新装修改造,在硬件及软件建设上了新台阶,被国家旅游部门评定为"三星级旅游饭店",正式跨入了星级宾馆的先进行列。

　　宾馆营业面积5000多平方米,拥有71间现代舒适的客房,其中套房、标准房间一应俱全。室内装饰淡雅温馨,设备齐全,让每一位入住的客人都有一种宾至如归的感觉。同时备有可容纳150人的大会议厅及各类中小型会议室,会务接待能力较强。宾馆有地上和地下停车场,是理想的居停场所。宾馆就餐环境幽雅安静,经营川、鲁、粤及东北菜系,可为会议、团体商务活动提供容纳180人的宴会大厅,10个KTV包房。

百汇宾馆总经理:丁文武

　　宾馆位于长春市中心,交通便利。周边有许多著名的旅游景区。如:长春市净月潭风景区、伪满皇宫遗址、一汽工业园区,还有刚刚开放的雕塑公园等都是很好的旅游度假场所。

　　百汇宾馆经营状况良好,经济效益连年递增,年均开房率在70%左右。还曾经被评为朝阳区治安管理标兵单位。我们的经营理念是要在思想观念上实现从"接待事业型"到"支柱产业型"的转变,要实现这一转变,就要树立四种意识,即:树立开放意识;树立市场意识;树立服务意识;树立安全意识。

百汇宾馆总服务台

　　"宾客至上,诚信第一"是宾馆的服务宗旨,总经理丁文武偕全体员工欢迎全国广大税务干部职工及各届同仁前来长春观光旅游时,下塌百汇宾馆,我们将以热情、诚恳的态度,周到、细致的服务欢迎您的光临。百汇宾馆——税务干部之家!

百汇宾馆会议室

百汇宾馆餐厅

宾馆地址: 长春市解放大路副80号
　　　　　百汇街591号
邮　编: 130021
联系电话: 0431-5622668
传真电话: 0431-5670935

江苏省国家税务局国瑞大酒店

大 厅

江苏国瑞大酒店隶属于江苏省国家税务局，由南京中心大酒店经营管理。

酒店为三星级涉外旅游酒店，造型新颖独特，拥有单人房、标准房及豪华套房等130间套。大小宴会厅、中餐厅、多功能厅、舞厅、KTV包间、美容美发厅和商务中心等，一应俱全。

酒店位于南京市中心——鼓楼，地理位置十分优越，是出差公干和休闲度假的理想选择。

热烈欢迎海内外宾朋光临国瑞大酒店。

标准房

商务中心

中式宴会厅

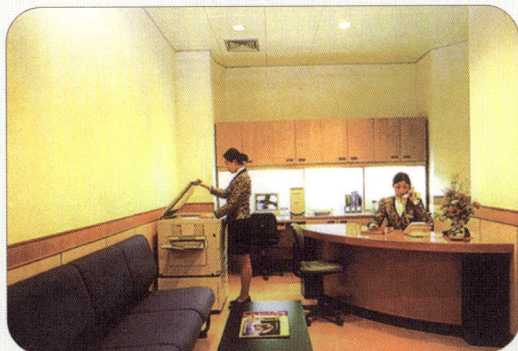

地　址：中国南京中山北路五十五号　　邮　编：210008

电　话：025-3303888；3309888　　传　真：025-3319680　E-mail:jsgr@publicl.ptt.js.cn

浙江省国家税务局**中瑞大厦**

浙江中瑞大厦 地处杭州市解放路68号，东邻城站隔街相望，西距西湖五分钟车程，北距武林门码头三公里，交通及为便利。大厦主楼高十二层（不含地下室），建筑面积9656平方米。经过2000年对大厦的整体装修，硬件设施全面更新，服务档次明显提高。目前，大厦拥有标准房、单人房、豪华套房共计116间，宽敞明亮的中餐厅和风格迥异的8个特色包厢可同时容纳300余人就餐。大厦还设有大堂酒吧、多功能厅、大小会议室、棋牌室等配套服务设施，是一家集住宿餐饮、娱乐、商务、休闲于一体的具有三星级标准的涉外旅游饭店。

商务中心以先进的通讯、电脑设备，为宾客提供快捷的传真、复印、文字处理和长途通讯服务，确保您商务往来通畅顺达。

Zhejiang ZhongRui Hotel is located on No.68 Jie Fang Road.It is near HangZhou Railway Station in the east.Only five minutes will be taken to the West lake.There is three kilometres to the dock in the north.The main building of the hotel is twelve floors high.The area is 9656 sqkm.After decorating the whole building ,it renew the equipment,and improve the service.Now,three is 116 rooms of standard rooms,single rooms,and luxury suites.Over300 people can have the dinner in the Chinese restaurant or the eight different style boxes.It has the lobby bar,the multifunction hall,the meeting room,the beauty salon etc.As a three star standard hotel ,it integrates accommodation,beverage, entertainment,business etc.

In order to ensure your business intercourse in prompt way,the businesscentre offers Fax、Duplicating、language treament and IDD、DDD S-Ervices.

商务中心
Shangwu zhongxin

安徽省国家税务局国瑞宾馆

宾馆大堂

徽菜菜系餐厅

安徽省国税局干部培训中心(国瑞宾馆)是安徽省国家税务局按三星级标准投资兴建的集客房、餐饮为一体的涉外旅游饭店。宾馆位于合肥市蒙城北路，北临一环路，南临沿河路，瑰丽的蒙城路大桥近在咫尺，交通便利，环境幽雅。

宾馆自1998年10月28日开业以来，在省局领导及社会各界的关心支持下，取得了良好的经济效益和社会效益，赢得了社会各界的广泛认可，除了经济效益逐年增长外，开业以来先后获得安徽省行管局举办的两届"十佳宾馆"，公安部门的"安全文明旅馆"，消防部门的"消防管理工作先进集体"等荣誉。宾馆主楼高8层，地下1层，总建筑面积7811平方米，拥有豪华、标准、3人、4人等各式客房90套，床位200余张，房间内设施齐全，24小时热水供应、有线电视、中央空调、待客洗衣、待客预订，一切以星级服务标准竭诚为各界人士提供优质的服务。宾馆拥有7个不同规格的会议场所，各项设施先进，面积达300平方米的多功能厅可容纳300人同时参会，配有灯光、

音响、投影设备等。适合举办各类讲座，教学及庆典、新闻发布等各种档次会议，楼层加设1个中型会议室，可容纳70人参会，还设有5个宽敞、典雅的小型会议室，可容纳40余人参加会议。

宾馆一楼、二楼分别设有中、西两个餐厅，面积400平方米，装饰考究，别具特色，可同时容纳400人就餐；另设8间环境幽雅、风格各异的豪华包厢，最大的国瑞厅可容25人。餐饮聘请了名师高厨，打造一系列绿色、环保、卫生、符合国家饮食机构标准的精品菜肴，主营川、徽、杭邦、潮州菜系，价位适中，是中档宴请、各类宴会举办的理想之选。

宾馆还设有专用停车场、商务中心、商场及美容美发中心等，随时为各界宾朋提供周到的服务。

国瑞宾馆在几年来的经营过程中，随时把握市场的脉搏，以变应变，在变中求发展，不断创新，软硬件齐抓共管，在江淮大地上创造出国瑞服务品牌。

舒适的客房

单位：中国安徽省国税局干部培训中心(国瑞宾馆)
地址：安徽省合肥市蒙城北路21号
电话：0551-5520666(总机)
传真：0551-5520971
邮编：230041

独特的风格

福建省国家税务局左海大厦

　　福建省国税局干部培训中心——左海大厦坐落于素有"海滨邹鲁"之称的福州市左海湖畔，北二环和铜盘路的交叉口边，交通便利。大厦宏伟挺拔，外观别具一格，富有层次感和现代感，是榕城建筑群中一颗醒目的蓝水晶。

　　左海大厦拥有174间(套)客房，根据四星级宾馆的要求装修，室内风格高雅、明快，有居家之舒适感。站在大厦窗前，倚栏眺望，湖水潋滟，风光旖旎。白天可饱览古典园林西湖公园和现代憩所左海公园的风景，夜晚可凭眺榕城璀璨的灯海。闲时，对壁可清赏翰墨丹青。大厦内安装了宽带网、先进的消防和闭路监控系统，餐厅、美容厅、酒吧、商务中心、网球场、游泳池、健身房、KTV等服务配套设施齐全。11个大小不等的教室、电教室和会议室，并配有电子白板、便携屏幕等，可容纳400余人的多功能厅配备4种语言同专声翻译系统，4部快捷的客用电梯也覆盖了手机和小灵通的信号，地下停车场有100余个车位。左海大厦是集住宿、会议商务、健身与休闲一体的理想场所。

左海大厦壮丽的外景

总经理：陈文雄

联系地址：福州市铜盘路36号　邮政编码：350003

总机：0591－87098888　　　传真：0591－87098555

气派的大厅

多功能厅

温馨的客房

福建省地方税务局培训中心

福建地税系统自1994年7月应"分税制"管理体制要求组建以来，经过近10年的建设，先后建成武夷山、莆田湄洲及漳州东山3个地税培训中心，为全系统的学习培训和干部职工的度假休闲提供了良好的环境和条件。

武夷山培训中心别墅

武夷山地税培训中心，成立于1996年，现有酒店1家，度假别墅4幢，能同时接待100人的住宿和200人的用餐。内部设有大中会议室和娱乐中心。培训中心地处武夷山国家级度假区的黄金地段，距飞机场、火车站均不超过10分钟车程，隔溪相望就是世界23处之一、全国4处之一的世界自然与文化双重遗产地武夷山国家级风景名胜区，形成得天独厚的观景环境，是旅游观光、休闲度假、疗休养、各类会议的理想场所，也适合公务、商旅人士入住。培训中心自1998年开业至今，一直致力于提高服务质量，把宾客的满意度作为衡量服务质量的唯一标准，以标准化、个性化、特色化的服务赢得全国地税系统来往宾客的高度评价。武夷山素以其丰富的自然生态资源、独树一帜的风光美景和悠久的历史文化、天人合一的和谐环境著称，享有"碧水丹山"之美誉。

莆田湄洲地税培训中心(海天山庄)位于莆田市湄洲岛国家旅游度假区。地理位置得天独厚，东倚巍峨雄壮的妈祖庙山，

海天山庄外景

南临秀美迂回的海岸线，西连绵沙细浪的莲池沙滩，北沿贯通南北的环岛东路。培训中心占地15亩，为别墅型建筑群(1幢主楼、3幢别墅)，有商务套房6套，豪华套房6套，配备可容100人的大会议室和40人的小会议室，10桌的晚宴会厅，并设有棋牌室、娱乐室、健身活动室等，提供餐饮、住宿、旅游等"一条龙"服务。培训中心按宾馆标准聘请专职经理统一管理，服务员上岗必须进行岗前培训，注重人员仪表形象和服务质量；硬件设施也是湄洲岛国家旅游度假区上最好、档次最高的，是莆田市政府、湄洲岛管委会指定的重点贵宾接待点，每次妈祖文化节，中心都肩负着重要的接待任务，优质的服务令人流连忘返，赞不绝口。

福建马銮湾地税培训中心(扬波酒店)坐落于著名的旅游岛屿——东山岛马銮湾风景区内，是福建省地方税务局所属的旅游二星级酒店；有42间各类档次标准客房与套房，各种规模的大小会议厅、洽谈室、会客室、中餐厅，可举办各种类型的会议和进行商业洽谈；咖啡厅、卡拉OK厅、KTV包厢、乒乓球室、健身房及仅100米之遥的海水浴场，让人们尽可在完善的康乐设施中舒展身心，充分感受海的韵味。

扬波酒店外景

武夷山培训中心

中心负责人：华永珍

联系电话：0599—5202056、0599—5202085

联系地址：武夷山国家级旅游度假区　邮编：354300

莆田湄洲地税培训中心(海天山庄)

中心负责人：林棋华

联系电话：0594—5096888、5091688、0594—5090537(传真)

地址：湄洲岛东环路北街68号　邮编：351154

福建马銮湾地税培训中心(扬波酒店)

中心主任：孙振华

联系电话：0596—5636999、5636969、0596—5636868(传真)

地址：福建东山岛马銮湾风景区内　邮编：363400

山东省地方税务局培训中心

山东省地方税务局教育基地(万家灯火酒店),位于济南市中区金鸡岭山麓,丛山环抱,环境清幽,交通便利,离市中心仅5分钟车程,与植物园和国际会展中心隔路相望,是济南市内一处得天独厚的净土。酒店经营面积约1.2万平方米,是集客房、餐饮、会议接待、休闲健身为一体的绿色环保、现代化商务旅游度假型山庄式酒店。酒店设有客房、餐饮、康乐等多个部门。客房设有各类豪华商务间,先进的会议设备在多功能厅一应俱全;多种休闲康乐设施,如:网球、篮球、乒乓球、台球、棋牌室等,使您在工作之余保持健康的身体。餐饮部设有散点大厅和20个风格各异的豪华雅间。在这里,您将会品尝到具有丰富经验的大连名厨亲逢烹制的正宗大连海鲜、特聘广东名厨制作的经典燕鲍翅珍品系列及新潮时尚的粤菜和南北菜肴。

酒店有高档客房37间套,设有单人间、双人间、套房、豪华套房。房间装饰高档豪华,旅游居住舒适温馨,特别适合商务性客人的使用和居住。房间内均放迷你吧、冰箱、豪华软坐椅、沙发等家具,套房内另备高档桑拿浴;电视均可接收50个频道,市话长途均为快速直拨。客房区还配有园林景区,使客人居住休息时还可以享受一下庭园雅致、山水相间的景致,是您理想的居住场所。

经理周三刚带领全体员工诚迎税务干部职工莅临指导和海内外游客光临!

万家灯火酒店外景

大堂一角

地　址:山东.济南市舜耕路68号　电　话:0531-3186699、3187788　传　真:0531-3187789

威海国际培训中心多功能楼大厅

山东省地方税务局威海培训中心又名威海国际大酒店,是威海高档宾馆之一,位于群山环抱的塔山之上,东视美丽的威海湾,与著名旅游胜地刘公岛隔海相望,南靠新兴的国家级经济技术开发区和机场,火车站,北临繁华商业区,车站、码头漫步即达。

中心占地40亩,总建筑面积22000平方米,拥有三幢别墅式接待楼,两幢大型多功能接待楼,具备各种客房,套房、豪华套房及总统套房。大、中、小三种款式风格餐厅,可提供中西菜点、海鲜等地方名吃。各种大、中、小型会议室,可满足各种规模、不同档次会议的需求。豪华舞厅等娱乐设施可在您工作之余,更好地调节您的身心。商务中心、购物商场等部门可为您提供更加周到细致的服务。中央空调、直拨程控电话、环保油电锅炉、自动消防报警系统等完整的现代化服务设施,为您的工作和休息提供可靠保障。

伴随威海旅游业广阔的发展前景,山东地税威海培训中心主任王胜强同志带领全体职工,以大海的胸怀、自然的淳朴、温馨的服务,诚迎税务系统各级干部莅临指导和海内外旅客的光临。

地　址:山东省威海市环山路20号　电　话:0631-5321721、0631-5317777　传　真:0631-5321632、0631-5317777

河南省国家税务局开来大酒店

酒店大堂

酒店开业5年来，始终坚持"效益与服务并重"的经营思想，将"全心全意为宾客提供优质服务"作为经营目标，把"尽心尽力服务于税务干部"作为工作重点，带来了较好的经济效益和社会效益。开业至今共接待大、小会议500多个，接待国税干部3万多人次，接待部级以上领导干部40余人次。5年来共完成营业收入5000多万元，实现利润1300多万元。

酒店位于郑州市内东北角，周边商贸云集、店铺林立，各种服务一应俱全。多处文化古迹散布周围，到二七纪念塔只有10分钟的车程，距离107国道300米，毗邻连霍高速公路，1个小时内可以到达九朝古都洛阳、七朝古都开封、殷墟安阳、嵩山少林寺等文化名城和遗址，交通十分便利。

我们将以最大的热情继续落实"巩固、完善、创新、提高"的工作方针，把开来大酒店建成河南省四星级精品酒店。

开来大酒店是一座现代化、多功能、花园式、文化气息浓郁、中西合璧的四星级旅游涉外酒店，现有人员260人左右，建筑面积15411平方米，拥有标准间77套，各类特色套房19套，风格独特的粤轩中餐厅、咖啡厅可为客人提供色、香、味俱佳的粤、豫派饮食服务，拥有一次容纳220人左右的万方国际会议中心，和4个不同规格装饰豪华的中小型会议室，独具特色的豪华恒温大型室内游泳馆及保龄球馆、网球场、健身房等康乐设施，使开来大酒店在本地独具魅力。

酒店粤轩厅

开来大酒店自开业以来，不断追求特色，创立品牌，与时俱进。曾先后获得多项荣誉：2001年被评为创建工作先进单位，2002年被批准成为河南省旅游协会团体会员，2002年、2003年连续2年被郑州市消费者协会评为"诚信单位"、"消防管理工作先进单位"；为了更加科学规范地对酒店进行管理，酒店于2002年通过了ISO9000质量管理体系的认证。

国际会议中心

酒店全景

总经理：邢宏伟

地　　址：河南省郑州市丰产路111号

电　　话：0371-6767777

河南省地方税务局培训中心

河南省地方税务局培训中心位于中华民族的历史文化摇篮黄河之滨，七朝古都开封经济开发区。北、东临河南大学，南接金明广场。距开洛(洛阳)和开商(商丘)高速公路仅2公里，距郑州72公里，距郑州国际机场50公里，交通便利，地理位置优越。

河南省地税局培训中心成立于2001年9月，主要承担全省地税系统干部培训和成人学历教育，同时面向社会承担各类培训和会议。整个基地，占地120余亩，建筑面积3万余平方米，绿化面积2万多平方米。大、小餐厅3个，能同时容纳300余人就餐。2个标准现代化多媒体教室兼会议室分别容纳300余人和100余人。计算机中心拥有高标准配置计算机100台，能满足会议和培训信息化需求。按照宾馆化改造配置的住宿楼1栋，拥有300余张床位，配备空调和暖气，委托专业公司实施24小时宾馆化服务。

河南省地方税务局培训中心组建以来，在河南省地税局党组领导下，以"三个代表"重要思想为指针，克服人员少、任务重等各种困难，以构建现代化、规范化的公务员培训机制为重点，实施资源、人才、施教三大战略，强化"危机、成本、服务、团队、竞争"五种意识，积极推进"教育培训产业化、施教成本效能化、人力资源最优化、培训管理规范化、后勤服务社会化"的"五化"建设，大力培育税务文化。两年来，相继改造了多媒体教室、学员公寓楼、餐厅，使教育培训设施得到了初步改善；

"走出去，请出来"，进一步拓宽了教育培训渠道，建专家库，借智发展，初步建立起一支高素质的"专兼结合，以兼为主"的培训师资队伍，实施培训项目设计和教学质量的动态评估机制，有力保障了教育培训质量；努力开发特色培训项目，适应地税人才需要。组建2年来，累计完成系统内各种学历教育和干部培训2800余人次，为提高全省地税系统干部队伍素质作出了积极贡献，受到了国家税务总局和河南省地税局党组的充分肯定。承揽社会各类培训1600余人次，取得了良好的经济效益和社会效益。

如果您有机会来到河南省地方税务局培训中心，您将在高尚宁静的文化氛围中，不仅享受到宾至如归的服务，还可领略铁塔雄风、千年古刹相国寺、梦回千年清明上河

舒适的客房

园；逛鼓楼夜市，品风味小吃；赏古城风情……

河南省地税局培训中心人永远坚持与时俱进，实干苦干，勇于创新，乐于奉献的团队精神，坚守以人为本，服务至上的管理理念，敢于面对各种困难，坚定信念，做好各项工作。

只要您给我们一次机会，我们一定能还您一个惊喜！

洁净的餐厅

多媒体教室

湖北省国家税务局东湖大厦

　　东湖大厦是一家由湖北省国家税务局按国际四星级标准建造的商务型酒店，位于东湖风景区内的洪山广场北端，距天河机场30公里，距武昌火车站5公里，距汉口火车站20公里，距武汉港10公里，地理位置优越，交通便利。

　　168间套宽敞舒适的客房，各类房型齐备。行政楼层特设酒廊和小型洽谈室，凭窗远眺，可尽览东湖风光。

　　同声传译室、电教室、多功能厅等国际会议中心以其一流的设施为各类会议的召开提供了理想场所。无论您是举办国际会议、学术交流、文艺演出，还是大中型宴会、酒会、餐会等，东湖大厦诚挚周到的专业服务定令您切实体会快捷便利。

　　风格各异的豪华包房、清新雅致的中餐厅荟萃了湖北及广东菜系之精华，原汁原味；西餐厅各类西式大餐品种繁多，常吃常新。

　　聆听悠扬婉转的音乐，品位精心勾兑的鸡尾酒和香浓纯正的功夫茶，大堂吧伴您度过美好时光。演艺厅艳影霓裳，歌舞升平，视听享受，其乐融融。24间豪华KTV包房，欧陆风格，气派非凡。足疗中心聘请资深的中医按摩师，为您去困解乏调整状态。

　　美容美发中心以其时尚端庄的设计，行云流水的手法，于您神游天际之间，塑造您高雅、从容的身份。

东湖大厦外景

商务单间

东湖大厦大堂

同声传译室

　　另外保龄球馆、室内恒温泳馆、健身房、棋牌室等娱乐服务设施，定会令您迅速恢复神采，为您的商务酬酢锦上添花。

　　全新的酒店，优惠的价格，心灵的感怀！

总经理：袁宏光

湖北省武汉市武昌区姚家岭231号　邮编：430071

电　话：0086-27-67813999　　　传　真：0086-27-67813888

E-mail：elhotel@pubilc.wh.hb.cn　　Http://www.eastlakehotel.com

湖北省地方税务局 泰华大厦

湖北泰华大厦隶属湖北省地方税务局,是一座国际四星级标准的商务型酒店,毗邻风光如画的武汉东湖风景区,登临高处,即可鸟瞰东湖全貌,距名胜古迹黄鹤楼、省博物馆仅咫尺之遥,交通极为便捷,是商旅客人理想的下榻之所。

让远道而来的客人宾至如归,是我们每一位热情谦恭的员工不懈努力的目标。下榻湖北泰华大厦,定会给您一个记忆永存、轻松惬意的旅程!

地　址：中国武汉市武昌区水果湖东湖路101号　　邮　编：430071

电　话：027-87328686　　　　　　　　　　　　传　真：027-87328732

湖南省国家税务局金赋大酒店

湖南省国税培训中心金赋大酒店是由湖南省国家税务局投资兴建的三星级酒店，坐落于长沙市南北交通主干道芙蓉中路三段5号，地理位置得天独厚，交通十分便利。酒店距火车站仅8分钟车程，30分钟即可到达黄花机场，使客人的出行尤为方便快捷。

酒店由主、辅3栋大楼组成，拥有格调高雅的各类客房100间（套），客房配有中央空调、卫星闭路电视、国际国内直拨电话、远铃整体浴室、多媒体宽带网、电子钥匙系统和迷你酒吧等；7个各具特色的中小型会议室和1个多功能厅，为客人开展商务洽谈、举行各种会议、进行学术交流提供了更多选择；酒店的"金赋食园"技师云集，融湘菜、川菜、粤菜、宫廷御膳和南北地方风味于一体，可同时容纳300人的宴会厅与包厢更是宴请宾客、举行聚会的理想场所；环境温馨的美容美发康乐中心在长沙闻名遐迩，设有美容美发、足浴、保健按摩等服务项目；大堂的商务中心与茶苑使客人足不出户就可获得商务帮助，尽享无限商机。

酒店自2000年开业以来，坚持"对内为主，内外结合"的经营之道思想，在搞好系统内部服务的前提下，积极面向市场经营。平均住房率一直保持在90%以上，各营业部门

食园大厅

餐饮包厢

酒店客房

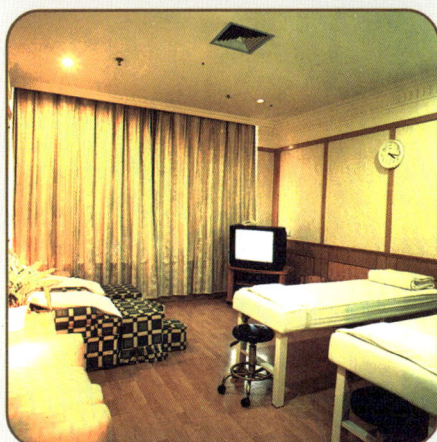
康乐休闲中心

都保持了较好的人气。先后吸引了全国糖酒会、全国煤炭交易会、全国农博会、城运会、金鹰电视艺术节、全国医疗器械会议等大型活动的嘉宾前来下榻，成功接待了俄罗斯交响乐团、格鲁吉亚国家芭蕾舞团、西班牙皇家芭蕾舞团等外国团体。

酒店各项制度健全，管理规范，运转有序。严格遵循酒店管理的客观规律，建立起符合酒店管理要求的管理模式，并逐步走上规范化管理的轨道。严格实行目标责任制，将酒店年度经营指标分解到各部门，按月考核，按季兑现，奖罚分明，将责、权、利相结合。

为顺应机关后勤改革，实现机关后勤事务管理职能与服务职能的分离，酒店于2001年承接了省国税局机关物业管理和家政服务，促进了后勤事务由福利型向市场型的转变，大大提高了机关干部的生活质量。2002年，省局机关大院荣获"省级文明卫生单位"的光荣称号。机关食堂通过转变经营理念，结束了长期靠补贴过日子的局面，实现了自负盈亏、干部职工满意的目标。

金赋大酒店以"努力让客人感动"为目标，竭诚欢迎您的光临。同时赠予光临金赋大酒店的每一位宾客最温馨的享受和最美好的回忆！

培训中心主任（酒店总经理）：周方平

地　址：湖南省长沙市芙蓉中路三段5号　　电话：0731-5555499；0731-5545888　　传真：0731-5545726

广东省地方税务局培训中心

广东省地方税务局机关服务中心作为省机关的后勤保障部门，在上级的正确领导下，在"为省局机关服务、为全省地税系统服务、为大多数人服务"的指导思想下，朝着"争创一流管理，提供一流服务，树立一流形象"的追求目标诚诚恳恳、扎扎实实地努力工作，为省局机关后勤管理科学化、服务优质化提供了有力的保障。

省金穗楼招待所和桃源楼培训中心是广东省地方税务局机关服务中心管辖下的两个部门，主要承担广东省地税局各项会议会务、接待及培训学习等工作。

省地税局金穗楼招待所

广东省地税局金穗楼招待所设于省地税局办公大楼附楼，参照四星级标准设计装修，内设中高档客房95间，拥有设备齐全的多功能会议厅、独具特色的农夫酒家、别具一格的茶艺馆等，较好地满足了省局会议会务、对外接待、学习培训等工作需要。

地址：广州市天河北路600号

所长：蒙全忠

手机：13802937058

电话：020—85299277；020—85299267

南海桃源楼培训中心

南海桃源楼培训中心位于广东省佛山市南海区南国桃源内，与广东省南海税务信息处理中心融为一体，地理环境优越，园内桃花环绕，距广州市、佛山市仅半小时车程，交通便利。南海桃源楼培训中心按五星级标准设计、建造，由六栋群楼组成。内设高中档客房162间，中、西餐厅、茶艺、多功能会议中心、康体中心一应俱全，管理规范，为广东省地税系统教育培训工作、大型税收专业交流活动、大型会议会务、文体活动、对外接待、信息数据处理中心后勤管理提供了有力的保障。

地址：广东省佛山市南海区南国桃园桃红路16号

总经理：肖淑辉

手机：13602751325

电话：0757—85236999

广西壮族自治区国家税务局翠苑宾馆

翠苑宾馆是由广西壮族自治区国家税务局投资兴建的涉外三星级旅游饭店。位于广西南端，北部海畔——北海市。1997年7月8日开业，整个建筑总体设计、结构布局具有中国传统庭院花园式幽静典雅的风格。宾馆坐落于北海银滩旅游度假区内，面海依滩，交通便利，距国际机场30公里，火车站5公里，国际客运码头1公里，市中心8公里。宾馆内有主楼1幢，别墅式楼房3幢，多功能综合大楼1幢，拥有单人间、标准间、豪华套房等类型的客房120间(套)，房间内装饰清新高雅，设施齐备，宽敞舒适，起居方便。宾馆内设有典雅、豪华、气派的餐厅和宴会厅，可同时容纳350人宴会或酒会，并置有多功能大型会议厅和多媒体教室以及各种小型会议室，配有先进的电脑、投影等音响视听设备，另附设有商务中心、商场、美容美发中心、健身中心、咖啡厅、歌舞厅、民航售票、国际国内直拨电话、上网服务、行李和贵重物品的寄存处、出租车等服务设施。

在当今旅游市场激烈竞争的情况下，宾馆根据市场客源情况和本店的经营优势，制定了一套切实可行的销售策略，树立"科学管理、不断创新、灵活经营、强化素质、逐步提高"的企业精神，为国税事业作出积极的贡献。

翠苑宾馆开业8年来，始终坚持宾客至上、服务第一的宗旨，成功的接待了省内及至全国国税系统各类型会议(培训班)150个，各方面工作成绩显著，取得了较好的社会效益和经济效益。1998年荣获广西北海银滩国家级旅游度假区"服务质量最佳单位"荣誉称号，同年被评为市级"精神文明单位"荣誉称号，1999年被评为省级"文明单位"荣誉称号，2000年被评为市级"文明庭院"荣誉称号，2001年被评为市级"最佳园林式单位"荣誉称号。

翠苑宾馆衷心欢迎各位宾客光临，并将竭诚提供令您满意的服务。

豪华套间客厅

总经理：刘静
地址：广西北海市银滩大道四号路
邮编：536002
电话：0779—3893188
传真：0779—3881050

豪华标准间

豪华单人间

海南省国家税务局培训中心

国税大厦外景

　　海南省国家税务局培训中心（国税大厦）位于风景秀丽的海甸岛中心地段，建筑面积14000平方米。这里环境优美、设施完备，服务一流。设有高级行政套房、豪华套房、标准双人客房共计110套。还有风味独特的大型中式餐厅，可同时容纳300人就餐，还有若干个装饰豪华的大中小型包厢，使您品味到正宗的粤菜、潮州菜。

　　本大厦设有功能齐全、独具特色的现代化会议大厅和中、小型会议室，其中大会议厅可容纳180～200人，中会议厅可容纳80～100人，小会议厅可容纳20～30人，并配有多功能厅、健身房、台球室、美容美发中心、商务中心、票务中心，是集接待会议、培训和旅游、疗养、度假、健身、娱乐于一体的现代化三星级宾馆。

　　国税大厦自1997年1月开业以来，接待了来自省内外的大量来宾和各种会议，并以一流的服务、一流的信誉赢得了顾客的称赞，令顾客乘兴而来，满意而归。

　　2002年，大厦又进行了全面装修，从硬件到软件都得到了进一步加强。海南国税大厦将以更优质的服务迎接各界朋友的光临。

国税大厦会议室

国税大厦远景

国税大厦客房

国税大厦餐厅

全　称：海南省国家税务局培训中心（国税大厦）
地　址：海南省海口市海甸二东路39号　　邮　编：570208
电　话：0898-66250730（总机）　　传　真：0898-66257301
法人代表：林亚和（总经理）
联系电话：13322022345（手机）、0898-66509393（办公室）

重庆市国家税务局 **五洲大酒店**

重庆市国家税务局办公、培训大楼，地处重庆市渝北区红锦大道63号。

大楼外观简洁大方、气势恢弘，内部装饰格调高雅，是重庆市北部新区标志性建筑之一。

大楼内有办公、培训、会议等设施，布置整洁、典雅。在保证重庆市国税局机关办公需求的同时，可承办400多人的会议、培训、展览等活动。

培训大楼环境优雅、交通便捷。并拥有现代化的室内网球场及阳光游泳池，有利机关干部、职工和培训人员健身休闲。

办公、培训大楼管理规范、服务人员热情周到，是工作、培训、学习的理想场所。

通讯电话：
(总机) 023－67676666
(传真) 023－67676767
邮　编：401147
网　址：//www.continentalgrandhotel.com

四川省国家税务局镜湖园宾馆

镜湖园宾馆是由四川省国家税务局投资兴建的一家四星级宾馆，宾馆位于成都市郫县望丛中路63号，与古蜀国文化遗址望丛祠仅一墙之隔，距成都市区约20公里，离双流国际机场仅20分钟的车程，距世界历史文化遗产都江堰和青城山约20公里，宾馆占地92亩，建筑面积24000平方米，绿化面积达80%以上，一幢主楼，一幢综合楼和五幢多功能别墅环绕湖水，楼水呼应，国内林木茂盛，空气清新，"桂阳妃泉"、"望夫亭"两处古蜀文化遗址原始保留在馆内。宾馆有豪华套房、套房、标准间和单人间共130余间，有容纳400人左右的大会议室和其他中小会议室共10余个，同时有风格各异的餐厅3个、包间10余个。宾馆还设有沙狐球、网球、羽毛球、乒乓球、篮球、台球、游泳池、健身房、茶楼、夜总会、保健、浴足和美容美发等辅助健身娱乐设施，集会议、住宿、餐饮、娱乐为一体，是商务、旅游、会议、休闲下榻的好去处。

宾馆全体员工将以饱满的精神状态期盼您的到来！

镜湖园宾馆外景

豪华套房一角

地　址：成都市郫县望丛中路63号　　电　话：028-87929888
总经理：王厚光　　　手　机：13980012312

标准游泳池一角

古蜀文化遗址：桂阳妃泉

大连市地方税务局大地宾馆

大地宾馆地处依山傍海、景色秀丽的海滨旅游、疗养胜地——大连。

大地宾馆毗邻大连城市中心繁华金融商务圈——中山广场。住大地宾馆西行大连火车站，东去大连港客运码头，步行只要10分钟，距大连国际机场仅有15分钟的车程。

大地宾馆隶属大连市地方税务局机关服务中心，国际三星级标准。宾馆有60余套风格各异的套房、标准房和单人房，客房宽敞明亮，极尽雅致，当您置身于观景客房时，一种高雅、愉快、宁静的心情油然而生。坐拥豪华套房，中山音乐广场的美景、港湾的海天一色，尽收眼底。宾馆集餐饮、桑拿洗浴、棋牌娱乐功能于一体。中西合璧的餐厅可同时容纳200余人就餐。中餐厅主打大连海鲜，荟萃南北风味，名师主理，菜色新颖，正宗的川、鲁、粤菜定会使你留恋忘返。

整洁舒适的客房

大地宾馆的服务宗旨是宾至如归，大地宾馆的服务标准是国际三星级，宾馆内设有商务中心，可免费为客人办理车、船、飞机票，同时可为个人或团体办理大连风光游。一日游：可带您去，由一条玉带般的滨海

路连接的海之韵广场、棒棰岛、老虎滩、燕窝岭、付家庄海滨浴场、森林动物园、星海广场、星海公园、圣亚海洋世界组成的南部滨海旅游区。大连地区游：南有中外闻名的旅顺口、蛇岛；北有金石滩国家旅游度假区，风光秀丽的避暑胜地仙浴湾，东有小桂林之称的冰峪沟。

大地宾馆是来连的理想下榻之地，更是全国各地来连的税务人员之家。

餐厅包间

宾馆总服务台

地址：大连市中山区一德街97号

电话：0411—82691666

传真：0411—82691777

深圳市国家税务局国瑞苑接待中心

深圳市国瑞苑接待服务中心是深圳市国家税务局下属接待基地,用于接待国税系统来深客人。位于深圳市罗湖区桃园路六号,与洪湖公园、荔枝公园、深圳市体育场相邻,交通十分便利,是出差公干、旅游、购物、娱乐的最佳选择。

国瑞苑按三星级酒店标准配置、装修,建筑面积达7000平方米。内设中餐厅、酒吧、商务中心、客房和各种会议室,中餐餐位230个,各类客房66间,设有大、中、小会议室,其中多功能厅内容纳300人。

国瑞苑于1998年9月10日开业,开业以来坚持深入、扎实、有效的经营理念,建立了一套完整的管理体系,服务上突出个性化、亲情化、艺术化等特点,管理上突出系统性、前瞻性与科学性,及时把握国际酒店管理与服务最新动态。2002年10月开始运行ISO9001:2000质量管理体系,并于2003年2月28日通过国际认证机构——英国BSI公司的认证,连续多年被深圳市国税局评为文明单位。

"不断满足顾客需求,造就忠诚顾客,提供三星级酒店的优质服务"是我们的质量方针;"让客人喜出望外"是我们的服务宗旨,中心将为每一位来宾提供优质的服务;"让国瑞苑成为宾客之家,员工之家"是我们的管理目标,在为每一位来宾营造归家的感觉同时,也使每一位员工在国瑞苑这个大家庭里成长进步。

国瑞苑接待中心大堂

国瑞苑接待中心的豪华套房

国瑞苑接待中心外景

地 址: 广东省深圳市罗湖区
　　　 桃园路六号
邮 编: 518023
电 话: 0755-82436633
传 真: 0755-82263473

扬州税务进修学院

扬州税务学院创建于1984年，是国家税务总局直属的税务系统中高级公务员培训基地、国际税务培训基地和培训教学研究基地。

学院坐落于著名的国家级风景名胜区——江苏省扬州市蜀岗——瘦西湖风景区内，占地面积258亩，校舍面积8万余平方米。校园内，假山层叠、绿水环绕、虹桥凌波、曲廊通幽、花香果美、莺歌燕语，建筑风格古朴典雅，校园环境幽静宜人，是一所迷人的园林式院校。

学院内为税务系统公务员培训所需的教学、生活设施门类齐全，功能先进，文化韵味浓厚。校园局域网、计算机房、多媒体教室、语音室、电子阅览室均按国际标准配置，按涉外三星级宾馆标准设计建造的专家楼、豪华套间、单间、标准间等各类客房近200多间套，能满足不同层次之需要；大宴会厅、清真餐厅、西餐厅、咖啡厅以及融入扬州古典文化风韵色彩的8个小宴会厅会成为您用餐的理想场所，以淮扬菜系为主兼顾全国特色的菜肴和精美的西餐应有尽有、各具特色，任君品尝；校内建有标准的田径场、篮球场、网球场、乒乓球室、棋牌室、桌球室、健身房等，必将为您的休闲带来无限的乐趣；功能齐全、设备先进的多功能厅、卡拉OK包厢尽情地为您开放；配有同声翻译系统的报告厅可接待近千人的会议。除此之外，商务中心、书店、医务室等，也将随时为您提供各种满意、热情周到的服务。

扬州税务学院后勤服务中心热情欢迎您的光临！

扬州税务进修学院外景

设备齐全的会议室

装修典雅的餐厅

整洁舒适的客房

国际化标准的网球场

呼伦贝尔市国家税务局培训中心

美丽的草原我的家

内蒙古呼伦贝尔市国家税务局培训中心始建于1993年初,位于内蒙古海拉尔区阿荣路391号呼伦贝尔市国家税务局院内,是一座建筑面积2800平方米的综合楼,距机场5公里,距火车站5.3公里,交通十分便捷。

培训中心是呼伦贝尔国家税务局的接待服务窗口,担负着自治区及呼伦贝尔市国税系统政务接待和国税系统旅游团体的接待服务工作,呼伦贝尔国税培训中心曾接待过国家税务总局领导,全国各省、市、自治区国税系统领导及社会各界朋友,良好的环境,优质的服务受到宾客的高度赞誉。

培训中心现有客房41间,其中豪华套房1间,套房2间、标准间38间,可同时接待宾客79人入住。

培训中心共有大、中、小餐厅3个,可容纳180人同时就餐,各餐厅气氛优雅、恬静,格调清新,其中有装潢考究的主宴会厅,别具一格的小餐厅。在此可品尝到正宗的具有浓郁民族特色的草原风味餐、涮羊肉、烤全羊、俄罗斯风味餐及鲁、粤、川南北名菜,各式糕点小吃。培训中心配套设施一应俱全,有可容纳200人使用的多功能报告厅1个(内设舞厅设备)及可容纳30~200人的大小会议室4个;培训教室2个,可同时接待各类专业培训班、会议40~200人。可承办赴俄罗斯考察旅游及呼伦贝

优良的天然牧场

尔大草原风光旅游和代购返程机票、车票。

呼伦贝尔市国家税务局培训中心热情欢迎各位宾客光临！

莫尔格勒河畔的金帐汗部落

呼伦贝尔培训中心经理：陈玉慧
电　话：0470-8224374
手　机：13604707738

敦 煌 市 敦煌大厦

敦煌市敦煌大厦是由甘肃省国家税务局投资兴建的一座按三星级标准配置的综合性涉外宾馆，占地3000多平方米，位于敦煌市腹地。1994年建成后几经改建和扩建，于2002年7月荣膺"三星级"旅游涉外宾馆。大厦拥有豪华套间9套、标准间92间，能容纳200人同时就餐的大小餐厅2个，豪华宴会厅6个，可提供川、粤、京、鲁等风味菜肴。大厦配套设施完备齐全，健身房、美容美发厅、会议室、电话、宽带、商务中心及酒吧等设施应有尽有。

敦煌大厦下属的敦煌平安旅行社依托敦煌得天独厚的旅游资源优势，组织到各地旅游的团队及散客，承办、协助各种会议及"丝绸之路"专项旅游。该社拥有一批经验丰富、讲求效率的管理人员和一支训练有素、诚信敬业的导游队伍，是经营"丝绸之路"这一旅游产品中极具实力和优势的旅行社。

敦煌大厦全景

"客从远方来，相随歌且笑。自有敦煌乐，不减安陵调。"来到敦煌，下榻敦煌大厦，您将在愉快轻松中饱览塞上明珠的壮美。"志士每多登陇首，诗家端爱唱边声。"您除了能领略"大漠孤烟直，长河落日圆"的塞外风光外，还能在阳关、玉门关遗址上亲身体味"西出阳关无故人"、"春风不度玉门关"的两关绝唱。鸣沙山金声玉振，宛如举长戟刺青天的关西大汉，月牙泉碧波荡漾，又如一位"手拿碟儿敲起来"的江南玉女。而真正蕴含东方文化瑰宝的则是荣获联合国教科文组织"世界十大文化遗产"的"世界第一画廊"莫高窟。诗云："雪岭于青汉，云楼架碧空。重开千佛刹，旁出四天宫。瑞鸟含珠影，灵花吐蕙丛。洗心游胜境，从此去尘蒙。"在这里您将看到古代画家高超精湛的绘画技巧，鲜活生动的佛国与人间的生动画面。《丝路花雨》、《大梦敦煌》这两台冲出甘肃享誉全国并走向世界的大型舞剧，都是以敦煌莫高窟为原始题材进行创作的。敦煌的断崖上数百座石窟默默地面对着三危山，从山巅照射过来的阳光投进九层楼的深处，堪称佛国辉煌境，人间美丽景。而由敦煌延伸开去，更有一串声名俱震的名胜古迹等着您去观赏。敦煌西南部的南湖相传是天马所生之地，莺飞草长、碧水映月，素有"天下雄关"、"长城主宰"的嘉峪关城楼，伫立戈壁，雄伟壮丽。雅丹地貌、长城烽燧、榆林窟、象牙佛，星罗棋布，雄蝶嵯峨，一幅幅神秘而富有特色的西部景观带您进入大漠文化腹地；中国航天第一港酒泉卫星发射中心也等待着您的光临，在那里您还可体验到中华民族"千年飞天梦，今朝终成真"的光荣与自豪。

敦煌还是著名的瓜果之乡。这里的气温年较差和日较差为全国之冠，"早穿皮袄午穿纱，晚围火炉吃西瓜"是其形象描绘。西瓜、白兰瓜、葡萄、软梨、李广杏、红枣等美味可口，为您的旅途凭添美好回忆。

总经理倪倬携全体员工以全新的姿态、饱满的热情、周到的服务，真诚欢迎您的到来。

敦煌大厦餐厅

地址：甘肃省敦煌市沙州南路15号　　邮编：736200
总机：(0937) 8825008　　　传真：(0937) 8825006
旅行社电话：(0937) 8835931；8835932　　传真：(0937) 8835931

桂林市税务培训中心

大堂

桂林市翠园宾馆是二星级宾馆(即桂林市税务培训中心)于1995年8月18日正式开业，宾馆坐落在"甲天下"的漓水之畔，紧邻有桂林市徽之称的象鼻山，

得山水之灵气，是一座装饰一新，具有欧陆式建筑风格的新型旅游宾馆。下榻其中引人留连，使您既领略自然美景，又享受中西文化交融之乐。

该宾馆占地面积为1.3公顷，建筑面积为7150平方米，宾馆拥有标准客房89间(二人间)，套房4间，客房内设中央空调、彩电、电话、地毯、卫生间，拥有可容纳30人、50人、70人、120人、200人会议室5间，教室1间，以及中西餐厅、卡拉OK包厢、歌舞厅、商场、浴脚堂、发廊、停车场，可承办各种婚宴、生日酒等，配有专项旅游服务，可容纳200多人会议集团和干部培训，翠园宾馆将以优质的服务和热情的态度迎接各地税务人员和各方宾客的到来。

中餐厅

商品部

标准间

豪华包厢

地　址：桂林市安新小区906栋　　邮编：541002
电话：(0733)3850288；3842228　　传　真：(0733)3842499

南平市国家税务局培训中心

南平市国家税务局培训中心——天星山庄，是由福建省国家税务局（按三星级宾馆）投资兴建，位于武夷山风景名胜区内的一家行业宾馆。山庄依山傍水，空气清新，环境怡人，交通便利。山庄外观古朴典雅，拥有豪华套房、标准双人房、单人房75间（套）、豪华气派别墅二幢。分设大小餐厅、会议室、商场、美容厅、KTV包厢等辅助设施。山庄独具幽雅、宁静、温馨的环境，是举办会议、培训、贸洽、度假、休闲的理想之处。

天星山庄外景

山庄自1997年7月开业以来，接待过来自全国各省、市国税系统来宾万余人次，并已多次成功举办系统性的全国及全省会议、培训班、干部休、疗养团等。还荣幸地接待过多位国家税务总局的领导，总局领导"宾至如归"的题词增添了山庄荣誉。

武夷山位于福建省西北部、闽赣两省交界处，属中亚热带地区，是一处以名山胜水命名的旅游城市。1999年12月1日被联合国教科文组织批准列入《世界遗产名录》，2003年入选"中华十大名山"和"中国茶文化艺术之乡"。

武夷山风景秀丽，人文荟萃、历史悠久，素有"碧水丹山"，"奇秀甲东南"之美誉。北宋时期就有婉约派词人柳永在这里吟诗作词，南宋著名理学家朱熹在这里倡道讲学，明朝地理学家、旅行家徐霞客也对武夷山进行考察，并写下了《武夷山游记》。武夷山是我国四个文化和自然"双遗产"地之一，同时还拥国家级重点的风景名胜区、自然保护区、旅游度假区、国家一类航空口岸，还是全国首批优秀旅游城市。武夷山具有独特、稀有、绝妙的自然景观，属罕见的自然美地带，是人类与自然环境和谐统一的代表。自然保护区保存了世界同纬度最完整、最典型、面积最大的中亚热带原生性森林生态系统。

古色古香的楼阁

天星山庄内景

上海复旦大学老教授蔡尚思曾题过：东周出孔丘，南宋有朱熹；中国古文化，泰山与武夷。武夷山旅游宣传口号是："千载儒释道，万古山水茶"，只有身临其境才能真正体验武夷山深刻的文化内涵。

大厅一角

武夷山交通便捷，机场通连世界，铁路连通全国，为每位到武夷山的来宾提供快捷的交通服务。

总经理：黄甘霖　总台电话：0599-5251988　传　真：0599-5252557　地　址：福建省武夷山风景区　邮　编：354302

CNR 中国北车

中国北方机车车辆工业集团公司
China Northern Locomotive&Rolling Stock Industry(group) corporation

总经理：崔殿国　　党委书记：王立

中国北方机车车辆工业集团公司

China·Northern Locomotive ＆Rolling Stock Industry (Group) Corporation

地址：北京市海淀区羊坊店路11号

Add：No.11 Yangfangdian Road,
　　　Haidian District, Beijing, China

邮 编 Post Code：100038

电 话 Tel：+86 10 51862200

传 真 Fax：+86 10 51847835

电子信箱 E—mail：cnr@cnrgc.com

网 址 http://www.cnrgc.com

中国北方机车车辆工业集团公司(简称中国北车集团公司)，是经国务院批准，在原中国铁路机车车辆工业总公司所属部分企事业单位的基础上组建的国有大型骨干企业，由国务院国有资产监督管理委员会领导和管理。

中国北车集团公司注册资本为人民币81.6亿元，总部设在北京，成员单位包括18个全资企业、8个控股企业和4个参股企业，职工11万余人。集团公司坚持"一业为主，多元经营，立足铁路，面向全国，走向世界"的经营方针，主要经营铁路机车车辆、城市轨道交通车辆、铁路起重机械、各类机电设备及部件、电子电器与环保设备等产品的开发设计、制造、修理，另外从事商贸、技术服务、信息咨询、生物工程、化工、建材、建筑安装、运输、劳务输出、旅游业、饮食服务业等。

中国北车集团公司汇集了一大批机车车辆专业及其他学科技术人才，具有雄厚的技术开发实力，骨干企业技术装备达到世界先进水平，拥有强大的铸锻、机械加工、钢结构制造和组装能力，取得了一大批国家级重大科研成果。目前，集团公司拥有年制造电力机车280台、内燃机车350台、客车1650辆、动车组30列、城市轨道车辆700辆、各型货车20000辆、年修理电力机车200台、内燃机车460台、客车1900辆、各型货车25000辆的能力以及较强的配件配套生产能力，建材、化工、生物工程等非机车车辆产业形成较大规模。铁路机车车辆和城市轨道车辆产品国内市场占有率较高，并出口到30多个国家和地区。

中国北车集团公司的主要目标是：以市场为导向，以资本为纽带，通过资产重组和产业、组织和产品结构不断优化，以机车车辆为主导产业，实现上下游、内外贸、产销一体化；通过建立现代企业制度，加强企业管理，转换经营机制，逐步把中国北车集团发展成为拥有先进技术、具有较强市场竞争实力的国内一流、国际同行业知名的机车车辆企业集团。

中国北车集团公司坚持"诚信为本、创新为魂"的企业精神，追求"尽职尽责、尽善尽美"的职业理想和职业道德，遵循"为用户着想、让用户满意"的营销理念，竭诚为每一位客户提供优质的产品和真诚的服务。

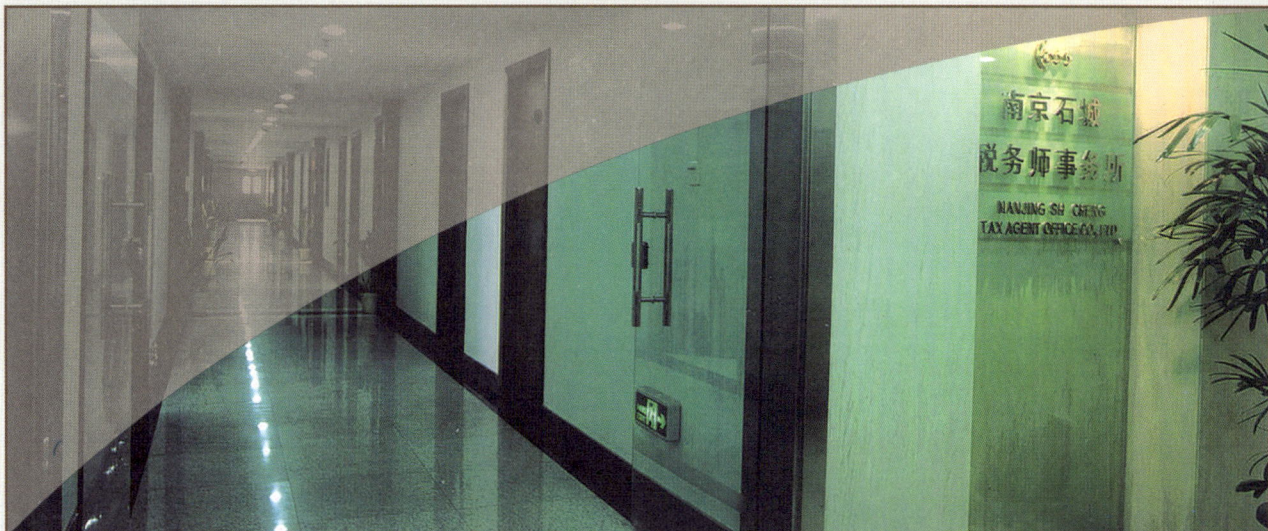

南京石城税务师事务所有限责任公司

南京石城税务师事务所有限责任公司经国家税务总局、江苏省注册税务师管理中心批准，于2000年5月18日正式揭牌成立。公司原名南京石城税务事务所，创建于1995年1月6日，是全国最早设立的第一批税务代理中介机构之一。目前，公司内设人力资源部、行政计财部、市场部、代理业务部、政策咨询部、质量控制委员会，下设13个办事处。公司人才资源雄厚，现有员工170余人，其中高级会计师、高级经济师8名，中国注册税务师74名，中国注册会计师20名，中国注册资产评估师5名，能够全方位、多角度、高层次地向企业提供税务、会计执业范围的各种具有法律效力的综合配套服务。1999年脱钩改制以来，公司全体执业人员在南京市地税局及省注册税务师管理中心的正确指导下，解放思想，转变观念，开拓进取，以市场需求为导向，积极应对激烈的市场竞争，努力实现代理业务市场的巩固和平稳发展。南京市地税局在对税务代理事业予以大力关注和理解的同时，依法支持，依法监管。公司坚持独立、公正、求实、保密的原则，遵循"为纳税人服务，为税收征管改革服务，为地方经济建设服务"的办所宗旨，目前，公司已连续5年被江苏省授予"AAA"级信誉咨询单位称号。经过多年努力，现已真正成为能独立承担法律责任、独立自主执业、自主经营、自行发展。

目前，我所的业务范围主要是：税务咨询、税务顾问、税收筹划、纳税审核、资格认定、代办纳税、税务培训、涉税代理等。为配合税务部门顺利推行企业所得税新申报表，从2000年开始，我所积极推出了一项新型的、技术含量较高的代理业务——企业所得税税前扣除项目审核，取得了较好的社会效益和经济效益。4年来，我所本着维护国家税收利益、维护企业合法权益，坚持独立、客观、公正的执业操守，为企业进行税收筹划，帮助企业消化不利因素，进行税务筹划，对企业使用不当或错误的政策加以纠正。引导企业充分利用税收政策，帮助企业纳税调整增加上亿元，纳税调整减少上千万，充分发挥了税务代理中介的桥梁和纽带作用。

石城所以"专业水准，诚信服务"为准则，坚持质量第一，服务为本的宗旨，保持应用职业的行为规范，严谨公正的态度，严格依照国家税收法律、法规、政策办事。同时，全面加强执业人员队伍建设，充分重视员工业务素质和思想道德素质的提高，努力造就一支与业务市场发展相适应的高素质执业队伍。

![PDA 大连港集团 PDA CORPORATION]

大连港

——东北亚重要国际航运中心的支撑

董事长：袁福秀

总经理：孙 宏

纳税大户

辽宁省人民政府
二〇〇四年二月

2003年度大连市依法纳税50家
纳税大户

大连市人民政府
二〇〇四年三月

大连港始建于1899年，距今已有百余年的历史。大连港集团有限公司成立于2003年4月，是政企分开后以原大连港务局为主体而组建的国有独资公司，注册资本40亿元，企业资产总额134亿元。2003年，港口实现货物吞吐量1.26亿吨，完成集装箱吞吐量167万标准箱，是目前世界上为数不多的亿吨大港之一。

大连港位居西北太平洋的中枢，是正在兴起的东北亚经济圈的中心，是该区域进入太平洋，面向世界的海上门户。港口港阔水深，不淤不冻，自然条件非常优越，是转运远东、南亚、北美、欧洲货物最便捷的港口。港口自由水域346平方公里，陆地面积近15平方公里；现有港内铁路专用线160余公里、仓库30余万平方米、货物堆场180万平方米、各类装卸机械千余台；拥有集装箱、原油、成品油、粮食、煤炭、散矿、化工产品、客货滚装等近80个现代化专业泊位，其中万吨级以上泊位40个。

百年风雨洗礼，世纪沧桑巨变。在一个多世纪的历程中，几代大连港人励精图治，奋发图强，取得了令世人瞩目的成就。截止2004年5月，大连港集团已与世界上160多个国家和地区、300多个港口建立了海上经贸航运往来关系，开辟了集装箱国际航线57条，已成为全国第二大集装箱中转港。是全国铁路集装箱转运量最大、增速最快的口岸。大连港集团是东北亚油品转运中心，主要从事原油、成品油和液体化工产品的装卸和储运，可停靠15万吨级油轮、20万吨油轮减载2.5万吨也可以靠泊，装卸效率每小时达1万吨，港区储油罐容量达175万立方米，年综合通过能力3000万吨以上。大连港集团是亚洲最先进的散装液体

大连港愿景：建设全方位、多功能、现代化国际大港！

大连港使命：港城共荣，共创未来！

大连港精神：胸怀大海，港容天下！

大连港价值观：以人为本，以德兴港！

大连港服务理念：客户需求是我们的责任，
客户满意是我们的标准！

中国大陆作业效率最高的集装箱码头—DCT码头

化工产品转运基地；是中国最大的海上客运港；是我国最大的海上客/车滚装运输港口；是东北亚地区最大的散粮运输中转港。近几年来，大连港集团广泛应用和推广现代信息技术，以口岸EDI系统和内部管理CIMS系统为重要支撑，全面提高了物流信息服务和管理水平。目前，大连港集团已经成为集疏运条件优良，设备设施配套齐全，服务功能完善的现代化综合性港口。

2003年，党中央、国务院实施了东北地区等老工业基地的振兴战略，提出把大连建成东北亚重要的国际航运中心。大连港作为国际航运中心的重要支撑，从2002年起，大连港集团又进入了新一轮港口基础设施建设的高潮期，预计到2010年港口建设改造的总投资将达270亿元，重点要建设"六大中心"、"三大基地"和"四大系统"。

——"六大中心"：国际油品及液体化工品分拨中心；集装箱转运中心；粮食转运中心；杂货及煤炭转运中心；专业汽车及客滚旅游中心；散矿分拨中心。

——"三大基地"：将大孤山半岛建成集装箱、粮食、汽车、矿石、油品及液体化工品的临港产业基地；将大连湾港区建成钢铁、化肥、大型构件、大宗杂货和货运滚装为主的综合物流和临港加工基地；将大港区建成国际旅游、国内集装箱和客运滚装基地。

——"四大系统"：以集装箱、矿石、原油中转为支撑的海上中转系统；贯穿港区的高速公路集疏运网络系统；以矿石、粮食、集装箱、汽车为重点的专业化铁路集疏运网络系统；服务于国际港航和区域性物流业务的数字物流口岸系统。

30万吨级矿石码头

目前，30万吨级矿石码头、30万吨级原油码头、大窑湾二期集装箱码头、大连湾深水杂货码头、新港原油、成品油化工品码头扩建工程等重点工程已经或即将竣工投产；国家300万立方米战略储油罐工程、大窑湾汽车物流专用码头及后方物流园区、大窑湾三期集装箱码头、大窑湾铁路复线及港区疏港高速公路等一批新的项目也将要开工建设。这些工程建成后，大连港的综合功能将有质的飞跃，核心竞争力将会大大增强。到2010年，港口年通过能力将达到2.5亿吨，集装箱码头的装卸能力将达到1000万标准箱。2020年，大连港集团将续建20个大型集装箱泊位，形成年通过能力超过2000万标准箱的集装箱码头群。

建设全方位、多功能、现代化国际大港是几代大连港人的梦想与追求，大连港集团将以"经营国际化、服务物流化、管理数字化"的发展战略，全力打造"胸怀大海，港容天下"的企业精神，始终坚持与时代同进步，与客户共发展，一如既往地秉承"客户需求是我们的责任、客户满意是我们的标准"的经营服务理念，竭诚为中外客户提供优质高效的服务。

30万吨级原油码头

华夏证券股份有限公司

华夏证券有限公司成立于1992年10月8日,是我国较早成立的全国性综合类证券公司之一,最初注册资本金为10亿元人民币,2002年12月,华夏证券顺利完成了第一次增资扩股工作,注册资本金达到27亿多元,同时改制为股份有限公司。截至2003年底,公司资产总额已由成立时的9.2亿元上升到207.78亿元,增长了21倍多,共实现利润27亿多元。

华夏证券公司自成立以来,始终致力于为客户提供高质量、全方位的股票发行承销及上市推荐服务。截至2003年底,已先后为57家企业股票发行担任主承销商,为52家上市公司担任配股主承销商,为6家上市公司A股增发担任主承销商,为国内首家上市

华夏证券股份公司全貌

公司国有股配售担任主承销商,累计筹集资金397.95亿元。公司投行业务一直位于同业前6位。

在债券业务方面:华夏证券的债券业务在同行业中始终保持领先地位。截至2003年底,公司共承销各类债券108期,承销总额为人民币557.53亿元,美元4000万元;为6只企业债券担任上市推荐人,有力地支持了这些企业的发展和国家重点建设的开展。特别是1995~2000年期间,连续6年担任中国铁路建设债券的主承销商,总承销金额达141.6亿元,成为证券公司与发债主体长期成功合作的典范。2002年,在承销黑龙江电力股份有限公司8亿元可转换债券的项目时,我公司创造了超额配售倍数、网上认购量、全额申购机构、冻结资金量四个第一的佳绩。

在经纪业务方面:公司代理交易总量始终在全行业中名列前5位。二级市场累计完成交易量51766.61亿元,2002年,公司在行业中首批获得开放式基金代销资格,代销额在同行业中一直名列第一。2003年,公司经纪业务又取得了新的进展,共完成交易总量8454.83亿元,市场排名跃居行业第四。

在国际业务方面:截至2003年底,公司在境外资产管理业务方面,其管理的海外基金与受托资产的规模已超过8500万美元;在QFII代理业务方面,与荷兰国际集团签订了业务代理协议。

在创新业务方面: 2003年,公司开放式基金销售总量10.46亿元,累计销售基金突破16亿元,网上交易总量达465.83亿元,较上年增长80.80%,占公

中国通用技术（集团）控股有限责任
公司债券发行仪式
Genertec 中国通用技术（集团）控股有限责任公司
华夏证券股份有限公司
200

华夏证券股份有限公司证券发行仪式

司股票基金交易总量的 19%。

　　在并购业务方面：并购业务管理部自成立以来，积极加强内部管理制度建设，初步形成了适应自身特点的业务运作和盈利模式，与近10家企业签署了长期战略合作协议。

　　在证券研究方面，华夏证券研究所是目前国内一流的证券研究机构，拥有一支由50多名专业分析师组成的研究队伍。2002年10月16日，公司博士后工作站获得国家有关部门批准设立，成为国内仅有的几家拥有博士后工作站的证券公司之一。

华夏证券股份有限公司培养的青年理财精英

攀钢集团钢轨，铺设成功之路

攀钢——中国钢铁钒钛基地

攀枝花钢铁（集团）公司

在我国长江上游川滇交界的金沙江与雅砻江汇合处，有一个全国唯一以花命名的城市叫攀枝花。攀枝花钢铁（集团）公司（简称攀钢）就坐落在这座美丽的城市。

攀钢所处的攀西地区资源富甲天下，已探明储量的矿产资源近50种，钒钛磁铁矿储量近100亿吨。其中五氧化二钒占全国资源量的62%、世界储量的11%，二氧化钛占全国储量的91%以上，世界储量的35%。同时，冶金工业需要的煤、石灰石、黏土等原料燃料以及辅料十分齐备，发展冶金工业条件得天独厚。

目前，攀钢已形成年产铁560万吨、钢620万吨、钢材590万吨、钒制品1.5万吨（以五氧化二钒计）、钛白粉6万吨的综合生产能力。开发出以重轨、310乙字钢等为代表的大型材，以汽车大梁板、冷轧镀锌板、IF钢等为代表的板材，以高钒铁、钒氮合金、氯化钛白、纳米钛白为代表的钒钛制品和以无缝钢管为代表的管材、棒线材及特钢等六大系列标志性产品。攀钢已成为我国西部最大、中国重要的钢铁生产基地，中国最大的钒制品和铁路用钢生产基地，中国最大的钛原料生产基地及世界三大产钒企业之一。

2001年6月12日，以冷轧酸轧联机改造开工为标志，攀钢三期工程建设正式启动。

攀钢三期工程计划投资61亿元，通过建设钢铁、钒钛十大标志性工程和十一项环保节能工程，优化钢铁主业结构，把钒钛产业培育成攀钢新的经济增长点，变资源优势为经济优势，实现攀钢的

跨越式发展。三期工程建成后，攀钢的核心竞争力将大大增强。攀钢本部钢产量将达到500万吨，全部变成优质钢材；钒利用率将由目前的47%提高到56.4%，钛利用率由5.8%提高到15.4%以上；品种质量接近国际先进水平；工艺技术和装备水平提高，主要技术经济指标国内或世界领先，经济效益显著提高。

攀钢集团三氧化二钒生产车间

攀枝花钢铁（集团）公司

地　址：四川省攀枝花市东区向阳村　邮　编：617067　电　话：(总机) 0812-3394261　网　址：http://www.pzhsteel.com.cn

攀钢集团钛白粉生产线　　　　　　　　　　　　攀钢集团冷轧酸洗连轧生产线

泰华大厦
TAIHUA HOTEL
★★★★

除了家，就是泰华……

微笑是泰华带给您的第一件礼物！

矗立于武汉东湖之滨的湖北泰华大厦，是国际四星级商务旅游涉外饭店。装修豪华典雅，设施完备，服务精诚致臻。

泰华大厦拥有客房160间，客房色调明快优雅，设备豪华完备，可免费享受宽带上网服务。每一细节尽显心思，窗外东湖美景尽收眼底，24小时客房中心服务及送餐服务随时配合阁下所需。

大厦客房类型为豪华套间、行政套间、豪华商务单间、商务标间、商务单间、豪华标准间、豪华单间、高级标准间。设有中央空调系统，闭路电视、迷你酒吧、国际直拨电话、免费宽带上网服务，为您旅途提供方便。

秉承优良服务，由名厨主理，呈献精选食艺。大厦特设有中西高级餐厅：楚风阁中餐厅为您寻访全国各派美食，尽显中华美食精髓；绿朗西餐厅荟萃欧陆美食、布置尽显欧美风情；处处洋溢浪漫气息的凯普顿酒吧；极具闲情逸致的香茗茶园，会让您荡漾在家一般温馨的亲情中，悠悠漫游……

无限商机，运筹帷幄！大厦设有豪华典雅的泰华宫、瑰丽堂皇的贵宾接见室以及多间不同规格的豪华会议室，无论是为您精心准备重要的宴会、会议、酒会，还是筹划其它的社交活动，泰华大厦拥有的精良设备及臻善完美的服务，必使您的会议及宴会彰显不凡，使您处理商务时信心十足，事事得心应手。

让远道而来的客人宾至如归，是我们每一位热情谦恭的员工不懈努力的目标。下榻湖北泰华大厦，定会给您一个记忆永存、轻松惬意的旅程！

除了家，就是泰华……

尊敬的宾客朋友:

欢迎您莅临湖北泰华大厦！我谨代表大厦全体员工祝您在这里度过一段美好愉快的时光。

作为一家四星级饭店，我们旨在通过严格而科学的管理，努力为您提供一个温馨、舒适的家外之"家"。

我们满意加惊喜的服务一定能让您亲身感受到我们在认真践行着自己的诺言："除了家， 就是泰华……"

您的光临是我们的荣幸，能得到您的赞许是我们的目标。愿美丽的武汉能给您留下美好的回忆，让家一样温馨的泰华能留给您永恒的快乐。

我们期待着……

Respectful guests and friends,

Welcome to Hubei Taihua Hotel. Now I wish you to have a pleasant time on behalf of all our staffs.

As a Four-Star hotel, we will make great efforts to create a warm and comfortable home just like yours by our strict and scientific management.

Our satisfied and pleasant service will make you totally experience our promise, that is, " besides home, it is ours".

Your arrival is our great honor, and your appreciation is our goal. I wish beautiful Wuhan will leave you good memory, while Taihua comfortable like home will bring you Permanent joy.

We are looking forward to……

湖北泰华大厦

地址:中国湖北省武汉市水果湖东湖路101号
Add:No. 101 East Lake Road, Wuhan, Hubei, China

电话（Tel）:027-59821888 87328686

传真(Fax): (027)-87328867　邮政编码(P.C.):430071
E-mail:webmaster@taihua-hotel.com
Http:www.taihua-hotel.com

中国电信
CHINA TELECOM

4008

一码通天下 共享赢商机

当您的客户遍布天下，怎能容忍业务沟通一盘散沙？

加入中国电信4008"一码通 商务热线"，即刻拥有全国统一号码，无论受理客户咨询、售后服务，还是远程处理业务，均可一码通天下。并可依据中国电信专业话务分析，实时对客户呼叫进行合理控制，真正实现高效率、低成本业务通话，化零为整方能独步天下。

坐拥中国电信4008"一码通 商务热线"，远见更广阔的市场未来。

用户至上 用心服务 *Customer First Service Foremost*

客户服务热线 10000
Customer Hotline

武汉汉口票据印务有限公司
WUHAN HANKOU BILL PRINT CO.,LTD

董事长：刘享平 博士

武汉汉口票据印务有限公司地处汉口金融商贸中心区域的香港路前三眼桥86号，从事票据印制已四十余年，是中国印刷技术协会商业委员会会员、武汉印刷包装协会会员。

本公司有各类专业票据印制设备80台（套），近年又引进了华中地区最先进的集胶印、柔印、UV印刷、数字喷墨印刷于一体的十组专业票据生产线，为适应票据由手工票向机开票、平张票向卷式票高科技印刷的改版要求，2002年企业率先又开发研制出科技含量高的"卷式跳号印号"发票和"刮奖发票"，具有印前网络技术与印刷工艺相结合、网络技术与票据管理互统一、防伪功能科技含量高等独特的特点，产品定期接受武汉市产品质量监督检验所检验，符合国家执行标准。

企业不断积累和开发票据市场，长年为全省税务、财政、电信、电力、教育、交通、煤气、省市各大商场的票据印制服务。可年产"汉口牌"电脑打印票据4亿份、普通票据1500万本、税控卷式票据1500万支。

本公司针对票据管理具有较强的专业性、准确性、安全性和保密性的特点，建立了完善的生产管理体系、安全保障体系、质量保证体系，通过了ISO9001体系认证，实行封闭式生产和管理、有着专业的票据运输及售后服务队伍，为客户提供代储代管代运服务。

公司董事长刘享平，获"湖北省首届创业企业家"、"武汉地区优秀青年企业家"、"武汉市优秀印刷企业家"和"武汉市优秀包装企业家"称号，愿带领全体员工以"诚信、敬业、勤奋、求实、创新"的企业精神，以"不求最大，但求最好"的经营理念，以"客户的需求就是我们的出发点"的服务理念满足客户的一切要求，并在做票据印制的同时，开拓证卡、金融票证、邮政印务、商务快印等业务，发展壮大企业，将公司建设成为华中地区最大的票据印制基地。

集胶印、柔印、UV印刷、数字喷墨印刷
于一体的十色组专业票据生产线

分卷复卷机

先进的生产设备

我们的产品

刮奖式防伪发票

税控复卷式电脑打印发票

具有数码印刷技术的跳印跳号复卷式发票，不仅能印制多色次精美图案，而且有着高科技的多重防伪功能，可用于各大商场、超市收银机、出租车收费、税控收银机。给票据业的发展带来更为广阔的前景。

集胶印、柔印、UV印刷、数码喷墨印刷一体的刮奖发票，具有超强科技防伪性能，是本公司率先推出的新品种，获专利产品证书，专利号（213134），满足了餐饮娱乐行业、各大商场等用票单位刮奖销售用票要求。

电脑打印机纸及电脑
打印发票

本公司的电脑打印发票，印刷质量精美、规格齐全、孔距精确，能根据用票单位不同的要求提供各类单联或多联的有碳、无碳纸发票，并有着注册商标为"汉口牌"的各类空白打印纸，满足用户需求。

公司地址：武汉市汉口前三眼桥86号
传　　真：027-85801941

服务电话：027-85772565 85792751 85792673
邮政编码：430015

航天信息 信息中国

雄厚实力　开创辉煌局面
专业能力　打造竞争优势
优秀文化　塑造卓越企业

无限激情　挥写灿烂未来

过去的业绩将激励航天信息股份有限公司从优秀走向卓越。

前瞻的市场眼光与清晰的发展思路，为航天信息成为中国IT领域的引领者指明了方向；领先的技术与超凡的实力使航天信息在中国信息化大潮中具有无可比拟的竞争优势；不断的技术创新和持续的市场累计，更为航天信息成为中国信息产业巨子奠定了扎实稳健的基础。

朝气蓬勃的航天信息股份有限公司正以无限的激情、坚定的信念，挥写着信息化中国无可限量的未来。

航天信息股份有限公司
Aerospace Information Co.,Ltd.

北京市海淀区中关村南大街2号数码大厦A座30层/31层(100086)
电话: 010-8251 3232　传真: 010-8251 1990/1991/1993
网址: www.aero-info.com.cn

董事长：姜开文

总经理：李名岷

莱钢集团
LA/GANGGROUP

莱芜钢铁集团有限公司

莱钢始建于1970年1月。1999年5月改制为莱芜钢铁集团有限公司，并以其为核心企业组建了莱钢集团。现拥有莱钢股份、莱钢建设等26个子公司，10个直属单位和4个全资法人单位。截止到2004年6月底，在岗职工36755人。2003年在实现产钢422万吨、销售收入131亿元历史新水平的同时，为国家上缴各项税金8.22亿元。自1990年以来，莱钢累计实现利税50.1亿元。钢铁主业有转炉钢和电炉钢两个生产系统，具有年产600万吨钢综合生产能力。主业产品有H型钢、螺纹钢、带钢、特殊钢等。非钢产品有钢结构、粉末冶金及制品、聚乙烯工程塑料、化产品等。其中，齿轮钢和轴承钢荣获国家冶金产品实物质量"金杯奖"，20CrMnTiH齿轮钢实现了产销量全国第一。莱钢是国家重点扶持的520家企业之一，是中国冶金行业首批通过的ISO9002质量体系、ISO14001环境管理体系和OHSAS18001职业安全健康管理体系国家认证企业，先后荣获国家重合同守信用企业、山东省管理创新优秀企业、全国质量管理先进企业、全国再就业先进企业，《以提高创造力为核心的学习型企业创建》课题荣获全国企业管理现代化创新成果一等奖。二○○四年四月二十一日起，被税务机关确定为A级纳税人。

高炉夜景

采用国产H型钢建设的中国第一个钢结构节能住宅示范工程—莱钢樱花园小区

莱钢意大利引进中小型生产线

引进日本的具有90年代国际先进水平的H型钢生产线

地址：山东省莱芜市钢城区　　邮编：271104　　电话：(0634) 6820222

上海惠中税务师事务所

　　上海惠中税务师事务所是财税系统机构改革过程中，于2002年经国家税务总局批准成立的一个社会中介机构。拥有着一支在财税系统工作多年，具有丰富税务实践经验资深的中国注册税务师和掌握财税部门各种操作程序的具有较高学历层次的年青人所组成的一支专业操作性强，具有相当的政策水平的精干队伍。

　　企业承诺：

　　致力于保持政策严肃性，维护委托户合法权益，公正、公平、优质服务。

　　服务对象：

　　本事务所服务对象是国内各类国有企业，民营企业，中外合作，中外合资，独资企业，事业单位以及其他具有法人资格的单位和纳税人。

　　承办业务：

　　1.办理税务登记，变更税务登记和注销税务登记，2.办理发票领购手续（增值税专用发票除外），3.办理纳税申报或扣缴税款报告，4.办理缴纳税款和申请各种免税和退税（三资企业的免、抵、退），5.进行税务策划、优选纳税方案、制作各种涉税文书，6.审查纳税情况，7.建账建制，办理账务，8.开展税务咨询、受聘税务顾问，9.申请税务行政复议，10.国家税务总局规定的其他业务范围。本所主要业务为第4项至第8项，兼做其他业务和代售印花税业务。

　　事务所目前状况：

　　长年税务顾问受聘单位：

　　造船业所属：外高桥造船有限公司、江南造船集团、沪东造船集团、上海船厂、船舶研究所……中国电信业：移动通信、联通通信、机要局、邮电设计院、长途通信、电信有限公司、上海邮电局……上海中国海关机关服务中心、上海检验检疫局所属各单位。上海公证处、上海司法局。

　　建工集团所属：一建、二建、四建、五建、上海中国承包总公司、建设工程交易中心、建工房产、城建集团、建工物资公司、建筑构件制品有限公司、机械施工公司、住宅总公司、建筑装饰工程有限公司、材料总公司……

　　外国办事处及三资企业：英国劳氏船级社上海代表处、香港东芝电子亚洲有限公司上海代表处、日本大和银行上海代表处、香港来宝资源有限公司上海代表处、法国英泰国际有限公司上海代表处、新加坡信息服务私人有限公司上海代表处、陈与司徒管理咨询私人有限公司上海代表处、菲律宾航空公司上海代表处、香港新马德实业有限公司上海代表处、亚捷贸易股份有限公司上海代表处、新加坡联合木业控股有限公司上海代表处……

　　惠普公司、森大木业有限公司、三维药业有限公司、三爱富药业有限公司、德加拉电器有限公司、日立电器、松下半导体……

　　市政工程公司、基础工程公司、城市排水有限公司、地铁建设有限公司、中国上海航空工业集团、上海展览中心、新世界股份、中科院生命研究所、中国旅行社、思考乐、中房置业股份、中发电器集团等各类客户数百家。

　　专项业务代理单位：浦东运输公司、黄浦外经贸委、煤炭部所属假日酒店、东方航空运输公司、北大青鸟、金茂开发有限公司、浦东大酒店，我部与上述公司业务代理过程中已为这些公司取得满意的效果。

　　我所成立以来，依靠诚信和优质服务，在企业和税务征收机关中架起了一座互通的桥梁，拥有了一大批客户群体。其次，为我们的客户降低税收成本，节省纳税环节，为代理企业的合理合法经营提供了良好的服务。

　　您单位如果成为本所的客户，我们一定会以真诚可信的服务，成为贵公司良好的合作伙伴。

总部地址：上海市瑞金南路345号A座25楼
邮　编：200023　　电　话：63029000（总机）（转各部）
所长室：63028000　　传　真：63028000

分部地址：上海市周家嘴路3255号808室
邮　编：200023　　电　话：65703707
Copyright(c) 2004 上海惠中税务师事务所有限责任公司

重庆银帆税务师事务所有限公司

　　重庆银帆税务师事务所有限责任公司是原重庆渝鑫税务师事务所有限责任公司长寿分公司改制，经国家税务总局注册税务师管理中心国税注批字(2004)104号批准，在重庆市工商行政管理局注册成立的独立核算、自主经营、自负盈亏、依法纳税的社会中介机构。公司主要以纳税人为服务对象，从事税务代理、涉税经济鉴证、财务会计咨询、税收筹划等业务。

　　公司的组织体系健全，下设业务部、综合部、渝北办事处、北部新区办事处，各部门职责落实，分工明确。公司拥有一支涉税经验丰富，精通法规、政策、业务水平高的专业队伍，现有员工15人，其中：高级经济师1人，中国注册税务师6人，中国注册会计师1人。

　　公司本着"忠实于税收法律，维护纳税人合法权益"的宗旨，恪守独立、客观、公正的执业原则，以市场需要为导向，积极探索智能型服务，拓宽税收筹划的范围，信守合同、讲求效率，为客户的委托事项提供优质、快捷的服务，在合法的前提下最大程度地降低客户的税收成本。

　　开拓奋进中的重庆银帆税务师事务所有限责任公司热诚为企业与税务机关之间当好桥梁发挥纽带作用。

公司总经理 高级经济师

公司副总经理 注册税务师

公司业务部一角

公司地址：重庆市长寿区向阳路5号
邮　编：401220　　电　话：023-40231855；023-40246128　传　真：023-40245962
渝北办事处：重庆市渝北区(两路)龙旺街88号　　北部新区办事处：重庆市北部新区人和镇172号
邮　编：401120　电　话：023-67808008　　　邮　编：401121　电　话：023-67641342

无锡证印

印证品牌

忠诚印刷

服务社会

无锡市证券印刷有限公司

无锡市证券印刷有限公司成立于1993年，是苏南发展研究所等单位投资合股的无锡市首批股份制企业之一。长期从事税务、金融票据的专业印刷，具有江苏省国家税务局、江苏省地方税务局发票印刷定点资质，同时还具备邮政行业标准信封、新闻出版物、国家保密载体、商标商品条形码等印刷品的定点资质。注册资金1670万元。占地面积15亩，建筑面积7500平方米，生产、仓储、办公、生活配套齐全，现有固定资产净值3000万元。

公司引进日本太阳平二凸喷码商业票据印刷连动线1套、日本太阳四平一凸票证印刷机1套，英国多功能商业电脑表格票证机1套，全自动胶印票证印刷机5台，还引进美国苹果彩色微机排版和印前制版系统1套，引进日本三菱五色对开机和四色四开机各1台。具有普通平张式、电脑连续式、卷式、即开式有奖发票产品的印刷能力，生产能力可达5亿份。并可承印机关各类文件等办公用品；承印财税、商业系统的各种票据等传递凭证，承印各行各业书报刊等出版物，承印各企事业单位的产品样本等宣传材料。

公司为税务发票的印刷服务15年，具有丰富的印刷经验和管理经验，2000年通过ISO9001：2000质量管理体系认证。公司的产品、公司的服务能满足客户的需求，产品质量稳定，服务信誉良好，2004年度被无锡市商会评为诚信企业。

地　址：无锡市扬名高新技术产业园B区75号　　电　话：0510—5421888；5435777；5415818
传　真：0510—5435222　　　　　　　　　　网　址：www.wuxiprint.com

深圳市深国瑞印刷服务中心

深圳市深国瑞印刷服务中心于1998年12月成立，为深圳市国家税务局属下事业单位，主要经营制版、印刷、包装等印刷业务，注册资金480万元，投资资金4000万元，固定资产总值约9000万元。

本中心位于深圳市白芒关附近，有职工200多人，厂区建筑总面积24800平方米，厂房占地面积12000平方米，年产值约4000万元。中心企业精神为开拓、创新、团结、奉献、精诚、务实、优质、高效，这里有严格的保安制度，全厂区全天候闭路电视监控，保证票证生产及成品安全。并于2003年成功引入ISO9001：2000标准，探索生产管理的新模式。运用现代化的服务手段，为客户提供优质高效的服务。

部分设备简介：

①马天尼电脑表格机，专门印刷电脑表格。

②海德堡PM-74四开双色机，共8台，专印广东省发票（不含深圳市）。

③太阳电脑表格机（SNF900DA+2F），生产普通表格（三色）和"刮刮票"（十一色）。

④对开平张四色机，专门印刷画册、书刊等。

⑤SM-74四开平张机，1台，专门印刷表格、书刊、画册等。

⑥6K平张胶印机，共4台，专门印刷手写发票。

业务电话：26973041；26973063 　　联系人：郑小姐，叶先生

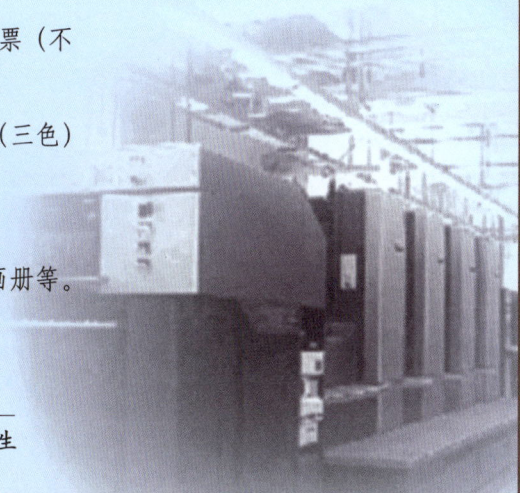

广西源安堂药业有限公司

公司董事长：莫兆钦

广西源安堂药业有限公司地处太平天国起义的故乡——广西桂平市。10多年来，公司董事长莫兆钦带领10几个股东在大山里树起"安民济世"旗帜，扎根于巍峨苍茫的大容山北麓，弘扬"源远流长"的中医药文化，依靠山区特有天然灵气的"草根"中草药资源，不断发掘救死扶伤的中医药精品，使企业从无到有，由小到大，由弱变强，不断发展壮大，实现了质的飞跃，企业已经顺利通过GMP认证。

目前，"源安堂"有职工800多人，具有固定资产8000多万元，无形资产10亿元，年产能力10亿元以上。"源安堂"通过把当地的中草药资源、科技资源、市场资源最优配置，成功开发了"肤阴洁"复方黄松洗液、"肤阴洁"复方黄松湿巾、朱虎化瘀酊、肠胃散、银胡感冒散等6个国家级药品。肤阴洁系列产品曾被评为中国公认名牌产品、农业部名牌产品、广西名牌产品，"源安堂"商标和"肤阴洁"商标均被评为广西著名商标。2004年6月，世界品牌价值权威评估机构"世界品牌实验室"发表《中国500最具价值品牌》，"源安堂"名列392位，是中国制药界26个上榜品牌之一。"源安堂"的产品已经在全国29个省市自治区畅销，并且在25个省市设立有办事机构，销售网络遍布全国以及东南亚各国和地区。

企业发展后，"源安堂"积极帮带地方发展乡镇企业，带动了当地农村产业化的发展，在当地办有药瓶厂、纸箱厂、商标印刷厂等企业，安排了大批农村劳动力进厂工作，每年产值达3000多万元，创利税达500多万元。同时，引领当地农民大搞药材种植加工、采集等，许多农民从源安堂得到了实惠，一业带百业，一好带百好，有力促进了地方经济的发展。此外，源安堂还积极支持社会公益事业，积极捐款修建学校、修桥筑路、支持抗洪抢险、支持抗击"非典"等，共投入了1000多万元，主动为社会分担责任。

据统计，10多年来，全公司完成产值16.5亿元，上缴国家税金1.2亿元，多年成为桂平市第一纳税大户、贵港市纳税大户，荣获"广西模范纳税大户"和"广西优秀纳税人"的称号。同时，被评为"中国医药保健品工业百强企业"、"全国明星企业"、"全国文明乡镇企业"、"全国科技进步先进单位"、"全国环境保护先进单位"、"全国重质量、守信誉先进单位"、"广西百家模范纳税户"、"企业发展好，对社会贡献大企业"等98多项。

源安堂创造了奇迹，创造了辉煌，创造了神话。面对未来，源安堂人将再接再厉，不断开拓，与时俱进，遵循"源远流长，安民济世，堂堂正正，造福人类"的宗旨，坚持"真正办企业，真心做好药，真诚取信誉，真情献人间"的"四真"精神，不断创造一流品牌，为发展中医中药事业作出更大的贡献。

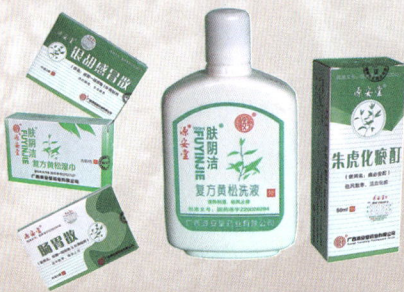

星辰税务师事务所有限责任公司
quanzhou xingchen rejistered tax agent co.,ltd

泉州市星辰税务师事务所有限责任公司，是经国家税务总局注册税务师管理中心批准，在泉州市工商行政管理局注册设立的。公司于2001年元月22日正式开业，是泉州市第一家具有独立法人资格，专门从事税务代理事业的中介机构。

公司现有从业人员28人，其中注册税务师5人，注册会计师5人，注册资产评估师2人，注册房地产估价师2人，注册土地估价师2人，造价工程师2人，注册策划师2人，高级会计师2人，中级会计师18人，初级会计师6人。由资深的专业人才为企业提供工商注册、涉税代理、金融服务、上市策划包装、会计、审计、验资、评估、工程造价、企业停业、清算等全方位、一条龙服务。

公司自成立以来，拥有顾问户及代理记账近百户。并取得了增值税防伪税控共享"一机多卡"业务泉州地区独家代理权，福建省税务代理网《税务直通车》泉州唯一代理和中国税务学会税务书店泉州唯一代理。

星辰公司是一家发展实力强劲的企业，并与各级税务、工商行政管理相关政府职能部门保持着良好的密切关系。公司规模不断壮大，业务领域逐渐拓展，服务模式趋向完善、专业的团队、丰富的实务操作经验，深厚的行业背景，能及时熟练地为企业提供切实可行的解决问题的最佳方式。

星辰全体员工将秉承"独立、公正、诚信"的宗旨，按"全方位引路、一条龙服务"的经营理念，竭诚为广大客户以一流的服务，忠诚的信誉为推动中介服务向多层次全方位的发展做出更大的贡献，力争2008年发展成为福建省一流的综合性中介服务机构。

总部地址：泉州市丰泽街中国银行大厦14楼西侧　邮编：362000
总部电话：0595—22116781　22116782　22116783　传真：22116780
总经理专线：22116786　移动电话：22336782　13506007766
石狮分部地址：石狮市琼林中路71号　邮编：362700
石狮分部电话：0595—88870071　88880871　传真：0595—88880071
网址：http://www.fjtax.org.cn　E-mail:xcswsmail@163.net

安永会计师事务所是全球领先的专业服务公司，提供审计、财务交易咨询、企业风险管理及税务咨询等服务。安华被公认为能为客户增值，通过深入了解客户业务上的挑战，提供解决方案，协助客户实现公司的目标。

安永2003年的全球总收入逾130亿美元。我们的组织构建在全球140多个国家约10万专业人员的知识之上。我们能够在全球范围内执行一致、高标准服务，因为我们采用一致的方法、技术及进行一致的管理。同时亦能敏锐地理解各地不同的需求及环境因素。

目前，安永中国办事处分设在北京、香港、上海、广州、深圳、大连、武汉、成都和澳门，在统一的管理模式之下，与安永国际紧密结合。安永在香港的地区总部处设立于1973年。今天，安永在香港和内地聘用超过3500名专业人员，是全国最大的会计师事务所之一。

安永拥有一批在税务咨询、审计、财务交易咨询及企业风险管理等方面具有丰富知识和经验的专业人士，向来自中国及跨国企业提供服务。安永是在中国内地最早成立办事处的会计师事务所之一。

审计咨询服务	税务咨询服务	企业财务服务
●审计服务	●税务合规性服务	●并购咨询服务
●科技与信息安全咨询服务	●国内所得税	●交易支持及尽职调查
●业务风险服务(内部审计)	●国际税务	●业务估值
●企业风险管理	●转移定价	●法律诉讼支持服务
●财务重组	●关税及增值税	●企业重整(重组与破产)
●精算服务	●营业税	
	●信托及遗产税计划	

ERNST & YOUNG
Quality In Everything We Do

Deloitte.
德勤

德勤中国通过其众多的法律实体为客户提供专业服务，此等法律实体均是全球性专业服务机构Deloitte Touche Tohmatsu（"德勤全球"）的成员。

德勤中国是居领导地位的专业服务机构之一，于中国地区拥有约3,000名员工，分布在中国经济最繁荣的十个城市，包括北京、大连、广州、香港、澳门、南京、上海、深圳、苏州和天津。

早在1917年，德勤于上海成立了办事处。以全球网络为支持，我们为国内企业、跨国公司以及发展迅速的企业提供全面的审计、税务、企业管理咨询和财务咨询服务。

德勤中国拥有丰富的经验，并一直为中国会计准则、税制以及本土专业会计师的发展作出重大的贡献。在香港，德勤更为大约三分之一在香港联合交易所上市的公司提供服务。若需获得有关德勤中国的更多资料，请浏览我们的网站www.deloitte.com/cn。

Deloitte's China national practice is a member of the global professional services organisation Deloitte Touche Tohmatsu and provides services through a number of legal entities.

Our China national practice is one of the nation's leading professional services providers with nearly 3,000 people in 10 offices located across the most vibrant economic areas in China including Beijing, Dalian, Guangzhou, Hong Kong, Macau, Nanjing, Shanghai, Shenzhen, Suzhou and Tianjin.

As early as 1917, we opened an office in Shanghai. Backed by our global network, we deliver a full range of audit, tax, consulting and financial advisory services to national, multinational and growth enterprise clients in China.

We have considerable experience in China and have been a significant contributor to the development of China's accounting standards, taxation system and local professional accountants. We also provide services to around one-third of all companies listed on the Stock Exchange of Hong Kong.For more information, please visit our China national practice website at www.deloitte.com/cn.

KPMG

毕马威会计师事务所

作为在全球居领先地位的会计专业顾问机构，毕马威已在全球150多个国家，750多个城市设立分支机构，员工超过10万人。毕马威中国在北京、上海、广州、深圳、香港和澳门均设有分支机构，拥有专业人员3000多名。毕马威所服务的对象大多是国际著名的跨国公司、大财团、大银行和其他金融机构，其中包括中国的优秀企业。

毕马威华振会计师事务所成立于1992年，是第一家获财政部批准设立的中外合作会计师事务所。结合其丰富的国际经验和透彻的市场认知这两大优势，毕马威在日益复杂但又充满机遇的中国市场中，为客户提供高效务实的审计、税务和财务咨询专业服务，协助客户迎接挑战，共创商机。

毕马威积极投身中国的税制改革建设事业，多次为有关政府部门或立法机构就税制改革、重大税收政策调整、税务专业人员培训等提供咨询或协助。毕马威本地及国际的税务专业人员，为众多的跨国公司及中国本土企业在华及海外投资业务提供包括企业重组并购的税务筹划咨询、企业纳税状况评估、税务代理、税务审计和复议的协助、税收优惠申请、国际行政人员个人税务咨询等全方位的专业税务服务；此外，还提供有关投资结构、资金组合、公司重组、退出战略、员工安排、转让定价、海关业务、利润汇出、外汇管理等方面的专业咨询服务。

毕马威通过全球性的专业服务网络，将知识转化为价值、使我们的客户、员工及资本市场共同受益。

河南省金龙印刷有限公司是河南省财政厅、河南省地方税务局防伪票证定点印刷企业，是河南省省直单位的公务印刷定点企业。公司于2003年顺利通过了ISO,9001:2000国际质量体系认证，同年被河南省工商局评为"重合同，守信用"的企业。公司的注册资本2200万元，占地近40亩，厂区布局整齐，环境优美。

主要产品：我公司主要为河南省地方税务局、河南省财政厅定点生产专用发票。品种有：各种彩色电脑票据、刮开式有奖发票、微机印刷票证、单层、双层卷式发票等。

设备水平：我公司是河南省惟一拥有三条具有世界先进技术的日本太阳联动生产线的企业，该设备配有数字喷码印刷系统。还有与之配套的三台日本滨田双色印刷机、单卷机、复卷机、原纸分切机、切纸机、晒版机、配页机等设备。

企业精神：团结、奋进、高效、务实　　　**经营理念**：诚信为先，科技为本

企业目标：生产优质产品，提供精诚服务，打造金龙品牌

河南省金龙印刷有限公司　　　　　地　址：中国河南省郑州市桥南新区迎宾路
电　话：0371-5593666；5593999　　传　真：0371-5594888　　网　址：www.jinlong-print.com

山东多利达印务有限公司始建于1992年，占地6万多平方米，固定资产8000余万元，是山东省内一家规模较大的从事出版物、包装装潢以及其他印刷品的印刷企业，是山东省税务发票定点印制单位。

公司主要从事各种规格的普通、涂碳、无碳压感纸的商业表格、微机票据、POS单、报刊、杂志、画册商标、条形码等产品的印刷，并承接中高档手提袋、包装纸盒、空白打印纸、小复卷印刷的加工。

公司生产设备先进，拥有具有国内外先进水平的设备40余台（套），其中有赛天使数码喷墨印刷系统；四色、六色、十一色转轮印刷机；四开、对开进口四色印刷机以及高速折页机、配页机、胶订机和程控切纸机等全套工艺设备，形成了激光照排、制版、印刷、配页、装订、包装检验"一条龙"生产，日产能力在100令以上，具备承接大批量、高要求印刷产品的实力。

公司是ISO质量管理体系认证单位，并多次获得省、市"十佳印刷企业"、"十佳出版物印刷企业"等荣誉称号。公司印刷的产品套印准确、墨色饱满、清晰度高，达到同行业较高水平。

公司一贯秉承"讲诚信，求质量"的经营理念，竭诚为客户提供一流的产品和服务，共创美好明天！

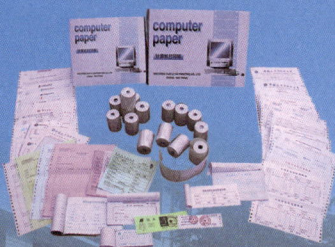

公司名称：山东多利达印务有限公司　　地　址：潍坊市鸢飞路417号　电　话：0536-2105210；2105228；2105223
传　真：0536-2105298　　网　址：www.dld.net.cn

联想集团成立于1984年，2003年营业额达到231.8亿港币，从1996年以来连续7年位居国内市场销量第1，至2003年3月底，联想集团已连续12个季度获得亚太市场（除日本外）第1；2002年第2季度，联想台式电脑销量首次进入全球前5，其中消费电脑世界排名第3。

在2003年11月16日公布的全球超级计算机500强(TOP500)排行榜中，"深腾6800"运算速度位居全球14位。

在2002年9月《财富》杂志公布的中国上市企业百强中，联想集团位列第6，2003年底，作为"中国最有价值品牌"之一，"联想"品牌位列第4，品牌价值达到268.05亿人民币；2003年1月，在《亚洲货币》第十一届 "Best—Managed Companies"（最佳管理公司）的评选中，联想获得"最佳管理公司"、"最佳投资者关系"、"最佳财务管理"等全部评选的第1名。

2004年3月26日，联想集团作为第一家中国企业与国际奥委会签署合作协议成为国际奥委会全球合作伙伴。

未来的联想将是"高科技的联想、服务的联想、国际化的联想"。

*lenovo*联想

SHUISHOU ZHENG NA

税事顾问
税海知音

税收征纳 杂志

《税收征纳》杂志与共和国同龄，新中国最早的税刊，是目前全国仅有的几种公开发行税刊之一。 选入《中国期刊五十年》"精品荟萃"。

《税收征纳》着力务实、应用、可读，指导征税纳税操作，服务税收学习研究，满足读者需求。主要栏目：征纳要文、纵横论税、税事文摘等，及时刊载最新税收动态、理论及政策法规；焦点透视、稽查网页、征管广角等，深刻反映税收新情况、新问题和征管查新经验；税案追踪、法治平台等，生动纪实或剖析各类涉税案例、案件；纳税辅导、税收筹划、税收与会计等，具体辅导正确办税、依法节税；纳税人故事、税苑写真等，真实报道名人名家及广大经营纳税典型人物和企业的涉税轶事；还有其它栏目均有较强的务实性。

《税收征纳》，查阅税政法规的档案，辅导正确纳税的向导，交流办税技能的园地，透视税事热点的视屏，学习研究税收的益友，求助释疑解难的顾问，了解涉税要案的网页，展示涉税人生的窗口，维护合法权益的知音，赏析税务文化的艺苑。

● 指导办税　宣传税法
● 交流技能　参谋筹划
● 透视税收　疑难解答
● 纪实税案　写真名家
● 维护权益　沟通征纳

编辑出版：税收征纳杂志社
电子信箱：SSZN2002@sina.com
地址：武汉市汉口建设大道909号
电话：（027）85492339　85492306
传真：（027）85492171　邮编：430015
网址：www. sszn.cn　发行：邮局 杂志社

武汉钢铁（集团）公司

武汉钢铁（集团）公司是中华人民共和国成立后建设起来的第一个特大型钢铁联合企业，1958年9月13日正式投产，是国务院国资委直管的国有重要骨干企业。在国家的支持下，武钢坚持高起点地推进技术进步，持续不断地强化企业管理，成功地走出了一条质量效益型与科技创新型相结合的道路，成为我国重要的板材生产基地，已形成年产钢铁各1000万吨的综合生产能力。预计2004年底，总资产540多亿元，净资产240亿元左右，武钢累计生产铁1.6亿吨、钢材1.2亿吨；累计实现利税620多亿元，其中上缴国家450多亿元，是国家对武钢投资64.2亿元的7倍，为国家的经济建设与发展做出了突出贡献。2004年武钢成功增发新股，筹集资金36亿元，同时积极推进辅业改制，加快分离企业办社会的工作，为武钢发展插上腾飞的翅膀。

武汉钢铁集团公司总经理：刘本仁

高炉雄姿

热轧机组

大冶有色金属公司

公司始建于1953年，是国家特大型企业，国内五大铜原料基地之一。经过50年的建设和发展，公司已形成地勘、采矿、选矿、冶炼、化工、发电、金属压延、综合回收、科研开发、井巷施工、工程建筑安装、机械制造、电力电讯、建材、公路铁路运输、内外贸易等以铜业为主，多种经营配套发展的格局。公司具有年产"大江"牌粗铜18万吨、阴极铜16万吨、黄金4.8吨、白银100吨、硫酸45万吨、磷肥25万吨的生产能力，各类产品近百种。

公司始终树立"产品创名牌、服务重诚信、管理求卓越、市场图发展"的质量方针。2003年公司主体通过中国质量认证中心ISO9001：2000版质量体系认证。公司多次被评为"湖北省质量效益型企业"。"大江"牌阴极铜、硫酸、彩色铝型材被认定为"湖北名牌产品"。"大江"牌注册商标为"湖北省著名商标"。2004年9月"大江"牌阴极铜被国家授予"中国名牌产品"。

公司是上海期货交易所首批会员单位，上海黄金交易所可提供标准金锭企业，商务部、海关总署指定进出口企业。公司是国家海关总署首批认定的69家"中国进出口企业红名单"之一。"大江"牌高纯阴极铜的各项指标达到或超过伦敦交易所（LME）A级铜品质的要求。

2006年公司主导产品铜粗精炼年产能力双达20万吨，黄金6吨、白银150吨、工业硫酸50万吨，正在建设中的15万吨高精度铜板管带材产品将投放国内外市场。届时，公司总资产和销售收入分别达到50亿元。公司将成为产业结构合理，人力资源雄厚，工艺装备先进，核心竞争能力强，资本运营和品牌经营持续发展，与自然环境协调共进的现代化一流企业。

企业名称：大冶有色金属公司   法人代表：罗忠民   地址：湖北省黄石市新下陆   邮编：435005

电话：0714-5392803   传真：0714-5396789   电子信箱：office@dyys.com   网址：www.dyys.com

枣庄矿业（集团）有限责任公司

董事长：江卫

2004年是枣庄矿业集团公司发展史上成绩斐然的一年，是多年来发展速度最快、各项任务指标完成最好的一年，是矿区各项事业蓬勃发展、开拓新局面的一年。一年来，枣矿集团公司本着与时俱进、干事创业的精神，坚持以市场为导向，以经济效益为中心、树立经营新理念，搞好机制创新和管理创新，促进矿区生产和建设齐头并进，经济总量大幅提高，企业效益增长显著，经济形势呈现良好势头。

煤炭产销创新高，矿井建设突飞猛进。2004年原煤产量完成1775万吨，比上年增加183万吨，煤炭销量完成1650万吨，比上年增加199万吨，煤炭产销再创新高。同时，为增强企业发展后劲，2004年集团公司完成基建总投资近10.4亿元，完成了高庄矿改扩建工程，对新安矿、田陈矿进行了技术改造，开工建设了新源、滨湖矿和滕北铁路等重点工程项目，创出了枣矿集团在矿井建设项目、建设速度、投资金额和投资效益方面的新水平，煤炭资源开发业已挺进西部，为枣矿集团生产能力的进一步提高奠定了坚实的基础。

非煤实力不断壮大，产业结构得到优化升级。非煤总收入全年实现38亿元，比上年增加14.6亿元。2004年集团公司先后续建和新建非煤重点项目9个，完成总投资5.11亿元，初步形成了煤电、煤化工、机械制修、建筑建材等四大产业链。

企业收入大幅增长，减亏增盈成效显著。2004年全年企业总收入为103亿元，比上年增加44.86亿元，其中煤炭产品销售收入达到65亿元，比上年增加30.27亿元。2004年实现利润2亿元，比上年增盈1.67亿元，实现税金9.45亿元，同比增加4.63亿元。企业经济总量进一步提高。2004年末企业总资产达到115亿元，比上年增加26.42亿元。

规划目标：目前，枣矿集团正按照大集团战略的目标，加快发展步伐，原煤产量2005年确保2000万吨，2008年达到3000万吨（其中：本区2000万吨，外区1000万吨）；企业总收入2005年确保125亿元，2008年达到150亿元，将建成主业突出，结构合理，竞争力强，综合实力雄厚，跨区域、跨地区、跨行业、跨所有制的大型企业集团。

唐山建龙实业有限公司

唐山建龙实业有限公司位于河北省遵化市，前身为原河北省遵化市钢铁厂，始建于1973年，是由政府投资创办的地方国营小企业，该企业1998年濒临破产，我公司于1999年对其租赁，2000年3月实施整体收购，2000年9月通过增资扩股与上海复星集团合作组成了有限责任公司。公司先后获得了"河北省工业行业综合实力优强企业"、"诚信纳税企业"、"河北省十大民营纳税企业"等多个省级荣誉称号。通过几年的体制改革、兼并扩展、技术改造，已发展成为集矿山、烧结、炼铁、炼钢、轧材、发电于一体的大型民营钢铁企业，公司现有员工4800人。在2002年度中国民营企业竞争力500强中排名第48位。公司董事长张志祥当选为第十届全国人大代表。

目前，唐山建龙实业有限公司现有铁、钢、材配套的生产能力达到180万吨，总资产49.5亿元。2003年生产铁161万吨，钢166万吨，材159万吨，销售收入33.5亿元，利润8.8亿元，税金3.5亿元。2004年1～11月共生产铁144万吨，钢145万吨，材149万吨，实现销售收入42.63亿元，利润5.95亿元，利税达8.6亿元。

国家领导人视察天津力神

天津市领导视察天津力神

天津力神电池股份有限公司是一家主要从事绿色高能锂离子蓄电池研发和生产经营的高新技术企业。1997年成立以来，经过三期建设，现已具备年产5000万只锂离子电池的生产能力，占地面积80000平方米，累计投资10亿元人民币，具有圆柱形、方形和聚合物三大系列50多个型号的产品群，现已通过ISO9001：2000版质量体系认证、CE认证、UL认证和ISO14001环境管理体系认证，不仅实现了对摩托罗拉、三星等公司的产品配套，而且建立了战略合作伙伴关系，同时也是国内多个厂家的稳定供应商。自2003年10月，力神公司四期扩建工程破土动工，至今已全部完成基础建设，正在进行设备的安装和调试。到2004年底，将形成年产2亿只各类小型锂离子蓄电池、聚合物锂电池以及电动车电池的生产能力，达产后年产值可突破30亿元，跻身世界锂电企业前列。

地址：天津华苑产业区兰苑路6号　邮编：300384　电话：0086－22－83710366
传真：0086－22－83710375　网址：www.lishen.com.cn　E-mail：webmaster@lishen.com.cn

天津航天金穗科技开发有限公司

天津航天金穗科技开发有限公司成立于2000年5月11日，它是由航天信息股份有限公司和航天科工集团第八三五七研究所共同投资组建，是一个拥有一批高技术人才和管理人才的高新技术企业。公司以航天信息股份有限公司和航天机电集团第八三五七研究所为依托，充分利用其高科技人才的优势和军品质量管理的组织体系，结合金穗工程的特点，在经营管理上按照现代企业制度的要求，已逐步建立了一整套完善的经营管理体系，其主要业务是配合天津市国家税务局进行"金穗工程"的重要组成部分——"增值税专用发票防伪税控系统"在天津地区的推广使用及接口软件的开发、网络工程的实施等工作，公司现拥有近4万户客户群体。为更好地服务客户，公司在天津周边地区设立了13个维护站，为及时解决客户的疑难问题提供了方便。

作为一家中国航天系统的高新技术企业，公司秉承"用户至上、服务第一、诚信为本、科技取胜"的理念，始终坚持以全面服务为导向，公司将充分利用自身雄厚的技术力量、覆盖全市的服务网络为广大用户提供优质高效的服务。公司现已荣获 ISO9001：2000 国际认证。并获得商用密码销售的指定单位。

公司地址：天津市红桥区光荣道祥居公寓底商3号
电　话：022-86524876　　传　真：022-86524876
邮　编：300131　　E-mail：jinsui@tjhtjs.com.cn

北京紫竹药业

北京紫竹药业有限公司，是一家综合性高新技术制药有限公司。它集生产、经营、科研开发为一体，包括五个GMP生产车间、质量控制中心、产品研发中心、员工培训中心以及其他配套机构。注册资金为38063.96万元人民币，人员总数为1300余人，总资产6.75亿元人民币。紫竹药业主要从事五大系列产品的研发与生产：计划生育用药、生殖健康用药、眼科用药、高科技普药以及保健品、生物制品。1999年全国首家实现全公司七个车间八种剂型（片剂、胶囊剂、水针剂、粉针剂、缓释微粒、凝胶剂、膜剂、原料药）一次性通过国家药品GMP认证。2000年公司荣获北京市质量先进企业和北京市用户满意企业称号；2001年，荣获北京市质量管理优秀企业奖，并通过ISO9001：2000国际质量管理体系认证；2002年通过ISO14001环境管理体系认证。2002年紫竹牌镇婷系列产品、米非司酮系列荣获"北京名牌产品"，米索前列醇及其片剂获国家重点新产品证书。目前紫竹药业正在进行OHSA18001职业健康与安全管理体系认证工作。

紫竹药业成立三年来，秉承"关爱生命，健康人类"理念，以质量第一，用户第一、信誉第一为道德准则，以尽善尽美为宗旨，不断提升企业质量管理水平，通过一系列的改革和创新，使企业得以快速发展。

地址：北京市朝阳区朝阳北路27号
邮编：100024
电话：65481797　65482540（传）
Email：office@zizhu-pharm.com.cn

全国人大韩启德副委员长授予
赵华琼中国优秀民营企业家奖牌

全国人大蒋正华副委员长授予
赵华琼中国优秀民营企业家奖牌

杭州西湖赵华琼民工门诊

杭州崇一(弱势群体)医疗门诊部在中央及各级领导关怀下，由全国红十字会模范志愿工作者、全国公益事业先进个人赵华琼医生没向国家要1分钱，卖掉和抵押自己和儿子的住房奉献200万元，竭尽全力创建的全国首家弱势群体医院。这是广大贫民百姓的众心所盼，也是大家的爱心摇篮和健康平台，赵医师总是说"宁可自己吃得苦，住得差也不能委曲社会最低层的兄弟姐妹"。按温总理的指示："三农问题以人为本，民心工程为主体。"无怨无悔无偿或低偿的无私帮助所有需要帮助的人，建立起他们自己进得来看得起病买得到最便宜最实惠药的医院，让他们用最少的钱享受在别的任何地方享受不到的和有钱人同等的医疗服务，让他们领悟人生的温暖，建立做人的信心和尊严，增强战胜疾病的勇气，情系兄弟姐妹，爱献千家万户，这是她毕生的宿愿。

崇一门诊部整洁优美的环境，领先的医疗设备配置，无偿低偿充满爱心的专业服务将给你一个崭新的选择，成就一段美好的享受。医院根据弱势群体的多发病常见病设立了18个科室，赵医师将与几十位充满爱心具有良好医德医风技术精湛的专业医务人员和德高望重的医学专家组成的高品质团队，一如既往以人为本、爱心常在、同仁同德共同托起这个伟大的健康扶贫民心工程，让我们共同努力，坚持再坚持、扩大再扩大，让人间天堂更多的人群受益，让穷人和富人一样健康幸福生活。让崇一精神在医德医风行风建设反腐倡廉医疗改革中永远起表率作用。

地　址：杭州市文化路452—458号(阳光地带花园南大门东侧)　　电　话：0571—88919717、13157187121

不断超越发展 成就强盛之路
常德卷烟厂

常德卷烟厂在近几年的发展中，按照做优品牌、做实管理、做大规模的目标，及时调整发展战略、管理模式，确定了加强技术储备与研发，推进人才队伍建设，完善产品品牌结构，推动企业联合重组，全力打造企业核心竞争力的发展思路，企业连续3年增速达到20%以上，主要经营指标3年跨了三大步，2003年全年完成经营总收入（含税）94.82亿元，完成经营总利润10.54亿元，单箱（大箱）税利达到6120元，完成卷烟出口创汇480万美元。其中多种经营产业实现收入（含税）10.09亿元、税利2亿元、利润1.3亿元。2004年，主要效益指标再创历史新高，企业经济实力更加走强。

2003年11月，常德卷烟厂确定了未来几年的战略思路和发展目标：抓住烟草行业结构大调整的机遇，实施"归核化"战略，按照"一体两翼"的战略思路，构筑成熟企业、行业先锋的强势体态，创造规模优势和品牌优势的两翼支撑，实现"2231"发展目标。即：到"十一五"末期，企业卷烟品牌规模达到200万箱以上，年度收入达到200亿元以上、年度利润达到30亿元以上，争取进入国际一流企业。

中国石油天然气华北销售分公司

中国石油天然气华北销售分公司组建于1999年5月，隶属于中国石油天然气股份有限公司，是一个以成品油批发、零售为主营业务的现代型商业企业。公司下辖8个分公司和52个控股、参股公司，业务遍及北京、天津、河北、山西两省两市。

在各级领导班子的带领下，公司全体员工以"讲成长故事，做管理文章，打中油品牌，树华北形象"为指导方针，精诚合作、勤勉敬业，5年来取得了令人瞩目的成绩：资产总额达52.5亿元，成品油销售总量达3847万吨。公司连续3年销量递增100万吨，利润连续两年翻一番，仅2003年一年实现收入279亿元，利润6.36亿元，交纳各种税额达6.43亿元，累计投运加油站1021座，初步确立了"三分天下有其一"的市场占有率。这一骄人成绩加速了"中国石油"的品牌化进程，也使中石油的信誉得到不断提升。截至至2004年8月，仅公司本部就交纳各项流转税2.68亿元，成为北京西城区的纳税大户。公司严格按照税收法律法规及时、足额纳税，积极配合税务机关的征收和监管工作。2003年8月，公司由于诚信纳税，被西城区地税局授予"A级纳税诚信企业"的光荣称号。

2004年由于国际油价的持续走高，成品油销售前景呈现出一遍大好形势，截至2004年8月，公司已实现销售收入212.46亿元，利润10.36亿元。在以后的经营过程中，公司将继续本着中国石油"爱国、创业、求实、奉献"的思想新境界，以"建设管理一流，实力雄厚，效益突出的现代化营销企业"为奋斗目标，凭借良好的服务树立中国石油的品牌形象和社会信誉！

热烈祝贺《中国税务后勤建设》出版

深圳市金水湾
度假村有限公司

湖北省武汉市
木兰湖福星岛度假村

中国石油集团
东方地球物理
有限责任公司

热烈祝贺《中国税务后勤建设》出版

山东省日照市海景宾馆

中油国际工程有限责任公司

重庆瑞鑫税务师事务所

张家港市新世纪税务师事务所

上海浦东税务师事务所

中国石油物资装备（集团）公司

宁波中瑞税务师事务所

新乡新中税务师事务所有限公司

大连大显股份有限公司

云南昆明
德立邦合伙税务师事务所

上海求实税务师事务所

中国船舶重工集团公司

海南省海口市
龙华区新坡镇卫生院

常州永佳税务师事务所

江西文藻药业有限公司

四川兴瑞
税务师事务所有限责任公司

延边维丰税务师事务所

新沂市

泰州市苏瑞税务师事务所

鄂尔多斯房地产开发有限公司

热烈祝贺《中国税务后勤建设》出版

青海省地方税务局

宁波市国家税务局

西安市国家税务局

唐山市地方税务局

辽宁省税务高等学校

河南省地方税务局直属局

青海省海西州地方税务局

青海省西宁市国家税务局

青海省海西州国家税务局

安徽马鞍山市地方税务局征收管理分局

中国税务后勤建设

附　录

FU　　LU

国家税务总局机关服务中心
职能配置内部机构和人员编制的规定

根据国家税务总局"三定"方案,机关服务中心为税务总局直属事业单位(正司级),行使机关部分行政管理职能和后勤管理及服务职能,具有事业法人资格(对外可使用国家税务总局机关服务局的印章)。经费独立核算,实行定额和定项补贴预算方式进行管理。

一、主要职责

(一)制定机关后勤管理、服务及部分行政事务工作规章制度和管理办法,并负责组织实施和监督检查。组织税务系统后勤工作会议,对机关后勤工作进行督促和指导。

(二)负责总局机关后勤的人事、财务管理工作。

(三)负责机关后勤改革工作和后勤干部教育培训工作。

(四)负责总局机关的安全、通信、交通、卫生、餐饮及设备运行与维护工作,负责机关传达室、活动室、浴室、美发室、会议室、监控室等办公设施及职工生活设施的管理和服务保障工作。

(五)负责总局机关会议会务保障和系统来京人员的公务接待工作。

(六)负责总局机关房产的管理和维修工作,职工宿舍的物业管理及服务工作;负责机关的房改工作和基建工作。

(七)负责机关办公物资及设备的采购、保管、发放及维修工作。

(八)负责机关绿化美化、环保、人防、消防、防汛工作;参加当地政府组织的综合治理、治安防范、交通安全、户籍管理等社会性工作。

(九)负责职工医疗保健、卫生防疫工作;组织职工体检和义务献血工作;管理计划生育工作;协助系统来京治病人员的治疗工作。

(十)组织后勤经营管理工作。

(十一)完成总局领导交办的其他工作事项。

二、内设机构

根据上述职责,机关服务中心设8个处:

（一）办公室

协调处理机关服务中心日常政务，起草、审核有关文件，负责会议、活动的组织，文件运转、归档、保管和印章管理；制定服务中心内部管理规章制度；制定修改后勤改革方案；编制月、季、年度工作计划和后勤工作动态（简报）；负责总局大型工作会议的会务保障工作，并代购公务车（机）票；接待系统公务来局人员；协调服务中心与机关各司（局）的工作；负责分工会的工作。

（二）人事处

协调处理服务中心与机关主管部门的人事关系；管理机关服务中心人员编制、机构、岗位设置；负责制定服务中心的人事、劳资管理制度，编制、上报人事统计报表；办理任免、调配服务中心处以下干部（含处级）工作，审核各处室用工计划，核定劳动工资，办理社会保险等职工福利工作；管理人事、劳资档案；负责中心干部职工的政治、业务、文化等教育培训，负责组织系统后勤干部的培训工作；负责干部、职工及直属单位领导班子的考核；负责干部职工的政审工作和奖惩工作；负责办理所属人员出国出境申报审批工作事项；负责员工的聘用、辞退、离职、退休等项工作；负责各类技术人员专业技术职务、技术等级的申报与考评工作；负责中心的党务及纪律检查工作。

（三）财务处

负责中心及直属单位的财务管理、经费核算，固定资产管理；制定内部财务管理制度并监督执行；编制、上报中心财务计划、报表，审核汇编财务预算决算，组织内部审计；审核直属单位财务报表；管理基建经费和经营性资金；参与经营性资产的评估、清查、分析，参与对经营单位的考核。

（四）行政管理处

负责机关安全保卫及消防工作；负责办公用品的采购、保管、分发与维修；管理内部固定资产；负责机关集体户口的户籍管理；负责机关卫生保洁、环境绿化、美化工作。为机关提供办公、会议、洗理、洗浴等多项（种）服务；负责与当地政府协调，完成有关的社会性工作；负责帮助协调机关职工子女入托（园）、入学及托儿所、管理班的管理。

（五）房产处

负责机关所属房地产的管理；制定房产公物的管理制度；负责机关各类房产的招标、购置、产权登记、维护使用和修缮工作，编制修缮计划，合理使用修缮资金；组织管理职工宿舍的物业管理工作；负责机关房改工作，管理住房公积金，负责机关防汛和人防工作。

（六）交通处

负责机关交通管理、车辆管理，制定管理制度；保障机关公务用车、会议用车和职工班车；负责车辆、油料的管理、车辆维修与年检；负责机关车辆的购置、调配与更新；负责机关交通安全检查、教育和培训；参加当地政府组织的安全检查。

（七）餐饮处

负责机关餐饮服务工作。制定职工就餐、来宾就餐管理制度；保障机关职工公务就餐和接待来总局机关的内外宾用餐；负责机关饮食卫生、营养配餐和防疫检疫工作；负责炊事人员的管理、培训；有条件地为内部职工提供自制、加工、代购的主副食品等多种服务。

（八）设备技术处

负责总局机关所属办公区内的各类设备运行、管理、维护、更新；指导、协助经营单位的设备维护和管理；保障机关电话通信；参与组织内部基建工程和设备改造，参与组织基建设备的招投标工作，编制设备更新计划，论证技术改造方案，组织实施技术设备安装施工；管理设备档案；负责采购、保管各类设备维修零配件和备件，组织专业技术人员岗位培训，审查技术岗位上岗人员资格。

另外，直属机关服务中心管理的机构有：

门诊部

负责机关职工医疗保健、体检与防疫工作，管理医药费和计划生育工作；组织义务献血工作；协助联系机关和系统干部来京住院就诊；检查机关餐饮卫生。

经营部

负责枣林前街写字楼的管理、服务与经营，编制经营计划；运用现有资产开展对内有偿服务和对外经营；管理所属人员、加强技能培训、提高服务水平。

金三环宾馆

负责税务系统来京人员的食宿接待工作，按要求安排系统内外各种会议与培训；编制经营计划，利用现有条件扩大经营范围；按照现代企业制度和服务中心规定对宾馆的人事、劳资、财务进行管理，组织员工骨干参加技能培训；组织宾馆中小规模的基建和设备改造工作。

北戴河培训中心

负责安排总局领导暑期办公；接待系统劳模、先进工作者、离退休人员及干部职工休假；接待系统内外的各类会议和培训。

烟台培训中心

负责安排总局领导暑期办公；接待系统劳模、先进工作者、离退休人员及干部职工休假；接待系统内外的各类会议和培训。

经营部、金三环宾馆、北戴河培训中心和烟台培训中心为企业单位，实行全员合同制，其中除管理人员外，应多使用短期合同工或临时工；门诊部工作人员应以聘请专家为主。

三、人员编制

总局机关服务中心事业编制为70人，其中主任1名，副主任3名，处级领导职数20名（其中含专职党总支书记1名）。编制外允许使用合同制人员35人，临时工105人。

不包括直属管理的经营部、金三环宾馆、北戴河培训中心和烟台培训中心人员编制。

2007年9月7日重新修订

国家税务总局
机关服务中心内设机构及负责人历年情况

1989年12月～1994年5月

总局机关服务中心成立于1989年12月，根据1989年《国家税务局机关服务中心"三定"方案》，当时的机构组成和各处负责人名单如下：

服务中心领导

主　　任：王志宏

副主任：孙泽　秦志强

（一）办公室

主　　任：王淑美

（二）生活服务处

处　　长：段治修

副处长：卢仲礼　高亚军

（三）公共关系处

处　　长：郝一心

副处长：赵海海

（四）房产管理处

处　　长：隗永福（1992年以前）

　　　　　卢仲礼（1992年以后）

（五）机关财务处

处　　长：徐桂枝

（六）医务室

主　　任：杨学文

1994年6月～1995年11月

中心领导

主　　任：王志宏　（司长级）

副主任：秦志强　王淑美　郝一心（副司长级）

根据国税函发[1994]346号文件《关于机关服务中心"三定"方案的批复》规定服务中心内设机构如下：

（一）办公室

主　任：王淑美（兼）

（二）房产管理处

处　长：卢仲礼

（三）行政管理处

副处长：赵海海

（四）生活服务处

处　长：段治修

副处长：邢永德　高亚军

（五）金三环宾馆

总经理：孙立安

副总经理：徐惠义　张学中

直属中心领导单位

（六）医务室

主　任：杨学文

1995 年 11 月～1998 年 8 月

中心领导

主　任：邢幼平（司长级）

副主任：秦志强　王淑美　郝一心（副司长级）　段治修（助理巡视员）

根据国税函[1996] 600 号文件《关于机关服务中心"三定"方案的批复》规定服务中心下设处室如下：

（一）办公室

副主任：郭华

（二）房产处

处　长：卢仲礼

副处长：王锦义　张学中

（三）行政处

处　长：赵海海

（四）管理处

处　长：齐广富

副处长：张捷岩　方立新　袁淑琴

（五）餐饮处

处　长：邢永德

（六）交通处

处　长：高亚军

副处长：刘利民

中心直属单位

（七）医务室

主　任：杨学文

（八）金三环宾馆

总经理：孙立安

副总经理：徐惠义　马文忠（总经理助理）

（九）经营处

副处长：方立新　高福利

1998 年 9 月

中心领导

服务中心主任：邢幼平（司长级）

副 主 任：秦志强　郝一心（副司长级）　段治修（助理巡视员）

根据国税函[1998]522 号文件《国家税务总局关于印发〈机关服务中心职能配置、内设机构和人员编制规定〉的通知》规定服务中心内设机构为：

（一）办公室

主　任：郭 华（处长级）

副主任：侯 坤（副处长级）

（二）人事处

副处长：郭京伍

（三）行政管理处

处　长：齐广富

副处长：陈小培

（四）交通处

处　长：高亚军

副处长：刘利民

（五）餐饮处

处　长：邢永德

（六）设备技术处

副处长：张捷岩　高福利

（七）房产处

处　长：卢仲礼

副处长：张学中　王锦义

直属中心管理的机构

（八）门诊部

主　任：杨学文

（九）经营处

副处长：方立新　高福利

（十）金三环宾馆（北戴河培训中心）

总 经 理：焦源湘

副总经理：徐惠义　马文忠

2000年1月

中心领导

主　任：邢幼平（司长级）

副主任：郝一心　铁　斌（副司长级）　（巡视员）秦志强　（助理巡视员）邢永德

（一）办公室

主　任：郭 华（处长级）

副主任：侯 坤（副处长级）

（二）人事处

副处长：郭京伍

（三）党总支

专职副书记：赵海海（处长级）

（四）行政管理处

处　长：齐广富

（五）交通处

处　长：高亚军

（六）餐饮处

副处长：王秀新（聘）

（七）设备技术处

处　长：张捷岩

副处长：高富利

（八）房产管理处

处　长：卢仲礼　（调研员）张学中

副处长：王锦义　（助理调研员）白少文

（九）门诊部

主　任：杨学文（处长级）

（十）经营部

主　任：方立新（处长级）

副主任：陆　琪　（助理调研员）冯晓松

（十）金三环宾馆

总 经 理：焦源湘（1997年～2001年）

副总经理：徐惠义　马文忠（副处长级）

（十一）北戴河培训中心

主　任：叶　文（处长级）

2004年5月

中心领导

中心主任：邢幼平（司长级）

副 主 任：铁　斌（副司长级）（巡视员）秦志强（助理巡视员）邢永德　卢仲礼

（一）办公室

主　任：方立新（处长级）　（调研员）侯　坤

（二）人事处

副处长：郭京伍

（三）党总支

专职副书记：赵海海（处长级）

（四）财务处

处　长：郭华　（调研员、挂职）胡春田

（五）行政管理处

副处长：陈小培

（六）餐饮处

副处长：王秀新

（七）交通处

处　长：高亚军　（调研员）徐惠义

（八）设备技术处

处　长：张捷岩

副处长：（调研员）高富利　（助理调研员）冯晓松

（九）房产管理处

处　长：张学中

副处长：王锦义（挂职）　（助理调研员）白少文

（十）医务室

主　任：杨学文（处长级）

（十一）经营部

主　任：齐广富（处长级）

副主任：陆　琪（副处长级）

（十二）金三环宾馆

总 经 理：马文忠（处长级）

副总经理：张　强（副处长级）林晓星（聘）

（十三）北戴河培训中心

主　任：叶　文（处长级）

2007 年 7 月

中心领导

主　任：邢幼平（司长级）

副主任：铁　斌　张捷岩（副司长级）　（助理巡视员）卢仲礼

（一）办公室

主　任：方立新（处长级）

　　　　（调研员）孙立安

（二）人事处

处　长：郭京伍

（三）党总支

专职副书记：侯　坤（处长级）

（四）财务处

处　长：郭　华　（调研员）胡春田

（五）行政管理处

处　长：陈小培

副处长：焦源湘

（六）餐饮处

副处长：王秀新

（七）交通处

处　长：高亚军　叶文（挂职）

（八）设备技术处

处　长：（调研员）高富利

副处长：王海英（聘）　（助理调研员）冯晓松

（九）房产管理处

处　长：张学中

副处长：（调研员）王锦义　（助理调研员）白少文

（十）医务室

主　任：杨学文（处长级）

（十一）经营部

主　任：徐惠义（处长级）　（调研员）陆琪

（十二）金三环宾馆

总 经 理：马文忠（处长级）

副总经理：张 强（副处长级） 林晓星（借调）

（十三）北戴河培训中心

根据国税函发[2005]526号文件，总局北戴河培训中心自2005年6月1日起委托河北省国税局北戴河培训中心代管。并根据总局人事司所发国税人函[2005]181号文件《关于同意机关服务中心任命刘兴无、李兴刚为总局北戴河培训中心主任、副主任的批复》规定：

北戴河培训中心主任：刘兴无（处长级）

　　　　　　　副主任：李兴刚（副处长级）

（十四）烟台培训中心

主 任：宋修广（烟台市国税局长兼）

副主任：张锡亭（处长级）

国家税务总局(1992年~2004年)
所获先进称号数量统计表

获奖年度	省部级、北京市先进称号		国家级先进称号	
	先进集体	先进个人	先进集体	先进个人
1992年	2	2		
1995年	1			
1996年	1			
1997年	5	6		
1998年	6	6		
1999年	13	7		
2000年	9	6		
2001年	13	11		
2002年	5	3		1
2003年	5	5		1
2004年	9	6	1	1
合　计	69	52	1	3

国家税务总局(1995年~2004年)
获得北京市先进称号统计表

获奖年度	爱国卫生	计划生育	无偿献血
1995年			无偿献血先进单位
1996年			无偿献血先进单位
1997年			无偿献血先进单位
1998年			无偿献血先进单位
1999年	北京市爱国卫生先进工作者：王孟钊		无偿献血先进单位
2000年	北京市爱国卫生红旗单位 北京市爱国卫生先进工作者：王孟钊	北京市计划生育先进集体 北京市计划生育先进个人：侯坤	无偿献血先进单位
2001年	北京市爱国卫生先进工作者：焦源湘		无偿献血先进单位
2002年		北京市计划生育先进集体 北京市计划生育先进工作者：侯坤	无偿献血先进单位
2003年			无偿献血先进单位
2004年		北京市人口和计划生育先进工作者：侯坤	无偿献血先进单位
统　计		连续3年	连续10年

国家税务总局(1992年～2004年)
获得中央国家机关先进称号统计表

获奖年度	精神文明	社会治安综合治理	绿 化
1992年			
1997年		中央国家机关社会治安综合治理先进个人：杨久发	中央国家机关绿化美化先进单位； 首都义务植树绿化美化积极分子：王孟钊
1998年	中央国家机关文明单位：总局机关、中国税务报社 中央国家机关精神文明建设先进工作者：李长海	中央国家机关社会治安综合治理先进个人：范小军	首都义务植树绿化美化积极分子：齐广富 中央国家机关绿化积极分子：赵敬晨
1999年	首都文明单位：总局机关、中国税务报社 中央国家机关文明单位：总局机关、中国税务报社、中国税务出版社、中国税务杂志社		首都义务植树红旗单位；首都义务植树绿化美化积极分子：齐广富；中央国家机关绿化先进单位

计划生育	爱国卫生	交通安全	其 他
中央国家机关计划生育目标管理考核达标单位；中央国家机关计划生育先进个人：侯坤		中央国家机关交通安全先进单位；中央国家机关交通安全积极分子：卢仲礼	
中央国家机关1997年计划生育目标管理考核达标单位；中央国家机关计划生育先进个人：侯坤	中央国家机关爱国卫生先进单位；中央国家机关爱国卫生先进个人：王孟钊	中央国家机关交通安全积极分子：高亚军	国务院各部门后勤工作先进集体：总局机关服务中心餐饮处；国务院各部门后勤工作先进个人：蒋明山
中央国家机关1998年计划生育目标管理考核达标单位；中央国家机关计划生育先进个人：侯坤	中央国家机关爱国卫生先进单位	中央国家机关交通安全先进单位	
中央国家机关计划生育先进集体；中央国家机关1999年度计划生育目标管理考核达标单位	中央国家机关爱国卫生先进单位；中央国家机关爱国卫生先进工作者：王孟钊	中央国家机关交通安全先进单位	中央国家机关治理大气污染先进工作者：郝一心

获奖年度	精神文明	社会治安综合治理	绿 化
1999 年	第一届"首都精神文明建设奖"：付树林 中央国家机关精神文明建设先进工作者： 施长恩、王淑美		中央国家机关绿化积极分子：赵敬晨
2000 年		中央国家机关社会治安综合治理先进单位	首都义务植树红旗单位； 首都义务植树绿化美化积极分子：齐广富 中央国家机关绿化先进单位； 中央国家机关绿化积极分子：赵敬晨
2001 年	中央国家机关文明单位标兵：总局机关 中央国家机关文明单位：中国税务出版社、中国税务杂志社； 中央国家机关精神文明建设先进工作者：李尚斋、施长恩 中央国家机关荣获首都文明单位标兵：总局机关 中央国家机关荣获首都文明单位：中国税务报社、中国税务杂志社	中央国家机关社会治安综合治理先进工作者：范小军	中央国家机关绿化先进单位； 中央国家机关绿化先进工作者：王孟钊 首都义务植树绿化美化积极分子：焦源湘

计划生育	爱国卫生	交通安全	其　他
2000 年度 计划生育目标管理 考核达标单位	中央国家机关爱国卫生 工作先进单位； 中央国家机关爱国卫生 工作先进个人：王孟钊	中央国家机关交通安全 先进单位； 中央国家机关交通安全 先进工作者：高亚军	
中央国家机关 2001 年度计划生育目标管 理考核达标单位； 中央国家机关计划生 育先进单位； 中央国家机关计划生 育先进个人：侯坤	中央国家机关爱国卫生工 作先进单位； 中央国家机关爱国卫生 工作先进工作者：王孟钊	中央国家机关交通安 全先进单位； 中央国家机关交通安 全先进工作者：高亚军	国务院各部门先进食堂 "十佳单位"； 全国婚育新风进万家 活动先进个人：侯坤

获奖年度	精神文明	社会治安综合治理	绿 化
2002 年		中央国家机关社会治安综合治理先进单位	
2003 年	中央国家机关文明单位标兵：总局机关 中央国家机关精神文明建设先进工作者： 李尚斋、施长恩		
2004 年	中央国家机关文明单位标兵：中国税务杂志社 中央国家机关文明单位：中国税务报社 中央国家机关精神文明建设先进工作者： 权芳楼、施长恩	中央国家机关社会治安综合治理先进单位	中央国家机关绿化美化先进单位； 中央国家机关绿化美化先进工作者：王孟钊
统　计	连续 5 年	连续 5 年	连续 6 年

计划生育	爱国卫生	交通安全	其 他
中央国家机关计划生育先进单位； 中央国家机关计划生育先进工作者：侯坤	中央国家机关爱国卫生先进单位； 中央国家机关爱国卫生先进工作者：王孟钊； 全国爱国卫生先进工作者：铁斌	中央国家机关交通安全先进单位； 中央国家机关交通安全先进工作者：高亚军	
	中央国家机关爱国卫生先进单位； 中央国家机关爱国卫生先进工作者：王孟钊	中央国家机关交通安全先进单位； 中央国家机关交通安全先进工作者：高亚军	全国人口和计划生育法制建设与科技工作先进个人：侯坤
中央国家机关计划生育先进单位	中央国家机关爱国卫生先进单位； 中央国家机关爱国卫生先进工作者：王孟钊	中央国家机关交通安全先进单位； 中央国家机关交通安全先进工作者：高亚军	中央国家机关食堂卫生红旗单位； 全国机关后勤先进集体：税务总局机关服务局 全国机关后勤先进工作者：张捷岩
连续8年	连续8年	连续8年	

附 录

国家税务总局2005年度
获得各项精神文明先进称号统计表

获得中央国家机关先进集体称号

中央国家机关2005年度计划生育先进单位　（办公室）

中央国家机关2005年度爱国卫生先进单位　（行政处）

中央国家机关2005年度绿化美化先进单位　（行政处）

中央国家机关2005年度交通安全先进单位　（交通处）

获得北京市先进集体称号

北京市2005年度献血先进单位　（医务室）

北京市2005年度交通安全先进单位　（交通处）

北京市2005年度消防安全先进单位　（设备技术处）

北京市2005年度防雷安全先进单位　（设备技术处）

北京市2004~2005年度供热优秀单位　　（设备技术处）

北京市2005~2006年度供热优秀单位　　（设备技术处）

北京市2005年爱国卫生先进单位（经营处）

北京市公安局集体嘉奖（经营处保卫部）

海淀区2005年社会治安综合治理先进单位（设备技术处）

海淀区羊坊店街道2005年城市管理、城市建设先进单位（设备技术处）

丰台区2005年度右安门街道玉林西里社区先进集体（房产处）

丰台区2005年度天宁寺社区先进集体（房产处）

获得先进个人称号

高亚军　2005年度中央国家机关交通安全先进工作者

王孟钊　2005年度中央国家机关爱国卫生先进工作者

王孟钊　2005年度中央国家机关绿化美化先进工作者

陈小培　2005年度首都绿化美化积极分子

陈小培　2005 年度北京市爱国卫生先进个人

侯　坤　北京市 2005 年度计划生育工作先进个人

黄国英　北京市 2005 年度献血工作先进工作者

侯　坤　国家税务总局 2005 年度优秀妇女工作者

齐　前　国家税务总局 2005 年度五好文明家庭

张正红　宣武区 2005 年度交通安全管理先进个人

孟志鹏　宣武区 2005 年度交通安全管理先进个人

交通处 30 人被评为 2005 年度宣武区先进驾驶员：

侯　旋	庄振华	魏　亭	韩　生	刘春利
刘永强	张正红	况瑞生	胡洪荣	罗　斌
刘建芳	李文库	李吉利	刘　震	严　斌
张守民	远　光	孙来福	孟志鹏	程　伟
赵红卫	秦建明	樊习根	刘自刚	王金宇
耿恩山	李鸿林	田劲松	王玉宏	王其安

王燕斌　丰台区 2005 年度右安门街道玉林西里社区先进个人

杨红爽　丰台区 2005 年度右安门街道玉林西里社区先进个人

蒋明山　丰台区 2005 年度天宁寺社区先进个人

隗永福　丰台区 2005 年度天宁寺社区先进个人

张金凤　丰台区 2005 年度天宁寺社区先进个人

薛崇梓　丰台区 2005 年度天宁寺社区先进个人

吴艳丽　海淀区 2005 年度社会治安综合治理先进个人

张淑惠　羊坊店地区 2005 年度防火安全工作先进个人

蒋南虎　羊坊店地区 2005 年度防火安全工作先进个人

国家税务总局 2006 年度
获得各项精神文明先进称号统计表

获得中央国家机关先进集体称号
中央国家机关 2006 年度爱国卫生先进单位（行政处）
中央国家机关 2006 年度绿化美化先进单位（行政处）
中央国家机关 2006 年度社会治安综合治理工作先进单位（行政处）
中央国家机关 2006 年度交通安全先进单位（交通处）
中央国家机关 2006 年度计划生育工作先进单位（办公室）
2006 年度第三届接待服务知识与技能比赛团体铜奖（金三环宾馆）

获得北京市先进集体称号
北京市 2006 年度计划生育工作先进单位（办公室）
北京市 2006 年度交通安全工作先进单位（交通处）
北京市 2006 年度消防安全工作先进单位（设备技术处）
北京市 2005～2006 年度供热优秀单位（设备技术处）
北京市节水型单位（节水模式奖）（设备技术处）
北京市节约用水先进单位（设备技术处）
北京市防雷减灾先进单位（设备技术处）
北京市 2006 年度爱国卫生先进单位（经营部）
北京市禁止吸烟工作先进单位（经营部）
北京市 2006 年度爱国卫生工作先进单位（金三环宾馆）
北京市 2006 年度消防安全工作先进单位（金三环宾馆）
获得北京市节水办颁发的《北京市节水型企业》证书（金三环宾馆）

获得地区先进单位称号
海淀区城市管理、城市建设先进单位（设备技术处）
羊坊店街道环境保护先进单位（设备技术处）
宣武区 2006 年度治安保卫先进单位（经营部）
国家税务总局家委会被评为宣武区广外街道天宁寺南里社区先进集体(房产处)

丰台区右安门街道玉林西里社区先进集体（房产处）

获得 2006 年度先进个人称号

铁　斌　北京市人口与计划生育工作先进个人

侯　坤　中央国家机关人口和计划生育先进工作者

陈小培　首都绿化美化先进个人

陈小培　北京市爱国卫生先进个人

王孟钊　中央国家机关绿化美化先进工作者

王孟钊　中央国家机关爱国卫生先进工作者

马文忠　北京市爱国卫生先进个人

马文忠　北京市消防安全先进个人

杨丽娟　中央国家机关第三届接待服务知识与技能比赛个人单项金奖（金三环宾馆）

王　青　宣武区治安保卫工作先进个人（经营部）

高亚军　宣武区交通安全管理先进个人

交通处 34 人获评为宣武区先进驾驶员：

魏　亭	远　光	李文库	张正红	刘建芳	况瑞生
东海福	刘建怀	庄振华	刘永强	刘　震	孟志鹏
李吉利	严　斌	秦建明	赵红卫	孙来福	侯　旋
刘传忠	罗　斌	刘自刚	田劲松	王玉宏	樊习根
李鸿林	王其安	程　伟	张守民	李景浦	韩　生
胡红荣	刘春利	袁金志	纪士英		

王燕斌　丰台区右安门街道玉林西里社区先进个人

杨红爽　丰台区右安门街道玉林西里社区先进个人

乔晏莉　丰台区右安门街道玉林西里社区先进个人

蒋明山　宣武区广外街道天宁寺南里社区先进个人

张金凤　宣武区广外街道天宁寺南里社区先进个人

隗永福　宣武区广外街道天宁寺南里社区先进个人